QUEM TRAIU ANNE FRANK?

ROSEMARY SULLIVAN

QUEM TRAIU ANNE FRANK?

A INVESTIGAÇÃO DEFINITIVA SOBRE A MORTE DA
AUTORA DO DIÁRIO MAIS FAMOSO DO MUNDO

Tradução
Ivanir Calado

Rio de Janeiro, 2022

Copyright © 2022 por Rosemary Sullivan & Proditione Media B.V.
Copyright do posfácio © 2022 por Vincent Pankoke
Copyright da tradução © 2022 por Casa dos Livros Editora LTDA
Título original: *Betrayal of Anne Frank*

Todos os direitos desta publicação são reservados à Casa dos Livros Editora LTDA.
Nenhuma parte desta obra pode ser apropriada e estocada em sistema de banco de dados
ou processo similar, em qualquer forma ou meio, seja eletrônico, de fotocópia, gravação
etc., sem a permissão do detentor do copyright.

Diretora editorial: *Raquel Cozer*

Gerente editorial: *Alice Mello*

Editor: *Victor Almeida*

Assistência editorial: *Anna Clara Gonçalves e Camila Carneiro*

Copidesque: *Sofia Soter*

Revisão: *Melissa Lopes*

Capa: *Emma Pidsley*

Adaptação de capa: *Renata Spolidoro*

Imagens de capa: *Anne Frank Fonds Basel/Getty Images (Anne);*
Spaarnestad Photo/Bridgeman Images (casa)

Diagramação: *Abreu's System*

Dados Internacionais de Catalogação na Publicação (CIP)
(Câmara Brasileira do Livro, SP, Brasil)

Sullivan, Rosemary
Quem traiu Anne Frank?: a investigação definitiva
sobre a morte da autora do diário mais famoso do mundo / Rosemary Sullivan; tradução Ivanir Calado. – Rio de
Janeiro: HarperCollins Brasil, 2022.

Título original: The betrayal of Anne Frank
ISBN 978-65-5511-266-5

1. Frank, Anne, 1929-1945 2. Guerra Mundial, 1939-
1945 – Judeus 3. Investigação criminal 4. Países Baixos
– História – Ocupação alemã – 1940-1945 I. Título.

21-90948 CDD-940.53492

Índices para catálogo sistemático:
1. Frank, Anne, 1929-1945: Perseguição:
Judeus: História 940.53492
Cibele Maria Dias – Bibliotecária – CRB-8/9427

Os pontos de vista desta obra são de responsabilidade de seu autor, não refletindo
necessariamente a posição da HarperCollins Brasil, da HarperCollins Publishers ou de
sua equipe editorial.

HarperCollins Brasil é uma marca licenciada à Casa dos Livros Editora LTDA.
Todos os direitos reservados à Casa dos Livros Editora LTDA.
Rua da Quitanda, 86, sala 218 — Centro
Rio de Janeiro, RJ — CEP 20091-005
Tel.: (21) 3175-1030
www.harpercollins.com.br

Prefácio: O Dia da Lembrança e a lembrança da ausência de liberdade   9

PRIMEIRA PARTE: O CONTEXTO   15

1 A invasão e o policial verde   17

2 O diário de Anne Frank   24

3 A equipe do caso arquivado   30

4 As partes interessadas   39

5 "Vejamos o que o homem consegue fazer!"   45

6 Um interlúdio de segurança   51

7 A ofensiva   57

8 Prinsengracht, 263   65

9 O esconderijo   68

10 Pediam. Você dizia sim.   73

11 Um incidente angustiante   80

12 Anatomia de uma invasão   84

13 O campo de Westerbork   91

14 O retorno   96

15 Os colaboradores   102

16 Elas não vão voltar   107

SEGUNDA PARTE:
A INVESTIGAÇÃO DO CASO ARQUIVADO 113

17 A INVESTIGAÇÃO   115

18 OS HOMENS DOS DOCUMENTOS   125

19 A OUTRA ESTANTE   129

20 A PRIMEIRA TRAIÇÃO   133

21 O CHANTAGISTA   141

22 A VIZINHANÇA   150

23 A BABÁ   158

24 OUTRA TEORIA   164

25 OS "CAÇADORES DE JUDEUS"   169

26 A V-FRAU   176

27 NENHUMA PROVA SUBSTANCIAL, PRIMEIRA PARTE   185

28 "VÁ PARA OS SEUS JUDEUS!"   191

29 SONDANDO A MEMÓRIA   203

30 "O HOMEM QUE PRENDEU A FAMÍLIA FRANK É DESCOBERTO EM VIENA"   212

31 O QUE MIEP SABIA   221

32 NENHUMA PROVA SUBSTANCIAL, SEGUNDA PARTE   226

33 O VERDUREIRO   232

34 O CONSELHO JUDAICO   243

35 UMA SEGUNDA AVALIAÇÃO   248

36 O TABELIÃO HOLANDÊS   252

37 ESPECIALISTAS EM AÇÃO   261

38 UM BILHETE ENTRE AMIGOS   270

39 A DATILÓGRAFA   274

40 A NETA   279

41 O CASO GOUDSTIKKER   284

42 UMA BOMBA   290

43 UM SEGREDO BEM GUARDADO   297

EPÍLOGO: A CIDADE DAS SOMBRAS   311

POSFÁCIO DE VINCE PANKOKE   321

A EQUIPE DO CASO ARQUIVADO 323
AGRADECIMENTOS 325
ARQUIVOS E INSTITUTOS 335
GLOSSÁRIO 337
NOTAS 347
BIBLIOGRAFIA 373

PREFÁCIO

O DIA DA LEMBRANÇA E A LEMBRANÇA DA AUSÊNCIA DE LIBERDADE

Pousei no aeroporto Schiphol, em Amsterdã, na sexta-feira, 3 de maio de 2019, e peguei um táxi para um endereço na Spuistraat, bem no centro da cidade. Uma mulher da Fundação Holandesa para a Literatura me recebeu e mostrou o apartamento que eu ocuparia durante um mês. Eu tinha ido a Amsterdã para escrever um livro sobre a investigação de um caso arquivado: quem delatou Anne Frank e os outros moradores do Anexo Secreto em 4 de agosto de 1944, um mistério que permanecia sem solução.

A maioria de nós conhece em linhas gerais a "história de Anne Frank": a adolescente judia se escondeu por mais de dois anos com os pais, a irmã e alguns amigos da família em um sótão durante a ocupação nazista da Holanda na Segunda Guerra Mundial. O grupo acabou sendo denunciado e mandado para campos de concentração, e somente Otto Frank, o pai de Anne, sobreviveu. Sabemos de tudo isso principalmente por causa do notável diário que Anne deixou para trás naquele dia de agosto, quando os nazistas foram capturá-los.

Como parte da narrativa cultural da Holanda, a história de Anne Frank sempre teve um forte apelo para o cineasta Thijs Bayens, que, em 2016, convidou um amigo, o jornalista Pieter van Twisk, para se juntar a ele em um projeto de investigação, que começou como um documentário mas logo incluiu um livro. O ímpeto cresceu aos poucos e, em 2018, havia pelo menos 22 pessoas trabalhando diretamente no caso, com diversos consultores oferecendo seus conhecimentos. A investigação começou com o desafio de identificar o delator, mas logo se expandiu. A equipe do caso arquivado, como passou a ser chamada, queria entender o que acontece com uma população sob ocupação inimiga quando a vida cotidiana é permeada pelo medo.

O dia seguinte à minha chegada, sábado, 4 de maio, era o Dia Nacional da Lembrança, quando os holandeses relembram as atrocidades da Segunda Guerra Mundial e comemoram a vitória alcançada a duras penas. Thijs Bayens tinha me convidado a acompanhar, com ele e seu filho Joachim, a procissão silenciosa pelas ruas de Amsterdã que marca o início das cerimônias memoriais.

Éramos cerca de duzentas pessoas, mas a multidão crescia à medida que caminhávamos pela cidade. Ouvimos brevemente a orquestra romani que tocava na frente da ópera e depois fomos pelo Bairro Judeu, passando pela monumental sinagoga portuguesa, o Museu Histórico Judaico e o Hermitage, onde havia placas memoriais espalhadas no chão. Viramos à esquerda e seguimos o rio Amstel, caminhando pela Magere Brug (Ponte Magra), de madeira branca, que os nazistas tinham isolado com arame farpado em 12 de fevereiro de 1941 para segregar o Bairro Judeu. (Após alguns dias, ela fora reaberta por pressão da prefeitura.) Continuamos pelo centro da cidade até chegarmos à De Dam (praça Dam). Ali havia cerca de 25 mil pessoas apinhadas que tinham ido ver o rei e a rainha e ouvir a prefeita de Amsterdã, Femke Halsema, discursar. Ela disse:

Escrever um bilhete ou telefonar; fazer sua voz ser ouvida ou não; abraçar a pessoa amada; atravessar a rua ou não; vir aqui esta noite, à Dam, em 4 de maio, ou não. A cada instante, centenas de

vezes por dia, nós escolhemos. Sem pensar, sem restrições. [...]
O que acontece com uma pessoa quando ela se vê privada da
liberdade? Sob ocupação? Quando o espaço que se encolhe a seu
redor? Nossa liberdade foi precedida de dor e grande tristeza. [...]
Por isso passamos adiante a memória da ausência de liberdade,
como se a guerra tivesse acontecido ontem. Por isso comemora-
mos [...] este ano, no ano que vem, e em todos os anos depois disso.[1]

No dia seguinte, depois de eu ter me estabelecido no apartamento, Thijs e eu nos encontramos para jantar. Conversamos sobre a política na Europa, em particular sobre os crescentes sentimentos xenofóbicos e contrários à imigração. Perguntei por que ele tinha decidido realizar a investigação de um caso arquivado. Ele respondeu que, como cineasta, a pessoa coloca a própria vida no trabalho. Thijs cresceu em Amsterdã na década de 1970, quando a cidade era conhecida em todo o mundo por seu caráter idiossincrático, de espírito livre. Havia jovens ocupando prédios abandonados, bairros de artistas, manifestações pela paz. Na época, as pessoas se sentiam livres e demonstravam isso. Mas tudo mudou. Na Holanda, na Europa, na América do Norte, estamos assistindo a uma inundação de racismo e de medo.

Meses antes ele estivera na Prinsengracht e ficara empacado em uma comprida fila de visitantes à Casa de Anne Frank. Enquanto olhava a multidão, ocorreu-lhe que a família Frank e os outros escondidos no sótão eram pessoas comuns em um bairro comum, cheio de conhecidos e colegas, vizinhos e comerciantes, tios e tias. Era simples assim. E então as maquinações aterrorizantes do fascismo se estabeleceram. Aos poucos, porém de forma definitiva, os relacionamentos humanos sofreram pressões e as pessoas se voltaram umas contra as outras.

Thijs deixou a multidão diante da Casa de Anne Frank e tomou uma decisão: daria início a uma conversa pública. Amsterdã não era mais um pilar do individualismo. Onde houvera tolerância agora havia desconfiança. Em que ponto desistimos uns dos outros? Quem defendemos? E quem não defendemos? A delação de Anne Frank seria o caminho para tal conversa. Thijs me contou que no norte de Amsterdã há um mural de dezoito metros de altura, praticamente se erguendo acima de toda a cidade. É um retrato de Anne com uma citação do seu diário: "Deixe-me ser eu mesma."

— Acho que ela está falando com a gente — disse ele.

Thijs queria me mostrar uma coisa. Caminhamos até a ponte Torensluis, ali perto, uma das mais largas de Amsterdã, atravessando o canal Singel. À minha frente havia uma grande escultura sobre um pedestal de mármore. Thijs disse que era o escritor do século XIX Eduard Douwes Dekker, considerado um dos maiores dos Países Baixos. Ele era famoso por seu romance em que denunciava a violência do colonialismo nas Índias Orientais Holandesas. Quando Thijs acrescentou que a escultura tinha sido feita pelo seu pai, Hans Bayens, fiquei pasma. Várias esculturas do pai dele estão espalhadas por Amsterdã, Utrecht, Zwolle e outras cidades.

Thijs explicou que o pai raramente falava da guerra. Tinha sido traumática demais. A mãe dizia que, anos depois do armistício, o pai dele ainda acordava no meio de um pesadelo, com as mãos apontadas para a janela, gritando que estavam sendo bombardeados.

THIJS NÃO CONHECEU OS AVÓS; AMBOS MORRERAM ANTES DE ELE NASCER. PORÉM, TINHA OUVIDO histórias. O que mais lhe impactou foi saber que a casa deles tinha sido um *doorgangshuis* (lar temporário) usado pela resistência para esconder judeus. Havia sempre vários judeus escondidos no porão, alguns chegando a passar semanas ali enquanto a resistência procurava endereços mais permanentes onde pudessem morar clandestinamente.

Quando iniciou o projeto Anne Frank, Thijs perguntou ao melhor amigo do pai o que ele recordava da guerra. Este sugeriu que entrevistasse Joop Goudsmit, de 93 anos, que tinha morado com os avós de Thijs durante a guerra. Goudsmit havia se tornado parte da família Bayens e descreveu a casa, o cômodo no porão onde ficou escondido, o aparelho de rádio proibido, oculto sob o piso do armário, e a quantidade de judeus que tinham passado por lá. Comentou que os riscos que os Bayens haviam corrido, inclusive por conta dos contatos com falsificadores de documentos de identidade, tinham sido extremos.

Era espantoso saber que o pai de Thijs nunca havia lhe contado aquilo, mas se tratava de um comportamento comum. Depois da guerra, foi tão grande o número de pessoas que disseram, falsamente, terem se envolvido com a resistência, que as que de fato se arriscaram, como os avós de Thijs, com frequência preferiam permanecer em silêncio. No entanto, a guerra havia moldado a família de Thijs, e ele reconhecia que a investigação do que havia levado à invasão do Anexo Secreto lhe permitiria entrar no labirinto da história da própria família. A história de Anne Frank é icônica, mas ao mesmo tempo é terrivelmente familiar, repetida centenas de milhares de vezes por toda a Europa. Thijs afirmou que também a considerava um alerta.

— Isso não pode acontecer nunca mais — disse.

PRIMEIRA PARTE

O CONTEXTO

1
A INVASÃO E O POLICIAL VERDE

Em 4 de agosto de 1944, um oficial alemão da SS, de 33 anos, Karl Josef Silberbauer, sargento do Sicherheitsdienst (SD) Referat IV B4, conhecido coloquialmente como "unidade de caça aos judeus", estava sentado em sua sala na Euterpestraat em Amsterdã quando o telefone tocou. Ele ia sair para comer, mas atendeu mesmo assim, fato do qual se arrependeria mais tarde. Era seu superior, o tenente Julius Dettmann, também alemão, dizendo que tinha acabado de receber um telefonema informando que havia judeus escondidos em um complexo de armazéns no número 263 da rua Prinsengracht, no centro de Amsterdã. Dettmann não contou a Silberbauer quem tinha dado o telefonema, mas sem dúvida era alguém confiável e conhecido do serviço de inteligência da SS. Houvera muitas ocasiões em que as denúncias anônimas tinham sido inúteis ou defasadas; quando a unidade de caça aos judeus chegava, os judeus tinham ido embora. O fato de Dettmann ter agido logo depois do telefonema significava que ele confiava na fonte e sabia que valia a pena investigar a informação.

Dettmann ligou para o sargento detetive holandês Abraham Kaper, do Departamento de Assuntos Judaicos, e ordenou que ele mandasse vários homens para acompanhar Silberbauer ao endereço na Prinsengracht. Kaper convocou dois policiais holandeses da unidade IV B4, Gezinus Gringhuis e Willem Grootendorst, junto com um terceiro detetive.

Existem muitas variações nos relatos do que aconteceu antes e depois de Silberbauer e seus homens chegarem ao número 263 da Prinsengracht. A única coisa incontestável é que encontraram oito pessoas escondidas: Otto Frank, a esposa, Edith, e as duas filhas, Anne e Margot; o amigo de Frank, Hermann van Pels, a esposa, Auguste, e o filho, Peter; além do dentista Fritz Pfeffer. Os holandeses tinham um termo para "esconder-se": *onderduiken* ("mergulhar").* Fazia dois anos e trinta dias que eles estavam "mergulhados".

Ser preso, mesmo injustamente, é uma coisa. Outra bem diferente é estar escondido. Como é possível suportar 25 meses de encarceramento? Não poder olhar pela janela com receio de ser visto; jamais caminhar do lado de fora ou respirar ar puro; permanecer em silêncio por horas sem fim, de modo que os trabalhadores do armazém abaixo nada ouvissem? Só um medo extremo para manter tal disciplina. A maioria das pessoas teria enlouquecido.

Durante aquelas longas horas de cada dia útil, o que eles faziam além de sussurrar alguma palavra ocasional e andar nas pontas dos pés enquanto os funcionários trabalhavam lá embaixo? Estudavam; escreviam. Otto Frank lia história e romances; seus prediletos eram os de Charles Dickens. Os jovens estudavam inglês, francês e matemática. Anne e Margot escreviam diários. Estavam se preparando para a vida depois da guerra. Ainda acreditavam na civilização e no futuro, enquanto lá fora os nazistas, com seus cúmplices e informantes, os caçavam.

No verão de 1944, o otimismo havia se espalhado pelo Anexo Secreto. Otto tinha afixado um mapa da Europa na parede e acompanhava

---

* Houve entre 25 mil e 27 mil judeus escondidos na Holanda. Um terço deles acabaria sendo delatado.

as notícias pela BBC e os informes do governo holandês no exílio em Londres pelo programa *Radio Oranje*. Os alemães haviam confiscado todos os rádios para impedir que a população holandesa ouvisse notícias internacionais, mas Otto conseguira levar um aparelho ao esconderijo e acompanhava o progresso das Forças Aliadas ouvindo os noticiários noturnos. Dois meses antes, em 4 de junho, os Aliados tinham capturado Roma, e dois dias depois disso aconteceu o Dia D, a maior invasão anfíbia da história. No final de junho, os americanos estavam empacados na Normandia, mas em 25 de julho lançaram a Operação Cobra, e a resistência alemã no noroeste da França desmoronou. A leste, os russos penetravam na Polônia. Em 20 de julho, membros do alto-comando em Berlim tinham tentado assassinar Hitler, o que provocou júbilo nas pessoas que estavam no Anexo.

De repente, pareceu que a guerra acabaria em questão de semanas, ou talvez em alguns meses. Todo mundo planejava o que faria depois da guerra. Margot e Anne começaram a falar sobre a volta à escola.

E então aconteceu o inimaginável. Como Otto declarou em uma entrevista, quase duas décadas depois: "Quando a Gestapo chegou com as armas, foi o fim de tudo."[1]

Como único sobrevivente dos oito, temos apenas o registro de Otto sobre o que ocorreu segundo a perspectiva dos residentes do Anexo. Ele se lembrava da prisão com detalhes extremamente vívidos.

Tudo aconteceu por volta das dez e meia da manhã. Ele estava no andar de cima dando uma aula de gramática inglesa a Peter van Pels. Ao fazer um ditado, Peter tinha escrito a palavra *"double"* com duas letras "b". Otto estava mostrando o erro ao garoto quando ouviu passos pesados na escada. Foi algo desconcertante porque, àquela hora, os moradores ficavam muito silenciosos para não serem ouvidos nos escritórios abaixo. A porta se abriu. Apareceu um homem apontando uma arma para eles. Não usava uniforme da polícia. Eles levantaram as mãos. Foram levados para baixo sob a mira da arma.[2]

No relato da invasão, sentimos o choque profundo de Otto. Durante o trauma, o tempo fica mais lento, prolonga-se, e alguns detalhes são enfatizados de modo estranho. Otto se recorda de um erro de grafia, uma aula de gramática, uma escada rangendo, uma arma apontada.

Ele se lembra de que estava dando aula a Peter. Lembra-se da palavra em que Peter tropeçou — "*double*", que tem apenas um *b*. É a regra. Otto acredita em regras, em ordem, mas uma força sinistra está subindo pela escada com a intenção de matá-lo e matar todos que ele considera mais preciosos. Por quê? Por poder, ódio ou simplesmente porque pode? Mesmo em retrospecto, Otto contém o horror, sustentando o autocontrole porque os outros dependem dele. Enquanto olha a arma na mão do policial à paisana, pensa: "Os Aliados estão avançando." A sorte, o acaso, o destino podem salvar todos eles. Mas está errado. Ele e sua família serão transportados em vagões de carga no último trem para Auschwitz. É impensável, mas ele também sabe que o impensável pode acontecer.

Quando Otto e Peter chegaram ao andar principal do Anexo, encontraram todos os outros de pé, com as mãos levantadas. Não havia histeria nem choro. Apenas silêncio. Todos estavam entorpecidos pelo choque do que acontecia, logo tão perto do fim.

No meio da sala, Otto notou um homem que presumiu que fosse da Grüne Polizei, a Polícia Verde, como os holandeses chamavam a polícia alemã local, por causa da cor dos uniformes. Este, claro, era Silberbauer (que tecnicamente não era membro da Grüne Polizei, e sim oficial do SD), que mais tarde disse que nem ele nem os policiais à paisana que o acompanhavam sacaram as armas. O relato de Otto, porém, é o mais digno de confiança. O testemunho de Silberbauer, assim como o da maioria dos membros da SS depois da guerra, tinha por objetivo se inocentar.

A compostura silenciosa das pessoas escondidas pareceu enraivecer o nazista. Quando ele ordenou que reunissem suas coisas para irem ao quartel-general da Gestapo na Euterpestraat, Anne pegou a pasta do pai, onde estava o seu diário. Otto Frank contou que Silberbauer arrancou a pasta de Anne, jogou o diário com a capa xadrez e algumas folhas soltas no chão e encheu a pasta com os últimos objetos de valor e o dinheiro que Otto e os outros tinham conseguido guardar, inclusive o pacotinho de ouro odontológico de Fritz Pfeffer. Os alemães estavam perdendo a guerra. Naquele ponto, boa parte da pilhagem roubada para o Reich pelas "unidades de caça aos judeus" ia parar no bolso particular de alguém.

Ironicamente, foi a ganância de Silberbauer que salvou o diário de Anne Frank. Se Anne tivesse ficado com a pasta quando foram presos, seu diário certamente seria arrancado dela no quartel-general do SD e destruído ou perdido para sempre.

Segundo Otto, foi naquele momento que Silberbauer notou um baú cinza com tiras de metal embaixo da janela. Na tampa havia as palavras "Leutnant d. Res. Otto Frank" (tenente da reserva Otto Frank).

— Onde você conseguiu este baú? — perguntou Silberbauer.

Quando Otto disse que tinha servido como oficial na Primeira Guerra Mundial, Silberbauer pareceu surpreso. Como contou Otto:

O sujeito ficou extremamente confuso. Ele me encarou e disse:

— E por que você não informou seu status?

Mordi o lábio.

— Ora, homem, você seria tratado de modo decente! Seria mandado para Theresienstadt.

Não falei nada. Pelo jeito, ele achava que Theresienstadt era um acampamento de férias, por isso fiquei quieto. Apenas olhei para ele. Mas de repente ele desviou o olhar, e naquele instante percebi: ele estava em posição de sentido. Por dentro, aquele sargento da polícia tinha ficado em posição de sentido; poderia até levar a mão ao quepe, prestando continência.

Então ele girou abruptamente nos calcanhares e correu escada acima. Um instante depois, voltou correndo. Em seguida, subiu correndo de novo e ficou assim, subindo e descendo, gritando:

— Não tenham pressa!

Ele gritava essas palavras para nós e para os seus agentes.[3]

Segundo o relato de Otto, é o nazista que perde a compostura, subindo e descendo a escada feito o Chapeleiro Maluco enquanto ele e os outros mantêm o autocontrole. Na reação instintiva de Silberbauer ao seu status de oficial, Otto captou o culto alemão à obediência, mas ele pode ter subestimado o racismo automático de Silberbauer. Anos depois, Otto diria: "Talvez ele [Silberbauer] tivesse nos poupado se estivesse sozinho."[4]

É pouco provável. Depois de conduzir os prisioneiros ao caminhão que os levaria ao quartel-general da Gestapo para interrogatório, Silberbauer voltou ao prédio para confrontar uma funcionária do escritório, Miep Gies. Talvez ele a tenha poupado da prisão porque Miep, como ele, era austríaca, mas não antes de lhe dar um sermão:

— E você não se envergonhou de ajudar aquele lixo judeu?[5]

Mais tarde, Karl Silberbauer diria que só soube anos depois, lendo em um jornal, que entre as dez pessoas que tinha prendido naquele dia estava Anne Frank, de quinze anos.

Quando foi encontrado por um jornalista investigativo em 1963, Silberbauer disse:

As pessoas que eu tirei dos esconderijos não me deixaram qualquer impressão. Seria diferente se fosse um homem como o general De Gaulle ou algum membro importante da resistência. Uma coisa assim a gente não esquece. Se eu não estivesse de plantão na hora em que meu colega recebeu um telefonema [...] jamais teria tido contato com a tal de Anne Frank. Ainda lembro que eu ia comer alguma coisa. E como esse caso todo explodiu depois da guerra, sou eu que preciso lidar com a sujeira. [...] Eu me pergunto quem está por trás de tudo isso. Provavelmente o tal de Wiesenthal ou alguém do ministério tentando obter algum favorecimento dos judeus.[6]

É difícil imaginar uma resposta mais desprezível e emocionalmente cauterizada. Naquele ponto, Silberbauer sabia muito bem que "a tal de Anne Frank", que ele havia prendido em 4 de agosto de 1944, tinha morrido de fome e tifo no campo de concentração de Bergen-Belsen. Era como se o importante não fosse a garota morta — ela é um mero incidente, não é real, seu sofrimento é insignificante —, e sim o fato de ele ser a vítima. É curioso como o valentão, quando desmascarado, está sempre coberto de autopiedade.

2

O DIÁRIO DE ANNE FRANK

O *diário de Anne Frank* é um dos livros mais angustiantes que se pode ler se for lido como o que realmente é: o relato diário de uma menina de treze anos sobre a vida em um esconderijo durante a terrível ocupação nazista da sua cidade. Anne Frank capta cada detalhe dos mais de dois anos da vida claustrofóbica que passou com a família no Anexo da empresa do seu pai, esperando a chegada dos caçadores nazistas.

Ela sabe o que está lá fora. Como as outras sete pessoas com quem divide o espaço, vive com medo, fome, pesadelos sobre a captura e a ameaça iminente da descoberta e da morte. Não é a primeira a passar por isso, mas talvez seja uma das primeiras a escrever a respeito enquanto tudo está acontecendo. As outras obras-primas que temos sobre o Holocausto — *A noite*, de Elie Wiesel; *É isto um homem?*, de Primo Levi — são escritas em retrospecto por pessoas que sobreviveram. Anne Frank, porém, não irá sobreviver.

É isso que torna seu diário tão angustiante. Desde o início sabemos qual é o final, mas ela não sabe.

Anne Frank ganhou o diário de presente no aniversário de treze anos, em 12 de junho de 1942. Menos de um mês depois, em 6 de julho, a família entrou no esconderijo após sua irmã de dezesseis anos, Margot, receber a ordem de se apresentar para o *Arbeitseinsatz*, o serviço compulsório na Alemanha. Otto Frank já sabia que "serviço" era um eufemismo para trabalho escravo.

Ansiando por uma companhia íntima, Anne Frank inventou uma amiga chamada Kitty, a quem se dirige com uma honestidade completa e absoluta. Ela escreve no diário sobre esperança, sobre os mistérios de seu corpo feminino, sobre a paixonite adolescente pelo garoto de dezessete anos cuja família compartilhava o Anexo com os Frank. Anne ainda é criança: recorta fotos de estrelas de cinema e de membros da realeza e as cola na parede do quarto. Apesar de nascida em Hamburgo, na Alemanha, tendo chegado à Holanda com quatro anos e meio, sua língua principal passa a ser o holandês, em que ela escreve o diário. Sua ambição é se tornar escritora. Sonha com um futuro em que será famosa. Para o leitor, tudo isso é esmagador, já que sabemos que, para ela, não existirá futuro.

O mundo em que Anne vive é irreconhecível para nós. Em julho de 1943, a família descobre que ela precisa de óculos. Miep Gies, uma das pessoas que ajudam os que estão no Anexo, se oferece para levá-la a um oftalmologista, mas Anne fica apavorada com a ideia de sair à rua. Quando tenta vestir o casaco, a família descobre que ela cresceu e as roupas não cabem mais e que, com a palidez, poderiam identificá-la facilmente como uma judia escondida. Ela não consegue os óculos. Em agosto de 1944, Anne terá passado 25 meses sem sair à rua.

As janelas abertas poderiam alertar às pessoas nos prédios adjacentes que o Anexo está ocupado. Para respirar ar puro, Anne precisa se deitar e sugar o pouquinho que passa pelo parapeito. Ela está com quatorze anos quando escreve:

A atmosfera é sufocante, opressiva, pesada como chumbo. Não dá para ouvir nem um pássaro cantando lá fora, e um silêncio mortal e abafado paira sobre a casa e me agarra, como se fosse me arrastar para as regiões mais profundas do subterrâneo. [...] Vou de um cômodo a outro, subo e desço a escada, me sentindo um passarinho com as asas arrancadas, que fica se jogando contra as

barras da gaiola na escuridão absoluta. [...] Dormir faz o silêncio
e o medo terrível irem embora mais rapidamente, ajuda a passar
o tempo, já que é impossível matá-lo.[1] [tradução livre]

Porém, ela sempre se reanima. Diz a "Kitty" que o modo de dominar o medo e o isolamento é buscar a paz na natureza e comungar com Deus — como se, por um momento, sentada na janela do sótão olhando o céu pálido, fosse possível esquecer que não pode sair do Anexo. Como ela consegue ser tão entusiasmada, tão afirmativa, tão cheia de vida no meio de uma repressão tão aterrorizante?

Perto do fim do diário, Anne faz o registro de uma noite especialmente assustadora em que ladrões invadem o depósito e alguém, talvez da polícia, bate na estante que esconde a entrada do Anexo Secreto. Anne diz a Kitty:

Naquela noite senti realmente que ia morrer [...] mas agora, agora
que fui poupada, meu primeiro desejo depois da guerra é me
tornar cidadã holandesa. Adoro os holandeses, adoro este país,
adoro a língua e quero trabalhar aqui. E, mesmo se for preciso
escrever à própria rainha, não vou desistir até alcançar meu
objetivo![2] [tradução livre]

É uma declaração extraordinária para uma adolescente que vai fazer quinze anos. A última anotação de Anne Frank no diário é datada de 1º de agosto de 1944, três dias antes de ela, a família e as outras pessoas escondidas serem presas. Otto Frank será o único dos oito moradores do Anexo a voltar dos campos de concentração.

Após serem libertados no fim da guerra, muitos sobreviventes acharam impossível colocar em palavras o que haviam passado. O escritor Elie Wiesel levou dez anos para conseguir escrever *A noite*. Ele perguntou: "Como poderíamos reabilitar e transformar palavras traídas e pervertidas pelo inimigo? Fome — sede — medo — transporte — seleção — fogo — chaminé: todas essas palavras têm significado intrínseco, mas, naquela época, elas significavam outra coisa." Como seria possível escrever sem usurpar e profanar o sofrimento abominável naquele "universo demente e glacial onde ser inumano era ser humano, onde homens disciplinados, educados, usando uniformes, vinham para matar"?[3]

Quando Primo Levi enviou seu livro *É isto um homem?* à editora Einaudi, de Turim, em 1947, Cesare Pavese, na época bastante famoso, e Natalia Ginzburg, cujo marido tinha sido assassinado pelos alemães em Roma, o recusaram. Levi tentou várias editoras; todas rejeitaram seu livro. Era cedo demais, diziam. "Os italianos tinham outras coisas com as quais se preocupar [...] em vez de ler sobre os campos de morte alemães. Eles queriam dizer: 'Acabou. *Basta!* Chega desse horror!'"[4]

A peça de teatro *O diário de Anne Frank* e, mais tarde, o filme ganham tensão até o clímax do comentário de Anne nas últimas páginas do diário:

É um espanto que eu não tenha abandonado todos os meus ideais: eles parecem absurdos demais e impossíveis de serem realizados. Mas continuo agarrada a eles, porque, apesar de tudo, ainda acredito que, no fundo, as pessoas são boas.[5] [tradução livre]

Para muita gente era impossível encarar o que havia acontecido: assassinato em massa; sepulturas coletivas aniquilando qualquer memória pessoal dos mortos. Tanto na peça quanto no filme, as referências aos "alemães" foram mudadas para "nazistas" e a experiência judia foi suavizada. Por exemplo, a menção ao Yom Kippur foi eliminada. Supostamente isso foi feito para reforçar o apelo secular e universal da história. O tradutor da edição alemã do diário, publicada em 1950, atenuou "todas as referências hostis aos alemães e à Alemanha", argumentando que "um livro que afinal de contas se destinava a ser vendido na Alemanha não pode insultar os alemães".[6]

Mas o diário é como um documento vivo. Sua recepção muda de acordo com o que sabemos ou estamos dispostos a confrontar. A partir da década de 1960, livros, filmes, museus e monumentos foram criados para lembrar o Holocausto. Finalmente as pessoas estavam prontas para encarar a insanidade que foi o nazismo e se dispunham a examinar a indiferença à violência que tinha permitido ao fascismo se espalhar como um vírus.

Mais apropriado à nossa compreensão atual seria o comentário de Anne perto do fim do diário: "Existe nas pessoas uma ânsia destrutiva, a ânsia de se enfurecer, de assassinar, de matar. E, até que toda a humanidade passe por uma mudança radical, as guerras continuarão sendo travadas."[7] [tradução livre]

VOCÊ PODE SE PERGUNTAR: DE QUE ADIANTA QUESTIONAR QUEM DELATOU ANNE FRANK EM UMA guerra que aconteceu há tanto tempo? A resposta é que, passadas quase oito décadas desde o fim da guerra, parecemos ter ficado complacentes, pensando, como os holandeses pensaram um dia, que não há como isso acontecer aqui. No entanto, a sociedade contemporânea está se mostrando cada vez mais suscetível a divisões ideológicas e ao fascínio do autoritarismo, esquecendo a verdade simples de que o fascismo incipiente sofre metástase se não for contido.

O mundo de Anne Frank deixa isso claro. Quais são as verdadeiras ferramentas da guerra? Não apenas a violência física, mas a violência retórica. Em uma tentativa de determinar como Adolf Hitler havia assumido o controle, em 1943 o Departamento de Serviços Estratégicos dos Estados Unidos encomendou um estudo que explicou a estratégia dele: "Jamais admitir uma falha ou um erro; jamais aceitar a culpa; concentrar-se em um inimigo de cada vez; culpar esse inimigo por tudo que dá errado; aproveitar cada oportunidade para provocar um redemoinho político."[8] E em pouco tempo as hipérboles, o extremismo, a difamação e a calúnia se tornam lugares-comuns e instrumentos aceitáveis de poder.

Observar a transformação de uma cidade como Amsterdã sob ocupação é entender que, apesar de existirem os que apoiavam os nazistas — fosse por oportunismo, ilusão, venalidade ou covardia — e os que se opunham, a maioria simplesmente tentava manter a cabeça baixa.

O que acontece quando as pessoas não podem confiar nas instituições que deveriam protegê-las? O que acontece quando as leis fundamentais que constituem e protegem o comportamento decente desmoronam? A Holanda em 1940 era como uma placa de Petri em que podemos examinar como indivíduos criados em liberdade reagem à catástrofe quando ela bate à sua porta. São perguntas que ainda hoje valem a pena serem feitas.

3

A EQUIPE DO CASO ARQUIVADO

O escritório da equipe do caso arquivado fica no extremo norte da cidade, o que exige pegar uma balsa que sai da Estação Central de Amsterdã e atravessa o rio IJ, que conecta a área principal da cidade com Amsterdam-Noord. Com duas torres de relógios, as torrinhas e a fachada estilo Renascença Gótica, a estação é tão grande que poderia facilmente ser confundida com um palácio real, até que a gente entra e vê as lojas, os restaurantes, os trilhos, as entradas do metrô e os cais das balsas. Atravessá-la hoje e entrar em um barco no rio Amstel, com a maioria dos passageiros apoiados nas bicicletas, é quase surreal; a liberdade de tudo isso é muito sedutora. Porém, não é difícil imaginar a Wehrmacht marchando a passo de ganso através do prédio enorme ou, na praça, homens, mulheres e crianças sendo arrebanhados pela rua por soldados com cassetetes, uma visão que deixava Anne Frank arrasada enquanto espiava por uma fresta na cortina do escritório no número 263 da Prinsengracht.

O escritório da equipe, em uma área residencial recém-urbanizada, era uma sala grande organizada em seções para os investigadores, os pesquisadores e os funcionários administrativos. Fiquei sabendo que, em janeiro de 2019, o escritório abrigava uma equipe de 23 pessoas, com uma "sala de operações", linhas do tempo nas paredes e acesso altamente controlado. Um cubículo à prova de som permitia que até quatro pessoas se reunissem em particular.

Uma parede estava cheia de fotos da hierarquia nazista, seus colaboradores no SD holandês e os informantes chamados de V-Männen (homens-V) e V-Frauen (mulheres-V) — o *V* significa *vertrouwens*, ou "de confiança" —, que fizeram parte da perseguição aos judeus. Embaixo da galeria de fotos ficava um pequeno modelo tridimensional do prédio 263 da Prinsengracht com o Anexo nos fundos.

Na parede oposta havia fotos dos moradores do Anexo Secreto — a família Frank, a família Van Pels e Fritz Pfeffer — e também das pessoas que os ajudavam — Johannes Kleiman, Victor Kugler, Bep Voskuijl e Miep e Jan Gies. As paredes da sala de operações eram cobertas com mapas de Amsterdã na época da guerra e uma linha do tempo com fotos e recortes que representavam acontecimentos importantes relativos à delação.

Uma foto aérea do canal Prinsengracht, feita por um avião inglês da Força Aérea Real (Royal Air Force, RAF) em 3 de agosto de 1944 e impressa ampliada, medindo um metro quadrado, cobria grande parte de outra parede. Tinha sido feita apenas doze horas antes da prisão das pessoas no Anexo. Na foto é possível distinguir claramente o escritório e o armazém de Otto Frank e o Anexo atrás. As pessoas ainda estavam escondidas ali. Não faziam ideia de que passavam a última noite no que supostamente era a liberdade. Thijs me disse que olhar a foto dava à equipe uma sensação espantosa de conexão com os escondidos, como se o tempo estivesse suspenso.

O sócio de Thijs, Pieter van Twisk, tem a rabugice de todos os bibliófilos, que deve decorrer da sua meticulosidade e obsessão pelos detalhes; podemos ter certeza de que qualquer conclusão a que ele chegue é sustentada por provas. Como no caso de Thijs, a pesquisa feita pela equipe do caso arquivado acabou sendo muito mais pessoal para Pieter do que ele esperava. Nos primeiros estágios do projeto, ele estava procurando informações nos arquivos da cidade de Groningen sobre um colaborador holandês chamado Pieter Schaap. Perto do fim da guerra, Schaap estivera em Groningen caçando um líder da resistência chamado Schalken. Pieter achou o nome Schalken vagamente familiar.

Posteriormente, ele descobriu no Arquivo de Groningen um documento que reconhecia e registrava participantes da resistência. O documento confirmava que Schalken fora um dos líderes do Esquadrão Nacional de Luta (Landelijke Knokploegen, KP), o braço armado da resistência. Também indicava que ele estivera escondido na casa dos avós de Pieter. Pieter tinha ouvido a história antes, por meio de algum familiar, mas jamais a havia levado a sério.

O documento que ele encontrou citava o seu avô, Pieter van Twisk — cujo nome ele recebeu como uma homenagem —, com um texto no pé da página:

> *Foi arriscado? E por quê? Sim, durante toda a sua carreira na resistência, seu endereço era o endereço de contato da KP, do OD e do LO etc. Vários proeminentes combatentes da resistência, dentre eles Schalken, encontraram abrigo na casa da família. As pessoas mencionadas acima eram procuradas pelo SD. Antes disso ele estava sendo útil escondendo armas.*[1]

Schalken nunca foi apanhado e os avós de Pieter também não foram presos. Pieter se lembrava do tio, que era um garoto na época da guerra, contando que admirava Schalken. Uma vez, durante uma batida nazista, Schalken saiu calmamente da casa, parou, acendeu um cigarro e, muito relaxado, subiu em sua bicicleta e foi embora. Nenhum oficial nazista suspeitou que era ele que estavam procurando.

Sem dúvida é difícil achar na Holanda uma família que não tenha uma história relacionada à guerra.

NAS DÉCADAS APÓS A GUERRA, A NARRATIVA POPULAR ERA DE QUE A MAIOR PARTE DO POVO holandês tinha sido contra os nazistas e que muitas pessoas participaram da resistência ou a apoiavam. No pós-guerra, a maioria dos países europeus se agarrava a essa narrativa, mas a realidade era muito menos monocromática. Pieter acredita que nos últimos trinta anos surgiu uma imagem com mais nuances sobre a Holanda e o Holocausto, primeiro entre os historiadores e, em seguida, também entre parte da população.

Seu país deu à luz Baruch Spinoza, o filósofo do liberalismo, e tinha uma longa história de tolerância que levou muitos judeus a buscar refúgio lá depois da ascensão de Hitler ao poder em 1933. O antissemitismo era moderado em comparação com muitos outros países europeus. No entanto, a Holanda transportou mais judeus para a morte em campos de extermínio no leste do que qualquer outro país da Europa Ocidental. Dos 140 mil judeus que moravam na Holanda, 107 mil foram deportados e apenas 5.500 retornaram.

Pieter disse que um dos motivos para se juntar ao projeto foi a necessidade de entender por que os números na Holanda eram tão altos. Será que o preconceito é como um patógeno na psique humana, ativado por determinadas circunstâncias? No Museu da Resistência (Verzetsmuseum), em Amsterdã, fica evidente como a crueldade da propaganda antissemita dos nazistas era maligna e implacável. Há cartazes com "bolcheviques judeus" assassinos junto de cadáveres; um crucifixo ensanguentado no chão; caricaturas grotescas de judeus gananciosos de chapéu-coco e terno; imagens aterrorizantes de judeus como parasitas culturais sub-humanos. Como as pessoas puderam acreditar nesse tipo de propaganda? Ao estudar a sociedade em que Anne Frank viveu, Pieter esperava entender o que havia acontecido, o único modo de não repetir aqueles erros.

Após decidirem iniciar uma investigação sobre o que levou à invasão do Anexo, Thijs e Pieter procuraram verbas de várias fontes, incluindo *crowdsourcing*, a prefeitura de Amsterdã e investidores particulares, além de editores. Em seguida, começaram a montar uma equipe de investigadores, historiadores e pesquisadores holandeses. Dentre eles estavam Luc Gerrits, ex-detetive de homicídios; Leo Simais, investigador de crimes importantes e chefe do Departamento de Casos Arquivados e Pessoas Desaparecidas da Polícia Nacional; vários detetives aposentados; e um investigador do Serviço Geral de Inteligência e Segurança da Holanda (AIVD).

Na primeira reunião da equipe, em 30 de junho de 2016, Leo apresentou as chamadas sessões PNM: com os "pés na mesa", as pessoas começam a conversar, fazer *brainstorming*, análises. Por onde começar? Leo não poderia ter sido mais claro: pelo suposto telefonema que o delator deu para o SD, falando de judeus escondidos em um armazém no número 263 da Prinsengracht. Qual era a probabilidade de o telefonema ter realmente acontecido? No ano de 1944 em Amsterdã restava alguma cabine telefônica pública? Os fios de cobre das linhas telefônicas não tinham sido transformados em armas? O número do telefone do SD era conhecido publicamente? E assim por diante.

No estágio preliminar da investigação, logo ficou evidente que a força policial de Amsterdã durante a ocupação nazista tinha cumprido um papel questionável. Como todas as outras instituições oficiais na Holanda, até certo ponto a polícia teve que colaborar com os nazistas durante a ocupação, mas parecia que vários policiais haviam ido mais longe do que o necessário nessa ajuda.

Assim, Thijs sugeriu que seria bom ter na equipe alguém de fora, independente, que não fosse da Holanda. Perguntou a Luc se ele poderia encontrar um agente do FBI para comandar o caso arquivado. Traição é um crime não forense, já que não existem vestígios físicos e a equipe precisaria trabalhar com métodos de ponta de coleta de informações para avançar. Leo procurou Hans Smit, o chefe do braço secreto da Polícia Nacional, que tinha sido treinado pelo FBI. Smit sugeriu que Thijs ligasse para um antigo colega da unidade secreta do FBI que havia se aposentado recentemente.

— É o cara que você deve procurar — disse Smit. — O nome dele é Vince Pankoke.

Thijs e Pieter entraram em contato pelo Skype com Vince, que estava morando na Flórida. Ambos tiveram uma ótima impressão do investigador gentil e obviamente muito profissional, que se disse intrigado com o projeto.

Depois de oito anos como policial, Vince tinha passado 27 como agente especial do FBI, trabalhando infiltrado em casos de alto nível envolvendo traficantes de drogas colombianos.

Além disso, havia atuado no caso contra a Sky Capital, cujo CEO, Ross Mandell, podia ser considerado um tanto parecido com o personagem fictício Gordon Gekko, do filme *Wall Street — Poder e cobiça*. Ao conhecer Vince, jamais se suspeitaria que ele tivesse um passado assim. Parece que ele ainda vive sob disfarce — um sujeito calmo, anônimo, usando uma camisa guayabera —, até descobrirmos sua paixão por perigosas corridas de motocicleta ou sua sede por novos desafios.

Vince tem uma natureza simpática, fala com facilidade sobre a família e sua ascendência alemã. Seu pai lutou no Exército dos Estados Unidos na Segunda Guerra Mundial. Mesmo quando era criança e o pai contava histórias da guerra, Vince ficava pasmo imaginando que os soldados em que seu pai estava atirando podiam ser seus parentes. É evidente que ele acredita no mal e que viu um bocado dele em ação. O escritor russo Aleksandr Solzhenitsyn, logo que saiu dos gulags, disse que o mundo tem certo nível de tolerância com relação ao mal; o mal sempre existirá no mundo. Porém, quando esse nível de tolerância é ultrapassado, toda a moralidade se racha e os seres humanos são capazes de qualquer coisa.

Como, Vince se perguntou em voz alta, a cultura alemã — sofisticada, avançada, democrática — se submeteu à ditadura totalitária, se desintegrou e se perdeu a ponto de provocar uma guerra que acabaria por matar cerca de 75 milhões de pessoas, das Forças Aliadas e do Eixo, civis e militares? Com sua experiência de agente infiltrado para o FBI, Vince sabe que existe um elemento que se mostra sempre presente: alguém está ganhando dinheiro. Industriais alemães bancaram Hitler em segredo a partir de 1933 e a guerra se mostrou lucrativa para eles. Bayer, BMW, Krupp, Daimler e IG Farben saíram mais ricas do que tinham entrado. Na Holanda ocupada, Vince sabia que a engenhosidade burocrática que os alemães usaram para remover todos os judeus do país só foi igualada pela discrição com que saquearam seus bens.

Como quase todos os americanos, Vince ficou sabendo sobre Anne Frank na escola. Visitou a Casa de Anne Frank quando já estava bem-estabelecido na carreira, e ficou pasmo ao descobrir que a pergunta "Quem traiu Anne Frank?" nunca havia sido respondida de modo definitivo.

Disse que adora um desafio, por isso decidiu imediatamente participar da investigação do caso arquivado. No entanto, quando já estava adiantado no projeto, teve momentos em que se perguntava no que havia se metido: o caso tinha mais de 75 anos, o delator e a maioria das testemunhas imediatas estavam mortos e havia muitas outras complexidades.

— Seria impossível encontrar circunstâncias mais difíceis — disse.

Mesmo assim, não conseguia afastar o sentimento de que era aquilo que precisava fazer. Um de seus primeiros passos foi montar uma equipe de especialistas em assuntos policiais em tempo de guerra, na história de Amsterdã, nos colaboradores, nos fascistas saqueadores holandeses e na resistência.

Monique Koemans, que trabalha como analista criminal para o governo holandês, entrou para a equipe em outubro de 2018. Além de obter um Ph.D. em criminologia, ela também se formou em história. Quando encontrou em sua caixa de entrada um e-mail com o convite para se juntar à equipe, não hesitou. Não é comum um projeto requisitar suas competências tanto como criminologista quanto como historiadora. Ela tirou um ano de licença do emprego.

Quando era jovem, Monique leu o diário de Anne Frank mais de vinte vezes, e escreveu sobre a menina no início da carreira como jornalista. O caso da delação pode ser antigo, mas ela acha que o presente jamais se distancia do passado.

Pelo menos em Amsterdã, os vestígios da guerra estão por toda a parte. No caminho para o trabalho, ela passava pela redação do *Het Parool*, um jornal nacional fundado em 1941 como periódico da resistência. Em Haia, onde mora atualmente, Monique diz que as cicatrizes da guerra são profundas. Caminhando pelo Bezuidenhout, um bairro da cidade onde seus avós moraram e onde sua avó sobreviveu por pouco a um bombardeio devastador, ela passava pela casa onde seu avô se escondeu enquanto trabalhava para um jornal da resistência.

O ex-vizinho dela era filho de um sobrevivente do Holocausto. Ele lhe contou que, no final da guerra, um trem cheio de prisioneiros vindos do campo de concentração de Bergen-Belsen foi abandonado pelos nazistas no meio de uma floresta. Sua mãe e sua avó estavam naquele trem. Elas conseguiram sobreviver comendo frutas silvestres até que tropas aliadas finalmente as encontraram. Para a mãe dele, sair de Bergen-Belsen naquele momento significou sobreviver à guerra. Anne e Margot Frank, que ficaram para trás naquele mesmo campo de concentração, não sobreviveram.

Outras jovens historiadoras — Christine Hoste, Circe de Bruin e Anna Foulidis — realizaram boa parte do trabalho de pesquisa nos arquivos da cidade, inclusive no Instituto de Estudos da Guerra, do Genocídio e do Holocausto (NIOD), e no Stadsarchief Amsterdam (Arquivo da Cidade de Amsterdã). Elas examinaram milhares de documentos, fizeram anotações, escreveram relatórios, marcaram reuniões e prepararam as entrevistas. Ao serem perguntadas de que modo a pesquisa sobre o Holocausto as havia impactado, disseram que tinha sido doloroso penetrar naquele passado, mas que, pelo menos, estavam concentradas na Holanda, por exemplo no campo de trânsito de Westerbork — hoje um museu, cujo diretor entrevistaram. Christine declarou não acreditar que suportaria lidar com os campos na Alemanha e na Polônia.

Thijs chamou o amigo Jean Hellwig, professor convidado de história pública na Universidade de Amsterdã, para entrar na equipe como gerente de projeto. Era um desdobramento natural de seu projeto anterior, Warlovechild, que havia coletado histórias, filmes e fotos de filhos de soldados holandeses abandonados depois da guerra colonial na Indonésia entre 1945 e 1949.[*]

---

[*] Cerca de 130 mil jovens holandeses foram mandados à Indonésia para recuperar a colônia, e muitas atrocidades daquele período ainda estão envoltas em silêncio. Quando a guerra colonial foi perdida, os soldados se retiraram, deixando para trás crianças abandonadas, sem pais, frequentemente desprezadas pelos indonésios porque eram parte holandesas. A história da guerra colonial se tornou tangível quando Jean conheceu algumas dessas crianças, já com mais de sessenta anos, e também os pais e parentes perdidos havia muito tempo. Ele também tem ascendência holandesa e indonésia, mas é de uma geração posterior.

— Com meus próprios olhos vi o potencial de cura ao encontrar a verdade histórica — disse.

Ele convidou onze alunos para ajudar na pesquisa, permitindo que eles fizessem o estágio universitário na equipe.

O último acréscimo ao grupo foi Brendan Rook, um detetive que havia servido como oficial da infantaria no Exército australiano e passado mais de dez anos no Tribunal Criminal Internacional de Haia investigando crimes de guerra, crimes contra a humanidade e genocídios ao redor do mundo. No FBI, Vince havia trabalhado intimamente com a Polícia Nacional Holandesa, e um dos seus principais contatos daquela época o apresentara a Luc Gerrits. Vince mencionara a Luc que precisava de alguém para trocar ideias, um colega investigador capaz de isolar os fatos que pudessem levar à solução do crime e se concentrar neles. Luc conheceu Brendan em Haia e, depois de saber do seu passado investigativo, falou com ele sobre a equipe do caso arquivado. Brendan demonstrou enorme interesse e logo conseguiu uma licença do trabalho para se juntar ao projeto.

Vince e Brendan são almas irmãs. Compartilham um jeito especial de enxergar as coisas. Ainda que a Casa de Anne Frank seja um museu diante do qual centenas de visitantes fazem fila, para eles foi um local de crime. Eles visualizavam os acontecimentos de 4 de agosto de 1944 exatamente onde ocorreram naquela manhã lamentável.

Brendan disse que sempre que visita um local de crime descobre novos detalhes. Parado diante do prédio, olhando os quatro andares, o sótão da frente, as janelas, tem certeza de uma coisa: um policial profissional certamente deduziria a existência do Anexo nos fundos e não demoraria muito para encontrar a entrada secreta.

4

AS PARTES INTERESSADAS

N essa investigação cada vez mais complexa do caso arquivado, Vince era alguém de fora, por assim dizer, observando da periferia e precisando deduzir coisas que eram evidentes para os holandeses. O lado positivo era que ele podia permanecer imparcial diante de revelações que enlouqueciam os demais. O primeiro choque para o grupo foi o grau de animosidade entre as várias partes interessadas do legado de Anne Frank.

Thijs descreveu a primeira reunião que ele e Pieter tiveram com Jan van Kooten, um homem a quem ele se referiu como "do mundo de Anne Frank", um ex-diretor de educação e apresentações (1983-2004) da Casa de Anne Frank.[1] Thijs tinha perguntado a Van Kooten se eles poderiam se reunir para falar das organizações dedicadas à história dos Frank. Queria saber como os vários grupos trabalhavam e como colaboravam.

Na sexta-feira, 4 de março de 2016, Thijs e Pieter visitaram o escritório do Comitê Nacional para 4 e 5 de Maio, a instituição holandesa responsável pelas comemorações anuais do Dia da Lembrança e do Dia da Libertação.[2] Van Kooten, o diretor na época, estava sentado atrás da mesa grande, parecendo um tanto intimidador. Thijs e Pieter estavam um pouco ansiosos, já que era a primeira conversa oficial em que eles precisariam explicar sua ideia: uma investigação sobre "quem traiu Anne Frank", como o caso é conhecido. A primeira pergunta foi cautelosa: o que precisaremos saber quando começarmos?

Rapidamente Van Kooten pegou na gaveta um papel em branco e um marcador. Olhou para o papel apenas por um momento. Depois, começou a desenhar círculos e linhas. Falava baixo mas com firmeza. Os dois sentiram que ele conhecia intimamente o mundo que descrevia e que estava escolhendo as palavras com cuidado, muito cuidado.

O desenho foi ficando cada vez mais complexo. E ficou claro que o mundo em que eles iam entrar era difícil de ser explicado. A essência era a seguinte:

Existem três versões do diário de Anne Frank:

A. O diário original.

B. A reescrita do diário feita por Anne nos últimos meses antes da invasão do Anexo. (Em uma transmissão do programa Radio Oranje *em 28 de março de 1944, o ministro holandês da Educação, Arte e Ciência aconselhou as pessoas a preservar seus diários, de modo que houvesse uma crônica do que o país havia sofrido e de como tinha sobrevivido. Anne reescreveu seu diário com a ambição de que ele fosse publicado.)*[3]

C. O diário reescrito com ajustes feitos por Otto Frank (ou sob a supervisão dele). Esta é a versão que tem sido publicada em todo o mundo.

Existem duas fundações Anne Frank, ambas criadas por Otto Frank:

1. A Casa de Anne Frank/Anne Frank Stichting (AFS), em Amsterdã. Foi estabelecida em 1957 por Otto Frank para salvar da demolição a casa e o Anexo no número 263 da Prinsengracht. Os principais objetivos da fundação são a administração da Casa de Anne Frank e a divulgação da história de vida e dos ideais de Anne Frank. A fundação desenvolve mostras, programas edu-

cacionais e publicações baseadas na vida de Anne. Além disso, cuida da coleção Anne Frank e abre o "esconderijo" ao público.

2. *Anne Frank Fonds (AFF), na Basileia, Suíça. Esta foi fundada em 1963 por Otto Frank para distribuir o diário de sua filha e administrar os direitos autorais da família Frank.* A Anne Frank Fonds tem um centro educacional em Frankfurt, apoia muitas instituições de caridade e é ativa no campo dos livros, filmes e peças de teatro.*

Até aí tudo bem. Mas as coisas ficam mais complicadas. A versão A do diário é de propriedade do Estado holandês. A versão B era propriedade da Casa de Anne Frank, em Amsterdã, mas agora pertence à Anne Frank Fonds na Basileia. De qualquer modo, os direitos de imagens, inclusive imagens do texto, sempre pertenceram à Fonds. A versão C também pertence à Anne Frank Fonds.

As duas organizações passaram por vários processos judiciais disputando a propriedade dos direitos autorais. Qualquer coisa que se faça com uma delas pode, portanto, causar impacto na outra. Essa era a essência do esquema desenhado por Van Kooten.

NA PRIMEIRA FASE DO PROJETO, THIJS ESTAVA TOMANDO CHÁ COM UM AMIGO E EXPLICANDO SUAS ideias sobre a investigação do caso arquivado. Esse amigo contou que em uma de suas visitas ao luxuoso hotel La Colombe d'Or, no sul da França, tinha encontrado um dos membros da diretoria da Anne Frank Fonds (AFF) — o hotel é conhecido por possuir obras de Pablo Picasso, Henri Matisse, Marc Chagall e muitos outros artistas famosos, que as deixaram nas paredes como pagamento pela estadia. O amigo de Thijs disse que, quando estivessem prontos, ele providenciaria um telefonema entre Thijs e o membro da diretoria. Thijs esperou até ter certeza de que o projeto estivesse financiado e pronto para avançar. Quando finalmente

---

* Mantida atualmente pelos sobrinhos de Otto, entre eles Buddy e Stephen Elias (filhos da irmã de Otto, Leni).

conversaram, o diretor da AFF disse a Thijs que não era muito receptivo ao projeto, mas que mesmo assim falaria dele com os outros diretores. Isso levou a um convite para visitar a sede da AFF. Na quarta-feira, 28 de setembro de 2018, Thijs, Pieter e Vince pegaram o voo de uma hora para a Basileia.

A Fonds fica perto do centro histórico da Basileia, em um prédio moderno e muito discreto. O interior é luxuoso sem ser chamativo. A reunião aconteceu em uma sala pequena com a presença de cinco membros do conselho de curadores, incluindo o presidente, John D. Goldsmith, o vice-presidente Daniel Fürst e o secretário Yves Kugelmann. A conversa foi animada e agradável por uma hora ou mais, acompanhada de sanduíches. Todos se apresentaram brevemente e, em seguida, Thijs, Pieter e Vince falaram sobre suas ideias para a pesquisa e a motivação para realizar o projeto. Vince lembrou que Goldsmith pareceu cético; perguntou por que eles tinham iniciado uma investigação e se havia alguma informação nova que a justificasse.

Vince explicou que o objetivo de uma investigação de um caso arquivado era rever informações obtidas anteriormente com a esperança de encontrar pistas novas. No caso em questão, as investigações anteriores tinham sido feitas com um foco estreito demais. Técnicas e tecnologias mais recentes poderiam trazer novas ideias. Depois disso, os diretores pareceram um pouco menos céticos. A atmosfera era tão amistosa e agradável que Vince começou a ter esperança de que a diretoria se comprometesse a cooperar. Esse otimismo terminou abruptamente quando Kugelmann perguntou se eles já tinham um nome para o projeto.

Thijs respondeu que o título era: "Diário de um caso arquivado: Anne Frank". Imediatamente todos ficaram em silêncio. Kugelmann começou a falar. Disse que eles eram contrários a isso. Por que fazer um mau uso do nome Anne Frank para o estudo? Eles não sabiam que o nome Anne Frank era protegido e que a AFF era dona dos direitos da marca? A equipe não poderia usar o nome dela. E não seria particularmente antiético ganhar dinheiro às custas da pobre garota? Afinal de contas, a delação não era somente contra Anne Frank, e sim contra as oito pessoas escondidas no

Anexo — e também dizia respeito aos outros 107 mil judeus que foram levados da Holanda e não se chamavam Anne Frank. Por que a Holanda reivindicava Anne, afinal? Em primeiro lugar, ela era uma garota alemã e judia, e não holandesa! Por esse motivo, eles apoiavam a Casa de Anne Frank em Frankfurt. Na verdade, para eles, era simplesmente incompreensível que existisse uma Casa de Anne Frank em Amsterdã.

Vince, Thijs e Pieter ficaram perplexos. Pieter, em particular, sentiu-se ultrajado. A AFF os estava censurando por tentar ganhar dinheiro com o nome Anne Frank? A mesma AFF que era a detentora dos direitos de um dos livros mais vendidos e mais lucrativos de todos os tempos? Anne era acima de tudo uma garota alemã? Ela não tinha sido expatriada e praticamente expulsa de seu país por um regime que a considerava "*Untermensch*" (sub-humana)? Ela não escreveu no diário que seu maior desejo era se tornar holandesa, além de uma escritora famosa? Ela não tinha escrito o diário em holandês? Se tivesse sobrevivido à guerra, poderia ter alguma dúvida quanto a se tornar holandesa, mas esta havia sido claramente sua intenção.

Kugelmann disse que via oportunidades para apoio e colaboração, mas somente se a equipe não usasse o nome de Anne Frank. Eles até poderiam cooperar com um grupo de pesquisa que já era financiado pela AFF. Ainda que a atmosfera tivesse obviamente esfriado, todo mundo ainda se comportava com cortesia. Thijs indicou que eles não haviam previsto aquela condição como base para a futura cooperação e precisavam pensar.

Então Kugelmann pronunciou as palavras que Thijs, Vince e Pieter não esqueceriam tão cedo. Ele declarou que a equipe jamais poderia solucionar o caso sem a ajuda da Anne Frank Fonds, insinuando que a fundação possuía alguma coisa que era a chave para solucionar o mistério. Se ela realmente tivesse algo, provavelmente estaria em seus arquivos, mas não ficou claro de que prova específica Kugelmann estava falando.

Quando os três saíram da reunião, Goldsmith puxou Vince de lado e disse:

— Você sabe que Otto mentiu para Wiesenthal sobre conhecer a identidade de Silberbauer. Por que acha que ele fez isso?

Vince respondeu que ainda não sabia, mas que estava decidido a descobrir. Foi a primeira vez que a equipe soube que Otto havia guardado segredos.

Algumas semanas depois, Thijs teve uma curta conversa telefônica com um diretor da AFF, que perguntou se a equipe havia reconsiderado o uso do nome Anne Frank no título da investigação, do livro ou do filme. Quando Thijs respondeu que não, o diretor disse que a AFF não estava interessada em colaborar. Mais tarde, quando a investigação corria a toda velocidade, Thijs mandou uma carta para a AFF convidando a diretoria a visitar o quartel-general da equipe, e eles recusaram educadamente. Além disso, Vince pediu oficialmente acesso ao arquivo da AFF em uma carta que foi respondida dois meses depois com um pedido formal de mais detalhes. Apesar de ele ter fornecido as informações exigidas, não houve retorno.

E foi assim que a equipe do caso arquivado aprendeu a primeira lição: as entidades dedicadas a manter o legado de Anne Frank eram mais misteriosas e complexas do que até mesmo o labiríntico esquema que Jan havia sugerido. E a equipe ainda não fazia ideia de como tudo iria se tornar muito mais complicado.*

---

* No final das contas, não recebemos permissão da AFF para citar trechos das cartas de Otto Frank, ainda que aqueles que escolhemos tenham sido publicados em outros livros. Lamentamos profundamente não termos em nosso livro sua voz eloquente promovendo a tolerância, a paz e a justiça.

5

"VEJAMOS O QUE O HOMEM CONSEGUE FAZER!"

O tto Frank nasceu em Frankfurt em 1889. Pelo lado materno, podia rastrear suas raízes ancestrais na Alemanha até o século XVI. Ele lutou na Primeira Guerra Mundial, respondendo ao chamado "Judeus patriotas, lutem por seu país!", e foi promovido a tenente pela coragem comandando missões de reconhecimento. Esteve nas trincheiras da França durante a Batalha do Somme, que teve 1,5 milhão de baixas. Conheceu a solidão, o isolamento e o medo na guerra. Talvez por isso tenha escrito à sua irmã em 1917 dizendo que o amor e a família deveriam ser as coisas mais importantes na vida.[1]

Os que conheceram Otto Frank falam de um homem de temperamento alegre, até mesmo brincalhão, animado e cheio de energia, mas também discreto; era comedido nas opiniões. Conheceu sua esposa judia na Alemanha e suas duas filhas nasceram lá. Não era praticante da religião. Sua ligação com a Alemanha era tão forte quanto sua ligação com a herança judaica.

Logo depois da derrota alemã em 1918, os judeus foram usados como bodes expiatórios para a humilhação do país. Multidões raivosas atacavam judeus nas ruas de Berlim, culpando-os pela escassez de comida, pela inflação, pela guerra que a própria Alemanha havia iniciado. E, em 1924, um rapaz na prisão começou a escrever um livro, *Mein Kampf*. Ele vociferava:

A descoberta do vírus judeu é uma das maiores revoluções acontecidas no mundo. [...] Se, com a ajuda de seu credo marxista, o judeu for vitorioso sobre os outros povos do mundo, sua coroa será a coroa funerária da humanidade e este planeta irá se mover pelo éter desprovido de homens, como acontecia milhares de anos atrás. [...] ao me defender contra o judeu, estou travando a obra do Senhor.[2]

Aqueles que adotam teorias conspiratórias, com seus muitos superlativos, sempre sugerem que a sobrevivência da humanidade está em risco. E sempre há um inimigo, como o judeu bolchevique para Hitler. Nesse caso, funcionou.

Assim que Hitler foi nomeado chanceler, em janeiro de 1933, teve início a perseguição aos judeus. O processo foi notavelmente burocrático, sistemático e ardiloso. Em março de 1933, a SS estabeleceu Dachau como campo para presos políticos; em 1938, Dachau foi convertido no primeiro campo de concentração da Segunda Guerra Mundial. Um amplo trabalho de propaganda espalhou teorias de higiene racial afirmando que os judeus eram geneticamente inaptos. A demissão dos judeus dos empregos e a confiscação de suas propriedades vieram logo em seguida.

Para Otto Frank, o decreto separando crianças judias das não judias nas escolas, que obrigou sua filha mais velha, Margot, a sentar-se separada dos colegas não judeus, foi o momento decisivo. Ele disse que não criaria as filhas "como cavalos com antolhos, ignorando a paisagem social fora do seu pequeno grupo".[3] Ele queria que as filhas fizessem parte do mundo, não queria que fossem isoladas como inferiores, como párias. Com isso, queria que o país fizesse parte do mundo, em vez de ficar isolado por um absurdo senso de superioridade ariana.

Otto Frank tinha 44 anos e era alemão — os amigos riam de sua moderação prussiana —, mas também era previdente. Em janeiro de 1933, ele e a esposa estavam jantando com amigos alemães quando o anúncio da eleição de Hitler chegou pelo rádio. Ele e Edith se entreolharam com horror enquanto os amigos observavam: "Vamos ver o que o homem consegue fazer!"[4] Para esses amigos, Hitler era o homem forte que traria a ordem e tornaria o país grandioso outra vez depois da terrível Depressão. Achavam que daria para contornar as "excentricidades" dele.

Naquela noite, Otto e Edith conversaram sobre como sair da Alemanha. Otto estivera assistindo à ascensão do nacionalismo e sabia como ele podia ser perigoso. Perguntava-se como conseguiria sustentar a família, já que fugir significaria abrir mão de tudo.

Para onde poderiam ir? Boa parte da sua família já havia deixado a Alemanha. Em 1932, o irmão mais velho, Herbert, tinha fugido para Paris, onde o primo deles Jean-Michel Frank havia se tornado um designer talentoso trabalhando com artistas como Salvador Dalí. O irmão mais novo, Robert, e a esposa dele, Lottie, tinham emigrado para a Inglaterra no verão de 1933 e aberto uma galeria de arte em um porão na St. James's Street em Londres. A irmã, Helene, chamada de Leni, e o marido dela, Erich Elias, moravam na Basileia, na Suíça, onde Erich era membro fundador da Opekta, uma divisão da empresa Pomosin Werke, de Frankfurt, que produzia pectina, o agente gelificante das geleias. Em 1933, a mãe de Otto, Alice Frank, tinha emigrado para Basileia, juntando-se à filha.

Quando Otto examinou as opções de países, viu que a Inglaterra e os Estados Unidos estavam fora de cogitação. Disse a si mesmo que não falava inglês suficientemente bem. Como ganharia a vida? Sabia que seus irmãos ajudariam como pudessem, mas eles também passavam dificuldades e ele não queria ser um peso ainda maior. Achou que a França poderia servir. Mas então seu cunhado Erich escreveu dizendo que a empresa dele queria se expandir no mercado internacional e pediu que Otto abrisse um escritório da Opekta em Amsterdã.

Otto havia passado algum tempo em Amsterdã em 1923, estabelecendo uma subsidiária do banco do pai, Michael Frank & Filhos. Infelizmente o projeto fracassara em menos de um ano, com a família enfrentando a falência e Otto sendo obrigado a voltar para a Alemanha. No entanto, ele tinha gostado da cidade, e os holandeses eram conhecidos pela tolerância. Não haviam permanecido neutros na Primeira Guerra Mundial? No início de agosto de 1933, Otto Frank se tornou refugiado. Colocando seu país na mala junto com os sapatos, ele, a esposa e as filhas deixaram a Alemanha para sempre.

A sorte não estava do lado de Otto. Falar em destino sugere que alguma força externa ou superior controlava as coisas. Em vez disso, o acaso é que mandaria Otto e a família para um lado e para outro enquanto sua capacidade de controlar a própria vida lhe era roubada aos poucos.

Otto não poderia ter previsto o que viria a seguir, mas, ao final da Segunda Guerra Mundial, a Holanda teria o pior recorde de mortes de judeus na Europa Ocidental: 73 por cento dos judeus que estavam na Holanda morreram. Na Bélgica, 40 por cento dos judeus foram mortos; na França, 25 por cento; na Dinamarca, 0,6 por cento. Na Itália fascista, apenas oito por cento.[5] O número estimado de judeus escondidos na Holanda varia entre 25 e 27 mil. Um terço foi delatado, graças em parte ao sofisticado sistema nazista de recompensas financeiras para instigar policiais e civis a entregar judeus escondidos.

Esse era um dos temas que tinham atraído Pieter van Twisk para a investigação do caso arquivado. Ele queria entender por que aquilo havia acontecido em uma escala tão grande na Holanda. Uma teoria antiga era a de que a estrutura da sociedade holandesa — sua separação em grupos por religião e ideias políticas — tinha atuado contra a proteção da população judia. Os holandeses chamavam isso de "pilarização". Havia quatro pilares principais: católicos, protestantes, socialistas e liberais. Cada pilar (a palavra em holandês é *zuil*) possuía os próprios sindicatos, bancos, hospitais, escolas, universidades, clubes esportivos, jornais e assim por diante. Essa segregação significava que as pessoas eram muito unidas em seu próprio grupo e tinham pouco ou nenhum contato pessoal com membros de outros pilares. Entretanto, Pieter concluiu que essa era uma explicação fácil demais, que a pilarização é uma ideia muito vaga e generalizada para explicar as ações da Holanda durante a guerra.

Os historiadores Pim Griffioen e Ron Zeller têm uma explicação mais complexa. Eles observam que o método de registro civil dos holandeses ajudou os nazistas. Os cartões de registro municipal listavam nome, data e local de nascimento, nacionalidade, religião, nomes e datas de nascimento de cônjuges e filhos, data de casamento, data de óbito, endereços dentro do município onde as pessoas moravam desde a data inicial até a final, se a pessoa tinha passaporte ou carteira de identidade. Oficialmente, a religião era listada porque os grupos religiosos recebiam verbas do governo de acordo com o número de membros. Os judeus eram identificados pelas iniciais *NI*: *Netherlands Israelite*, ou seja, israelita holandês. Assim, quando as batidas feitas pelos grupos nazistas começaram no verão de 1942, os judeus holandeses eram alvos fáceis. Por conta da geografia do país, fugir não era possível. A leste ficava a longa fronteira com a Alemanha; ao sul, a Bélgica estava ocupada; e a oeste e norte, o mar estava fechado às embarcações. Praticamente não havia para onde ir.[6]

Também é verdade que a experiência da Holanda durante a guerra foi diferente da de outros países. A Holanda se tornou de fato um estado policial. Enquanto, por exemplo, a Bélgica e a França ocupada eram governadas pela Wehrmacht e a Dinamarca ficou sob o controle da Marinha alemã, a Holanda teve inicialmente um governo civil comandado pelo advogado austríaco Arthur Seyss-Inquart, que Hitler havia nomeado comissário do Reich. Seguiu-se uma disputa de poder entre Seyss-Inquart e o Partido Nazista Holandês, que estava sob a influência de Herman Göring, o comandante-chefe da Luftwaffe, por um lado, e, pelo outro, do comandante da polícia Hanns Albin Rauter, o líder da SS de maior patente, que se reportava diretamente ao comandante da SS Heinrich Himmler. À medida que o poder de Göring diminuía e o de Himmler ia crescendo, a influência de Rauter aumentou. Ele supervisionou a deportação de 107 mil judeus, a repressão à resistência e a retaliação por ataques contra nazistas. Inicialmente, a morte de um nazista implicava a execução de vários holandeses, e a proporção cresceu no decorrer da ocupação.

Além disso, os holandeses sofreram uma repressão brutal a qualquer divergência com relação ao dogma nazista. Uma greve nacional organizada pelo Partido Comunista em Amsterdã em 25 de fevereiro de 1941 em reação às *Razzias*, prisões em massa de judeus, é considerada o primeiro protesto público contra os nazistas na Europa ocupada e foi a única manifestação de massa contra a deportação de judeus organizada por não judeus. Pelo menos 300 mil trabalhadores em Amsterdã e nos arredores participaram.[7] A repressão alemã foi imediata e brutal. Os organizadores da greve foram presos e executados. A recuperação da resistência demorou muito tempo. "Apenas na primavera de 1943 aconteceu outra greve, mas [...] o protesto chegou tarde demais para a grande maioria de judeus que já haviam sido deportados" para os campos de extermínio.[8]

Ainda assim, havia muitos grupos e indivíduos que trabalhavam a favor dos judeus. Existiam quatro diferentes redes dedicadas a salvar crianças judias. Henriëtte "Hetty" Voûte, uma jovem estudante de biologia, juntou-se a um grupo chamado Comitê das Crianças de Utrecht. O comitê começou a encontrar esconderijos para várias centenas de crianças judias que tinham sido separadas dos pais. Hetty circulava pelo interior do país, literalmente batendo nas portas.[9]

É impossível avaliar o número exato de pessoas que ajudaram judeus a se esconder, mas um número aproximado seria de pelo menos 28 mil, provavelmente mais — uma quantidade extraordinária, dado que essas pessoas estavam arriscando a própria vida, e talvez a de suas famílias, muitas vezes para salvar desconhecidos.

6

UM INTERLÚDIO DE SEGURANÇA

E m dezembro de 1933, Otto Frank encontrou para a família um apartamento no número 37 da Merwedeplein, no River Quarter em Amsterdã. Era um apartamento modesto, de três quartos, no último andar, em um complexo de casas geminadas construídas por volta de 1920.* O River Quarter estava cheio de refugiados judeus recém-chegados da Alemanha nazista. Os judeus holandeses mais pobres invejavam o conforto de classe média deles, e os moradores do local alertavam aos recém-chegados que não falassem alemão em público, para não serem identificados como imigrantes. Otto achou que tinha encontrado um refúgio seguro para sua família. Anne adorava o lugar, chamando a Merwedeplein de "a Alegre". Nos primeiros cinco ou seis anos a família Frank se sentiu em casa em Amsterdã, e logo as meninas se integraram na escola, aprenderam a falar holandês e fizeram amigos. O que estava acontecendo na Alemanha era trágico porém remoto.

---

* Atualmente é possível visitar a casa dos Frank. Em 2004, o apartamento foi comprado pela Casa de Anne Frank e transformado em um retiro para escritores. Houve um grande cuidado para restaurar o estilo de mobília dos anos 1930, copiado de fotos da família Frank. Em cima da escrivaninha de mogno no quarto de Anne há uma foto dela sentada junto ao móvel original.

Nessa época, na Holanda, o antissemitismo não era explícito. Quando surgia, costumava acontecer através de agressões verbais. Porém, um tipo diferente de intolerância estava crescendo. Conforme os refugiados fugiam da Alemanha, em seguida da Áustria e do Leste Europeu, o sentimento contra eles começou a aumentar lentamente entre os holandeses. Os refugiados chegaram à Holanda em três ondas: primeiro, depois da ascensão de Hitler ao poder em 1933; depois, com a promulgação das Leis de Nuremberg em 1935; e, finalmente, depois da Kristallnacht, a Noite dos Cristais, em 1938, quando lojas de judeus foram vandalizadas e cerca de 30 mil judeus foram presos e seiscentos, feridos gravemente. Acusados de incitar a violência, os judeus foram multados em milhões de marcos, como punição. No momento em que a verdade podia ser tão distorcida, estava na hora de fugir. Estima-se que, entre 1933 e 1940, 33 mil refugiados tenham entrado na Holanda.

O governo holandês votou para tratar os refugiados como "elementos indesejáveis".[1] Em 1939, foi estabelecido o campo de Westerbork para abrigar tanto refugiados judeus legais quanto ilegais, e organizações particulares judias holandesas foram obrigadas a financiá-lo. Localizado em um canto remoto no nordeste do país (a rainha Guilhermina tinha proibido uma localização mais central porque achava que ficava perto demais de uma residência real), o campo era composto por alojamentos grosseiros e cabanas pequenas. Inicialmente era um campo aberto onde as pessoas estavam supostamente sendo preparadas para a emigração. Com o tempo, Westerbork ficou pronto e esperando que os ocupantes alemães o convertessem em um campo de trânsito para judeus a caminho dos campos de concentração no leste.

No meio de tudo isso, Otto Frank conseguiu estabelecer o negócio da Opekta com um empréstimo do cunhado, Erich Elias. Os lucros eram parcos, mas, em 1938, ele criou uma segunda empresa, a Pectacon, especializada em ervas, temperos e condimentos para vender a açougueiros e outros comerciantes, de modo que podia continuar realizando negócios nos meses de inverno, quando as frutas usadas para fazer geleia eram escassas. Ele tinha tentado abrir uma filial na Inglaterra, viajando para

Londres e Bristol em outubro de 1937, o que, claro, poderia ter significado a emigração da família para a liberdade na Inglaterra, mas o plano fracassou.

Vendo os primeiros anos da família na Holanda, Otto poderia dizer que, depois dos horrores na Alemanha, eles tinham recuperado a liberdade e a vida havia sido pacífica. Nos verões, Edith e as filhas viajavam para o balneário de Aachen, logo depois da fronteira com a Alemanha, onde a família tinha alugado uma casa grande em 1932. Foi lá que ela e as meninas ficaram durante quatro meses enquanto Otto encontrava o apartamento em Amsterdã. Otto também levava as meninas a Basileia a fim de visitar sua mãe, Alice, sua irmã, Leni, e os primos.

O valor de Otto como empresário e como ser humano pode ser visto no seu relacionamento com os funcionários. É difícil imaginar trabalhadores a quem tenha sido pedido que sacrificassem mais em apoio ao chefe e que se doassem com mais boa vontade do que as quatro pessoas empregadas por Otto Frank: Johannes Kleiman, Victor Kugler, Miep Gies e Bep Voskuijl.

Otto conhecia Johannes Kleiman desde 1923; eles haviam se conhecido quando Otto tentava abrir uma filial do banco Michael Frank & Filhos em Amsterdã. Kleiman tinha a confiança total de Otto. Em 1941, quando os judeus foram proibidos de possuir negócios, Otto passou o comando da Pectacon a Kleiman, no intuito de impedir que a empresa fosse confiscada ou liquidada pelos alemães. Finalmente ela teve o nome mudado para Gies & Co., para dar um pedigree holandês. Quando Otto e a família se esconderam, Kleiman fraudava a contabilidade de modo a ocultar o dinheiro que ele sempre separava para Otto como o verdadeiro presidente da empresa.

Victor Kugler serviu na Marinha austro-húngara durante a Primeira Guerra Mundial e foi ferido. Mudou-se para a Holanda em 1920 e foi um dos primeiros funcionários de Otto, entrando para a Opekta em 1933. Kugler compartilhava a orientação política de Otto e contou a ele que tinha saído da Áustria em 1920 porque "estava enojado com o fascismo e o antissemitismo que encontrou regularmente nas forças armadas imperiais da Áustria durante a guerra".[2] Tinha 33 anos e era casado com uma mulher de saúde debilitada. Miep Gies o descreveu como "um homem forte, bonito, de cabelo escuro e meticuloso. Estava sempre sério, jamais brincava [...] era sempre formal e educado".[3] O que ela não sabia era que ele tivera uma infância complicada, filho de mãe solteira em uma cidadezinha onde o rótulo de ilegítimo era doloroso, o que podia explicar seu jeito reservado.

Miep Gies, nascida em 1909, também era austríaca. A escassez de comida era tão extrema na Áustria depois da Primeira Guerra Mundial que muitas crianças, inclusive Miep, sofriam de desnutrição severa. Com a piora de seu estado de saúde, os pais de Miep a inscreveram em um programa pelo qual as crianças famintas eram mandadas para se recuperarem na Holanda. As crianças viajavam sozinhas, de trem, com um cartão de identidade pendurado no pescoço. Miep se lembrava de quando o trem parou em uma escuridão de breu na cidade holandesa de Leiden. Um homem a pegou pela mão e os dois saíram da estação e da cidade. De repente havia uma casa. Uma porta se abriu; uma mulher a recebeu com leite quente. Havia crianças a encarando. Ela foi levada para cama e caiu no sono imediatamente. Miep formou um laço profundo com a família Nieuwenburg, com quem ficou cinco anos. Durante uma visita de volta a Viena, quando tinha dezesseis anos, pediu aos pais permissão para permanecer com a família adotiva holandesa.[4] Essa história pessoal deu a Miep uma profunda compaixão pelos refugiados.

Miep foi contratada por Otto em 1933, aos 24 anos. Uma vez ela descreveu Otto como um homem de poucas palavras com princípios elevados e um senso de humor irônico.[5] Seu futuro marido, Jan Gies, trabalhava no Departamento de Serviços Sociais e, a partir de 1943, foi ativo no Fundo Nacional de Apoio (Nationaal Steun Fonds, NSF), a organização da resistência encarregada de fornecer verbas para todos os outros ramos da resistência, com boa parte do dinheiro vindo do governo holandês no exílio em Londres.[6] Era um trabalho perigoso. Ela disse: "Mais de 20 mil holandeses ajudaram a esconder judeus e outras pessoas necessitadas de esconderijo naqueles anos. Fiz o que pude para ajudar. Meu marido também. Não foi suficiente."[7] Miep e seu marido se tornaram amigos íntimos dos Frank, jantando com eles quase toda semana.

Elisabeth "Bep" Voskuijl tinha dezoito anos quando foi contratada pela Opekta no início do verão de 1937. Dez anos mais nova do que Miep, parecia extremamente tímida, mas tinha uma coragem extraordinária. Falou com eloquência sobre seu patrão: Otto era "afetuoso, implacável consigo mesmo e tremendamente sensível [...] uma palavra suave sempre causava mais impacto que qualquer grito".[8] Seu pai, Johannes, entrou para a empresa como gerente do armazém. Antinazista convicto, foi ele que construiu a estante que camuflava a entrada do Anexo Secreto.

Essas cinco pessoas esconderiam a família de Otto, salvariam a vida dele e compartilhariam suas tragédias. Não eram somente funcionários; eram amigos que tinham a mesma percepção nítida que ele com relação à ameaça nazista. Depois da guerra, refletindo sobre Amsterdã, Otto diria que, para ele, o lugar tinha sido ambíguo. Ele o identificava com a amizade que durava até a morte. Também o identificava com traição.

Em 1938, a sensação de segurança de Otto começou a se partir, em particular depois da anexação da Áustria por parte de Hitler. A Holanda estava realmente segura? Se a Áustria podia ser invadida e declarada parte da Grande Alemanha, por que não a Holanda? Segundo a ideologia nazista, os holandeses eram um povo germânico que falava uma forma de Alto Alemão. Naquela primavera, Otto viajou até o consulado dos Estados Unidos em Roterdã para requisitar um visto de emigração. Não estava sozinho. No início de 1939, os consulados dos Estados Unidos na Europa tinham recebido um total de 300 mil pedidos de visto. A cota anual de vistos para cidadãos alemães e austríacos era de 27 mil.[9]

Se chegou a pensar em se juntar à mãe e à irmã na Suíça, ele logo desistiu da ideia. Mesmo antes do início da guerra, os suíços tinham se recusado a aceitar refugiados ou imigrantes judeus. Eles não queriam ofender Hitler nem comprometer a própria neutralidade. Os únicos judeus com permissão para ficar no país eram os que pudessem provar que estavam em trânsito legal para outro país, como os judeus palestinos. Otto sabia que, se tentasse atravessar a fronteira para a Suíça, ele e sua família quase certamente seriam mandados de volta e presos. Os judeus não tinham permissão de sair da Holanda sem visto.

Otto continuou esperançoso de que a Alemanha respeitasse a neutralidade holandesa, como havia feito na Primeira Guerra Mundial. Acima de tudo, entretanto, estava mantendo uma fachada de coragem. Sabia que ele e a família corriam risco de novo. Sua prima Milly Stanfield, em Londres, se lembrou da correspondência com Otto na primavera de 1940. "Recebi uma carta dele dizendo que estava terrivelmente infeliz porque tinha certeza de que a Alemanha iria atacar."[10] Ele escreveu que mal podia pensar no que aconteceria com as filhas. Milly sugeriu que ele mandasse as meninas para Londres, pois lá poderiam ficar mais seguras. Otto respondeu dizendo que ele e Edith não conseguiam se imaginar separados delas, ainda que Milly fosse a única pessoa a quem ele confiaria a vida das filhas.

Provavelmente essa foi uma das decisões das quais Otto iria se arrepender amargamente, mas isso é apenas uma conclusão em retrospecto. Hitler tinha atacado a Holanda; por que não atacaria a Inglaterra em seguida? E o que garantia que a Inglaterra iria resistir? Suas filhas podiam acabar sozinhas em uma Londres ocupada, e ele jamais se perdoaria por isso.

Em março de 1939, a mãe de Edith, Rosa, chegou de Aachen para residir no número 37 da Merwedeplein. Então, no verão de 1940, os irmãos de Edith, Walter e Julius, finalmente puderam emigrar para os Estados Unidos e prometeram obter vistos para todos eles. De novo havia a esperança de uma rota para a liberdade.

7
A OFENSIVA

E
ra sexta-feira, 10 de maio de 1940. Miep se lembrava de todo mundo estar amontoado em volta do rádio no escritório de Otto. O clima era de desolação e choque. O locutor informou que tropas e aviões alemães tinham atravessado a fronteira holandesa ao amanhecer. Alguns soldados supostamente usavam uniformes holandeses, fingindo ser equipes de ambulância, ou estavam montados em bicicletas. Seria verdade? Seria boato? Quando a rainha Guilhermina falou naquela manhã, pedindo calma, ficou claro que a invasão alemã estava acontecendo. Três dias depois, a rainha fugiu para a Inglaterra; quatro dias depois, os alemães bombardearam e praticamente destruíram o centro da cidade portuária de Roterdã, matando entre seiscentas e novecentas pessoas, enquanto os termos da rendição eram negociados. Adolf Hitler disse que o ataque não foi cancelado a tempo por conta de problemas de comunicação por rádio. No entanto, um dia depois do bombardeio de Roterdã, ele ameaçou bombardear Utrecht se os holandeses não se rendessem. A Holanda capitulou no dia 15. Toda a "guerra" durou cinco dias. Esperando que os alemães honrassem a neutralidade, os holandeses estavam espetacularmente despreparados.

A princípio a ocupação alemã pareceu quase benigna. Os nazistas trataram os holandeses como primos inferiores e previram que eles seriam convertidos facilmente aos princípios do nacional-socialismo.

As compras alemãs de produtos holandeses criaram uma espécie de boom econômico, e a abordagem superficialmente cortês de Arthur Seyss-Inquart chegava a indicar que alguns holandeses receberam de bom grado a ocupação.

Aos poucos, as coisas mudaram. Em 10 de janeiro de 1941, o decreto nº 6/1941 obrigou o registro de todos os judeus. As autoridades locais estabeleceram escritórios em todas as comunidades para garantir o cumprimento. O registro precisava ser feito pessoalmente ao custo de um florim por cabeça. Os casos em que a definição de "judeu" fosse questionada deveriam ser enviados ao escritório do *generalkommissar* em Haia e julgados pelo dr. Hans-Georg Calmeyer, advogado alemão e chefe do Departamento de Administração Interna, controlado pelos nazistas, sob cujos auspícios os judeus estavam sendo registrados.

A grande maioria dos judeus holandeses obedeceu, concluindo que seus nomes e endereços já existiam nos registros de população locais e nas sinagogas. A recusa em se registrar implicava uma pena de prisão que poderia chegar a cinco anos.[1] Além disso, eles foram enganosamente levados a acreditar que o registro na Agência Central para Emigração de Judeus (Zentralstelle für jüdische Auswanderung, JA) facilitaria sua migração para países fora da Europa.

Como Miep Gies descreveu: "Os nazistas holandeses foram saindo de suas tocas de ratos, aplaudindo, acenando e dando as boas-vindas."[2] O Partido Nazista Holandês (Nationaal-Socialistische Beweging, NSB), estabelecido em 1932, tinha sido proibido em 1935, mas, após a ocupação, voltou com força máxima. Em 1943, tinha cerca de 101 mil membros. Sob a diretriz de Seyss-Inquart, o NSB criou um braço paramilitar chamado Departamento de Resiliência (Weerbaarheidsafdeling, WA), que agia como força policial auxiliar.

Em fevereiro de 1941, o ódio contra os judeus já havia se derramado para as ruas, enquanto as gangues do NSB percorriam os bairros de Amsterdã espalhando terror. Judeus eram removidos violentamente dos bondes e vitrines eram despedaçadas. O dono do Café Alcazar foi um dos últimos a se recusar a pôr a placa dizendo "Não há trabalho para judeus" e a continuar deixando que artistas de cabaré judeus se apresentassem em seu estabelecimento. Porém, no meio da tarde de domingo, 9 de fevereiro, um grupo de cerca de cinquenta homens do WA atacou o Alcazar, jogando uma bicicleta pela vitrine. Estavam ultrajados porque o proprietário tinha permitido que uma cantora judia, Clara de Vries, se apresentasse na noite anterior. Eles espancaram os fregueses, tanto judeus quanto não judeus, e despedaçaram os móveis. Impedindo que a polícia holandesa interviesse, a Grüne Polizei ficou parada, admirando o vandalismo, que logo se espalhou para outros cafés.[3]

A abordagem superficialmente gentil de Seyss-Inquart tinha seduzido os holandeses, fazendo-os pensar que os alemães seriam amistosos e distanciados na ocupação. Esse sonho terminou em 11 de fevereiro de 1941, quando um grupo de cerca de quarenta nazistas holandeses invadiu o mercado da Waterlooplein, no centro de Amsterdã — uma área de compras onde a maioria dos comerciantes era composta por judeus —, cantando músicas antissemitas. Eles arrombaram as áreas de depósito do mercado e se armaram com objetos pesados. Um confronto violento irrompeu entre os nazistas holandeses e um pequeno grupo de jovens judeus que tinham se organizado para se defender. As pessoas do local, na maioria comunistas, reagiram em solidariedade aos judeus. Quando a briga terminou, Hendrik Koot, um homem do WA, foi encontrado inconsciente e morreu três dias depois. No "martírio" de Koot, o NSB havia encontrado seu perfeito instrumento de propaganda. Em 17 de fevereiro, mais de dois mil membros do NSB marcharam uniformizados pelas ruas de Amsterdã, em procissão fúnebre por Koot.

Em 12 de fevereiro de 1941, policiais alemães e de Amsterdã fecharam as ruas de acesso e as pontes para o Bairro Judeu. Nenhum cidadão tinha permissão de entrar naquela parte da cidade nem sair dela. Em um discurso em 12 de março à seção holandesa do NSDAP (o Partido Nazista Alemão) no Concertgebouw, o comissário Seyss-Inquart declarou: "Atacaremos os judeus onde quer que os encontremos, e qualquer um que caminhar ao lado deles terá que arcar com as consequências."[4] Em junho, os nazistas expurgaram o Concertgebouw de todos os músicos judeus. No último dia deles como membros, a orquestra tocou a Nona Sinfonia de Beethoven. Quando o coral cantou o verso *"Alle Menschen werden Brüder"* ("Todos os homens serão irmãos"), a intenção era envergonhar os nazistas. Em 1942, os nomes de compositores judeus gravados em relevo nas paredes da sala de concertos foram apagados.[5]

Os alemães já haviam criado um modelo brilhante para enganar, controlar e lentamente destruir uma comunidade. Em 1939, nos países recém-ocupados e nos guetos judeus, eles estabeleceram Conselhos Judaicos para atuar como filtros entre os invasores e a comunidade judaica. Os alemães impunham diretrizes, e os Conselhos Judaicos eram responsáveis por implementá-las. Na Holanda, o conselho publicava o próprio jornal, *Het Joodsche Weekblad*, que listava cada novo decreto antissemita, escondido dos olhares do público geral. Se esses decretos fossem publicados em um jornal de circulação mais geral, os alemães se arriscariam a uma reação adversa por parte de não judeus.

Na primeira reunião, em 13 de fevereiro de 1941, o Conselho Judaico reagiu ao violento incidente que havia acabado de acontecer no Bairro Judeu, insistindo que todas as armas nas mãos dos judeus deveriam ser entregues à polícia. Era como se estivessem admitindo que os judeus tinham alguma responsabilidade pela violência iniciada pelos bandidos nazistas, quando, na verdade, eles estavam simplesmente se defenden-do.[6] O conselho estava obviamente obedecendo a ordens alemãs, o que estabeleceu um precedente desastroso.

Havia muita chantagem por parte do alto-comando alemão. Se o conselho se recusasse a realizar uma medida, os alemães ameaçavam implementá-la com muito mais brutalidade. A verdadeira força por trás das cortinas era a Zentralstelle (Agência Central para a Emigração dos Judeus). O nome era extremamente desonesto, sugerindo que a possibilidade de emigração fosse real para os judeus. Tudo leva a crer que, pelo menos inicialmente, os líderes do Conselho Judaico presumiam que os alemães não tinham intenção de retirar toda a comunidade judaica da Holanda e que o papel do conselho era proteger os que corriam mais perigo. Nos primeiros tempos, mesmo enquanto recebiam alertas terríveis sobre campos de concentração na Polônia e na Alemanha, os judeus holandeses continuaram convencidos de que os alemães jamais ousariam fazer na Holanda o que estavam fazendo no Leste Europeu.

Quando começaram as deportações, a Zentralstelle criou um sistema de *Sperres,* ou dispensas de deportação, e permitiu que o Conselho Judaico fizesse recomendações. Membros do conselho e suas famílias se qualificaram imediatamente para *Sperres*, e os selecionados ficaram em segurança por algum tempo. Entretanto, o sistema era repleto de abusos. O limite entre cooperação e colaboração foi ficando cada vez mais tênue.[7]

Enquanto isso, o caos civil continuava em Amsterdã. Em 22 de fevereiro de 1941, uma tarde de sábado, e portanto no sabá, caminhões com seiscentos membros armados da Ordnungspolizei alemã entraram no Bairro Judeu de Amsterdã e prenderam aleatoriamente 427 homens judeus com idade entre 20 e 35 anos.[8] Eles foram mandados primeiro para o Kamp Schoorl, na Holanda. Trinta e oito foram devolvidos a Amsterdã por causa da saúde debilitada. Os 389 restantes foram enviados ao campo de concentração de Mauthausen, na Áustria, e alguns acabaram indo para Buchenwald. Apenas dois sobreviveram.

Três dias depois, em 25 de fevereiro, em um protesto contra a prisão em massa, trabalhadores holandeses fizeram uma grande greve. Com a participação de 300 mil pessoas, a paralisação durou dois dias. Reagindo de modo implacável, os nazistas chamaram a Waffen-SS, que teve permissão para usar balas de verdade contra os grevistas. Nove trabalhadores foram mortos e 24 ficaram gravemente feridos. Os líderes da greve foram procurados e pelo menos vinte foram executados. Homens do Bairro Judeu que tinham sido presos foram fotografados com armas nas mãos. As fotos foram publicadas na imprensa holandesa como prova de que o comando alemão estava enfrentando "um surto de terrorismo".[9] Se algum holandês havia abrigado ilusões sobre o que a ocupação alemã poderia significar, finalmente perdia todas.

Os judeus alemães não tinham esse tipo de ilusão. Otto Frank conhecia o processo nazista: excluir os judeus dos abrigos antiaéreos; impedir que eles tivessem empregos; a arianização das empresas; o registro dos judeus, obrigados a usar estrelas amarelas; o confisco de bens e propriedades; prisões em massa; campos de trânsito; e, finalmente, a deportação para o leste, onde ainda não estava claro o que os esperava. Otto colocava nesse momento todas as forças na luta para salvar sua família. Sabia que precisava proteger sua empresa e sair da Holanda.

Ele tentou de novo o visto de emigração para os Estados Unidos. Os irmãos da sua esposa, Julius e Walter Holländer, tinham procurado trabalho por quase um ano antes de conseguir. Finalmente Walter havia arranjado um emprego de operário na E. F. Dodge Paper Box Company, perto de Boston, e mandou garantias de sustento à Holanda para a mãe, Rosa, Otto e Edith. De modo notável, o patrão de Walter, Jacob Hiatt, e um amigo assinaram declarações juramentadas de sustento para Anne e Margot. Isso deveria ter dado resultado, mas era necessário um depósito de 5 mil dólares por imigrante para garantir que não se tornariam indigentes.[10] Nem Otto nem seus cunhados tinham essa quantidade de dinheiro.

Em abril de 1941, Otto escreveu para seu rico amigo americano Nathan Straus Jr. A família Straus era proprietária da loja de departamentos Macy's, e ele e Nathan tinham sido colegas de quarto na Universidade de Heidelberg. Deve ter sido humilhante, mas Otto pediu a Straus uma referência de caráter e o depósito, lembrando ao amigo que ele tinha duas filhas e era principalmente por elas que estava pedindo ajuda. Straus entrou em contato com o Serviço Nacional de Refugiados, oferecendo-se para dar as declarações, mas sugeriu que sua influência era tão grande que não deveria ser necessário nenhum depósito de 5 mil dólares (equivalente a aproximadamente 91 mil dólares em valores atuais). Em novembro de

1941, sem ter conseguido os vistos, Straus finalmente se ofereceu para cobrir todas as despesas, mas era tarde demais.[11]

Um memorando interno do subsecretário de Estado Breckenridge Long aos seus colegas em junho de 1940 revelava a política dos Estados Unidos. A estratégia para controlar a imigração (rotulando os refugiados como espiões, comunistas e elementos negativos) era "colocar todos os obstáculos no caminho e exigir provas adicionais", "adiar e adiar e adiar a concessão de vistos".[12] O consulado dos Estados Unidos em Roterdã, onde Otto havia pedido um visto em 1938, tinha sido destruído durante o bombardeio da cidade em 1940 e todos os candidatos precisariam refazer o pedido, já que os documentos originais foram destruídos.

Finalmente, em junho de 1941, alegando um risco de células de espionagem, os Estados Unidos fecharam a maioria das embaixadas e consulados americanos em territórios ocupados pelos nazistas. Otto precisaria ir a um consulado americano em um país supostamente "não beligerante", como a Espanha ou a França não ocupada, onde pediria pessoalmente um visto. Mas não podia sair da Holanda sem permissão, e só conseguiria a permissão se tivesse um visto para entrar no outro país. Todo o sistema era deliberadamente circular. Ele ficou preso no beco sem saída do pesadelo burocrático da guerra.[13]

Otto jamais esmoreceu nos esforços para salvar sua família. Até outubro de 1941, estava tentando conseguir um visto para Cuba, um empreendimento arriscado e caro que com frequência era simplesmente uma trapaça. Em setembro, escreveu para um amigo dizendo que Edith o estava instigando a ir embora sozinho ou com as meninas. Talvez, assim que estivessem fora do país, ele pudesse comprar a liberdade delas. Enfim Otto conseguiu um visto cubano, em 1º de dezembro, mas, dez dias depois, em 11 de dezembro, quatro dias após ataque japonês a Pearl Harbor, a Alemanha e a Itália declararam guerra aos Estados Unidos e o governo cubano cancelou o visto.[14]

O último esforço de Otto foi uma apelação à Seção de Emigração do Conselho Judaico de Amsterdã em 20 de janeiro de 1942. Nos arquivos da Anne Frank Stichting, em Amsterdã, há quatro formulários feitos com estêncil (um para cada membro da família) requisitando vistos de saída. Jamais foram enviados.

Os nazistas foram muito eficientes em "limpar" Amsterdã de seus judeus. Em 1940, 80 mil judeus moravam em Amsterdã, cerca de dez por cento da população total da cidade. Em setembro de 1943, a cidade seria declarada livre de judeus.

8

PRINSENGRACHT, 263

Em 1º de dezembro de 1940, sete meses depois da invasão alemã, Otto Frank transferiu sua empresa para novas instalações no número 263 da Prinsengracht. A Opekta e a Pectacon estavam se estabilizando e as vendas eram satisfatórias. Ele havia escolhido uma casa do século XVII, voltada para o canal e bem perto da Westerkerk, a imponente igreja onde Rembrandt van Rijn está enterrado. A rua era ocupada por pequenas lojas, armazéns e fábricas modestas, às vezes com apartamentos no andar de cima.

O número 263 era uma estrutura típica de Amsterdã, com uma área de armazém no térreo e escritórios e depósitos nos três andares superiores. Como muitas construções do período, tinha um anexo de quatro andares na parte de trás. O piso do armazém ocupava toda a extensão do prédio, inclusive embaixo do Anexo, com uma porta dupla de acesso à rua Prinsengracht e um acesso pelo pátio dos fundos. Isso significava que, apesar de invisível pela frente do prédio, o Anexo podia ser visto pelos fundos, voltado para um grande pátio interno. Dezenas de vizinhos dos outros três lados do pátio tinham vista para o Anexo.

Cerca de cinco semanas antes da mudança para as novas instalações, em 22 de outubro de 1940, os alemães aprovaram uma lei estabelecendo que todas as empresas industriais e comerciais de propriedade total ou parcial de judeus precisavam ser registradas na Agência de Inspeção

Econômica (Wirtschaftsprüfstelle). A falha em informar era penalizada com uma grande multa e cinco anos de prisão. Otto sabia que esse era o primeiro passo na "desjudeização" e expropriação de suas empresas. Ele passou a perna nos alemães ao fazer com que Victor Kugler e o marido de Miep, Jan, se tornassem o diretor-gerente e o diretor supervisor da Pectaton, que foi rebatizada, arianizada como Gies & Co., um nome totalmente holandês. Se a empresa houvesse permanecido judia, teria sido liquidada sob a direção de uma empresa alemã e o dinheiro seria depositado no banco Lippmann-Rosenthal & Co. Mas a empresa de Otto jamais foi saqueada. Tinha se tornado holandesa.

Os nazistas eram engenhosos no uso de subterfúgios para manter a fachada de legalidade. Para ganhar a confiança dos judeus, no início de 1941 eles assumiram o controle do antigo banco judeu Lippmann-Rosenthal & Co e o transformaram em um banco de pilhagem. Os judeus eram obrigados a entregar seus bens e todos os objetos de valor. Podiam ficar com "alianças de casamento, relógios de pulso e de bolso de prata, um conjunto de talheres consistindo de uma faca, um garfo, uma colher de sopa e uma de sobremesa".[1] Extratos eram dados aos clientes e em alguns casos eram pagos juros, mas o banco era falso. O capital dos judeus estava sendo acumulado para pagar as deportações e a manutenção dos campos de concentração e trabalho forçado.

As deportações começaram no verão de 1942. Quando eram selecionados para a deportação, os judeus recebiam ordem de entregar as chaves de casa à polícia holandesa, junto com uma lista do que havia dentro. Tudo era tomado, desde os móveis até obras de arte valiosas. Os nazistas eram bons em eufemismos. Quando obras de arte eram saqueadas, o termo oficial era *Sicherstellung* (custódia).[2]

Depois das primeiras deportações, um panfleto de protesto holandês foi distribuído pela resistência, explicando as coisas com clareza:

Todas as medidas alemãs anteriores visavam a isolar os judeus do resto dos holandeses, impossibilitar o contato e matar nossos sentimentos sobre vivermos lado a lado e em solidariedade. Eles

tiveram muito mais sucesso do que imaginamos ou provavelmen-
te estamos dispostos a admitir. Os judeus precisam ser mortos
em segredo e nós, as testemunhas, devemos permanecer surdos,
cegos e em silêncio. [...] Deus e a história irão nos condenar e nos
considerar parcialmente responsáveis por esses assassinatos em
massa se permanecermos em silêncio e simplesmente desviarmos
o olhar.[3]

Nenhum desses desdobramentos deixou de ser percebido por Otto Frank. No início, as restrições pareciam excêntricas e temporárias. No caminho diário para o trabalho, de súbito ele não tinha mais permissão para pegar o bonde e nem mesmo podia sentar-se em um café ao ar livre para descansar os pés. Ele seguia controlando a raiva. Porém, em junho de 1942, quando a BBC informou que 700 mil judeus tinham morrido na Alemanha e nos territórios ocupados,[4] ele entendeu que o que estava em jogo não era simplesmente uma segregação, e sim a aniquilação iminente. Não haveria como obter vistos para sua família. Ele soube que o próximo passo seria se esconderem.

9

O ESCONDERIJO

Existem duas versões de como a família Frank conseguiu se refugiar no Anexo. Segundo o escritor alemão Ernst Schnabel em seu livro de 1958 *Anne Frank. Spur eines Kindes* [Anne Frank: Vestígios de uma criança], Kleiman e Kugler disseram a Otto que era hora de pensar em se esconderem e propuseram o Anexo nos fundos do prédio 263 da Prinsengracht.[1] Melissa Müller, em sua biografia de Anne Frank, concordou que Kleiman, já no verão de 1941, propôs os cômodos vazios do Anexo como um esconderijo genial porque ninguém jamais pensaria que Frank iria se esconder dentro da própria empresa.[2] Joop, o filho de Bep, ficou sabendo pela mãe que Kleiman tinha sugerido o Anexo, e em seguida Kugler foi incluído no plano.[3] No entanto, desde dezembro de 1940 Otto estivera pensando em se esconder, e pode ser que ele tenha alugado o prédio 263 da Prinsengracht tendo em mente a possibilidade do esconderijo.[4]

Mais tarde, Otto diria que foi ele que abordou os funcionários com o plano de se esconder: primeiro falou com Kleiman, depois com Kugler, em seguida, Miep e, então, Bep. Miep confirmou isso:

> *A iniciativa de se esconderem, de encontrar um esconderijo, organizar tudo para isso, veio de Otto Frank. Ele pensou em tudo [...] e já havia separado tarefas diferentes para os funcionários quando pediu a eles que o ajudassem a se esconder com a família.[5]*

Independentemente de quem teve a ideia, ela criou uma situação penosa para Otto. Que pergunta incrível ele foi obrigado a fazer: você vai ajudar a me salvar, a salvar minha família? Os alemães tinham ameaçado prender qualquer cidadão holandês que ajudasse os judeus. Seria típico de Otto perguntar pessoalmente a cada um e enfatizar que eles soubessem o que significaria dizer sim. Como deve ter sido difícil colocar os funcionários naquela posição! E deve ter sido igualmente difícil encontrar em si próprio tamanha confiança de que podia pôr o destino da família totalmente nas mãos deles.

Miep se lembrou da manhã em que Otto pediu sua ajuda. Ele havia chegado ao trabalho usando uma estrela amarela pregada no casaco. Todo mundo tinha fingido que aquilo não estava ali. Ela se lembrava das palavras:

— Miep, você está disposta a assumir a responsabilidade de cuidar de nós enquanto estivermos escondidos?

Em um sentido prático isso significaria fazer compras para a família, obter cartões de racionamento falsificados ou comprá-los no mercado clandestino, encontrar comida.

— Claro — respondeu ela simplesmente.

E relatou: "Existe um olhar que é trocado entre duas pessoas uma ou duas vezes na vida e que não pode ser descrito com palavras. Nós trocamos esse olhar. [...] Não fiz mais nenhuma pergunta. [...] Não senti curiosidade. Tinha dado minha palavra."[6] Os judeus eram proibidos de tirar móveis de casa e transportar bens domésticos pelas ruas. O irmão de Johannes Kleiman, Willy, tinha uma empresa de dedetização chamada Cimex e, sabendo do plano de Otto para se esconder, ofereceu seu caminhão para transportar as posses dos Frank — móveis, tapetes, comida enlatada, camas e roupas — para o apartamento de Kleiman, de onde seriam levados ao Anexo. Isso, é claro, foi feito aos poucos, discretamente, em tardes ou noites de sábado ou domingo, de modo que demorou meses para transportar tudo.[7] Poucas pessoas sabiam que isso estava acontecendo; certamente as filhas de Otto não sabiam. Foi dito a elas que os móveis estavam sendo reformados, o que alguns visitantes acharam um desperdício ridículo em tempo de guerra.

EM 5 DE JULHO DE 1942, UMA CARTA OFICIAL COM UMA ORNAMENTADA SUÁSTICA NAZISTA FOI entregue na casa dos Frank. Era uma ordem para Margot Frank, de dezesseis anos, se apresentar para *Arbeitseinsatz*, serviço compulsório na Alemanha. Ela foi aconselhada a levar uma mala com roupas de inverno. Para Miep, convocar uma garota de dezesseis anos para trabalhos forçados era "uma nova abominação que os alemães estavam infligindo aos judeus".[8] Na verdade, era um subterfúgio. Para uma criança judia, o final da viagem seria a morte. Com a ajuda de Miep e seu marido, Jan, Otto ativou imediatamente o plano de fuga. Na manhã seguinte, a família partiu para o Anexo.

Cinco meses antes, em 29 de janeiro, a mãe de Edith, que estivera morando com eles, tinha morrido de câncer depois de meses de sofrimento. Foi uma perda trágica que doeu profundamente, mas também um alívio. Como Rosa Holländer, doente, conseguiria se esconder? Edith e Otto certamente não poderiam deixá-la para trás, mas, se Edith tivesse decidido permanecer com a mãe, as duas seriam deportadas e obrigadas a suportar horrores inimagináveis. Os alemães falavam das deportações dos judeus como "emigração" ou "reassentamento", e obrigavam judeus holandeses já deportados a mandar cartões-postais para os familiares dizendo coisas positivas sobre os campos. Mas as pessoas conseguiam transmitir mensagens secretas. Uma saudação como "Lembranças a Ellen de Groot", usando o nome holandês comum, passava pelos censores. Em holandês, *ellende* significa "sofrimento" e *groot* significa "grande".[9]

Três meses antes de irem para o esconderijo, Otto havia alugado o quarto grande no andar de cima de seu apartamento a Werner Goldschmidt, um refugiado alemão que tinha chegado à Holanda em 1936. A presença dele foi fortuita, ou talvez, dada à astúcia de Otto, fizesse parte do plano para esconder sua família. Quando saíram de casa pela última vez, Otto deixou para trás, como se tivesse sido por acaso, um endereço em um pedaço de papel, dando a impressão de que a família havia fugido para a Suíça. Logo, em parte graças a Goldschmidt, espalhou-se na vizinhança o boato de que os Frank tinham conseguido escapar.

Outras quatro pessoas se juntaram à família Frank. Os primeiros a chegar foram os três membros da família Van Pels. Hermann van Pels trabalhava com Otto desde 1938 como especialista em temperos. Eles moravam logo atrás do apartamento dos Frank no River Quarter e tinham se tornado bons amigos. Otto disse que achou que compartilhar o Anexo com os Van Pels tornaria a vida menos difícil. Então o dentista Fritz Pfeffer perguntou a Miep, quando ela foi fazer uma consulta, se ela conhecia algum local seguro para se esconder. Miep conversou com Otto. Este deve ter pensado "É *Miep que está pedindo*", e simplesmente disse que não havia muita diferença entre sete pessoas e oito. Mas ele devia saber que aumentaria o risco.[10] Arranjar comida para oito pessoas e monitorar todo o barulho certamente seria mais difícil. Porém, o mais difícil era que os arranjos para dormir precisariam ser reorganizados para acomodar Pfeffer. Otto e Edith devem ter discutido isso. Para eles era impossível permitir que Margot, de dezesseis anos, dormisse no mesmo quarto com um homem mais velho. Quando Pfeffer foi para o Anexo, em 16 de novembro, Margot se juntou aos pais no quarto deles, e com isso Anne, de treze anos, ficou dormindo no mesmo cômodo que Pfeffer.

Não é possível imaginar Edith ou Otto confortáveis com esse arranjo, mas a vida e o nível de controle haviam mudado demais. A opção diante de Otto era sempre entre a vida e a morte. Como ele poderia não salvar Pfeffer? Se algum dia Otto expressou arrependimento por ter convidado os outros, colocando portanto sua família em um risco maior de ser encontrada, não existe registro disso.

Quando chegou a hora de esconder os Frank, nenhum dos quatro funcionários de Otto hesitou. O que tornou possível àquelas quatro pessoas colocar a vida em risco e esconder judeus? Foi Miep quem explicou do melhor modo por todos eles: simplesmente nunca lhe ocorreu dizer não.[11]

No fim, pelo menos oito pessoas sabiam do segredo do Anexo: os quatro funcionários; o marido de Miep, Jan; o pai de Bep, Johannes; a esposa de Kleiman, Johanna; e o irmão de Kleiman, Willy, que se tornou o encarregado dos reparos no Anexo. Otto teve a ideia de disfarçar a porta do anexo colocando na frente uma estante com rodinhas, portanto mais móvel. Johannes Voskuijl, um excelente carpinteiro, construiu a estante em casa e, para não chamar atenção, levou-a parte por parte para o Anexo, onde a montou.[12]

Miep e Margot foram de bicicleta para o Anexo na manhã de 6 de junho. Em seguida, Otto, Edith e Anne foram a pé. A longa caminhada desde o apartamento na Merwedeplein, 37, no River Quarter, até a Prinsengracht, no centro de Amsterdã, foi exaustiva, particularmente porque cada um estava usando múltiplas camadas de roupas. Um judeu carregando uma mala levantaria suspeitas. Mas chovia muito, o que era um alívio, já que os nazistas não verificariam quem era judeu em um tempo daqueles.

Miep descreveu o momento em que saiu do Anexo e fechou a porta, deixando a família Frank se acomodar:

> *Eu nem conseguia imaginar como eles deviam estar se sentindo, deixando para trás tudo que possuíam no mundo: a casa; uma vida inteira juntando posses; a gatinha de Anne, Moortje. Lembranças do passado. E amigos.*
>
> *Eles tinham simplesmente fechado a porta da vida e desaparecido de Amsterdã. O rosto da sra. Frank dizia tudo. Deixei-os rapidamente.[13]*

# 10

PEDIAM. VOCÊ DIZIA SIM.

Em seu diário, Anne Frank faz uma descrição pungente de como era viver, na prática, presa, no Anexo. Mensagens de pavor atravessavam as paredes. Às vezes ela ouvia coturnos batendo no pavimento em um ritmo sinistro enquanto os soldados alemães passavam marchando. Uma vez descreveu que estava espiando por entre as cortinas no escritório depois de os funcionários terem ido para casa e viu judeus passando rapidamente, com medo. Nos fins de tarde, à medida que a guerra progredia, os aviões da RAF cruzavam a Holanda a caminho da Alemanha, e o ronco dos motores e os estrondos dos canhões antiaéreos eram assustadores.* Frequentemente caças Mustang da Força Aérea dos Estados Unidos largavam tanques de combustível vazios na cidade para ganhar velocidade e manobrabilidade. O barulho inesperado de projéteis não explodidos e estilhaços caindo do céu e batendo no chão era contínuo.

Nas ruas de Amsterdã havia um tipo diferente de medo. Miep o descreveu:

---

* Em 1943, um bombardeiro americano Halifax foi derrubado e caiu em cima do Hotel Carlton, que estava sendo usado como quartel-general alemão, e treze pessoas foram mortas. Em 1944, um ataque aliado contra o quartel-general do SD na Euterpestraat destruiu muitas casas da vizinhança. Milhares de civis foram mortos em bombardeios.

Recentemente a Polícia Verde e a SS vinham fazendo batidas de surpresa durante o dia. Era a melhor hora para pegar os judeus mais indefesos em casa: os velhos, os doentes, as crianças pequenas. Muitos tinham passado a ficar na rua de modo a não estar em casa se os alemães fossem pegá-los. Frequentemente perguntavam aos passantes se tinham visto algum sinal de uma batida policial ou de soldados. E, em caso positivo, onde.

Não era difícil ver o que estava acontecendo, mas, depois das brutais represálias alemãs contra os grevistas ferroviários, o medo tomava conta de tudo e de todos. A maioria das pessoas desviava o olhar. Elas sabiam que precisavam "ser prudentes". Por mais que quisessem ajudar, entravam em casa e trancavam a porta.[1]

Um dos testemunhos mais eloquentes da vida fora do Anexo foi feito por Miep, mas ela levou 42 anos de reticência até conseguir falar dos acontecimentos, tão doloroso era seu sentimento de perda e fracasso. Segundo seu filho, era uma ferida que não cicatrizava.

Ela relatou que, nos primeiros tempos da ocupação, antes que a família Frank fosse para o esconderijo, Otto fora obrigado não somente a arianizar a empresa, mas também a demitir a única funcionária judia, Esther.

Lembro-me de quando Esther se despediu de nós. Ela precisou ir embora porque era judia. Demitida. É, as coisas eram assim. Ela não voltou, acho. Não sobreviveu à guerra. No dia do meu casamento ainda estava lá. [...] Ela me deu uma caixa com um espelho, um pente e uma escova, que era dela e da sua família. [...] Não podia mais ficar com aquilo. [...] Era tudo muito doloroso. A gente ouvia falar da demissão dela, mas não dizia mais nada. Não sabia o que ia acontecer. Era preciso ceder. Aceitar. Eram os alemães quem mandavam, e nós vivíamos apavorados — morrendo de medo.[2]

Apenas aos poucos a psicologia de viver sob ocupação mudou. Quando Otto pediu a colaboração dos funcionários, o motivo para eles concordarem foi simples: Otto era amigo deles e eles precisavam ajudá-lo. Assim, aprenderam a viver em mundos separados, a se dividir em partes diferentes: no Anexo eram uma pessoa, entre os amigos eram outra, e entre autoridades eram ainda outra.[3] Como Miep explicou, logo se aprendia o que dizer e o que não dizer: "Não estávamos mais ficando em silêncio. Tínhamos perdido o hábito de falar. Consegue entender a diferença?"[4]

Jan continuou a trabalhar no Departamento de Serviço Social, mas logo estava envolvido com o grupo de resistência NSF. Porém, depois do fim da guerra, apenas raramente falava sobre o que tinha feito. Quando foi perguntado, ele explicou sua motivação. O que levava uma pessoa da passividade à ação não era heroísmo. Era mais simples. Pediam. Você dizia sim. A questão passava a ser em quem confiar. "Você nunca sabia realmente em quem confiar [...] [mas] de algum modo sabia assim mesmo."

Nós sabíamos, por exemplo, que aquelas pessoas que moravam do outro lado da rua eram boas. Por quê? É difícil dizer. A gente vê coisas... ouve coisas. Ouve pessoas falando, e é assim que descobre o valor de certos indivíduos. Não é uma regra cem por cento, mas no geral funcionou para mim. Eu tive sorte. [...] A gente precisava limitar muito os contatos. Não falar com toda a vizinhança. E, claro, precisava de um pouco de sorte, também. Mas eu era extremamente cuidadoso ao falar sobre qualquer coisa, porque nunca era possível ter certeza. E na verdade nunca estive errado com relação a uma pessoa, no final das contas.[5]

Mais ou menos nessa época, Miep e Jan estavam hospedando um estudante universitário holandês, Kuno van der Horst. Na verdade, eles sublocavam o apartamento da mãe de Kuno, que morava em Hilversum, no sudeste de Amsterdã. A proteção de Kuno era uma contrapartida pelo fato de sua mãe estar escondendo um judeu conhecido do casal. Eles jamais contaram isso a Otto Frank. Era outro compartimento da vida do casal.

Miep disse que eles achavam "lógico", "evidente" que deveriam ajudar. "A gente podia fazer alguma coisa e podia ajudar aquelas pessoas. Elas estavam desamparadas. [...] Só isso: nada além."[6]

Ela acrescentou: "É... às vezes a gente se preocupava. Pensava: 'Como isso pode continuar?' [...] Mas o carinho por aquelas pessoas — na verdade, a compaixão pelo que passavam — era mais forte. Era o que prevalecia."[7]

Ainda assim, o medo de Miep não desaparecia: "Não tentei impedir o meu marido. Morria de medo por ele, porque o amo. Se não o amasse, talvez não conseguisse suportar o pensamento aterrorizado dia após dia: será que ele voltará para casa hoje?"[8]

As oito pessoas no Anexo dependiam das que estavam lá fora para o sustento físico e moral. Estavam sempre ansiosas para saber o que acontecia no mundo exterior, e Miep, Jan, Bep e os outros sabiam que não poderiam dourar a verdade. "Vendo a ânsia deles, eu dizia o que sabia", contou Miep.

Sobre as razzias que estavam acontecendo em diferentes partes da cidade. Contei que o decreto mais novo mandava desconectar os telefones dos judeus. Que o preço dos documentos de identidade falsos tinha ido para as alturas. [...]

Todas as vezes que eu empurrava a estante para o lado, precisava pôr um sorriso no rosto e disfarçar o sentimento de amargura que ardia no meu peito. Eu respirava fundo, fechava a estante e fingia um ar de calma e animação que não era mais possível sentir em nenhum lugar de Amsterdã. Meus amigos no andar de cima não deveriam ficar perturbados, não deveriam compartilhar nem mesmo de um pouquinho da minha angústia.[9]

Às vezes, Johannes Kleiman levava a esposa para visitá-los nos fins de semana. Depois da guerra, ele se lembrou da curiosidade desesperada de Anne:

*Claro, nós tentávamos ter em mente como era difícil para a meni-
na. [...] Ela ansiava pelo mundo lá fora, por uma vida com outras
crianças, e, quando minha esposa aparecia, Anne a recebia com
uma curiosidade quase desagradável. Ela perguntava sobre
Corrie, nossa filha. Queria saber o que Corrie estava fazendo,
quem eram os namorados dela, o que estava acontecendo no clube
de hóquei, se Corrie tinha se apaixonado. E, enquanto perguntava, ficava ali parada, magra, com as roupas desbotadas, o rosto
branco como a neve, porque fazia muito tempo que não saía ao ar
livre. Minha esposa sempre levava alguma coisa para ela, um par
de sandálias ou uma peça de tecido; mas os cupons eram muito
escassos e não tínhamos dinheiro para comprar no mercado
clandestino. Seria ótimo se, de vez em quando, pudéssemos levar
para ela uma carta de Corrie, mas Corrie não podia saber que os
Frank não tinham saído do país, como todo mundo achava, e que
estavam em Amsterdã. Não queríamos colocar sobre ela o peso
desse segredo quase insuportável.*[10]

As pessoas dedicadas a ajudar a família Frank dividiam entre si a tarefa
de conseguir comida. Kleiman combinou com um amigo dono da rede de
padarias W. J. Siemons para entregar pão no escritório duas ou três vezes
por semana. Para comprar comida durante a ocupação era necessário ter
dinheiro e cupons de alimentação, que se destinavam a garantir que os
produtos fossem distribuídos de modo uniforme. A princípio, Jan obtinha
os cupons no mercado clandestino, e depois, em meados de 1943, através
de seus contatos na resistência.[11] Quando isso não bastou, o padeiro concordou em receber em dinheiro depois da guerra. O pão para alimentar
oito pessoas podia ser disfarçado como se fosse para os funcionários, cerca
de nove no total. Mas, claro, os funcionários que não compartilhavam do
segredo ficavam imaginando para onde ia todo aquele pão.

Miep fazia compras para as pessoas no Anexo, assim como para si
mesma e Jan. Isso implicava ir a várias lojas para não levantar suspeitas.
Miep chegou a sugerir que era uma espécie de teatro:

*Eu ia a todas as lojas e testava um pouco os limites com o homem
da loja. Até onde a gente podia ir. Quanto podia pedir. [...] Até que
ponto podia demonstrar compaixão. Até que ponto podia fingir
que estava em uma situação tão terrível. Sim, era como representar em um teatro. Pelo menos era como eu me sentia.*[12]

Hermann van Pels mandava Miep ao açougue de seu grande amigo
Piet Scholte, perto da Rozengracht. Ele foi astuto ao insistir que Miep o
acompanhasse até lá antes que o esconderijo começasse a ser usado, de
modo que o açougueiro conhecesse seu rosto. Na época ela havia ficado
intrigada, mas depois entendeu.

— Vá procurar esse homem — disse ele. — Entregue minha lista a
ele. Não diga nada e ele vai lhe dar o que nós queremos.

Funcionou conforme prometido, sem que nenhuma palavra fosse
dita.[13]

Bep era responsável pela entrega de leite, que acontecia todo dia.
Supostamente, os funcionários da empresa bebiam uma enorme quantidade de leite. O leiteiro não fazia perguntas. No entanto, à medida que
a escassez de comida aumentou — os alemães estavam mandando boa
parte dos produtos holandeses para a Alemanha —, Bep ia de bicicleta
até as fazendas nos arredores da cidade para encontrar qualquer comida
que pudesse.

Em uma ocasião, ela estava retornando à cidade com as poucas batatas
e verduras que tinha conseguido comprar quando foi parada por uma
patrulha da SS que estava passando. Ela se fez entender em alemão e
disse ao jovem oficial que a abordou que tinha uma família grande para
alimentar. Ele a deixou ir, mas pegou metade dos produtos. Depois o carro
da patrulha a alcançou de novo e o oficial devolveu a comida.

Bep era esperta o bastante para saber que aquilo era uma armadilha.
Em vez de ir para o Anexo, foi para casa. O carro a seguiu. Ela dirigiu um
olhar inocente aos homens da SS e entrou em casa. Eles foram embora.[14]

Bep e Miep ficaram muito íntimas de Anne, como é evidente pelo
diário. As duas cederam aos pedidos que ela fazia para passarem a

noite lá. Bep descreveu a noite passada no Anexo como "completa e absolutamente apavorante". Deitada em um colchão ao lado de Anne, podia ouvir os sinos da Westerkerk tocando a cada quinze minutos, quebrando o silêncio nos cômodos:

Um caibro ou uma porta rangiam, depois era alguma coisa lá fora, no canal, um sopro de vento agitando uma árvore ou um carro distante chegando mais perto. [...] Cada rangido e cada estalo [...] era associado com "Fui denunciada" ou "Dessa vez eles me ouviram".[15]

O medo era quase insuportável.

Miep também passou uma noite lá, com o marido. Depois que as cortinas de blecaute foram colocadas, lacrando o Anexo como uma prisão com as trancas pelo lado de dentro, Miep e Jan foram dormir no quarto de Anne. Mais tarde, Miep escreveu:

Durante toda a noite eu ouvia cada badalada do relógio da Westertoren. Não dormi; não conseguia pregar os olhos. Ouvi o som de uma tempestade chegando, o vento uivando. O silêncio do lugar era avassalador. O medo daquelas pessoas trancadas era tão denso que eu me sentia esmagada. Era como um fio de terror retesado. Foi terrível a ponto de não me deixar fechar os olhos.

Pela primeira vez eu soube o que era ser um judeu escondido.[16]

11

UM INCIDENTE ANGUSTIANTE

Oito pessoas escondidas em um espaço pequeno durante 25 meses. Foi espantoso terem permanecido tanto tempo. Como disse Bep: "Oito pessoas são oito indivíduos. Se cada um deles cometesse um único erro por ano, seriam dezesseis sinais reveladores."[1] Às vezes aconteciam discussões domésticas durante o horário comercial. Bep reconhecia as vozes e corria para avisar às pessoas escondidas que elas eram ouvidas no armazém. Uma vez, quando seu pai, que era o gerente do armazém, escutou vozes, começou a gritar com um funcionário para encobrir o barulho enquanto Bep subia a escada correndo para manter a paz; o pobre funcionário não fazia ideia do que tinha feito.[2] Era uma agonia.

O mundo tinha enlouquecido, mas Otto mantinha certa calma. Miep percebeu a mudança: "Notei uma nova compostura, uma nova calma no sr. Frank. Antes ele estava sempre nervoso, mas passou a mostrar uma faceta de controle absoluto, um sentimento de segurança e tranquilidade emanava dele. Vi que ele estava dando exemplo de calma para os outros."[3]

A calma era necessária. Até março de 1943 o pai de Bep havia cuidado de tudo. Ele sempre se certificava de se livrar do lixo com cuidado e cobria qualquer sinal de haver pessoas escondidas no Anexo. No entanto, em junho ele foi diagnosticado com câncer. Continuou a trabalhar por um breve período, mas, como Anne escreveu no diário, ele fez uma cirurgia no dia 15 e foi obrigado a deixar o trabalho, para se recuperar.

Incapaz de conseguir um substituto sozinho, Kleiman consultou o departamento público de empregos, que lhe mandou um homem chamado Willem van Maaren. Era arriscado trazer um completo desconhecido para o mundo fechado do Anexo Secreto, e logo Kleiman se arrependeria da decisão. Van Maaren era curioso a um nível suspeito, e os ajudantes dos Frank passaram a acreditar que ele estava roubando suprimentos do armazém e depois os vendendo no mercado clandestino.

A mudança do gerente do armazém foi provavelmente a maior ameaça aos moradores do Anexo desde que tinham passado a se esconder, mas havia muitas outras coisas para preocupar os ajudantes: obter cupons de alimentação com a resistência (segundo Miep, Jan precisava levar as carteiras de identidade de todo mundo para a organização de resistência, a fim de provar que estava alimentando oito pessoas); arranjar dinheiro a mais para comprar comida; e, à medida que o racionamento aumentava, encontrar comida em si.

Para piorar, empresas em toda a Amsterdã estavam sendo roubadas. Entre 1943 e 1944 houve pelo menos três tentativas de invasão do número 263 da Prinsengracht. Em 16 de julho de 1943, como era seu costume, Peter desceu ao armazém antes que os empregados chegassem e descobriu que a porta da frente estava aberta. Ladrões tinham arrombado a porta do armazém e a da rua com um pé de cabra. Ironicamente, todas as pessoas do Anexo haviam dormido o tempo todo. Os ladrões tinham chegado ao segundo andar e roubado uma pequena quantia de dinheiro, cheques em branco e, o mais triste, cupons de alimentação relativos a toda a cota de açúcar para o Anexo.

NO DIA 1º DE MARÇO DE 1944, PETER MAIS UMA VEZ ENCONTROU A PORTA QUE LEVAVA AO ESCRI-
tório escancarada e descobriu que a nova pasta do sr. Kugler e um projetor tinham sumido da sala. O preocupante era que não havia sinal de invasão forçada. O ladrão parecia ter uma cópia da chave, o que indicava que o crime fora cometido por um funcionário do armazém. Quem seria?

O incidente mais angustiante foi uma invasão um mês depois, em 9 de abril, apenas quatro meses antes da batida policial no Anexo e de os residentes serem presos.[4] Tinha havido barulhos no armazém depois da hora do expediente, e Peter, seu pai, Fritz e Otto desceram. Peter notou que faltava um grande painel na porta do armazém. Os quatro entraram no armazém e viram os ladrões. Van Pels gritou:

— Polícia!

Os ladrões fugiram, mas, enquanto os homens tentavam cobrir o buraco na porta, um chute rápido dado pelo lado de fora fez voar o pedaço de madeira. Eles ficaram chocados com a ousadia dos ladrões. Tentaram de novo, e mais uma vez o painel substituto foi chutado. Em seguida um homem e uma mulher apontaram uma lanterna acesa através do buraco.

Os moradores do Anexo correram para cima. Pouco depois ouviram a estante sendo sacudida. Em seu diário, Anne escreveu que não conseguia encontrar palavras para descrever o terror daquele momento. Eles ouviram os passos recuando, e então tudo ficou silencioso. Os oito voltaram para o andar de cima, onde passaram uma noite insone, esperando a Gestapo.

No dia seguinte, Jan Gies descobriu o que havia acontecido. Martin Sleegers, o vigia noturno que patrulhava a área de bicicleta com seus cachorros, tinha visto o buraco na porta e alertado a polícia. Sleegers e um policial chamado Cornelis den Boef, membro ativo da NSB, tinham revistado todo o prédio, inclusive a alcova onde ficava a entrada do Anexo. Foram eles que haviam sacudido a estante.[5]

Mais tarde naquele mesmo dia, quando estava retornando ao Anexo, Jan encontrou o quitandeiro Hendrik van Hoeve, que entregava as verduras para eles, e disse que tinha acontecido uma invasão. Van Hoeve respondeu que sabia. Ele e a esposa estavam passando pelo prédio e notaram o buraco na porta. Ele enfiou a lanterna pelo buraco e achou que tinha espantado os ladrões, que fugiram.

— Por segurança, não chamei a polícia. Achei que não seria sensato.[6]

Foi o mesmo que Van Hoeve dizer a Jan que sabia sobre as pessoas escondidas. Logo o irmão de Kleiman, Willy, foi consertar a porta.

No início de 1944, um homem chamado Lammert Hartog tinha sido contratado como assistente do novo gerente do armazém, Van Maaren. Fora recomendado por Petrus Genot, que trabalhava com o irmão de Kleiman na empresa de dedetização. A esposa de Hartog, Lena, que ocasionalmente fazia faxina na sede da Opekta, também tinha intercedido para conseguir o emprego para o marido.

No fim de junho, Petrus Genot procurou o irmão de Kleiman e alertou que a esposa de Hartog tinha perguntado à esposa dele, casualmente, se era verdade que havia judeus escondidos no número 263 da Prinsengracht. Anna Genot ficou horrorizada. Como Lena podia espalhar um boato assim naqueles tempos perigosos? Anna disse para ela ter muito cuidado com aquele tipo de conversa. Mas Lena mencionou a mesma coisa para Bep, que também lhe disse que ela não deveria ser tão descuidada com aquele tipo de informação.[7]

Aterrorizada, Bep falou com Kugler e Kleiman. O que deveriam fazer? Se Hartog e a esposa dele, Lena, e talvez até mesmo Van Maaren, suspeitavam da existência de judeus no Anexo, de algum modo a informação vazaria. Deveriam contar a Otto? Seria hora de tentar levar os oito para outro local? Talvez Anne e Margot pudessem ficar juntas, mas como eles conseguiriam encontrar sete esconderijos? E os Frank concordariam em ser separados? Era verão. As pessoas ficavam na rua até mais tarde. Como oito pessoas poderiam ser levadas para fora do prédio sem serem vistas? No final das contas, não fizeram nada. Esta seria uma das lembranças dolorosas que eles precisariam juntar à experiência: o sentimento de culpa por não terem avisado a Otto. O Anexo foi invadido dois meses depois. Se os ajudantes houvessem levado todo mundo para outro local, será que a família de Otto Frank, os Van Pels e Fritz Pfeffer teriam sido salvos?

12

ANATOMIA DE UMA INVASÃO

K leiman se lembrava que a manhã de sexta-feira, 4 de agosto de 1944, estava quente e luminosa:

> *O sol brilhava; estávamos trabalhando no escritório grande. [...] no armazém embaixo de nós os moinhos de temperos faziam barulho. Quando o sol estava brilhando, as árvores ao longo do canal e a própria água lançavam feixes de luz no teto e nas paredes do escritório, ondulações que tremulavam e dançavam. Era um efeito estranho, mas assim sabíamos que o tempo lá fora estava bom.*[1]

Foi naquele dia que o impensável aconteceu. Uma unidade IV B4, consistindo de um oficial alemão do SD e pelo menos três policiais holandeses, invadiu o número 263 da Prinsengracht. Tinham sido informados de que havia judeus escondidos ali.

Karl Silberbauer, Otto, os quatro ajudantes e os dois funcionários do armazém forneceram relatos ligeiramente diferentes da invasão. De modo pouco surpreendente, os relatos mudaram com o passar dos anos.

A memória é fluida e inevitavelmente se altera com o tempo. As declarações oficiais sobre a invasão do Anexo foram reunidas entre quatro e dezenove anos depois do acontecimento.

Como parte do Projeto Rastreamento de Prisões, Vince e a equipe do caso arquivado montaram uma linha do tempo exata da invasão, baseada em declarações de testemunhas, relatórios policiais, entrevistas com a imprensa e correspondências particulares:

9h00: *Os funcionários do escritório da Opekta/Gies & Co. (Miep, Bep, Kugler e Kleiman) chegam para iniciar o dia de trabalho.*

9h10: *Miep vai ao Anexo e pega a lista de compras do dia.[2]*

10h00: *Um telefonema "anônimo" é dado para a "unidade de caça aos judeus" IV B4, localizada na sede do SD, na Euterpestraat, 99, Amsterdã. O informe é que há judeus escondidos no anexo de um prédio no número 263 da Prinsengracht. O tenente Julius Dettmann, da SS, atende ao telefonema e ordena que o oficial do SD Karl Silberbauer vá àquele endereço.*

As declarações de Silberbauer variam com relação ao número de judeus que seriam encontrados. Em sua primeira declaração[3] às autoridades austríacas e ao jornalista holandês Jules Huf,[4] ele meramente disse "judeus", sem citar um número específico. Na segunda declaração, disse "de seis a oito judeus". Em sua última entrevista, "oito judeus".[5]

Dettmann entra em contato com o oficial de plantão, o sargento Abraham Kaper, designado para o IV B4, para que mande detetives do SD de Amsterdã ao endereço.

10h30: *Otto está no quarto de Peter, dando uma aula de inglês.[6]*

10h30 às 10h55: *A equipe do SD holandês chega com Silberbauer diante do número 263 da Prinsengracht em um carro do Exército alemão. Em outra versão, Silberbauer chega separado, de bicicleta. As portas do armazém estão escancaradas e a equipe de busca e apreensão entra. Willem van Maaren e Lammert*

Hartog, que estão lá dentro, veem o carro estacionar. Um detetive holandês à paisana entra e fala com Van Maaren.[7] Um homem do SD holandês fica no armazém enquanto o resto sobe a escada até a área dos escritórios.[8]

10h30 às 11h00: *Miep e Bep estão sentadas às suas mesas no escritório. Kugler está em sua sala e Kleiman podia não estar à sua mesa, mas está na área dos escritórios com Miep e Bep. Segundo Miep, ela ergue os olhos e um homem gordo (provavelmente um dos detetives) enfia a cabeça pela porta e grita em holandês para Kleiman, Bep e ela: "Quietos. Fiquem sentados."[9] Em uma declaração dada em 1974, ela diz que um homem alto e magro também os ameaçou com uma arma de fogo.[10] Em seguida ele vai até a sala dos fundos, onde Kugler está trabalhando.[11] Kleiman diz que a primeira coisa que viu foi a cabeça do gordo.[12]*

Kugler ouve passos e vê sombras passando atrás do vidro da porta da sala. Ele abre a porta e vê o oficial do SD Karl Silberbauer.[13] Eles entram na sala de Kugler, onde este é interrogado. Kugler afirma que há um oficial do SD alemão (Silberbauer) e três detetives holandeses à paisana na equipe de busca e apreensão.[14]

Bep e Kleiman afirmam que ouviram o gordo e um outro na sala de Kugler. O gordo pergunta a ele em alemão: "Onde estão os judeus?"[15] Então o gordo entra na sala deles e se posiciona ali. Mais tarde Bep confirmou que havia (no mínimo) três detetives holandeses durante a prisão.

11h15: *Bep, Miep e Kleiman permanecem no escritório. Silberbauer saca a pistola (uma Browning) do paletó e ordena que Kugler suba a escada. Vários detetives holandeses os acompanham com as armas em punho.[16]*

Há duas opções para o modo como chegaram ao andar de cima:

Primeira opção: Eles viram à direita assim que saem da sala de Kugler e sobem uma escada semiespiral que leva ao cômodo onde fica a estante.

(Seria o caminho mais provável e lógico para Kugler e a equipe de busca terem feito.)

Segunda opção: Eles descem, saem do armazém para a rua e entram de novo no prédio por uma das portas externas, que revela uma longa escada de dois andares levando ao andar do Anexo.[*]

O que fizeram em seguida é importante. Eles foram imediatamente até a estante porque tinham uma informação prévia, foram levados até ela por Kugler, sob a ameaça das armas, ou teriam descoberto sozinhos depois de olhar em volta? A hipótese que for verdadeira determina se o traidor era alguém de dentro que sabia exatamente onde ficava a estante ou simplesmente alguém que teria recebido de segunda mão a informação sobre a presença dos judeus.

Kugler descreve a equipe de busca puxando a estante até ela se soltar da fixação.[17] A estante pesada se move sobre um suporte com rodinhas. Nos dois anos desde que o pai de Bep a havia construído, esse suporte teria deixado uma marca curva no assoalho. As unidades de caça aos judeus estavam acostumadas a examinar casas em busca de esconderijos engenhosos. Em vez de terem um conhecimento prévio da porta escondida atrás da estante, eles podem simplesmente haver notado as marcas indicando que a estante se movia para esconder alguma coisa.

> **11h20 às 11h40:** *A equipe de busca e apreensão entra no Anexo e confronta os ocupantes. Otto está no quarto de Peter quando um desconhecido à paisana entra empunhando uma pistola. Ele revista os bolsos dos dois em busca de armas. Otto e Peter são obrigados a descer a escada até onde os Van Pels estão de pé com as mãos ao alto diante de outro homem à paisana que segura uma pistola. Então eles descem mais um andar até onde a família de Otto mora. Sua esposa, suas filhas e Kugler*

---

[*] Gertjan Broek, da Casa de Anne Frank, acredita que a equipe de busca e apreensão usou esta opção.

estão de pé, também com as mãos ao alto. Há um homem de uniforme verde com uma pistola na mão: Silberbauer.[18] Silberbauer pega a pasta de Otto e a esvazia, espalhando papéis no chão, inclusive o diário de Anne. Ele fica com o dinheiro, as joias e o ouro odontológico de Pfeffer.

Assim que Silberbauer nota o baú da Primeira Guerra Mundial de Otto, pergunta sobre o serviço prestado por ele no Exército alemão. Otto diz que eles estão escondidos há 25 meses. Mostra ao incrédulo Silberbauer as marcas de régua na parede indicando quanto suas filhas cresceram. Depois disso, Silberbauer diz para os ocupantes arrumarem suas coisas com calma.[19]

Enquanto os ocupantes do Anexo estão fazendo as malas, Kugler pergunta a Silberbauer se pode pegar seu almoço. Ele espera fugir do prédio. Chega até o depósito inferior, onde as portas estão abertas, e já está a ponto de sair correndo para a rua quando vê o outro policial e dá meia-volta.[20]

11h50 às 12h00: *Enquanto a equipe de busca e apreensão ainda está no Anexo, Bep Voskuijl sai da Opekta com a carteira de Kleiman. Ele lhe havia pedido que fosse à farmácia na Leliegracht, cujo dono é um amigo que vai deixá-la telefonar para a esposa de Kleiman.[21] Bep sai correndo desesperadamente do prédio, temendo levar um tiro a qualquer momento, e espera algum tempo na farmácia antes de telefonar e, em seguida, voltar ao escritório.[22]*

11h50 às 12h00: *Jan Gies chega ao escritório da Opekta como de costume para almoçar com Miep. Miep o recebe na porta do escritório no topo da escada, sussurra "Gestapo" e lhe entrega a bolsa dela contendo cartões de racionamento ilegais, dinheiro e o almoço dele. Ele sabe imediatamente o que está acontecendo. Sai depressa do prédio e vai para o seu escritório, que fica a sete minutos dali. Lá, esconde os itens.[23]*

12h05: *Miep volta à sala da frente. Outro homem da equipe de busca e apreensão passa pela porta e ordena a Kleiman, que ainda* *está sentado com ela, que vá à sala de Kugler. Depois de algum tempo ela ouve a porta da sala de Kugler se abrir e Kleiman sai, seguido por Silberbauer. Silberbauer ordena que Kleiman entregue as chaves do armazém a Miep e os dois voltam à sala de Kugler e fecham a porta.*[24]

12h20: *Alguns minutos depois, o holandês que tinha entrado primeiro no escritório com uma arma retorna, senta-se à mesa de Bep e telefona para a sede do SD na Euterpestraat requisitando um veículo.*[25]

12h25: *Silberbauer chega à sala da frente e confronta Miep, pegando de volta as chaves que Kleiman tinha lhe dado alguns minutos antes. Miep reconhece o sotaque vienense dele e diz que também é de Viena. Depois de lhe dar um sermão por ajudar os judeus, ele avisa para ela não fugir, porque pretende voltar e falar com ela. Em seguida sai, fechando a porta e deixando-a sozinha na sala. Ela fica chocada por não ter sido presa e presume que seja por causa da origem austríaca dos dois.*[26]

12h45: *Os dez prisioneiros são levados para baixo.*[27] *Pouca coisa é dita. Não há despedidas emocionadas dos ajudantes.*

13h00: *Enquanto os prisioneiros são levados para fora do prédio, os dois funcionários do armazém estão parados na entrada.*[28] *Os oito moradores do Anexo, junto com Kugler e Kleiman, são postos no caminhão verde-escuro que espera na Prinsengracht. O marido de Miep, Jan, e o irmão de Kleiman, que Jan chamou, assistem do outro lado do canal.*[29] *Silberbauer vai embora de bicicleta.*[30]

13h15 a 13h30: *O caminhão do SD chega ao quartel-general na Euterpestraat e os prisioneiros são escoltados até as celas e trancafiados. Os interrogatórios começam. Silberbauer pede a Otto os nomes e endereços de mais judeus escondidos, mas ele diz que não sabe de nada. Esteve fora de circulação por 25 meses. Kleiman e Kugler se recusam a falar sobre seu envolvimento com o esconderijo. Nem Otto nem os outros são maltratados.*[31]

Kleiman se lembrava que, antes de serem separados, Otto tinha dito a ele:

— E pensar que você está sentado aqui conosco, que a culpa é nossa.

Kleiman respondeu:

— A escolha foi minha, e não teria feito diferente.[32]

Depois de passarem quatro noites em uma prisão no centro da cidade, os oito foram transportados para o campo de trânsito de Westerbork; Kugler e Kleiman foram mandados para o campo de trabalhos forçados em Amersfoort.

Para o sargento do SD e seus colaboradores holandeses, havia judeus escondidos no número 263 da Prinsengracht. Esconder-se, segundo os nazistas, era crime. Quando os prenderam, Silberbauer e seus lacaios sabiam qual seria provavelmente o destino deles; nessa época, eles tinham conhecimento dos campos de extermínio, mas estavam obedecendo a ordens. Talvez seja simplesmente a capacidade humana de transformar outro indivíduo em objeto, abdicando de toda a responsabilidade por seu destino mortal, que torne tão fácil matar.

13

O CAMPO DE WESTERBORK

Na tarde da prisão, Miep entrou no Anexo com o marido e o gerente do armazém, Willem van Maaren. A sombra de Karl Silberbauer, o oficial do SD, pairava sobre tudo. Ele a havia avisado para não desaparecer, porque pretendia voltar. Em uma entrevista anos depois, Miep se lembrou do medo que sentira, mas disse que precisava ir ao Anexo para se convencer de que as pessoas que eles haviam escondido durante 761 dias tinham mesmo ido embora: "As gavetas estavam abertas, coisas espalhadas pelo chão. Em toda parte havia objetos revirados."[1]

No meio do caos, no chão, ela viu um objeto conhecido: o diário com capa em xadrez vermelho e branco com fecho de latão, em que tinha visto Anne escrever com tanta frequência. Depois de ter enchido as páginas com suas densas anotações manuscritas e algumas fotos, Anne havia pedido para Miep lhe trazer outro, mas não existiam diários à venda em nenhum lugar de Amsterdã. Em vez disso, Miep lhe levou cadernos e, depois de Anne preencher esses, Bep lhe dava folhas de papel vegetal azul do escritório.

Miep se abaixou e pegou o diário de Anne e alguns cadernos e os levou para sua sala, onde os guardou em uma gaveta destrancada em sua mesa. Trancar a gaveta levantaria suspeitas. Era arriscado manter o diário, mas ela queria devolvê-lo a Anne quando esta voltasse. Felizmente, ela não o leu. Se houvesse feito isso, teria descoberto que Anne havia usado nomes verdadeiros nele. Para proteger todo mundo, Miep precisaria destruí-lo.[2]

Mais tarde naquela noite, Bep também visitou o local com o namorado. Disse à irmã mais nova, Diny, que precisava ver com os próprios olhos que as pessoas que haviam estado escondidas tinham sido levadas embora.[3] "Quando as pessoas de quem você cuidou durante todos aqueles anos de repente são arrancadas dali, o que resta para dizer?"[4]

Como era feito com relação a todos os judeus deportados, em algum momento entre os dias 5 e 10 de agosto a empresa de mudanças Abraham Puls, que tinha o contrato para coletar as posses dos judeus, chegou para levar os pertences de todos os que haviam estado escondidos. Os moradores chamavam isso de "ser *gepulst*" (pulsados), e às vezes até iam à rua assistir. Móveis, roupas de cama, comida e artigos pessoais eram recolhidos e vendidos ou mandados de trem para a Alemanha e mais ao leste, para cidadãos cujas casas tinham sido bombardeadas pelos Aliados. A retirada de bens dos judeus levou a uma corrupção disseminada. Os objetos tirados das casas costumavam desaparecer, e nesse processo muitos "pulsadores" trapaceiros ficaram ricos.

Bep e Miep foram até o Anexo depois de o lugar ser esvaziado e descobriram que os homens da Puls tinham deixado uma enorme confusão de papéis e livros largados no piso do sótão, considerados sem valor. Bep reconheceu as folhas azuis de papel vegetal que tinha dado para Anne escrever e salvou um maço amarrado com barbante. Era a revisão do diário original, em que Anne estivera trabalhando nas últimas dez semanas no esconderijo. Ela esperava publicá-lo depois da guerra com o título *O Anexo Secreto*. Pensava que poderia ser uma história de mistério em que o leitor jamais saberia como terminaria, até chegar ao final.[5]

Depois de quatro dias no centro de detenção da famosa prisão de Weteringschans, os oito prisioneiros foram transportados de caminhão até a estação ferroviária de Muiderpoort para a viagem de 130 quilômetros até o campo de Westerbork. Dentre os prisioneiros que viajavam com eles estavam duas irmãs, Rebekka "Lin" e Marianne "Janny" Brilleslijper, presas por trabalharem na resistência. Janny reparou na família Frank imediatamente: um pai muito preocupado, uma mãe nervosa e duas filhas usando roupas de tipo esportivo e mochilas.[6] Ninguém falava; apenas observavam as casas da cidade desaparecerem ao longe enquanto eram removidos da civilização. As irmãs estavam entre as últimas pessoas a ver Anne Frank viva.

Treze anos depois, Otto descreveu a viagem ao escritor Ernst Schnabel. Sua menção ao modo como Anne absorvia o mundo natural que lhe havia sido negado por tanto tempo é tocante.

> *Viajávamos em um trem de passageiros comum. O fato de a porta estar trancada não importava muito para nós. Estávamos juntos de novo e tínhamos recebido um pouco de comida para a viagem. Sabíamos para onde íamos, mas era quase como se estivéssemos viajando de novo, ou dando um passeio, e na verdade estávamos animados. Animados, pelo menos, quando comparo esta viagem com a próxima. Em nosso íntimo, claro, já prevíamos a possibilidade de não permanecermos em Westerbork até o fim. Afinal de contas, sabíamos sobre as deportações para a Polônia. E também sabíamos o que estava acontecendo em Auschwitz, Treblinka e Majdanek. Mas, ora, os russos já não estavam no interior da Polônia? A guerra estava tão adiantada que podíamos começar a depositar um pouco de esperança na sorte. Enquanto íamos para Westerbork, esperávamos que a sorte durasse. Anne não queria sair de perto da janela. Lá fora era verão. Campinas, campos com restolhos da colheita e povoados passavam por nós. Os fios de telefone à direita dos trilhos se curvavam para cima e para baixo ao longo das janelas. Era como a liberdade. Consegue entender?[7]*

As notícias corriam por Westerbork sempre que um novo transporte chegava, trazendo esperança e desespero: esperança de que as pessoas traídas não fossem familiares ou parentes, cuja presença duplicaria a dor de quem estava lá; e desespero porque os transportes continuavam saindo de Amsterdã regularmente e porque, apesar dos avanços dos Aliados, a guerra ainda não havia terminado.

Uma mulher, a sra. Rosa "Rootje" de Winter, estava olhando os recém-chegados com sua filha de quinze anos. De repente ela gritou:

— Judy, olhe!

Havia oito pessoas na fila comprida, esperando para registrar seus nomes. A sra. de Winter notou as peles pálidas: "Dava para ver imediatamente que tinham estado escondidas e que fazia anos que não ficavam ao ar livre."[8] Uma delas era Anne Frank. Sua filha e Anne ficariam amigas naquele lugar desolado.

A chegada tinha um roteiro fixo: primeiro as pessoas eram levadas aos alojamentos de quarentena, onde um funcionário do banco Lippmann-Rosenthal & Co confiscava qualquer objeto de valor que restasse; depois vinha a designação para o Alojamento 67, o alojamento de punição para criminosos, já que esconder-se era crime. Trezentas pessoas viviam em cada alojamento. Os recém-chegados recebiam uniformes azuis com um peitilho vermelho e tamancos de madeira. A cabeça dos homens era raspada; o cabelo das mulheres era cortado dolorosamente curto.

No diário, Anne contou que sua única vaidade eram os lindos cabelos. Mas os alemães queriam os cabelos para fazer correias de força e vedação de juntas de tubulação para os submarinos.[9] Era o mundo de cabeça para baixo: o cabelo das pessoas cuja existência os nazistas estavam aniquilando era usado para a fabricação de armas de guerra.

Westerbork ficava em uma área de pântanos de turfa que deixavam tudo úmido. O campo não era grande — cerca de quinhentos metros quadrados. Era administrado em parte por prisioneiros judeus alemães chamados de Serviço da Ordem (Ordedienst, OD), que atuavam como uma espécie de força policial. Eram refugiados judeus alemães que os holandeses tinham confinado no campo em 1939, quando a Holanda ainda era neutra. Mais tarde, judeus holandeses se juntaram a eles. Os alemães garantiam aos membros do OD que, se estabelecessem a autoridade no campo, não seriam transportados para "o leste". Eram entre quarenta e sessenta homens e se reportavam diretamente aos comandantes do campo.[10]

Para Anne, ironicamente, Westerbork ofereceu uma espécie de liberdade depois do encarceramento no Anexo. A sra. de Winter recordou: "Anne estava feliz; era como se tivesse sido libertada, já que podia ver pessoas novas e falar com elas, e podia rir." Podia respirar e sentir o sol no rosto. "Apesar de não estarmos em segurança, nem no final do nosso sofrimento", acrescentou a sra. de Winter.[11]

Em 25 de agosto de 1944, Paris foi libertada. Em 3 de setembro, Bruxelas caiu, e no dia 4, a Antuérpia. Os americanos estavam na metade da península italiana. A guerra estava quase acabada. Mesmo assim, 1.019 pessoas foram transportadas para Auschwitz a partir do domingo, 3 de setembro: três dias e duas noites de viagem, entre sessenta e 75 pessoas em cada vagão de gado: 498 mulheres, 442 homens e 79 crianças, dentre os quais a família Frank, a família Van Pels e Fritz Pfeffer.[12] Foi o último transporte a ir do campo de Westerbork para o campo de concentração de Auschwitz, na Polônia.

Otto havia esperado que a sorte estivesse do lado deles. Não estava.

14

O RETORNO

Das oito pessoas que tinham se escondido no Anexo, apenas Otto Frank sobreviveu. O fato de ele estar no hospital do campo quando o comando nazista evacuou Auschwitz implicou que, em vez de ir em uma marcha forçada até a morte, ele fosse libertado pelos russos. Era 27 de janeiro de 1945. Dois dias antes ele estivera em uma fila esperando a execução quando soldados russos tinham se aproximado, fazendo o pelotão de fuzilamento da SS correr em busca de abrigo. Certa vez, Otto disse que guardava uma imagem dos russos com seus "casacos cobertos de neve" chegando na paisagem branca; era sua imagem da liberdade.[1]

Em 22 de fevereiro, quase um mês depois, enquanto os ex-prisioneiros recuperavam as forças, a área perto do campo ficou sob cerco. Durante a noite, Otto e os outros ouviam o som da artilharia. Os alemães tinham voltado e parecia que os russos estavam perdendo terreno. Depois de sobreviver a tanto sofrimento, era impensável que tudo pudesse estar perdido. Finalmente, em 23 de fevereiro, vários oficiais russos reuniram os sobreviventes na praça principal do campo e uma dúzia de caminhões chegou para transportá-los até a zona segura atrás das linhas.

Desembarcaram em Katowice, capital da Alta Silésia, na Polônia, onde foram abrigados primeiro em um prédio público e depois em uma escola no centro da cidade. Otto perguntava a todos que encontrava se tinham visto sua esposa e suas filhas entre os prisioneiros. Escreveu para a mãe em 18 de março contando que ainda não estava em condições de contar o que havia passado, mas que pelo menos estava vivo. Disse que se sentia atormentado por não ter encontrado Edith e as meninas, mas continuava esperançoso. Preocupava-se constantemente com Kugler e Kleiman e se eles teriam sobrevivido aos campos de concentração. No mesmo dia escreveu à sua prima Milly: disse que se sentia um sem-teto; tinha perdido tudo. Não tinha nem mesmo uma carta ou uma foto das filhas.[2]

Em 22 de março, Otto estava sentado sozinho a uma mesa na escola vazia. Rootje de Winter, que ele havia conhecido em Westerbork, se aproximou. Ela disse que estivera no mesmo alojamento que sua esposa e suas filhas em Auschwitz. Em 30 de outubro de 1944, Anne e Margot tinham sido selecionadas para serem transportadas a Bergen-Belsen, deixando a mãe para trás. De Winter não sabia o que havia acontecido com elas. Nunca mais as vira.

No entanto, garantiu a Otto que Anne ainda tinha expressão no rosto. Era a gíria do campo de concentração para designar alguém que não tivesse sido destruído pela desumanidade ao redor. De Winter disse que a beleza de Anne estava concentrada nos olhos enormes, que ainda podiam encarar o sofrimento dos outros com piedade. Os que tinham perdido a expressão haviam parado de sentir. "Alguma coisa nos protegia, nos impedia de ver." Mas Anne, como disse De Winter, não tinha esse tipo de "proteção". Ela "foi quem viu até o fim o que estava acontecendo ao redor de todos nós".[3]

Em dezembro, De Winter tinha adoecido e sido mandada ao alojamento hospitalar, onde encontrou a sra. Frank. Contou a Otto que Edith estava delirando, não comia mais. Quando lhe davam comida, escondia-a embaixo do cobertor, dizendo que a estava guardando para o marido. Até que a comida azedava.[4] De Winter contou a ele que Edith havia morrido de inanição em 6 de janeiro de 1945. O coração de Otto deve ter se partido.

Em uma das paradas frequentes do trem para Czernowitz, na Ucrânia, dentre as centenas de pessoas amontoadas na plataforma, Otto foi reconhecido por uma garota que costumava brincar com Anne na Merwedeplein, no River Quarter. A garota o apresentou à mãe, que perguntou imediatamente se ele havia encontrado seu filho e seu marido, ainda desaparecidos. O nome dela era Elfriede "Fritzi" Geiringer.

Em 5 de março, depois de chegar a Czernowitz, Otto embarcou em um trem militar russo que ia para Odessa. Era o único caminho de volta para Amsterdã, onde ele esperava se reunir com as filhas. Ele e Fritzi Geiringer se separaram como estranhos, mas oito anos depois ela iria se tornar a segunda esposa de Otto. Tal era o nível absurdo do acaso controlando a vida deles.

Otto levou três meses para voltar a Amsterdã. Em 3 de junho, chegou ao apartamento de Miep e Gies. Miep lembrou: "Nós nos olhamos. Não havia palavras. [...] 'Miep', ele disse baixinho, 'Edith não vai voltar. [...] Mas tenho grandes esperanças por Anne e Margot.'"[5] O casal o convidou a morar com eles. Otto aceitou.

Naquela noite, eles contaram a Otto que Kleiman e Kugler haviam sobrevivido. Kleiman tinha sofrido uma hemorragia gástrica no campo de Amersfoort. A Cruz Vermelha holandesa interveio, por razões humanitárias, e em 18 de setembro ele foi solto. Esse tipo de apelação só podia funcionar para cidadãos holandeses, e somente porque a perspectiva de perder a guerra deixou mais complacente o ansioso comando alemão. Logo os alemães começariam a destruir os campos de extermínio para esconder as provas.

Kugler tinha sido arrastado de um campo de trabalho para outro. Em 28 de março de 1945, durante uma marcha forçada para a Alemanha, Spitfires ingleses atacaram a coluna de cerca de seiscentos homens assim que estavam se aproximando da fronteira com a Alemanha. No caos, Kugler conseguiu escapar com outro prisioneiro, voltando para casa com a ajuda de agricultores holandeses. Na época, os alemães estavam ocupados demais salvando a si próprios em uma retirada em massa até a pátria para se darem o trabalho de caçar fugitivos holandeses.[6]

Na segunda-feira, 4 de junho, Otto escreveu na agenda que sempre mantinha que havia retornado ao número 263 da Prinsengracht. Deve ter sido terrivelmente doloroso ver na parede o mapa em que havia acompanhado o avanço dos Aliados; a régua perto da porta medindo quanto suas filhas tinham crescido; as fotos de bebês, estrelas de cinema e da família real holandesa que Anne colara na parede do quarto. Nada havia mudado, no entanto tudo era diferente. Cinco dias depois do retorno ele escreveu à mãe, dizendo que ainda não se sentia ele mesmo. Era como se estivesse avançando em um transe e não conseguisse manter o equilíbrio.[7]

Sua esposa estava morta. Ele tinha visto Hermann van Pels andar para a câmara de gás em Auschwitz em outubro. Não tinha notícias das filhas, de Peter, Fritz ou da sra. Van Pels. Mas ainda tinha esperança. Talvez as filhas pudessem estar no território ocupado pela Rússia na Alemanha, de onde as comunicações eram sabidamente lentas. Sobreviventes ainda estavam retornando à Holanda.

E então chegou a notícia. Ele recebeu uma carta oficial de uma enfermeira de Roterdã, dizendo que suas filhas tinham morrido. Mesmo assim, não conseguiu simplesmente aceitar. Precisava da confirmação de uma testemunha ocular. Em 18 de julho, com a ajuda da Cruz Vermelha, encontrou Janny Brilleslijper, de 28 anos. Sabia que ela estivera presa com as filhas dele em Bergen-Belsen. Ela se lembrou:

No verão de 1945, um homem alto, magro e distinto parou na calçada. Olhou pela nossa vitrine. [...] Ali estava Otto Frank. Perguntou se eu sabia o que tinha acontecido com suas duas filhas. Eu sabia, mas foi difícil tirar as palavras da boca. [...] Eu precisava dizer a ele que suas filhas não existiam mais.[8]

Mais ou menos na mesma época chegaram informações sobre os outros. Fritz Pfeffer tinha morrido em 20 de dezembro de 1944 no campo de concentração de Neuengamme, na Alemanha. Apesar de Otto ter tentado convencer Peter van Pels a ficar com ele na enfermaria, Peter acreditou que teria uma chance melhor na marcha mortal para evacuar Auschwitz que os nazistas tinham ordenado em 19 de janeiro enquanto o Exército russo se aproximava. Ele sobreviveu à longa marcha de uma semana, mas morreu no alojamento para doentes no campo de Mauthausen em 5 de maio, dois dias antes da rendição incondicional dos alemães.[9] Segundo uma pessoa que testemunhou à Cruz Vermelha, soldados nazistas jogaram a mãe dele, Auguste, embaixo de um trem durante um transporte para o campo de Theresienstadt.[10]

Diziam a Otto que ele tinha tido sorte em sobreviver. Mas o que era sorte? Ele havia perdido tudo. Mantinha-se são tentando reconstruir seu negócio de temperos — o que se mostrou impossível, porque os temperos da Indonésia não estavam mais disponíveis — e ajudando a reunir crianças órfãs aos parentes.

Ele escreveu à mãe contando que tinha visitado Jetteke Frijda, colega de Margot do Liceu Judaico, onde as duas haviam estudado juntas depois de as crianças judias serem banidas das escolas públicas holandesas. Jetteke estava totalmente sozinha. Seu pai e seu irmão estavam mortos. Sua mãe estava na Suíça.[11] Havia uma carência avassaladora. Porém, ele fazia o possível para ajudar.

"Depois disso ele se tornou meu pai; ele cuidava de tudo", disse Hanneli Goslar, outra órfã, sobre Otto Frank.[12] Os pais dela tinham sido amigos dos Frank em Amsterdã, e ela havia sido uma das amigas mais chegadas de Anne na escola. A mãe tinha morrido de parto em 1942, e o pai e os avós maternos, assassinados em Bergen-Belsen.

Ela havia encontrado Anne várias vezes em Bergen-Belsen. Acreditando que seu pai tinha morrido na câmara de gás logo no início, Anne tinha ficado junto à cerca de arame farpado que as separava e gritado:

— Não tenho mais meus pais.

Hanneli perdeu o contato com Anne quando foi transportada, com a irmã mais nova, para Theresienstadt. Elas haviam estado na lista da Palestina da Cruz Vermelha, supostamente disponíveis para serem usadas como "mercadorias de troca" por prisioneiros de guerra alemães. Não chegaram ao campo. Felizmente seu trem foi libertado pelos russos no caminho.[13]

Otto tinha visto os nomes das irmãs Goslar em uma lista de sobreviventes feita pela Cruz Vermelha e as procurou em Maastricht, onde Hanneli estava no hospital. Empolgada ao ver que Otto não tinha morrido, no momento em que o viu Hanneli disse bruscamente:

— Sr. Frank! Sua filha está viva.[14]

Então ele contou a ela a verdade medonha. Hanneli pensou que, se Anne soubesse que Otto estava vivo, talvez tivesse tido a força de vontade para sobreviver.

Otto pôs as meninas sob seus cuidados, transferindo Hanneli para um hospital em Amsterdã e depois conseguindo os documentos necessários para que ela e a irmã viajassem à Suíça, para morar com um tio, até mesmo acompanhando-as até o aeroporto. Ele imaginava o abismo de terror que os órfãos que estavam sozinhos poderiam enfrentar.[15]

A última imagem que temos de Anne Frank vem de Hanneli Goslar, olhando para Anne através da cerca de arame farpado em Bergen-Belsen. "Não era a mesma Anne. Era uma garota destruída. Eu provavelmente também estava, porque era terrível demais."[16]

Era fevereiro. Estava frio. Anne tinha tirado as roupas porque não suportava mais os piolhos. Estava nua, a não ser por um cobertor cobrindo os ombros. Sua mãe e sua irmã tinham morrido. Ela acreditava que o pai também estivesse morto. Estava delirando com tifo. Morreria em alguns dias.[17]

Outra sobrevivente de Bergen-Belsen, uma garota que conhecia Anne, comentou: "Era necessário um esforço sobre-humano para permanecer viva. Tifo e debilitação... Bom, sim. Mas tenho certeza de que Anne morreu por causa da morte da irmã. Morrer é terrivelmente fácil para qualquer pessoa deixada sozinha em um campo de concentração."[18]

15
OS COLABORADORES

Terminada a guerra, pelo menos 11 milhões de refugiados estavam em marcha. Esperava-se que 250 mil trabalhadores forçados holandeses retornassem à Holanda, e seu número se somaria aos refugiados estrangeiros procurando asilo. Desde 1943 o governo holandês no exílio em Londres estivera se preparando para receber 600 mil pessoas, dentre as quais estariam 70 mil judeus. As fronteiras precisariam ser protegidas e sistemas, criados para identificar quem estava retornando legitimamente e precisaria de liberação médica, de segurança e alfandegária. Ninguém queria que comunistas se infiltrassem e desestabilizassem o país.[1]

No final das contas, as autoridades tinham superestimado bastante o número de judeus que retornariam. Apenas 5.500 judeus sobreviveram aos campos e voltaram para a Holanda. Tragicamente, eles foram maltratados. Os sobreviventes judeus que voltaram tiveram a assistência pública negada e eram orientados a procurar organizações judaicas internacionais para auxílio financeiro.

Depois das deportações finais do campo de Westerbork em setembro de 1944, cerca de quinhentos judeus tinham sido deixados para trás, e nos meses de inverno esse número havia crescido para 896. Apesar de o campo ter sido finalmente libertado pelos canadenses em 12 de abril de 1945, as pessoas tinham sido mantidas presas e forçadas a compartilhar o local com os cerca de 10 mil membros do NSB presos recentemente e que haviam sido seus algozes.[2] Somente em 23 de junho as autoridades militares holandesas permitiram que todos os ex-prisioneiros saíssem.

As mulheres sobreviventes cujas cabeças tinham sido raspadas nos campos costumavam ser identificadas equivocadamente como colaboradoras e eram humilhadas. Os judeus que retornavam descobriam que outras pessoas moravam nas suas casas ou que suas casas tinham sido roubadas, e alguns chegavam a receber cobranças de impostos para cobrir os anos em que tinham estado nos campos. A culpa de tudo isso era atribuída ao caos do pós-guerra, mas era traumático.

Deve-se acrescentar que as autoridades holandesas não estavam sozinhas nisso. Quando um comitê intergovernamental dos Estados Unidos encomendou um relatório sobre os campos para pessoas deslocadas administrados pelo país, descobriu sobreviventes do Holocausto vivendo em condições terríveis, mal alimentados e sob guarda armada.

O governo holandês no exílio anulou a legislação nazista que havia retirado os judeus do comércio. Essa notícia deveria ser boa para Otto, mas ele passou a ser classificado como alemão e sua empresa caiu sob o "Decreto de Propriedade Hostil". Ele foi obrigado a provar que jamais havia se comportado de modo anti-holandês. Em fevereiro de 1947, 21 meses depois de voltar de Auschwitz, foi informado que não era mais considerado "pessoa hostil".[3] Pelo menos tinha Miep e Jan para abrigá-lo e amigos que haviam fornecido cartas de recomendação. Como ele escreveu ao irmão Robert, alguns sobreviventes que não podiam provar que possuíam meios de sustento tinham sido postos em campos ou não receberam permissão para reentrar no país.

Os civis holandeses não foram mais receptivos que as autoridades. Tinham enfrentado seu próprio sofrimento. O último inverno da guerra, chamado de "Inverno da Fome", havia sido brutal. O governo holandês no exílio ordenara que os trabalhadores ferroviários fizessem greve em apoio aos Aliados. Em retaliação, os alemães cortaram toda a comida e os suprimentos para aquecimento. No Inverno da Fome, entre 20 e 25 mil holandeses morreram de fome. Enquanto se retirava, o Exército alemão abriu os diques, inundando oito por cento do território, e os sa-

104   ROSEMARY SULLIVAN

ques sistemáticos fizeram com que a destruição econômica na Holanda fosse maior do que em qualquer outro país ocidental.[4] Muitos holandeses descartavam as histórias dos campos de extermínio como sendo exagero. A verdade, pelo menos naquele período, era que muitas pessoas não percebiam que tinha havido um Holocausto. Como disse Miep Giles com tristeza: "Todo mundo tinha passado por tanta desgraça que ninguém sentia muito interesse pelo sofrimento dos outros."[5]

Enquanto isso, o governo holandês no exílio direcionava boa parte da atenção para os colaboradores. Como ele esperava atos de vingança contra pessoas que sabidamente haviam conspirado com os nazistas, prontificou-se a identificar os colaboradores para que pudessem ser processados legalmente. Em 1943, o governo elaborou a Lei Especial de Justiça (Besluit Buitengewone Rechtspleging), e depois, a partir de maio de 1945, estabeleceu uma série de tribunais e cortes especiais por todo o país. Na Holanda recém-libertada, o Serviço de Investigação Política (POD) examinou centenas de milhares de casos.[*]

Mais de 150 delegacias de polícia foram configuradas para coletar provas sobre colaboradores: cartas, fotos, depoimentos, cartões de filiação. A pena de morte, abolida na Holanda em 1870, foi restabelecida.

Dossiês foram compilados e depois arquivados no Arquivo Central de Justiça Extraordinária (CABR) em Haia. Depositados no Arquivo Nacional, eles se estendem por mais de quatro quilômetros e contêm mais de 450 mil dossiês. Protegidos por leis de privacidade, os arquivos incluem informações sobre colaboradores condenados, pessoas acusadas erroneamente, pessoas inocentadas, vítimas e testemunhas. É possível haver dezenas de dossiês sobre uma pessoa, já que o indivíduo pode ter sido investigado por várias delegacias e processado por múltiplos crimes. Os arquivos contêm fotos, certificados de filiação ao NSB, relatórios psicológicos, extratos bancários, transcrições de julgamentos, testemunhos

---

[*] Em 1946, o POD (Politieke Opsporingsdienst) teve o nome mudado para Departamento de Investigação Política (Politieke Recherche Afdeling, PRA), sob o controle da Promotoria Pública.

de outros colaboradores e de judeus sobreviventes, e mais. Duzentos mil desses dossiês foram mandados à Promotoria Pública. Um caos, é claro, e, ainda que os números sejam um tanto imprecisos, estima-se que 150 mil holandeses tenham sido presos. (Um número pequeno de autoridades alemãs também foi julgado e preso na Holanda.) Dos prisioneiros holandeses, 90 mil foram soltos e postos "condicionalmente fora de acusação". No total, foram emitidas 14 mil condenações, 145 pessoas foram condenadas à morte e, no fim, 42 foram executadas.[6]

Alguns dos colaboradores mais agressivos dentre os "caçadores de judeus" faziam parte de um grupo de nazistas holandeses que trabalhavam na divisão investigativa da Agência de Inventário Doméstico (Abteilung Hausraterfassung), acusada de rastrear e expropriar bens e propriedades de judeus. Uma das quatro subdivisões, ou *Kolonnen*, da agência era chamada de Colonne Henneicke, por causa de seu líder, Wim Henneicke. Homem implacável, tinha sido uma figura do submundo que anteriormente comandava um serviço de táxis ilegal e explorava seus contatos com esse mundo a serviço da coluna.[7] Em outubro de 1942, a Colonne Henneicke iniciou o trabalho de encontrar judeus escondidos. Quando foi dissolvida, em outubro de 1943, havia entregado de 8 a 9 mil judeus aos nazistas.[8]

Em seu notável livro *Kopgeld: Nederlandse premiejagers op zoek naar joden* [Kopgeld: Caçadores de recompensas holandeses à procura de judeus], Ad van Liempt forneceu provas exaustivas da *Kopgeld*, ou recompensa por cabeça, dada aos "caçadores de judeus" em troca de cada pessoa que entregavam. Dentre outras provas, ele citou o depoimento de Karel Weeling, um policial holandês designado à Zentralstelle für Jüdische Auswanderung (Agência Central para Emigração de Judeus) em 1943. Em um relatório de investigação policial em 1948, Weeling declarou: "Era de conhecimento comum que o pessoal da Colonne Henneicke recebia um bônus por pessoa judia que levassem à Zentralstelle." Weeling tinha estado presente em várias ocasiões em que Henneicke pagava seus homens, sempre no final do mês. Pelo menos inicialmente, o preço de um único judeu era 7,50 florins (47,50 dólares em valores atuais). Weeling declarou:

"Eu vi que o pessoal precisava assinar vários recibos. Acho que eram três no total. [...] também vi Henneicke pagando quantias que variavam de 300 a 450 florins a cada pessoa. Na minha opinião essas quantias eram muito maiores que os salários delas."[9]

Um membro da coluna podia receber uma bonificação equivalente a 1.850 e 2.790 dólares (em valores de hoje), o que provavelmente explica o "zelo incessante" desses holandeses na caça às presas. Cada judeu capturado significava dinheiro pago. Mais sinistro ainda, o dinheiro para pagar os sequestradores vinha dos bens confiscados dos judeus. Em 8 de dezembro de 1944, a resistência holandesa assassinou Henneicke.

16

ELAS NÃO VÃO VOLTAR

Miep jamais se esqueceria daquele momento em julho de 1945, quando Otto Frank estava na sala dela na empresa segurando a carta de uma enfermeira de Roterdã. Em uma voz "inexpressiva, totalmente devastada", ele disse:

— Miep. Margot e Anne não vão voltar.

Ficamos imóveis, ambos atingidos por um raio que atravessou queimando nosso coração, os olhares fixos um no outro. Então o sr. Frank foi para a sala dele e disse naquela voz derrotada: "Estarei na minha sala."[1]

Miep foi até sua mesa e abriu a gaveta onde estava o pequeno diário de capa xadrez, os cadernos e as folhas soltas que vinha guardando para a volta de Anne. Levou tudo até a sala de Otto e lhe entregou. Reconhecendo o diário, ele o tocou com as pontas dos dedos. Ela deixou tudo nas mãos dele e saiu.

Quando Miep e Jan convidaram Otto para morar com eles, ele disse que preferia ficar com os dois porque poderia falar sobre a família. Na verdade, nos primeiros dias ele raramente o fazia. Miep sabia que as palavras não eram necessárias. "Ele poderia falar sobre a família, se quisesse. E, se não quisesse, nós compartilhávamos em silêncio a mesma tristeza e as mesmas lembranças."[2]

Até que, lentamente, ele quebrou o silêncio. Começou a traduzir para o alemão pequenos trechos do diário de Anne, que incluía nas cartas para a mãe na Basileia. Em algumas noites ele saía do quarto segurando o diário e dizia: "Miep, você tem que ouvir essa descrição que Anne escreveu aqui! Quem poderia imaginar como a imaginação dela era fértil?"[3]

No início ele só conseguia ler algumas páginas por dia, ainda dominado pelo trauma da perda. Mas então começou a ler trechos para os amigos, e a maioria ficava impressionada, embora alguns achassem o material íntimo demais. Em dezembro de 1945, ele decidiu que publicaria o diário. Sabia que era o desejo de Anne que ele fosse publicado e estava decidido a mostrar ao mundo que alguma coisa positiva poderia resultar de todo aquele sofrimento. Entregou a transcrição datilografada que havia feito ao seu amigo Werner Cahn, que trabalhava em uma editora holandesa. O texto chegou a um historiador respeitado, Jan Romein, que em 3 de abril de 1946 escreveu um artigo sobre ele com o título "Kinderstem" ["A voz de uma criança"] para a primeira página do jornal *Het Parool*. Diários da guerra estavam aparecendo em toda parte, mas Romein observou: "Ficarei muito surpreso se houver outro tão lúcido, tão inteligente e ao mesmo tempo tão natural."[4]

Logo os editores começaram a telefonar. O diário foi lançado em 12 de junho de 1947 com o título que Anne havia escolhido: *O Anexo Secreto. Cartas diárias de 14 de junho de 1942 a 1º de agosto de 1944.* Um total de 3.036 exemplares foi vendido na primeira tiragem. Uma segunda, em dezembro de 1947, vendeu 6.830 e uma terceira, em 1948, 10.500. Na primavera de 1952, o diário foi publicado nos Estados Unidos e no Reino Unido, com apresentação de Eleanor Roosevelt.

O ano de 1952 foi importante para Otto Frank. Ele decidiu se mudar para a Basileia, onde ainda tinha familiares. Permanecer em Amsterdã havia se tornado doloroso demais. O número incontável de leitores do diário que apareciam no número 263 da Prinsengracht querendo falar com ele tinha começado a exauri-lo. Pelo menos quando ele estava na

Basileia os leitores precisariam escrever cartas, que ele respondia, com cuidado. Entrevistado pela revista *Life* anos depois, explicou que tinha chegado ao ponto em que não conseguia tolerar Amsterdã por mais de três dias. Visitava o Anexo Secreto, onde nada havia mudado.[5]

No ano seguinte, em 10 de novembro, aos 64 anos, Otto se casou de novo. Sua nova esposa era a mulher que ele havia conhecido na estação ferroviária de Czernowitz, na Ucrânia, vindo de Auschwitz, oito anos antes.

Elfriede "Fritzi" Geiringer tinha morado no mesmo bairro que Otto em Amsterdã, mas os dois não se conheciam. Em julho de 1942, as famílias Geiringer e Frank entraram em esconderijos. Fritzi e sua filha, Eva, encontraram refúgio em Amsterdã. Seu marido e seu filho desapareceram no interior. As duas famílias foram delatadas.

Depois da libertação, Otto visitou Fritzi e Eva no antigo apartamento delas, na Merwedeplein, 46. Em 18 de julho de 1945, ele ficou sabendo que suas duas filhas tinham morrido. Em 8 de agosto, a Cruz Vermelha informou a Fritzi que seu marido, Erich, e seu filho, Heinz, tinham sido mortos.[6]

Entre 1947 e 1949, Otto apoiou Fritzi durante os árduos julgamentos dos delatores de seu marido e seu filho. Para ela, participar dos procedimentos legais era devastador. Otto estava numa busca ativa pela identidade de quem havia traído sua família, e testemunhar a dor e a frustração de Fritzi nos julgamentos, que essencialmente inocentaram os culpados, deve ter sido igualmente devastador para ele.

O relacionamento entre Otto Frank e Fritzi Geiringer forneceu consolo de uma dimensão inimaginavelmente trágica, um conforto profundo baseado na perda mútua. Uma vez Otto disse que, como os dois tinham sobrevivido aos campos de concentração e perdido cônjuges e filhos, entendiam um ao outro. Um relacionamento com alguém que não compartilhasse aquele sofrimento seria impossível.[7]

A filha de Fritzi, Eva, forneceu um retrato comovente do homem que se tornou seu padrasto:

Fazia algum tempo que Otto estava morando na Merwedeplein com minha mãe, mas os dois eram assombrados pelas lembranças. [...] Apesar de ele estar totalmente decidido a garantir que o diário de Anne fosse publicado e de ter conseguido o reconhecimento que este merecia, a guerra e a perda da sua família tinham posto uma tensão terrível no bem-estar emocional e mental de Otto.[8]

A verdade era que Otto precisava estar perto do que restava da sua família. Ele e Fritzi começaram a próxima fase da vida na Suíça. Na Basileia, o casal se estabeleceu na casa da irmã de Otto, Leni, seu marido, Elias, e seus dois filhos. Ficaram quase sete anos, antes de se mudarem para um apartamento modesto no subúrbio de Birsfelden. Nada — a não ser talvez o legado de Anne — era mais importante para Otto do que sua conexão com a família. No decorrer dos anos ele ficou muito próximo de Eva, do marido dela e das três filhas deles, que moravam em Londres; ele e Fritzi os visitavam sempre que podiam. E estava sempre em contato com a mãe, que também morava na Basileia.

Em 21 de março de 1953, Otto e Fritzi estavam em Londres quando seu irmão Robert telefonou dizendo que a mãe deles tinha morrido na noite anterior, de um derrame. Dois meses depois, em 23 de maio, Robert sofreu um ataque cardíaco e morreu. Ao mesmo tempo, Otto estava negociando com o dono do prédio 263 da Prinsengracht, que queria vender a propriedade. Em um nível psicológico profundo, perder o prédio era como um apagamento de sua história. Tinha perdido a mãe, o irmão, o passado. Ele queria transformar o prédio em algo significativo, uma lembrança simbólica do que jamais deveria acontecer de novo.

Trabalhar no livro e na peça de teatro baseados no diário de Anne lhe dava um propósito, mas, ao mesmo tempo, deve ter sido muito sofrido reviver aqueles anos no esconderijo. Ele dizia aos amigos que estava se sentindo frágil e precisava ter cuidado com os nervos.[9] Em outubro de 1954, Otto sofreu um colapso nervoso e foi internado no hospital, mas logo se recuperou.[10] Tinha a sorte de contar com a dedicação de Fritzi.

Mesmo tendo se passado quase quinze anos desde o fim da guerra, os ataques antissemitas continuavam. Um alemão escreveu a Otto em 1959: "Estou chocado que você, como pai, tenha publicado uma coisa dessas. Mas isso é típico dos judeus. Você ainda quer encher os bolsos com o cadáver fétido da sua filha. É uma bênção para a humanidade que essas criaturas tenham sido extintas por Hitler."[11] Era necessário coragem para se expor àquele tipo de imundície vil.

Em 1959, ele e seus editores abriram o primeiro de vários processos legais contra pessoas que questionavam a autenticidade do diário da sua filha. Seu amigo, o padre John Neiman, disse: "As histórias de que o diário era falso magoavam Otto profundamente. E, mesmo lhe custando muito, em termos pessoais e financeiros, lutar contra essas pessoas, ele fez isso em nome de todas as vítimas do nazismo."[12]

As calúnias contra o diário jamais diminuíram durante a vida de Otto. Talvez tenha servido de algum consolo quando, pouco antes de ele morrer em 1980, a Suprema Corte da Alemanha Ocidental tornou crime a negação do Holocausto.[13]

SEGUNDA PARTE

A INVESTIGAÇÃO DO CASO ARQUIVADO

17

A INVESTIGAÇÃO

Em abril de 2017, Vince Pankoke viajou a Amsterdã para se encontrar com a equipe do caso arquivado; o único contato com eles até então tinha sido por Skype. Thijs Bayens queria lançar a investigação com um vídeo piloto, para decidir se haveria algum interesse da mídia pelo projeto. Ele começou a filmar Vince enquanto a equipe criava reconstituições de depoimentos da investigação com atores holandeses.

Vince usou o tempo passado com Thijs, Pieter van Twisk e Jean Hellwig para conhecer o Arquivo da Cidade de Amsterdã, o Instituto de Estudos da Guerra, do Holocausto e do Genocídio (NIOD) e a Casa de Anne Frank, que eles tinham sido convidados para visitar sozinhos de manhã cedo, antes da chegada do público. Para Vince, que já estava tão entranhado na história de Anne, contemplar o que havia acontecido dentro daquelas paredes foi uma experiência poderosa. Nesse estágio também foi importante seu encontro com os cientistas da Xomnia, uma empresa de dados localizada em Amsterdã que tinha se oferecido para fornecer as bases do programa de inteligência artificial (IA) que, em seguida, a Microsoft concordou em desenvolver para as pesquisas da equipe. Todo mundo sabia que a IA mudaria a investigação sobre a invasão do Anexo; ela permitiria que a equipe organizasse os milhões de detalhes do caso e fizesse conexões entre pessoas e eventos que tinham passado despercebidas anteriormente.

Quando se comprometeu com o trabalho em 2016, Vince percebeu que não tinha pegado simplesmente um caso arquivado, e sim o maior dos casos arquivados. Por sua própria natureza, casos arquivados como esse permanecem sem solução por falta de provas ou porque as provas passaram despercebidas ou foram mal interpretadas. Assim, a equipe precisava desenvolver um plano que misturasse a metodologia comprovada para os casos arquivados com um modelo de pesquisa histórica, já que trabalharia principalmente com relatos históricos do que havia acontecido.

Depois de entrar para a equipe, Vince procurou um colega, o cientista comportamental aposentado dr. Roger Depue, pioneiro da área, que se tornou chefe da Unidade de Ciência Comportamental do FBI. Durante numerosos almoços demorados em Manassas, na Virgínia, um subúrbio da capital Washington, ele e Vince discutiram como abordar a investigação. Os dois sabiam que Vince teria apenas uma chance de solucionar o caso e precisava fazer tudo certo.

Como a equipe estava ciente desde o início, só houvera duas investigações policiais oficiais sobre quem teria traído Anne Frank. A primeira foi feita em 1947 e 1948 pelo PRA, e a segunda, em 1963 e 1964 pela polícia holandesa. Nenhuma outra investigação policial oficial sobre a traição tinha sido realizada.

No entanto, as especulações sobre a prisão e algumas investigações sérias jamais foram interrompidas. Nas últimas décadas, muitas pessoas tinham apresentado teorias. Até hoje, segundo um funcionário da Casa de Anne Frank, a pergunta que os visitantes mais fazem é: quem traiu Anne Frank?

Em 1998, Melissa Müller publicou *Das Mädchen Anne Frank. Die Biographie* [A menina Anne Frank: A biografia]. Baseada em sua pesquisa, ela decidiu que Lena Hartog, esposa de Lammert Hartog, assistente do gerente do armazém, Willem van Maaren, era a delatora mais provável. Quatro anos depois, Carol Ann Lee publicou *The Hidden Life of Otto Frank* [A vida secreta de Otto Frank] e ofereceu a teoria de que um sujeito de reputação duvidosa chamado Anton "Tonny" Ahlers era o culpado. Evidentemente, as duas teorias não podiam estar corretas ao mesmo tempo. Sob a pressão da crescente atenção pública, David Barnouw e Gerrold van der Stroom, do NIOD, decidiram investigar o caso de novo. Eles limitaram o foco a três indivíduos (Willem van Maaren, Lena Hartog e Tonny Ahlers) e tocaram apenas superficialmente em algumas outras teorias.

Em 2015, a biografia de Bep Voskuijl, uma das ajudantes, foi publicada por seu filho, Joop van Wijk, e um jovem escritor belga, Jeroen de Bruyn. Em sua pesquisa, os dois ficaram sabendo que uma das irmãs de Bep, Nelly, provocou muito incômodo na família Voskuijl por seu envolvimento com um jovem nazista austríaco e mais tarde por seu trabalho na França ocupada. As tensões na família cresceram a tal ponto que ela saiu de casa. O filho de Bep acreditava que ela poderia ter informado sobre o Anexo Secreto às autoridades alemãs.

Em 2017, a Casa de Anne Frank publicou sua própria teoria sobre a invasão, baseada na pesquisa do historiador Gertjan Broek. Ele concluiu que, apesar de todo mundo considerar que o Anexo foi delatado, a SS podia estar procurando mercadorias e armas ilegais e teria encontrado os judeus apenas por acaso. Isso fornecia toda uma nova perspectiva para o caso. Cada uma dessas teorias precisava ser examinada em busca de credibilidade.

Como principal investigador, Vince continuou a visitar Amsterdã — em setembro de 2017, por várias semanas, para explorar arquivos, e várias vezes no início de 2018, para tentar descobrir registros perdidos. Em outubro de 2018, ele havia se estabelecido na cidade em tempo integral. A equipe montou um pequeno escritório na Herengracht e depois se mudou para um escritório amplo na parte norte de Amsterdã, para o qual Vince ia de bicicleta, o que o fazia sentir-se quase holandês, como ele mesmo disse.

Vince tinha plena consciência da monumentalidade da tarefa e sabia que precisava definir uma estratégia para organizar a investigação. A primeira tarefa era revisar e questionar todas as descobertas, declarações e teorias anteriores, especificamente arquivos da investigação do PRA em 1947 e 1948 e os do Departamento Estatal de Investigações Criminais em 1963 e 1964.

Vince ficou surpreso ao descobrir que não havia um arquivo central onde os dossiês investigativos estivessem localizados. A maioria dos documentos do PRA foi encontrada em vários dossiês do CABR no Arquivo Nacional da Holanda; alguns eram cópias e outros eram originais, sem nenhuma consistência aparente. Os dossiês do Departamento Estatal de Investigações Criminais, que estavam principalmente no NIOD, eram organizados de modo mais lógico.

A equipe teve as duas investigações imediatamente paralisadas quando os funcionários dos arquivos disseram que eles não podiam obter cópias dos documentos, graças à Regulação Europeia de Proteção Geral de Dados, aprovada recentemente. Isso foi um choque para Vince, que estava acostumado com a liberalidade das regras da Lei de Liberdade de Informação nos Estados Unidos. Sem qualquer lógica, a equipe tinha permissão de ler e transcrever à mão os relatórios, só não podiam fotocopiá-los. Por sorte, muitos dos contatos que Thijs e Pieter tinham feito para as pesquisas compartilharam cópias obtidas antes da adoção da lei de proteção de dados.

Outro atraso se deveu ao fato de que todos os documentos precisavam ser traduzidos do holandês ou do alemão, de modo que Vince e os outros membros da equipe que falavam inglês pudessem lê-los.

Assim que Vince e a equipe possuíram o que achavam ser todos os documentos disponíveis do caso (uma suposição falsa, como ficariam sabendo mais tarde), a próxima tarefa era procurar provas novas ou ignoradas. Tinham esperado que a maior parte dos dados estivesse na Holanda ou na Alemanha, mas estavam errados nisso também. Por conta das circunstâncias, dos participantes e dos resultados da Segunda Guerra Mundial, registros importantes e relatos pessoais (por exemplo, diários, testemunhos, registros militares) estavam espalhados por vários continentes. A migração pós-guerra, o confisco de registros por parte dos Aliados e o estabelecimento de repositórios relacionados ao Holocausto tinham resultado na enorme dispersão de registros e relatos de testemunhas. A equipe acabou percorrendo o mundo, finalmente encontrando registros na Áustria, no Canadá, na Alemanha, na Grã-Bretanha, em Israel, na Rússia, nos Estados Unidos e, claro, na Holanda.

"Consultamos 29 arquivos", explicou Vince, "desde o Instituto Wiesenthal de Viena para Estudos do Holocausto até a Biblioteca e Arquivo do Canadá, o Arquivo Federal da Alemanha e o Arquivo Nacional do Reino Unido em Kew." E acrescentou: "Não foi uma jornada abstrata. Foi emocionalmente custoso confrontar a história trágica que esses arquivos preservaram."

Vince disse que tinha sido encorajado no trabalho por muitas pessoas cooperativas. "Nossos telefonemas para instituições ou testemunhas costumavam ser recebidos por um comentário de que tinham ouvido ou lido sobre nossa investigação, queriam ajudar e estavam torcendo para que solucionássemos o caso." A única instituição que não se mostrou disposta a ajudar foi a Anne Frank Fonds na Basileia. Com seu mapa das relações entre as várias partes interessadas do legado de Anne Frank, Jan van Kooten estivera certo em alertar Thijs e Pieter de que eles entrariam em um labirinto onde seria muito difícil se orientar.

No final das contas, a busca por provas novas ou que tinham passado despercebidas não se restringiu aos porões mofados e aos depósitos de arquivos e museus; a equipe começou a procurar pessoas para serem entrevistadas.

Obviamente não havia muita esperança de encontrar testemunhas diretas, mas puderam achar pessoas relacionadas tangencialmente à invasão do Anexo. Vince lembrava-se especialmente da entrevista com um idoso sobrevivente do Holocausto cujos pais e irmã tinham se escondido em uma casa na Prinsengracht e sido delatados alguns meses antes dos moradores do Anexo. A invasão tinha sido resultado da denúncia feita por uma informante notória, Anna "Ans" van Djik. Um dos policiais que participaram dessa invasão também havia participado da invasão ao número 263 da Prinsengracht, e foi útil saber sobre as semelhanças entre as duas operações.

Vince disse que a equipe tinha procurado testemunhas secundárias que pudessem ter tido conversas ou contatos pessoais com testemunhas diretas ou suspeitos, inclusive parentes, amigos e vizinhos. Chegaram a uma lista de trinta pessoas. Expandindo-se para fora, fizeram uma lista separada de quase setenta testemunhas informativas, como Vince as chamava, que precisavam ser entrevistadas. Eram pessoas que tinham feito pesquisas, escrito para alguma publicação ou eram especialistas em um campo específico relacionado com a investigação. Eram a mente, o treinamento e a metodologia do agente do FBI em ação.

Assim que teve início o fluxo de informações e descobertas, era hora de empregar técnicas policiais modernas que não estavam disponíveis para os investigadores na época em que o crime foi cometido, como a ciência comportamental (criação de perfis), testes forenses e inteligência artificial, na forma de um sistema de computador capaz de realizar tarefas como percepção visual, reconhecimento por voz, tradução entre línguas e tomadas de decisão.

Quando Vince se reuniu com os cientistas da Xomnia, eles sugeriram que, como a equipe estava trabalhando em um caso muito antigo em que faltavam dados, o quebra-cabeça da prisão em 4 de agosto de 1944 quase certamente jamais seria completado. Porém, em algum momento os algoritmos do programa deveriam ser capazes de prever o que ou quem era o provável suspeito.

Para organizar a quantidade gigantesca de dados coletados em documentos e entrevistas, Vince desenvolveu diversas iniciativas investigativas. Chamou-as de Projeto Residentes, Projeto Depoimentos, Projeto Mídia, Projeto Mapeamento e Projeto Rastreamento de Prisões.* As iniciativas exigiam centenas de horas de trabalho, realizado principalmente por um grupo de pesquisadores dedicados, dentre os quais muitos voluntários e estudantes. As idades iam desde adolescentes, como um estudante da Itália que traduzia matérias da imprensa italiana, até uma holandesa aposentada com mais de setenta anos.

---

* Ver Glossário.

Além de documentos e livros escaneados, a parte de reconhecimento por voz do programa de IA da Microsoft converteu gravações de vídeo e áudio em texto, os tornou passíveis de buscas e os traduziu para o inglês. Como a equipe havia esperado, o programa começou a mostrar conexões entre pessoas, endereços e datas. Essas conexões — policiais que participaram das mesmas prisões, mulheres informantes que tinham trabalhado juntas — obviamente haviam estado ali o tempo todo, sem serem notadas. Finalmente, as conexões começaram a formar uma narrativa.

Como era baseado na internet, o programa de IA podia ser acessado em qualquer lugar. Pieter descreveu a empolgação de trabalhar com ele no Arquivo Nacional: "Se, por exemplo, um endereço interessante surgia em algum documento que eu estava examinando, eu podia cruzá-lo muito rapidamente com o banco de dados. A análise do endereço pelo programa de IA me fornecia todos os documentos e outras fontes relevantes em que o endereço era mencionado nos dados armazenados. As fontes em que ele era mencionado mais vezes apareciam com valor mais alto. Ele também podia me fornecer um gráfico indicando como o endereço se conectava com outros itens relevantes, como as diferentes pessoas que, de algum modo, estavam ligadas ao endereço. Podia fornecer um mapa com todas as conexões entre aquele endereço e outros, e indicava quais conexões eram mais comuns. Além disso, fornecia uma linha temporal de quando e onde o endereço era mais relevante."

O psicólogo investigativo Bram van der Meer foi procurado e concordou em trabalhar com a equipe. Vince o conhecia como especialista em perfis e psicologia investigativa na Holanda, onde prestava consultoria para equipes investigativas em toda a Europa e trabalhara em vários casos arquivados. A equipe levou a ele todos os dados que havia coletado sobre as testemunhas, as vítimas e os suspeitos, e pediu que ele os examinasse segundo uma perspectiva comportamental. Isso incluía informações sobre o passado, a vida familiar, social e profissional e especialmente as reações comportamentais e de tomadas de decisão em situações incomuns ou sob circunstâncias específicas.

Na esperança de descobrir milagrosamente alguma prova física, a equipe desenvolveu um plano para a análise de provas com Carina van Leeuwen, uma detetive forense especializada em casos arquivados na Polícia Nacional. Como a investigação não era sancionada oficialmente, Vince sabia que o acesso aos laboratórios governamentais para testar provas físicas (por exemplo, DNA, análise de impressões digitais, datação por radiocarbono) podia ser difícil, mas estava otimista. Como ele disse, na Holanda provavelmente não existe um crime não solucionado que esteja mais próximo do coração do povo do que "Quem traiu Anne Frank?".

Outra ferramenta investigativa da equipe saiu direto da cartilha dos millennials: *crowdsourcing*. Desde o dia em que anunciou o projeto e pediu às pessoas qualquer informação que elas pudessem ter com relação ao que havia provocado a invasão do Anexo, a equipe recebeu um fluxo contínuo de pistas. Algumas até levavam a novas teorias que precisavam ser investigadas; outras eram de pessoas que diziam ser combatentes da resistência reencarnados ou insistiam que Anne Frank tinha sobrevivido à guerra e vivia com uma nova identidade em algum lugar do mundo.

A investigação era profundamente séria, mas havia momentos de humor. Por exemplo, em certo ponto Vince se divertiu ao receber uma lição valiosa de um adolescente que fazia estágio com a equipe. Ele tinha pedido ao estudante que confirmasse os endereços e números de telefone de testemunhas específicas, verificando-os em um catálogo telefônico de 1963. Repassou os nomes e endereços e explicou o que estava procurando. Então pediu para o rapaz repetir as instruções, coisa que ele fez.

— Alguma pergunta? — Vince quis saber.

— Só uma — disse o estudante. — O que é um catálogo telefônico?

Com base nas teorias existentes, nas desenvolvidas pela equipe e nas recebidas do público, a equipe chegou a cerca de trinta possibilidades diferentes para explicar por que a invasão aconteceu. Várias teorias já tinham sido muito pesquisadas, mas o protocolo dos casos arquivados exigia uma revisão diligente desse material, verificando a precisão da fonte da informação e avaliando cuidadosamente as conclusões.

Uma dessas hipóteses chegou à equipe vinda de um psiquiatra holandês. Uma paciente havia lhe contado a história de uma lembrança da juventude, em que a prisão de um casal judeu escondido em Utrecht tinha levado à invasão do Anexo. O casal, que conhecia a família Frank, saía do esconderijo todos os meses e ia a Amsterdã comprar comida. Em uma dessas viagens, os dois foram presos por um conhecido detetive holandês do SD na estação de trem de Utrecht. Enquanto estavam sob custódia, eles foram vítimas de um truque cruel de uma V-Frau (informante) chamada Ans van Dijk, que, fingindo também ser prisioneira judia, perguntou a eles sobre a localização de outros judeus escondidos que ela poderia alertar, para o caso de o casal entregar os endereços sob tortura.

O interesse da equipe foi instigado por causa de um detalhe: o casal era conhecido por trazer sacos de tempero moído de suas viagens mensais a Amsterdã. A empresa de Otto moía e vendia temperos. Poderia haver uma conexão? No entanto, quando a equipe localizou os relatórios e confirmou a prisão do casal, descobriu que na verdade havia acontecido em meados de agosto de 1944, semanas depois da invasão do Anexo e sem menção de qualquer informante. A teoria foi posta na categoria "altamente improvável".

Vince acreditava que algumas teorias eram como tocas de coelho: você mergulhava de cabeça no túnel, virava curvas aparentemente infinitas e não fazia ideia de onde sairia. Um bom investigador deveria entrar mesmo assim. "É o que acontece na maioria das investigações", disse. Por fim, a lista foi reduzida até cerca de trinta teorias, algumas das quais foram combinadas porque tinham conexões ou temas comuns. A aplicação do axioma policial híbrido criado pela equipe — conhecimento, motivo e oportunidade — ao resto das teorias permitiu que eliminassem ainda mais. Em suma: se os investigadores não pudessem provar que um suspeito tinha amplo conhecimento para cometer o crime, motivo para cometê-lo e a oportunidade para isso, provavelmente não continuaria como suspeito.

No outono de 2018, a equipe de investigação definitiva estava estabelecida e tinha começado a trabalhar em tempo integral. Antes disso, o trabalho havia sido feito de forma voluntária. Na primavera de 2019, a equipe reduzira as trinta teorias a doze hipóteses, incluindo um informante bastante conhecido, um empresário local e uma parente de um dos ajudantes. Demoraria mais um ano até que eles chegassem à hipótese mais provável de todas. No total, a investigação durou cerca de cinco anos.

18

OS HOMENS DOS DOCUMENTOS

ntes de ir para Amsterdã na primavera de 2017, Vince já havia começado a pesquisar o caso no Arquivo Nacional em College Park, no estado americano de Maryland. Ele sabia que a Administração Nacional de Arquivo e Registros (NARA) guarda milhões de documentos capturados dos alemães e relacionados com a guerra. À medida que ia libertando um país depois do outro, o Exército norte-americano designava uma unidade especial para procurar documentos que pudessem ser explorados pela inteligência, como tamanhos de tropas, depósitos de armas e planos de batalha. Os soldados recebiam ordens de não deixar de examinar prédios incendiados e bombardeados na busca por esses registros.

Em 1945, os documentos coletados foram encaixotados e mandados para os Estados Unidos, onde foram armazenados em várias instalações militares. Em meados da década de 1950, a Alemanha Ocidental os requisitou de volta, e o governo dos Estados Unidos concordou, mas não antes de identificar os registros que seriam de interesse para investigadores futuros. Esses foram microfilmados em uma antiga fábrica de torpedos em Alexandria, na Virgínia. Chamado de Projeto Alexandria, demorou mais de uma década para ser completado. Em março de 1968, o Exército dos Estados Unidos havia devolvido à Alemanha 35 carregamentos de registros capturados na guerra.[1]

A maioria dos registros está disponível há meio século (ainda que alguns documentos só tenham deixado de ser secretos em 1999, depois de pressão judicial). No entanto, a coleção é tão gigantesca que Vince tinha esperança de descobrir informações úteis que outros tivessem deixado escapar. Pensando nos soldados que haviam resgatado esses documentos, passou a chamá-los de "The Documents Men" ("os homens dos documentos") em referência ao filme *The Monuments Men* (no Brasil, *Caçadores de obras-primas*), sobre o pelotão que na Segunda Guerra Mundial recebeu do presidente Franklin D. Roosevelt a tarefa de salvar obras-primas de áreas de guerra ativas.

Vince ficava sempre surpreso ao ver que a sala de pesquisa do Arquivo Nacional, onde havia máquinas de leitura de microfilmes disponíveis ao público, estava invariavelmente cheia. Olhando as várias telas enquanto passava, via que algumas pessoas examinavam documentos do Exército dos Estados Unidos e outras pesquisavam registros alemães, italianos ou japoneses capturados.

Em algumas visitas, observou um veterano da Segunda Guerra Mundial pedindo ajuda no balcão. Baseado nas perguntas do sujeito e nas coleções que ele estava requisitando, que tinham a ver com prisioneiros de guerra, Vince imaginou se ele teria sido prisioneiro em algum campo alemão. Pensou em seu pai durante a guerra.

Perto do fim da vida, o pai de Vince tinha falado ocasionalmente sobre uma batalha em que havia disparado morteiros contra um soldado alemão surpreendido em um campo aberto. O soldado estava correndo para o abrigo de um bosque próximo, mas, em determinado momento, desapareceu na nuvem de terra e poeira levantada pelas explosões.

— É claro que na época minha mentalidade era do tipo matar ou morrer — dissera seu pai. — Agora me pergunto se o sujeito conseguiu chegar ao bosque. Espero que sim.

Para Vince, como para todas as outras pessoas envolvidas na investigação, o trabalho não era uma pesquisa histórica abstrata. O mal provocado pela guerra era evidente. As pessoas eram reais, as frustrações e os sucessos eram palpáveis. As tragédias eram dolorosas.

Vince restringiu a busca a documentos da Holanda. Alguns não eram nem um pouco estratégicos: existiam pedidos de afastamento, de permissões para casamento (um desses era de Karl Silberbauer), votos de feliz aniversário. Espantosamente, porém, também havia documentos resgatados do SD alemão e da Gestapo.

Um dos manuais de pesquisa do NARA registrava uma coleção variada de recibos de pagamento relacionados à Holanda. Ao examinar o rolo de microfilme, Vince viu que eram formulários datilografados com a informação preenchida à mão ou por máquina de escrever e assinados embaixo. Os recibos eram organizados em ordem alfabética pelo sobrenome do recebedor. Analisando os 956 quadros de microfilme, Vince reconheceu alguns sobrenomes de policiais que tinham trabalhado ativamente para o SD em Amsterdã. Lembrou-se do livro de Ad van Liempt, *Kopgeld*, que descrevia como os membros da Coluna Henneicke recebiam *Kopgeld*, ou pagamentos pelos judeus que eles entregavam à SD. De repente ele percebeu que aqueles documentos eram recibos de *Kopgeld*.

Muitos recibos identificavam os nomes dos judeus presos e um pagamento de 7,5 florins (47 dólares em valores atuais). O pagamento era chamado, de modo eufemístico, de "despesas" ou "investigação". Mas dois dos 956 recibos de fato identificavam o gasto como "recompensa por cabeça".

Vince procurou os nomes dos policiais de Amsterdã associados à prisão dos oito moradores do Anexo e rapidamente encontrou vários recibos para o detetive W. Grootendorst. Foi um momento de revelação. Vince se pegou dizendo *"Yes!"* tão alto que as pessoas ao redor se viraram e olharam.

Então veio a frustração. Ao inserir as informações básicas dos recibos na planilha, descobriu que o primeiro recibo era datado de 28 de fevereiro de 1942 e o último, de 16 de agosto de 1943. Os recibos não cobriam o período das prisões no Anexo, e pareceu que qualquer pagamento a Grootendorst tinha sido por outros feitos.

Até Vince encontrar os 956 recibos de *Kopgeld*, que lançaram luz sobre o funcionamento do sistema de *Kopgeld*, quem participava e quais eram os alvos, conhecia-se a existência de menos de dez desses recibos. Em 26 de novembro de 1944, bombardeios britânicos tinham realizado um ataque noturno contra o quartel-general do SD na Euterpestraat em Amsterdã. Deveria ser um bombardeio de precisão, mas o dano ao quartel-general foi pequeno. Sessenta e nove civis holandeses morreram e só houve quatro baixas alemãs. No entanto, o prédio do outro lado da rua, que guardava os recibos administrativos, foi completamente destruído. Presumiu-se que todos os documentos que estavam dentro se perderam no bombardeio.

A equipe procurou em arquivos alemães os recibos de *Kopgeld* que faltavam, datados a partir de meados de agosto de 1943, mas não encontrou nada. Achando que poderia haver mais informações em outros lugares, Vince contatou Rinsophie Vellinga, professora de língua e cultura holandesas na Universidade Estatal de Moscou, que se ofereceu para ir ao Arquivo Militar do Estado Russo, para o caso de soldados russos terem capturado os documentos. A embaixada holandesa a colocou em contato com o Museu Judaico e o Centro de Tolerância em Moscou, que a ajudou a ter acesso ao arquivo. Infelizmente, Rinsophie também voltou de mãos abanando.

Mesmo assim, considerando a obsessão alemã por registros, o tamanho dos arquivos existentes e a dimensão com que as informações tinham sido espalhadas e frequentemente rotuladas de modo errado, Vince esperava que os recibos desaparecidos de *Kopgeld* do verão de 1944, que incluiriam os pagamentos pela prisão dos oito moradores do Anexo Secreto, ainda pudessem surgir.

19

A OUTRA ESTANTE

Desde os primeiros dias, a equipe do caso arquivado conseguiu coletar uma quantidade enorme de documentos, fotos, material filmado, entrevistas e outros dados, mas as informações estavam espalhadas, não categorizadas, e inadequadas para arquivamento. Quando Monique Koemans entrou para a equipe em outubro de 2018, decidiu que era necessário um sistema de arquivamento eletrônico para a quantidade gigantesca de informações recolhidas. Ela buscou um especialista em TI para montar um sistema capaz de organizar o volume e o tipo de documento e projetar o que passou a ser chamado de "a Estante".

No fim da investigação, a Estante guardava mais de 66 gigabytes de dados na forma de mais de 7.500 documentos. Cada informação era arquivada com o nome de um possível suspeito. Dentre os documentos estavam fotos, certificados pessoais, documentos oficiais, transcrições de entrevistas, os arquivos do CABR, diários escaneados, relatórios de investigações e, mais tarde, pastas com hipóteses e muito mais.

Toda semana, Monique reunia os jovens pesquisadores sob sua orientação na comissão de provas. Tinha estabelecido três painéis: um para identificar o problema de pesquisa a ser solucionado, um para determinar o pesquisador que faria a pesquisa e um para postar o trabalho feito. A cada duas semanas eles discutiam se as informações recém-coletadas levariam a mudanças nas hipóteses. O estilo de Monique era colaborativo. Não era óbvio, a não ser em retrospecto, como ela propunha as tarefas de modo a garantir a independência de cada pesquisador. No final, as tarefas eram como peças de quebra-cabeça que acabaram se juntando e formando um panorama completo.

Toda segunda-feira havia uma sessão plenária de pesquisa, comandada por Vince e com a presença de todos os pesquisadores, para discutir o progresso da semana anterior e os acompanhamentos e táticas necessárias. Ocasionalmente, especialistas diferentes, como o psicólogo investigativo e especialista na criação de perfis de criminosos Bram van der Meer, visitavam o escritório, e discussões profundas aconteciam.

O Arquivo da Cidade de Amsterdã se tornou uma das fontes de pesquisa mais importantes e era como uma segunda casa para os pesquisadores em tempo integral. O principal arquivista, Peter Kroesen, trabalhava ali havia 25 anos e frequentemente era procurado por pessoas pedindo ajuda para encontrar quem havia denunciado seus parentes. Sempre que Vince ou Pieter iam lá, poderia haver uma nova história; elas eram imensamente valiosas para a equipe, porque davam uma noção da trama da vida durante a guerra.

Às vezes Kroesen conseguia solucionar casos rapidamente, como o do homem que entrou um dia querendo saber quem havia traído seus pais. O homem conhecia o endereço do esconderijo deles, por isso Kroesen simplesmente verificou quem era o morador oficial na época. Era uma mulher que tinha vivido lá com o sobrinho desde a década de 1930. Dois meses depois da delação dos pais do homem, a mulher se mudou para uma casa maior — a que tinha pertencido às pessoas que ela havia denunciado. Enquanto isso, o sobrinho mudava seu endereço oficial a cada dois meses, o que era típico dos colaboradores que temiam ser descobertos pela resistência. Logo Kroesen encontrou os registros de trabalho do sobrinho. Ele tinha estudado na escola secreta de espiões alemães na Antuérpia e trabalhado para o SD e também para a Einsatzstab Reichsleiter Rosenberg (ERR), a organização nazista dedicada a se apropriar de bens culturais. Para Kroesen, não foi difícil concluir que o sobrinho devia ter traído os pais do homem, que não tinham ideia de que estavam sendo escondidos pela tia de um dedicado nazista holandês.

ASSIM QUE O ESCRITÓRIO DA EQUIPE FOI MONTADO NA ÁREA NORTE DE AMSTERDÃ, OS VISITANTES começaram a chegar. Para Thijs, talvez a visita mais importante tenha sido a do principal rabino militar holandês, o coronel Menachem Sebbag, da Polícia Militar. Thijs o havia conhecido por meio do comandante do alojamento da Marinha Real quando estava procurando um novo escritório. Naquela ocasião eles estabeleceram um vínculo imediato.

Thijs queria saber o que aconteceria se a equipe descobrisse de fato quem traiu Anne Frank. O rabino temia que eles provocassem emoções que seria melhor evitar? E se o traidor fosse judeu? O assunto deveria ser abandonado?

O rabino Sebbag foi muito claro:

— Praticamente nada é mais importante do que a verdade — disse ele. — Se o traidor for judeu, que seja.

O rabino lembrou a Thijs que os nazistas tinham tentado desumanizar o povo judeu.

— O fato — disse — é que os judeus são humanos *em todos os níveis*. Como os seres humanos podem trair uns aos outros, também haverá judeus entre eles.

No escritório, a equipe mantinha um fichário grosso contendo cópias dos recibos de *Kopgeld* que Vince havia encontrado no Arquivo Nacional em College Park, Maryland. Cada um dos 956 recibos é uma prova forense de pagamento de recompensa por cabeça pela traição de uma pessoa ou mais. Com precisão burocrática, cada um deles tem carimbos, assinaturas, uma quantia em florins e o nome do recebedor. Às vezes o nome das pessoas denunciadas é revelado, mas em outras ocasiões é anotado apenas o número de homens, mulheres e crianças delatados.

O rabino Sebbag sabia da existência da *Kopgeld*, mas nunca tinha visto os recibos. Quando Thijs mostrou o fichário, ele não o tocou. Ficou rígido. Um número tão grande de homens, mulheres e crianças condenados à morte. Sua ausência era palpável na tristeza profunda que preencheu a sala.

20

A PRIMEIRA TRAIÇÃO

No decorrer da investigação, vários pesquisadores trabalharam com diferentes hipóteses, e novas informações chegavam o tempo todo. Vince enxergava a investigação menos como cronológica e mais como um arco, que começou com uma traição muito anterior ao telefonema para o SD em 1944.

No final de 1934, os negócios na Opekta estavam melhorando, e Otto alugou um escritório maior no número 400 do canal Singel. Como costuma acontecer com as empresas novas, ele se pegou desempenhando vários papéis, inclusive o de vendedor, visitando donas de casa e atacadistas por todo o país. Os negócios melhoraram de novo em 1935, depois de Otto convencer vários pequenos atacadistas a estocar pectina. Por fim, conseguiu contratar mais funcionários e uma secretária, Isadora "Isa" Monas, e pelo menos dois demonstradores de produtos.

Um deles era uma mulher chamada Jetje Jansen-Bremer, cujo trabalho era comparecer a várias exposições comerciais e explicar o uso da pectina. Ao mesmo tempo, Otto deu serviços temporários ao marido de Jetje, Josephus Marinue "Job" Jansen, e ao filho mais velho dos dois, Martinus. Job construía as caixas de exposição, de madeira, e Martinus ajudava a embalar e despachar mercadorias no armazém.

Depois da guerra, Job Jansen foi acusado de colaboração. A equipe do caso arquivado conseguiu obter seu perfil no relatório investigativo da polícia incluído em seu dossiê do CABR no NIOD. Também havia material sobre ele no Arquivo Nacional holandês. Parece que o sujeito tinha um passado complicado. Criado em um lar rigidamente católico, entrou para o seminário dos Irmãos da Imaculada Conceição de Maria com a intenção de se tornar padre. Como não conseguiu isso, casou-se aos vinte anos e trabalhou no teatro: em administração, publicidade e ocasionalmente no palco. Depois de oito anos e meio, seu casamento se desintegrou e a esposa e os dois filhos o abandonaram. Incapaz de suportar, tentou suicídio, dando um tiro no próprio pulmão. Durante a recuperação, conheceu Jetje Bremer, que trabalhava no Teatro Holandês (Hollandsche Schouwburg); os dois se casaram e tiveram seis filhos. Em 1935, Jansen não conseguia mais sustentar a família com o teatro. Jetje abriu uma floricultura em Amsterdã e também começou a fazer serviços temporários para Otto.

Parece que a independência financeira de Jetje incomodava o marido, e o casamento se deteriorou. Em sua paranoia e sentimento de impotência, logo Jansen começou a acreditar que a esposa estava tendo um caso com o patrão. (Mais tarde, Jansen pediria desculpas por "implicar" o sr. Frank em adultério e "manchar" seu nome.)[1] A tensão levou Otto a cortar todas as ligações com os Jansen.

Quando os alemães invadiram o país, Jansen regressou ao então implacavelmente antissemita Partido Nazista Holandês, do qual havia participado em meados dos anos 1930. Isso tornou a vida insuportável para sua esposa, que era judia. Finalmente, Job abandonou Jetje para morar com uma viúva que também era simpatizante do NSB.

Job Jansen era um exemplo vivo de um membro de base do NSB. Quando Vince pediu que o dr. Roger Depue, um cientista comportamental forense que costumava servir como consultor para a equipe do caso arquivado, examinasse o material biográfico que haviam coletado sobre Jansen, ele disse que estava óbvio que pertencer ao Movimento Nacional-Socialista dava a Jansen um sentimento de autoridade e de acesso ao poder. Na verdade ele era apenas um valentão comum, jogando as frustrações em cima de outros cidadãos, especialmente o grupo considerado como bode expiatório.

Um acontecimento registrado no dossiê de Jansen deixa isso claro. No cortejo fúnebre de Hendrik Koot, um membro do NSB que tinha morrido no confronto violento entre nazistas holandeses e jovens judeus em fevereiro de 1941, Jansen e outro membro do NSB, Martinus J. Martinus, abordaram um homem judeu por ter atravessado as barreiras do cortejo e cruzado a rua. Eles levaram Isidore Ruselsheim até uma delegacia de polícia próxima, dizendo que o judeu tinha desrespeitado o cortejo fúnebre, apesar de este ainda não ter começado, e exigiram que ele fosse preso.

Em março de 1941, Jansen e Otto se encontraram por acaso na Rokin, uma rua movimentada no centro de Amsterdã. Mesmo não gostando do sujeito, por educação Otto parou para uma conversa rápida. Com um ar de condescendência maliciosa, Jansen perguntou se, sendo judeu, Otto ainda podia receber mercadorias da Alemanha. Otto respondeu que não tinha dificuldade para isso. Então Jansen disse:

— A guerra vai acabar logo.

Otto respondeu que não estava convencido, e disse que os alemães ainda estavam tendo dificuldades nela. Esse comentário, sugerindo que os alemães poderiam perder a guerra, naquela época e naquele lugar, era considerado traição.

Algumas semanas depois, em 18 de abril de 1941, um rapaz fez uma visita inesperada à Opekta e pediu para falar com Otto Frank. Quando foi levado à sala de Otto, apresentou-se como mensageiro entre o NSB e o SD alemão, e perguntou se Otto conhecia um homem chamado Jansen. Lentamente o mensageiro tirou uma carta do bolso e entregou a Otto. A carta era endereçada à NSB.

Otto olhou a assinatura: Job Jansen, membro nº 29.992. A carta denunciava Otto por "insultar publicamente a Wehrmacht" e "tentar influenciá-lo". Jansen pedia que a SS fosse informada e que o judeu Frank fosse preso. Otto entendeu imediatamente que Jansen o estava denunciando pelos comentários sobre o Exército alemão durante o breve encontro na Rokin. Como agradecimento por interceptar a carta, Otto deu ao rapaz todo o dinheiro que tinha no bolso, apenas 20 florins. Na época, Otto se convenceu de que o rapaz tinha salvado sua vida.[2]

Mais tarde, Otto contou à polícia que tinha deixado Miep ler a carta e depois dera o original ao seu advogado, para examinar. Após tomar algumas notas, o advogado a destruiu, com a permissão de Otto, já que era considerada perigosa demais para ser guardada.[3]

Depois da guerra, quando procurava a pessoa responsável pela invasão do Anexo, Otto não se esqueceu de seu antigo funcionário desleal. Era incomum Otto reagir daquele jeito, mas, em 21 de agosto de 1945, escreveu uma carta contundente para as autoridades de Amsterdã perguntando se Jansen estava preso. Dizia nela que o sujeito havia cometido atos de traição contra ele. Teve o cuidado de insistir que a esposa de Jansen, que era judia, não tinha nenhum envolvimento, mas disse que ela poderia ajudá-los a encontrá-lo se ele já não estivesse na cadeia.[4] Talvez tenha sido a deslealdade de Jansen que afetou Otto tão profundamente. Ele havia ajudado o sujeito e a família dele, empregando-os em uma época de enormes dificuldades econômicas, e o sujeito o havia traído. Se a carta de Jansen tivesse chegado à SD na Euterpestraat, Otto certamente teria sido preso e, no mínimo, mandado para um campo de concentração.

Como inicialmente Otto suspeitava que Job Jansen era o responsável pela invasão do Anexo, Vince achou lógico que a equipe começasse a investigação a partir dele. A equipe conseguiu localizar Eric Bremer, parente da esposa de Jansen, Jetje, e Vince o entrevistou em 23 de abril de 2017 no restaurante Tolhuistuin em Amsterdam-Noord. Bremer não tinha nada a dizer sobre a traição contra Otto e as outras pessoas do Anexo, mas contou que na família corria um boato de que Jansen havia sido responsável por entregar os próprios filhos aos nazistas.[5] É claro que essa era uma informação fundamental para a equipe. Uma pessoa capaz de uma traição tão grande não hesitaria em trair seu ex-patrão judeu, contra quem guardava ressentimentos.

No dossiê de Jansen no CABR a equipe encontrou o testemunho de Jetje sobre a prisão dos seus filhos:

Em setembro de 1941, às quatro da madrugada, dois filhos dele foram presos, tirados da cama e levados à delegacia de polícia de Overtoom por dois policiais holandeses. Meu marido não estava presente durante a prisão, já que morava em outro endereço. Depois da prisão dos meus dois filhos eu disse ao meu marido: "O que você acha disso? Dois dos seus filhos foram presos e você é membro do NSB." E ele respondeu: "Ah, bom, em uma guerra simplesmente acontecem baixas."[6]

É uma declaração assustadora. Que tipo de pai reagiria desse modo à prisão dos filhos? Estaria escondendo a culpa?

A declaração é ainda mais devastadora diante do destino dos filhos de Jansen. Um foi morto a tiros no campo de concentração de Neuengamme em 18 de agosto de 1942, enquanto caminhava em direção à cerca eletrificada, dizendo que já havia sofrido o bastante. O outro suportou os horrores de Auschwitz e Dachau, mas sobreviveu à guerra.

Logo depois, porém, a equipe encontrou um depoimento feito em 10 de setembro de 1947 por Josephus, o filho de Jansen que havia sobrevivido, dizendo que ele e o irmão foram denunciados por um carteiro que mantinha uma lista de todos os membros do grupo deles na resistência. (Aparentemente o sujeito estava de folga, ficou bêbado e se vangloriou da lista de nomes que possuía.) Josephus disse que seu pai tinha tentado interceder com os alemães para que eles fossem soltos.

Para os pesquisadores da equipe, esse testemunho foi um alerta interessante de que nada poderia ser considerado ao pé da letra. As palavras amargas de uma esposa precisam ser confrontadas com os fatos. Mesmo assim, a aceitação de uma declaração e não da outra implica uma interpretação: a primeira declaração refletia simplesmente a desavença entre o casal? O filho poderia estar protegendo o pai? No final das contas, o que pesa são os fatos. O carteiro traiu outras pessoas além dos filhos de Jansen.

Isso ainda deixava a equipe com a pergunta: Otto estaria certo em suspeitar que Jansen teria denunciado à SS as pessoas que estavam no Anexo? Vince estava começando a usar o axioma policial "motivo, conhecimento e oportunidade" para examinar cada caso.*

No dossiê de Jansen a equipe encontrou uma avaliação psicológica feita depois da guerra pelo dr. W. Ploegsma, escrita em 1948 e obviamente solicitada pela polícia de Amsterdã, em que Jansen é descrito como um narcisista que se fazia de vítima e chafurdava na autopiedade. "Ressentimentos, culpa excessiva, comportamento impulsivo, repressão, sujeição, senso excessivo de dignidade, desejo de poder; podemos encontrar tudo isso dentro dele."[7] Jansen tinha inveja de Otto Frank porque Frank era "um homem capaz de ganhar o próprio dinheiro". Jansen entrou pela primeira vez para o NSB em 1934, mas precisou sair depois de dois anos porque não conseguia pagar a mensalidade de filiação. Mais tarde entrou de novo porque, como disse ao psicólogo, "queria mostrar que era homem".

Isso poderia sugerir que Jansen tinha motivo suficiente para trair as pessoas do Anexo. Ou poderia ser mais simples: se ele traiu Otto uma vez, por que não duas? A prova real seria determinar se ele teve conhecimento e oportunidade para cometer o crime de trair judeus.

Confirmar que Jansen tinha conhecimento de que Otto estava escondido no Anexo era mais difícil e talvez só fosse possível através de suposições. Apesar de Jansen estar separado de Jetje durante todo ou parte do tempo em que o Anexo esteve ocupado, poderíamos presumir que ele permanecia em contato com ela? Como tecnicamente ainda estava casada com um não judeu, ela não era obrigada a emigrar e continuou trabalhando em sua floricultura. Seria possível que ela tivesse ouvido falar de Otto e dos outros escondidos no Anexo e tivesse mencionado isso a Job? Ou que ele ou sua nova namorada simpatizante do NSB tivesse ligação com alguém que morava no bairro ou que estivesse fornecendo comida para os ajudantes? A equipe não teve sucesso nos esforços para encontrar alguma informação que respondesse a essas perguntas de modo conclusivo.

---

* O axioma policial original é "meios, motivo e oportunidade". A equipe desenvolveu um híbrido: "conhecimento, motivo e oportunidade".

QUEM TRAIU ANNE FRANK?

Com isso restava à equipe considerar se Jansen teve a oportunidade de trair as pessoas do Anexo. Um mergulho profundo no dossiê de Jansen no CABR revelou que em 1944 ele estava trabalhando em uma trupe de teatro holandesa que se apresentava em alemão e morava em Winterswijk, perto da fronteira alemã. Em 15 de agosto, onze dias depois da invasão do Anexo, ele foi preso na cidade de Munster, Alemanha, por roubo.[8] Será que naqueles breves onze dias entre a invasão e sua prisão ele tinha conseguido voltar a Amsterdã, de algum modo saber sobre os judeus escondidos no Anexo, denunciá-los e retornar ao outro lado do país em uma época em que era muito difícil viajar? Parece improvável, mas não pode ser totalmente descartado, dado o sentimento de vingança de Jansen contra Otto.

Porém, o argumento mais convincente contra a culpa de Jansen é que, se ele tivesse dado o suposto telefonema anônimo, não teria os contatos para falar direto com o homem no topo, o tenente Julius Dettmann. Seria passado para a unidade IV B4 sob o comando do sargento Abraham Kaper no Departamento de Assuntos Judaicos.

Em 1946, Jansen foi condenado por ajudar os inimigos em tempo de guerra. Uma das acusações contra ele foi a denúncia de Otto Frank. Julgado por colaboração, sua autodefesa foi criativa. Ele afirmou que entrou para o NSB em 1940 para ajudar a esposa judia. Disse que havia se tornado membro beneficiário da SS na Holanda para conseguir fazer alguma coisa pelos filhos, que tinham sido capturados pelos alemães.[9] Suas mentiras foram facilmente contestadas e ele foi condenado a quatro anos e seis meses de prisão. Como tinha passado um tempo em prisão preventiva a partir de 31 de março de 1945, sua detenção se encerrou em 30 de setembro de 1949.

Haveria mais alguma coisa na história de Job Jansen? A equipe encontrou um neto dele morando na Austrália. Depois de conseguir um número de telefone, Vince tentou falar com o neto sobre as lembranças da família a respeito de Job. Após ouvir atentamente a explicação de Vince sobre o que a equipe estava tentando fazer, o neto se recusou a falar sobre Job, dizendo que estava fazendo uma investigação própria. Pelo tom do neto ficou claro que a família ainda sentia vergonha da ligação do patriarca com os nazistas.

Essa hipótese, como tantas outras que a equipe investigou, acabou sendo eliminada. No entanto, foi particularmente interessante porque se cruzava com outra teoria que estava passando por avaliação. Essa teoria implicava um homem a quem Otto Frank foi inicialmente agradecido, um homem cuja história foi ignorada por mais de sessenta anos até ser citado pela escritora inglesa Carol Ann Lee em seu livro *The Hidden Life of Otto Frank*. Esse homem ousado tinha entrado na sala de Otto com a carta de denúncia escrita por Jansen. Era Anton "Tonny" Ahlers.

21

O CHANTAGISTA

"**O** desconhecido disse: 'Pode ficar com a carta. Ou talvez seja melhor rasgá-la. Eu a tirei da pasta de entrada de informes.'"[1] Foi o que disse Ahlers ao entregar um envelope a Otto Frank em sua sala na Opekta no dia 18 de abril de 1941. O primeiro relato publicado desse incidente está no livro de Ernst Schnabel, *Anne Frank. Spur eines Kindes*. Otto descreveu a Schnabel um momento em que "o perigo chegou muito perto". Ele se referiu a Job Jansen simplesmente como um "conhecido" que o fez parar na rua e a Tonny Ahlers como um "desconhecido" que tinha entrado na sua sala. Não deu o nome de nenhum dos dois. É um momento comovente, porque Otto contou a Schnabel que tinha escapado do perigo naquela ocasião e depois sobreviveu aos campos de concentração, a única pessoa da família a conseguir isso. "Mas não gosto de falar de um anjo da guarda. Como algum anjo poderia ter a coragem de salvar um homem sozinho, sem a família?"[2]

Vince contatou Carol Ann Lee, a primeira pessoa a identificar Tonny Ahlers como o mensageiro do NSB, e, em 8 de novembro de 2018, viajou à Inglaterra para entrevistá-la em sua casa perto de Yorkshire. Uma das primeiras perguntas foi: por que ela havia decidido escrever uma biografia de Otto Frank? Ela explicou que ficou intrigada com a vida dele e queria saber quem ele era, independentemente do diário da filha. Depois de um tempo, Vince perguntou como ela havia descoberto Tonny Ahlers.

— É uma longa história — respondeu Lee.

Tudo começou quando ela entrou em contato com o sobrinho de Otto, Buddy Elias, presidente da Anne Frank Fonds, que tinha ficado com a casa de Otto na Basileia depois da morte deste e de Fritzi. Lee havia contado a Elias que estava escrevendo uma biografia de Otto Frank e ele a convidou a visitá-lo.

Otto havia deixado uma enorme coleção de documentos. O sótão e o porão da casa continham pilhas de fotos e papéis, inclusive cartas que Otto havia escrito e recebido ao longo dos anos. Pareceu a Lee que Elias não fazia ideia da importância daquilo.

Em determinado momento, Elias a levou a uma escrivaninha de madeira com pilhas de papéis. Enquanto os examinava, ela encontrou uma carta de Otto falando de um tal de A. C. Ahlers. Era endereçada às autoridades holandesas, notificando-as de que um tal de A. C. Ahlers tinha ido ao seu escritório e lhe entregado a carta de denúncia escrita por J. Jansen, que Ahlers havia interceptado. Otto escreveu que o sujeito havia salvado sua vida. Lee reconheceu a história que Otto havia contado a Schnabel, apesar de não ter usado os nomes. Como Tonny Ahlers não fora mencionado em investigações anteriores, Lee decidiu sondar mais.

Baseando-se na investigação do encontro entre Otto Frank e Tonny Ahlers em 1941, ela desenvolveu uma das teorias mais complexas sobre quem traiu Anne Frank. Argumentou que, depois do primeiro encontro, Ahlers viu a oportunidade de continuar chantageando Otto.

Vince enumerou para mim as suposições feitas por Lee. Primeiro, Ahlers precisava ter conhecimento de que Otto Frank e sua família estavam escondidos no Anexo. Lee disse que ele sabia disso porque o anexo do número 263 da Prinsengracht era semelhante ao da residência da mãe dele no número 253 da Prinsengracht, onde ele havia morado por algum tempo em 1937.[3] Segundo, Ahlers tinha guardado a informação sobre as pessoas escondidas até que, no verão de 1944, sua empresa estava afundando e ele precisava de dinheiro. A recompensa que ele poderia receber por denunciar judeus era tentadora demais.[4] Com o alerta de Ahlers, em 4 de agosto de 1944 uma equipe de agentes do SD invadiu a sede da Opekta, exigindo saber onde os judeus estavam escondidos. Nem a chantagem nem a traição foram reveladas depois da guerra porque Ahlers continuou em condições de chantagear Otto Frank. A vantagem de Ahlers, segundo Lee, era o conhecimento de que a empresa de Otto Frank tinha vendido produtos para a Wehrmacht durante a guerra.[5]

A equipe achou as deduções de Lee interessantes, mas elas precisariam ser comprovadas. Monique reuniu a comissão de provas no escritório e designou para cada pesquisador um estágio das deduções de Lee. A primeira pergunta era: qual seria a motivação de Ahlers para levar a carta de Jansen a Otto? Seria chantagem? Ahlers fez uma segunda visita ao número 263 da Prinsengracht, quando Otto lhe deu mais alguns florins. No entanto, se fosse chantagem, até mesmo Otto sugeriu que um valor muito maior poderia ter sido extorquido. Isso fica claro pelo relato de Otto depois da guerra, em sua carta ao Departamento de Segurança Nacional (Bureau Nationale Veiliheid, BNV), dizendo que seu caminho não se cruzou de novo com o de Ahlers antes que ele e sua família fossem se esconder.[6] Otto disse que se sentia agradecido e em dívida para com Ahlers por ter salvado sua vida. Isso era absurdo, claro: Ahlers era um nazista holandês inescrupuloso e um ladrão. Mas Otto não sabia disso.

No dossiê de Ahlers no CABR há declarações de testemunhas dizendo que ele trabalhava para o SD. Quando levava cartas dos nazistas holandeses para o SD, ele não tinha nenhum pudor em abri-las. Era conhecido por manter uma lista de nomes e endereços de judeus escondidos. Também era seu trabalho denunciar todas as pessoas que fossem encontradas ouvindo a BBC em rádios ilegais, que às vezes ele confiscava e revendia. Há provas de que ele denunciou numerosas pessoas, inclusive o novo marido de sua mãe, que foi mandado ao campo de Vought, além de um açougueiro e um verdureiro amigos da família. Diziam que ele tinha sido um feroz antissemita mesmo antes da guerra.[7]

Ahlers não era o tipo de homem que seria motivado por pena ou generosidade com relação a Otto Frank. Pelo contrário, ele teria visto uma boa oportunidade para extorsão. É provável que pretendesse voltar uma terceira vez para pegar mais dinheiro, mas a essa altura Otto já havia desaparecido.

Na época do encontro com Otto, Ahlers tinha 24 anos. Em sua foto da carteira de identidade ele está bastante bonito, com maçãs do rosto definidas, queixo quadrado e testa alta, o cabelo escuro com brilhantina e penteado para trás rigorosamente na última moda. Também pode-se dizer que ele tem as feições agressivas de seus colegas fascistas holandeses, com uma expressão arrogante e até presunçosa na boca e nos olhos. Era um oportunista pretensioso, aproveitando-se da filiação ao SD para alcançar uma posição de mais poder e dinheiro.

Vince e sua equipe examinaram a infância de Ahlers a partir dos registros em seu dossiê no CABR. Nascido em Amsterdã em 1917, filho de pais da classe operária, nos primeiros anos Ahlers contraiu poliomielite e passou nove meses no hospital. Ficou para sempre ligeiramente manco de uma das pernas. Seus pais se divorciaram quando ele estava com onze anos e os dois perderam a custódia dos filhos. Ele e seus cinco irmãos foram postos em um lar para crianças do Exército de Salvação e depois em Vereeniging Nora, um abrigo para crianças abandonadas.[8] Quando estava com 21 anos ele tentou se afogar, aparentemente depois de um caso amoroso fracassado.

A vida profissional de Ahlers era instável. Ele começou como ajudante de cabeleireiro, depois trabalhou em uma fábrica na França. Sua ficha de identidade no Arquivo da Cidade de Amsterdã indica que ele havia morado com a mãe durante três meses no número 253 da Prinsengracht, muito perto do 263, mas que sua mãe havia se mudado bem antes de Otto levar a empresa para lá. Além de saber que os dois prédios tinham anexos semelhantes, o que isso teria revelado a ele?

Ahlers entrou para o NSB já em 1938 e, segundo seu dossiê no CABR, logo se envolveu em um ataque contra funcionários e fregueses na loja de departamentos Bijenkorf, pertencente a judeus. Em março de 1939, com um grupo chamado Guarda de Ferro (De IJzeren Garde), vandalizou o escritório do Comitê para Refugiados Judeus (Comité voor Joodsche

Vluchtelingen, CJV) em Amsterdã e acabou preso por nove meses na província de Friesland, no norte.[9]

Os pesquisadores da equipe trouxeram uma enorme quantidade de informações confirmando que Ahlers não era o homem que Otto Frank pensava. Depois da invasão alemã, ele se alinhou imediatamente com os inimigos. Atuou como fotógrafo oficial durante batidas feitas pela WA (Weerbaarheids Afdeling), o braço paramilitar uniformizado dos fascistas holandeses. Era visto frequentemente no Café Trip na Rembrandtplein e em outros lugares onde era possível encontrar os simpatizantes do nazismo, gabando-se de suas conexões com autoridades alemãs.[10]

Em um artigo no exemplar de 18 de fevereiro de 1941 do *De Telegraaf,* sobre o enterro de Hendrik Koot, morto quando nazistas holandeses invadiram o Bairro Judeu de Amsterdã, há uma foto de Ahlers, orgulhoso, ao lado de altas autoridades alemãs.[11] Ele está usando uma capa de chuva branca com cinto e parece posar de detetive. Foi o mesmo enterro antes do qual Job Jansen, autor da carta de traição, e Martinus J. Martinus prenderam ilegalmente um judeu por ter atravessado desrespeitosamente as barreiras diante do cortejo fúnebre. Ainda que a equipe não tenha podido confirmar um relacionamento entre Jansen e Ahlers, confirmou que Martinus e Ahlers estiveram envolvidos na prisão de um homem que afirmava falsamente ser membro da Gestapo e da SS em novembro de 1940. Sem dúvida Ahlers e Jansen frequentavam os mesmos círculos políticos.

Em novembro de 1943, o trabalho de Ahlers no SD lhe permitiu se mudar para uma casa elegante ocupada anteriormente por uma família judia. Dentre seus vizinhos estava Kurt Döring, Sturmführer (chefe de ataques) do SD, encarregado de localizar organizações de resistência e comunistas. O dossiê de Ahlers no CABR indica que, depois da guerra, quando foi interrogado em uma prisão em Amsterdã, Döring admitiu que conhecia Ahlers bem. Achava-o "idiota demais" para trabalhos sérios e por isso o mandara para a fábrica de aviões Fokker denunciar pessoas que faziam propaganda comunista. Acrescentou: "Depois eu o tornei homem-V [informante pago]. Ele nunca fez nada importante." Ainda assim, Döring admitiu que Ahlers era perigoso.[12]

Quando a Holanda foi finalmente libertada em abril de 1945, Ahlers foi um dos primeiros a ser preso pelo Serviço de Investigação Política (Politieke Opsporingsdienst, POD) da Polícia Nacional. Foi acusado, dentre outras coisas, de atuar como informante para o SD e foi mandado para a prisão em Haia. No caos daqueles primeiros meses, ele escapou várias vezes, mas logo era recapturado.[13] Pode ser questionar se o encarceramento dos prisioneiros era para valer. Em dezembro de 1945, o jornal holandês *De Waarheid* informou que entre 100 e 150 prisioneiros escapavam a cada mês.[14] Depois de cumprir quatro anos, Ahlers foi solto em 3 de outubro de 1949. Seus bens foram confiscados e ele perdeu a nacionalidade holandesa.

Quando voltou de Auschwitz, Otto Frank não estava buscando vingança pelos crimes cometidos contra ele e sua família. Estava procurando responsabilização. Era quase como se acreditasse que a justiça poderia ser restaurada. Assim, escreveu para o POD denunciando Job Jansen por sua carta difamatória. Em novembro, tinha localizado dois dos policiais holandeses que haviam participado da equipe mandada ao Anexo, esperando descobrir quem havia traído sua família. E procurou Tonny Ahlers.

Em 21 de agosto, Otto escreveu ao Departamento de Segurança Nacional (BNV) contando que tinha ouvido dizer que Tonny Ahlers estava preso com eles.[15] Queria testemunhar que o sujeito havia salvado sua vida. Porém, quando finalmente foi ao departamento em dezembro do mesmo ano, os funcionários esclareceram as coisas. Como ele explicou de modo enigmático: "Fui até o comitê e disse: 'Uma vez esse homem salvou minha vida.' Mas eles me mostraram os documentos sobre ele e eu vi que eu era a única pessoa que ele tinha salvado. Ele havia traído muitas outras."[16] O BNV mostrou a Otto uma publicação clandestina ilegal de 1944 chamada *Signalementenblad* (Panfleto de Descrição), produzida pela resistência para alertar aos cidadãos sobre a presença de provocadores e traidores. O nome de Tonny Ahlers estava entre as dezenas de indivíduos mais perigosos.[17]

Como Vince explicou, a questão diante da equipe era se as acusações de Lee se sustentavam. Ela dizia que Ahlers continuou a extorquir dinheiro de Otto mesmo depois de ele e a família irem se esconder.

No entanto, isso implicaria que os funcionários do escritório testemunhassem as visitas de Ahlers e que até poderiam ser responsáveis por pagar a ele. Essa hipótese parecia pouco razoável. Se os funcionários tivessem alguma ideia de que Ahlers estivera chantageando Otto, não hesitariam em denunciá-lo às autoridades no pós-guerra.

Lee sugeriu que as dificuldades pelas quais a empresa de Ahlers passava não o haviam deixado com outra opção a não ser entregar Otto Frank em troca da *Kopgeld*. Como Lee, a princípio a equipe achou que uma pessoa poderia ganhar uma bela bonificação dando uma informação discreta sobre judeus escondidos a um policial do SD holandês. Entretanto, a descoberta dos recibos de *Kopgeld* feita por Vince no Arquivo Nacional em Maryland deixou claro que a recompensa não era paga ao informante, e sim aos detetives holandeses que efetuavam a prisão. A seu próprio critério, os detetives podiam dividir uma pequena parte da recompensa com o informante. As informações dadas por cidadãos comuns provavelmente viriam de alguém que tivesse dificuldades com a lei por conta de roubos ou pequenas infrações, como esquecer de colocar as cortinas de blecaute contra os ataques aéreos à noite.

De qualquer modo, será que Ahlers sabia que Otto e os outros estavam escondidos no Anexo? A equipe não conseguiu encontrar provas disso. Cerca de um mês depois de Ahlers entregar a carta de Jansen, passou a valer a lei nazista proibindo que os judeus possuíssem negócios e o nome da empresa no prédio 263 da Prinsengracht foi mudado de Opekta para o arianizado Gies & Co. A mudança de nome sinalizaria, a qualquer um que não soubesse da verdade, que Otto tinha ido embora. Tendo em mente que Ahlers fez a primeira visita em 1941 e a prisão aconteceu quase quarenta meses depois, se ele sabia que existiam judeus escondidos ali, não parecia alguém que guardaria a informação por tanto tempo.

Em seu livro, Lee observou que, segundo familiares de Ahlers, ele gostava de alardear que era o delator dos então famosos moradores do

Anexo.[18] É uma psicose peculiar, embora talvez não incomum, querer reivindicar a fama de vilão. Nem mesmo a família de Ahlers acreditava realmente nele.

Para completar o trabalho meticuloso, Vince mandou a equipe analisar a afirmação de Lee, de que Ahlers continuou extorquindo Otto depois da guerra por causa de seus supostos negócios com a Alemanha. Graças ao acesso extraordinário que a Casa de Anne Frank deu aos próprios arquivos, a equipe pôde mergulhar nos livros de pedidos da Opekta e da Gies & Co. e descobriu que a Opekta realmente recebeu pectina da empresa mãe em Frankfurt e, em última instância, forneceu produtos aos alemães, mas muitas outras empresas holandesas fizeram o mesmo.

O livro de pedidos de 1940 indicou que foi fornecida pimenta e noz--moscada à Wehrmacht em Haia. Entretanto, os livros de lucros e dividendos da Gies & Co. em 1942, 1943 e 1944 não indicam nenhuma entrega direta à Wehrmacht. Depois da guerra, o Instituto Administrativo da Holanda (Nederlandse Beheersinstituut, NBI), que monitorava o comércio em tempo de guerra com o inimigo, indicou que não estava interessado nas pequenas empresas, já que elas não buscavam ativamente pedidos dos alemães. Se a empresa de Otto chegou a trabalhar com os alemães, foi apenas em pequena escala e certamente isso não valeria uma chantagem. Otto Frank não lucrara com a guerra.[19]

Vince é uma espécie de buldogue. Assim que detecta um cheiro, avança em linha reta e é implacável. "Durante minhas investigações no FBI", disse ele, "jamais deixei que nada atrapalhasse meu caminho. Na verdade, quando estava ensinando a agentes novos como abordar investigações de casos importantes, dizia que, se eles se deparassem com bloqueios administrativos, meu conselho era: 'Se não pode se desviar deles, passe por cima.'" É preciso admirar seu foco.

Nesse caso a equipe revelou outro aspecto da sociedade holandesa sob ocupação. Tonny Ahlers e Job Jansen eram os oportunistas ressentidos que enxergavam a agressividade nazista como um sistema neutro do qual poderiam se beneficiar. Não tinham escrúpulos morais com relação ao assassinato de judeus, de pessoas sinti e romani (na época, conhecidos como "ciganos"),* de reféns, de combatentes da resistência. Se pensavam neles, consideravam que eram inimigos que mereciam o destino. Apesar de dispostos à violência, eles não cometeram assassinatos. Mas os toleravam.

---

* Estima-se que os nazistas tenham matado 500 mil pessoas dos povos romani e sinti.

22

A VIZINHANÇA

O prédio 263 da Prinsengracht fica nos limites do bairro Jordaan na velha Amsterdã, onde as casas se apoiam umas nas outras voltadas para o canal. Durante a guerra, o bairro era relativamente pobre. As pessoas se apinhavam em pequenos apartamentos e frequentemente escapavam para as ruas — os adultos caminhando até as lojas e se reunindo ao longo do canal e as crianças, brincando. Os vizinhos se conheciam.

Em seu livro *Het fenomeen Anne Frank* [O fenômeno Anne Frank], o ex-pesquisador do NIOD David Barnouw sugeriu que o traidor podia ter morado no bairro, porque os vizinhos morando lado a lado provavelmente saberiam se houvesse judeus escondidos ali perto. Ele sugeriu, ainda, que não somente há um mar de janelas nas casas das ruas adjacentes, Keizersgracht e Westermarkt, visíveis do Anexo, como também que o Anexo pode ser visto das janelas dos fundos das casas voltadas para o pátio.

Se a invasão foi de fato provocada por alguma informação dada por um vizinho, a equipe de investigação precisaria descobrir quem morava nessas casas. Foi então que Vince teve a ideia do Projeto Residentes. Deu a três pesquisadores a tarefa de localizar e compilar todas as informações disponíveis sobre as pessoas que trabalhavam e residiam nas vizinhanças do Anexo de 1940 a 1945. Para isso, foi necessário localizar e recuperar milhares de registros de cinco arquivos em três países.

Em Amsterdã, sempre que uma pessoa se mudava e estabelecia nova residência, precisava informar o novo endereço à prefeitura. Os Arquivos da Cidade de Amsterdã deram à equipe um acesso sem precedentes a esses registros que acompanhavam o fluxo de pessoas: quando chegavam à cidade e quando se mudavam para um novo endereço. Os cartões de registros de população mostravam onde e quando uma pessoa tinha nascido; o nome dos pais, cônjuges e filhos; e todos os endereços onde tinham morado. Uma seção do cartão indicava a filiação religiosa. Em alguns cartões os pesquisadores observaram que *NI*, que significava "Netherlands Israelite", ou seja, "israelita holandês", havia sido riscado, indicando que de algum modo a pessoa tinha conseguido se "arianizar" e ficar de fora das listas de deportação.

Assim que a lista de moradores e dos que trabalhavam nas empresas do bairro ficou completa, o próximo passo foi definir quais, dentre eles, eram membros do NSB, colaboradores, informantes e/ou traidores.

Primeiro a equipe procurou o Yad Vashem, em Israel, já que o arquivo do memorial do Holocausto indicava que possuía os registros, recuperados depois da guerra, de todos os membros do NSB holandeses. O NIOD e o Arquivo da Cidade de Amsterdã tinha cópias dos *Signalementenblad*, compilados pela resistência holandesa, regularmente atualizados e contendo informações incrivelmente detalhadas sobre colaboradores conhecidos, seus modi operandi e ocasionalmente fotografias. (Como foi observado anteriormente, Tonny Ahlers estava na lista.) Vince também conseguiu localizar uma lista de informantes do SD nos arquivos do NARA em Maryland, a mesma coleção onde tinha encontrado os recibos de *Kopgeld*.

Deveria haver *proces-verbalen* (relatórios policiais) que forneceriam detalhes importantes sobre os colaboradores, mas, segundo Jan Out, um policial que trabalhava como arquivista da polícia, todos os registros daquele período foram (convenientemente) destruídos por falta de espaço e dinheiro. O que sobreviveu foram os relatórios policiais diários mantidos em cada delegacia da cidade. Qualquer pessoa que fosse presa ou estivesse envolvida em um incidente que exigisse a presença da polícia, ou mesmo que tivesse ido à delegacia informar alguma coisa, tinha o nome anotado no livro de registros, frequentemente junto com o do policial envolvido. Anne Frank, de doze anos, está em um dos livros, pois fez um boletim de ocorrência do roubo da sua bicicleta em 13 de abril de 1942, pouco menos de três meses antes de a família Frank entrar no esconderijo.

Em meados da década de 1990, o arquivista Peter Kroesen descobriu relatórios policiais diários do período de 1940 a 1945 em meio a um enorme lote de documentos que iam ser destruídos. Ele os salvou, levando-os escondidos para um depósito seguro. (Esses documentos, que podem ser vistos mas não escaneados, estão entre os mais examinados no Arquivo da Cidade de Amsterdã.) A equipe examinou meticulosamente os relatórios policiais de todos os incidentes e telefonemas originados das vizinhanças do Anexo, procurando alguma pista que lançasse luz em quem ou no que poderia ter provocado a invasão.

A equipe de pesquisadores designados para as várias partes do Projeto Residentes inseriu as informações em um banco de dados e em seguida fez *upload* para a plataforma de IA. Assim puderam realizar cruzamentos com os nomes nos cartões de residência, as listas de membros do NSB, as listas de informantes do SD, homens-V e mulheres-V conhecidos e os relatórios policiais diários, além dos arquivos de expurgos e dos serviços sociais, concentrados na Prinsengracht e nas ruas ao redor: Leliegracht, Keizersgracht e Westermarkt.

Cientistas da computação da Xomnia forneceram as bases para o programa de IA da Microsoft, que criou um quadro virtual de onde as pessoas residiam no bairro. Para complicar o processo, muitas ruas de Amsterdã tinham mudado de nome desde a guerra. Entretanto, os cientistas criaram um programa que convertia os nomes das ruas de um mapa atual para um da época da guerra, e em seguida geolocalizaram todos os endereços dos residentes e ameaças potenciais.[1]

A sede da Xomnia fica em um prédio histórico perto da Prinsengracht, cinco quarteirões ao sul da Casa de Anne Frank. A equipe do caso arquivado foi convidada para uma demonstração. Os pesquisadores disseram que ficaram sem palavras quando a imagem do bairro apareceu em um grande monitor montado na parede. Os pontos coloridos representando as várias categorias de ameaças, como membros do NSB (em azul), colaboradores/pessoas-V (em vermelho) e informantes do SD (em amarelo), eram tão próximos que pareciam uma enorme massa sobre a área maior do bairro Jordaan. Quando se aproximava, com um zoom, das ruas diretamente ao redor do Anexo, os pontos ficavam menos densos, mas a quantidade de ameaças ainda era espantosa. Um informante do SD chamado Schuster era dono de uma loja de bicicletas a um quarteirão e meio da empresa de Otto; um colaborador chamado Dekker, garçom de profissão, cujo nome a equipe encontrou na lista de procurados pela resistência, morava poucos prédios depois do Anexo; e vários membros do NSB residiam nas construções ao redor do pátio dos fundos.

Depois de o projeto do caso arquivado ser anunciado publicamente no final de setembro de 2017, Kelly Cobiella, repórter do programa *Today* da NBC, viajou a Amsterdã para entrevistar a equipe. Vince demonstrou o programa virtual que mostrava a concentração de ameaças ao redor do Anexo e disse que, em vez de perguntar o que havia provocado a invasão, talvez devessem perguntar como as pessoas escondidas tinham conseguido passar mais de dois anos sem serem capturadas.

Para que a teoria da vizinhança, levantada por David Barnouw, fosse válida, não bastaria que os vizinhos fossem membros fervorosos do NSB. A equipe descobriu que alguns vizinhos pareciam saber que o Anexo estava ocupado, inclusive os das empresas nos dois prédios de cada lado do número 263 da Prinsengracht: a Elhoek, uma oficina de estofamento, no 261, e a Keg, uma empresa de chá e café, no 265.

Bep afirmou que um funcionário da Keg perguntou à equipe da Opekta/Gies & Co. sobre os canos de esgoto do prédio. Queria saber "se pessoas estavam dormindo no prédio". Ele trabalhava até tarde da noite e ouvia água correndo pelos canos depois de todo mundo ter ido para casa. Um funcionário da Elhoek disse que de vez em quando eles almoçavam na valeta de escoamento entre os prédios 261 e 263 e escutavam vozes vindas do Anexo.[2] Como Anne mencionou no diário, às vezes os moradores eram descuidados, espiando pelas janelas e esquecendo de fechar as cortinas.

Ainda assim, presumindo que alguns vizinhos suspeitassem, a conclusão automática não seria que as pessoas escondidas eram judias. Em agosto de 1944, um número enorme de cidadãos holandeses (supostamente mais de 300 mil) estavam escondidos para não serem mandados à Alemanha para o trabalho obrigatório ou eram procurados por escapar dos campos de trabalhos forçados. O som ocasional de vozes, o barulho de água correndo ou fumaça saindo da chaminé do Anexo poderia ser causado facilmente tanto por cidadãos holandeses quanto por judeus. Dada a propaganda antissemita dos nazistas na época, parece que algumas pessoas estariam dispostas a denunciar judeus (um terço dos judeus escondidos foi denunciado). Porém, estariam menos dispostas a denunciar cidadãos holandeses que se recusavam a trabalhar no país inimigo, o que só prolongaria a guerra que, no verão de 1944, os alemães estavam obviamente perdendo.

PARA A EQUIPE DO CASO ARQUIVADO ERA IMPORTANTE DETERMINAR O QUE PODIA SER VISTO E ouvido das construções cujas janelas dos fundos eram voltadas para o pátio compartilhado, que media aproximadamente sessenta metros de comprimento (dois terços do tamanho de um campo de futebol). Vince queria fazer um escaneamento 3D a laser e de áudio do pátio, mas havia muitas construções envolvidas e seria absurdamente caro. Em vez disso, ele e Brendan Rook, o ex-investigador do Tribunal Penal Internacional em Haia, usaram o método furtivo.

Eles procuraram a Casa de Anne Frank e pediram acesso ao telhado do prédio do escritório administrativo e do museu, que ocupa a esquina do quarteirão ao lado do número 263 da Prinsengracht. A Casa de Anne Frank foi totalmente cooperativa e mostrou a escada para o telhado. Por sorte, a maioria das construções em volta do pátio continua essencialmente igual ao que era durante a guerra, a não ser aquela onde eles estavam. Dali tinham uma vista privilegiada de todo o pátio, mas apenas uma visão lateral do Anexo. Ficou imediatamente claro que as construções da Prinsengracht à esquerda e à direita do Anexo não tinham vista das janelas voltadas para os fundos. Apenas um número seleto de janelas em prédios na Westermarkt, na Keizersgracht e na Leliegracht possuía uma linha de visão direta para o Anexo.

Determinadas linhas de visão seriam ainda mais dificultadas pela grande castanheira que antigamente ficava atrás do Anexo; Anne se referiu com frequência a ela no diário. (Em 2010, a árvore de quase cem anos foi derrubada por ventos fortes, mas continua viva. Castanhas da árvore brotaram e as mudas foram plantadas em todo o mundo, em memória de Anne.) Olhando fotos aéreas da época, mostrando o pátio no verão, fica claro que a folhagem da árvore teria eliminado quase completamente a visão do Anexo a partir da maioria dos prédios no lado do pátio voltado para a Keizersgracht.

Como a perspectiva do telhado não lhes permitia ver as janelas do Anexo, Vince e Brendan procuraram outra localização. Um prédio na Keizersgracht do outro lado do pátio, atualmente uma loja de revistas em quadrinhos muito conhecida, parecia oferecer o melhor ponto de observação. Quando eles explicaram ao dono do que precisavam, ele concordou imediatamente. Disse que tinha herdado o prédio do pai e morava nos andares de cima. Vince e Brendan seriam muito bem-vindos para ver o que poderia ser observado a partir das janelas do alto. Quando iam subir a escada até o último andar, o homem disse, com algum constrangimento, que alguns membros da família tinham sido pró-nazistas durante a guerra.

Vince e Brendan sentaram-se junto à janela do quarto do proprietário, olhando para o Anexo do outro lado do pátio e imaginando o que poderia ser visto e ouvido enquanto ele estava ocupado pelas pessoas escondidas. Atualmente todas as janelas do Anexo estão cobertas por venezianas, a não ser a única janela do sótão, para onde Anne, Margot e Peter costumavam ir quando queriam escapar dos pais. Daquele ponto de observação os dois homens viam o pináculo da igreja Westerkerk, cujos sinos ainda tocam ruidosos a cada quinze minutos, como na época da guerra. Também era visível o toco da castanheira. O pátio estava quase totalmente vazio, a não ser por uns poucos moradores molhando plantas e vários operários fazendo uma reforma em um quintal na extremidade oposta.

A partir do exame rápido, Brendan e Vince chegaram a várias conclusões: ainda que as pessoas que tinham vista direta dos fundos do Anexo pudessem detectar algum movimento dentro, seria muito difícil identificar se era causado por trabalhadores ou moradores, judeus ou não judeus, especialmente à noite, com as cortinas de blecaute posicionadas. Além disso, como o pátio é cercado principalmente por construções de tijolos e blocos, os sons ricocheteariam e enganariam os ouvintes com relação ao ponto de origem.

OCASIONALMENTE A EQUIPE DO CASO ARQUIVADO ERA ACIONADA POR PESSOAS QUE TINHAM NOVAS teorias sobre quem traiu Anne Frank relacionadas à vizinhança. Uma das mais interessantes veio de Arnold Penners, um fisioterapeuta aposentado que morava em Amsterdam-Noord. Ele contou que em 1985 teve uma paciente idosa — ele não lembrava o nome, apenas que começava com "B" — que dizia ter morado na Prinsengracht a poucas casas de distância do número 263 e havia testemunhado a prisão. A equipe ficou muito empolgada com essa notícia, já que seria o primeiro e único testemunho conhecido sobre a prisão vindo de alguém que não fossem os ajudantes Jan Gies e Willy Kleiman.

Segundo a mulher, era um dia lindo. Ela estava na janela de casa olhando para a rua quando viu um caminhão vindo da Rozengracht. Ele parou na frente do número 263 e, da cabine, desceram um oficial alemão e um homem que ela reconheceu como sendo Lammert Hartog, funcionário do armazém da Gies & Co. Alguns soldados alemães e policiais holandeses desceram da caçamba e os soldados bloquearam a rua nas duas direções. Hartog apontou para a parte de cima do número 263 e os outros homens entraram no prédio. Algum tempo depois, ela os viu saindo com os prisioneiros do Anexo. Lammert Hartog foi até o outro lado do canal e gritou uma ofensa antissemita para os prisioneiros. Quando o caminhão começou a se mover, ela notou um pequeno grupo de mulheres parado junto à rua e viu a esposa de Hartog, Lena. Lena também gritou alguma coisa antissemita e bateu na lateral do caminhão enquanto este passava.

A mulher disse que informou o que tinha visto ao detetive encarregado da investigação em 1947, mas, como nada foi feito, deixou para lá.

Na verdade, o relato era uma ficção engenhosa, contestada pelos relatos de todas as testemunhas, suspeitos e vítimas. O grupo que fez a prisão não chegou de caminhão; a rua não foi isolada por soldados; nenhum dos ajudantes jamais mencionou alguma observação antissemita do casal Hartog; Jan Gies e Willy Kleiman estavam olhando do outro lado do canal e não ouviram nada. Só podemos dizer que é curioso tantas pessoas quererem fazer parte da história de Anne Frank.

23

A BABÁ

A pesar de esperar que pessoas com informações sobre o caso pudessem entrar em contato, Vince ficava pasmo com o número de cartas que chegavam. O programa *Today* foi um dos primeiros a responder ao comunicado de imprensa da equipe que investigava o caso arquivado no fim de setembro de 2017. A equipe acabou recebendo pedidos de entrevistas de veículos de mídia do Reino Unido, do Canadá, da Austrália, da Colômbia, da Rússia, da França, dos Estados Unidos, da Holanda, da Alemanha, de Israel, da Itália e de muitos outros países. O jornal holandês *Het Parool* publicou uma extensa matéria sobre a investigação do caso arquivado, que levou a mais sugestões vindas de várias pessoas.[1]

Uma das primeiras veio de uma mulher de 82 anos que tinha crescido no Jordaan, a poucos quarteirões do número 263 da Prinsengracht. Jansje Teunissen mora atualmente em uma pequena comunidade agrícola cerca de duas horas ao sul de Amsterdã.* Christine Hoste organizou a viagem e foi de carro com Monique e Vince para fazer a entrevista. Christine conhecia bem a região, já que havia passado a infância naquelas fazendas rurais e sua família ainda mora lá. A casa de Jansje era modesta, de um

---

* Este é um pseudônimo destinado a preservar a privacidade. Jansje não sabia que o pai tinha trabalhado para o Corpo Motorizado Nacional-Socialista (Nationalsozialistisches Kraftfahrkorps; NSKK) e ficou surpresa ao descobrir que a mãe também tinha sido membro do NSB e que os dois haviam perdido a cidadania holandesa.

único andar, perto da estrada rural. Era decorada com fotos de família e lindas cristaleiras. A entrevista foi filmada e realizada em holandês, com Monique traduzindo para Vince.

Era óbvio que Jansje estava nervosa, mas relaxou enquanto narrava suas numerosas histórias passadas no Jordaan. Maravilhosa contadora de histórias, ela falava em longos monólogos com uma lembrança excelente da época inicial da guerra, descrevendo o som aterrorizante das sirenes antiaéreas e o pai segurando sua mão enquanto corriam para o abrigo. Pelo menos no início da guerra ainda havia comida suficiente. Ainda era possível telefonar, e a família era muito afortunada por ter um telefone em casa, algo geralmente reservado para empresas ou pessoas amigas dos ocupantes alemães. No verão de 1944, Jansje foi mandada para um internato na cidadezinha de Noordwijkerhout, onde estaria mais segura do que na capital.

Jansje contou a Vince e Monique que sua infância não foi fácil. Seu pai pertencia ao NSB, mas só em retrospecto ela entendeu o que isso significava. Ele era alcoólatra; às vezes ganhava dinheiro tocando piano em bares na região, mas gastava tudo com bebida. Frequentemente ela ficava sozinha durante o dia porque a mãe precisava sustentar a família trabalhando em uma peixaria local. Em determinado ponto, os pais decidiram que Jansje deveria passar os dias na casa de uma babá.

Para chegar lá, ela fazia uma curta caminhada até a Prinsengracht, em frente à empresa de Otto Frank. Depois atravessava o canal até onde fica a igreja Westerkerk, chegando à Westermarkt. Era fácil identificar a casa da babá, na Westermarkt, número 18, já que havia um cartaz nazista holandês exibido com destaque na janela da frente.

Sua babá, Berdina van Kampen (apelidada de "Tante Kanjer", ou "Tia Grandona") era uma mulher sem filhos que morava sozinha com o marido. Jansje sempre havia considerado Tante Kanjer uma mulher calorosa, generosa, que lhe dava doces, biscoitos e abraços, algo que ela não costumava receber em casa. A babá era casada com um homem que Jansje chamava de "tio Niek", um compositor holandês que havia obtido certa fama escrevendo algumas canções populares holandesas. Ela disse que morria de medo do tio Niek, mas sentia pena da Tante Kanjer.

Jansje jamais teve permissão de entrar na cozinha da casa de Tante Kanjer.

Descrevendo-se como uma criança "travessa" e "curiosa", ela entrou na cozinha uma vez, subiu na bancada e viu um cesto com uma corda e uma polia escondidos atrás de uma cortina. Apenas anos depois ela percebeu que a casa da babá ficava diretamente adjacente ao Anexo. Imaginou se a babá estivera usando a corda e o cesto para baixar comida para as pessoas escondidas no Anexo. Pela janela da cozinha dava para ver o pátio com a árvore que Anne descreveu no diário, e havia uma vista desimpedida para o Anexo atrás dela.

Vince e a equipe acharam instigante a história de Jansje: um fervoroso membro do NSB, cuja esposa supostamente fornecia comida para as pessoas escondidas, morando tão perto do Anexo — sem dúvida isso precisava ser investigado. A equipe começou a examinar os detalhes da história pesquisando no gigantesco banco de dados para confirmar os vários nomes e endereços fornecidos por Jansje. Os resultados mostraram que a babá, Berdina van Kampen-Lafeber, e seu marido, Jacobus van Kampen, realmente moraram no número 18 da Westermarkt entre maio de 1940 e fevereiro de 1945. O tio Niek foi identificado como compositor profissional.

Aquele período de tempo era por si só interessante: o casal morou no número 18 da Westermarkt desde o início da invasão alemã e mudou-se de lá exatamente quando ficou claro que os alemães tinham perdido a guerra e os colaboradores estavam fugindo de Amsterdã. Uma busca no dossiê do tio Niek no CABR confirmou que ele era mesmo colaborador do NSB, mas a equipe não tinha esperado descobrir que a doce titia de Jansje também era membro de carteirinha do NSB — e que ela alugava quartos para rapazes do NSB. Talvez, em vez de ajudar as pessoas do Anexo, ela pudesse ter tido alguma coisa a ver com a delação contra eles.

Mesmo sendo improvável que um membro de carteirinha do NSB alimentasse judeus escondidos, Vince e Monique admitiram a possibilidade de que a babá fosse secretamente contrária aos alemães e só pertencesse ao NSB para fazer a vontade do marido. Mas será que morava perto o bastante para entregar comida sem ser vista?

Infelizmente o prédio 18 da Westermarkt foi demolido e substituído por apartamentos. Fotos da época da guerra revelaram que na verdade os fundos do número 18 da Westermarkt eram voltados para a lateral do Anexo e não tinham vista para as janelas do fundo, como Jansje lembrava. Além disso, o prédio ficava suficientemente longe para que sua teoria da babá baixando comida para as pessoas escondidas exigisse que os ajudantes saíssem do Anexo pelos fundos do armazém e caminhassem várias dezenas de metros para pegá-la. Sem dúvida essa atividade seria arriscada demais para todos os envolvidos. Além do mais, se acontecesse como Jansje imaginava, haveria alguma documentação desse auxílio, fosse no diário de Anne fosse nos relatos dos ajudantes. Quanto à babá possuir uma corda com roldana e um cesto, muitas casas de vários andares junto aos canais tinham corredores estreitos e escadas íngremes e tortuosas, de modo que na época esse era um método de entrega muito comum em Amsterdã.

O dossiê do tio Niek no CABR continha provas de que ele era realmente um membro apaixonado do NSB. Testemunhas o descreveram caminhando às vezes com um uniforme da Landwacht* e duas pistolas, e hasteando a bandeira do NSB na janela nos feriados. Evidentemente ele se manteve fiel às crenças radicais até o fim da guerra, já que existiam várias declarações de pessoas que o haviam testemunhado fazendo um discurso pró-Alemanha na rua, na véspera da libertação. As mesmas testemunhas contra o tio Niek diziam que sua esposa, a boa babá, o havia ajudado no discurso. As memórias podem ter alterado um tanto a data, já que o casal teria se mudado da rua em fevereiro, mas a narrativa indica quanto os moradores da área detestavam o tio Niek.

---

* A partir do verão de 1943, muitos homens filiados ao NSB foram organizados na Landwacht, que ajudava o governo a controlar a população.

Por mais que o tio Niek pudesse ter sido um veemente simpatizante dos nazistas, a equipe não encontrou nenhum sinal de que fora acusado de qualquer delação. Depois da guerra, ele foi condenado por ter sido líder de quarteirão do NSB e escrever canções e propaganda nazista vendidas para uma rádio popular. Por suas ações de colaboração, ele recebeu uma pena de 22 meses de prisão.[2]

No final, uma pequena informação encontrada no fundo de seu dossiê social se mostrou crucial para a conclusão de que o tio Niek não era o traidor: em 1944 ele não estava em Amsterdã, e sim na distante cidade de Arnhem, no leste. Ele podia ter o motivo, por conta da filiação radical ao NSB, mas não teve a oportunidade, e a equipe não conseguiu encontrar nenhuma prova de que, apesar de ter morado muito perto, ele soubesse que o Anexo estava ocupado.

Normalmente essa hipótese seria abandonada, mas a equipe encontrou as carteiras de identidade dos pais de Jansje no Arquivo da Cidade de Amsterdã e descobriu que eles tinham perdido a nacionalidade holandesa depois da guerra. Em geral, simplesmente ser filiado ao NSB não resultava na perda da nacionalidade; era necessário mais do que apenas uma ideologia equivocada para isso acontecer. A equipe localizou um dossiê do pai de Jansje no CABR indicando que ele era membro do Corpo Motorizado Nacional-Socialista (Nationalsozialistische Kraftfahrkorps; NSKK) e que trabalhou na Alemanha entre 1942 e 1944. O NSKK, um grupo paramilitar, fornecia mecânicos e motoristas para vários ramos do serviço militar alemão. Provavelmente foi sua participação no NSKK que o fez perder a cidadania holandesa. Suas atividades de colaboração também podem explicar por que a família possuía um telefone residencial até quase o fim da guerra.

O mais surpreendente foi a descoberta de que a *mãe* de Jansje também era filiada ao NSB. Seu nome estava na lista que o Yad Vashem tinha fornecido a Vince no início da investigação. Ela também perdeu a cidadania, o que chocou Jansje; ela não fazia ideia de até que ponto sua família estivera envolvida com os nazistas.

Então a equipe descobriu que a mãe de Jansje tinha sido presa em 3 de agosto de 1944, às 22h10, apenas doze horas antes da invasão do número 263 da Prinsengracht. O fato de ela ter sido apenas multada e liberada rapidamente levantou a suspeita da equipe, já que a libertação rápida costumava significar que a pessoa tinha fornecido informações em troca da liberdade.[3] Será que a mãe de Jansje teria visto ou ouvido alguma coisa sobre judeus escondidos no Anexo, perto de onde a babá morava, e dado essa informação à polícia depois de ser presa?

Era uma hipótese interessante, mas não se sustentava. Os registros mostram que a mulher foi presa por violar o toque de recolher, que começava às oito. Porém, às 21h30 ainda estava claro lá fora, de modo que provavelmente não existia nada de sinistro no fato de ela andar na rua a essa hora; ela não parecia representar nenhum perigo. Além do mais, em uma época tão tardia da guerra, quando todo mundo sabia que os alemães estavam com dificuldades, um policial comum provavelmente não desejaria se misturar com os detetives do SD holandês, a temida unidade de caça aos judeus. Quando a guerra terminou, todo mundo queria ter estado do lado certo.

24

OUTRA TEORIA

Em 2018, chegou ao escritório uma mensagem de um senhor holandês idoso declarando que Vince e sua equipe estavam perdendo tempo tentando solucionar a prisão no Anexo, porque ele já sabia o que havia acontecido. Depois de alguns e-mails, Pieter fez contato telefônico com Gerard Kremer, que havia crescido no número 2 da Westermarkt, o mesmo prédio imponente que abrigava dois andares de escritórios da Wehrmacht, na esquina perto da loja de quadrinhos de cujo sótão Vince e Brendan tinham observado o pátio interno e os fundos do Anexo.

Como era típico do bairro, o número 2 da Westermarkt era um prédio que abrigava várias empresas e residências. O pai de Kremer, Gerardus, trabalhava lá como zelador e morava com a esposa e o filho no sexto andar. O terceiro e o quarto andares eram ocupados por uma unidade da Wehrmacht que coletava bens confiscados da Holanda para serem enviados à Alemanha. Parte do porão também fora requisitado para armazenar comida e equipamentos médicos.

Em maio de 2018, o livro de Kremer, *De achtertuin van het achterhuis* [O quintal dos fundos do Anexo] foi lançado e, apesar de ser recebido com algum ceticismo, também criou uma sensação. Ele o havia escrito em homenagem aos pais e ao trabalho deles na resistência. Dizia que a mãe e o pai roubavam secretamente comida do porão do número 2 da

Westermarkt e, com a ajuda de um tal dr. Lam, médico que tinha consultório em um prédio adjacente, distribuíam pacotes de comida para a resistência. Assim que eram obtidos, itens como queijo e grãos e farinhas eram baixados com uma corda e um guincho do prédio número 2 da Westermarkt para o pequeno pátio da residência do dr. Lam na Keizersgracht. Em seguida, os itens roubados eram distribuídos pela resistência, inclusive às pessoas que estavam no Anexo. Quando Pieter perguntou a Kremer como o pai dele sabia que havia pessoas escondidas no Anexo, ele repetiu uma história contada pelo pai, de ter visto e ouvido as garotas do Anexo brincando e fazendo barulho em volta da castanheira no pátio.[1] Além de ajudar os moradores do Anexo com comida, supostamente o dr. Lam também fornecia serviços médicos.

Apesar de a descoberta de um novo fornecedor de comida para o Anexo ter instigado o interesse da equipe, a parte da história de Kremer que Pieter mais queria ouvir era sua versão sobre a invasão. Kremer dizia que seu pai tinha reconhecido um visitante frequente de seu prédio como sendo a infame colaboradora judia Anna "Ans" van Dijk, uma V-Frau. Usando o nome falso de Ans de Jong, ela tinha o hábito de tomar café com as secretárias do escritório da Wehrmacht. Uma vez, Gerardus a cumprimentou e mencionou que a reconhecia da chapelaria Maison Evany, onde ela havia trabalhado antes da guerra. A mulher insistiu que ele estava enganado e se afastou.

Ao descrever a invasão do Anexo, Kremer afirmou que, no início de agosto de 1944, o pai ouviu trechos de um telefonema de Ans van Dijk para o SD, relatando que tinha escutado vozes de crianças vindo de uma casa na Prinsengracht. Supostamente tal telefonema teria resultado na invasão.

A esposa de Gerard obteve esse relato notável de Gerardus, seu sogro, logo antes de ele falecer, em 1978, como uma espécie de confissão no leito de morte. Estranhamente, ela só falou dessa declaração ao marido anos depois. Gerard guardou a revelação por vários anos antes de decidir publicar o relato em seu livro de 2018.[2]

O pai de Kremer foi preso mais de um mês depois da invasão do Anexo. Segundo Gerard, o pai acreditava ter sido delatado por Ans van Dijk, mas isso nunca foi provado. A família presumiu que a prisão se relacionava ao fato de ele ajudar judeus escondidos. Ele foi levado ao quartel-general do SD na Euterpestraat e torturado. O dr. Lam também foi preso, mas liberado pouco tempo depois. Gerardus foi parar na famosa prisão nazista nas Weteringschans, mas, por sorte, um oficial alemão, que morava no mesmo prédio da família Kremer no número 2 da Westermarkt, falou a favor dele. Gerardus foi solto em 23 de outubro de 1944, o mesmo dia em que um oficial do SD, Herbert Oelschlägel, foi assassinado pela resistência. Na manhã seguinte, 29 homens foram escolhidos na prisão em que Gerardus estivera, transportados até o sul da cidade e executados como represália pela morte.

Depois de Pieter terminar o que seria a primeira de muitas — e às vezes furiosas — conversas telefônicas com Kremer, a equipe começou a dissecar a nova informação. Ela certamente correspondia aos elementos da teoria do pesquisador David Barnouw, do NIOD, de que alguém da vizinhança viu ou ouviu alguma coisa e notificou o SD. Além disso, também envolvia uma informante infame que já estava no radar da equipe porque sabidamente atuava naquela área de Amsterdã.

O primeiro passo investigativo foi tentar confirmar algumas informações de Kremer sobre o pai, o dr. Lam e a localização do escritório da Wehrmacht. Por meio do Projeto Residentes, alguns toques no teclado do computador mostraram que Kremer e os pais realmente moraram naquele endereço durante a guerra e que o pai dele trabalhava como zelador do prédio. Também foi confirmado que o dr. Lam tinha o consultório e a residência no prédio adjacente, na Keizersgracht 196, virando a esquina. Ele havia se mudado para lá com a esposa em março de 1942, apenas quatro meses antes de os Frank entrarem no Anexo. No entanto, estabelecer que a Wehrmacht ocupava dois andares do prédio foi mais difícil. A única ocupação governamental listada nos registros do arquivo mostrava escritórios do Departamento de Assuntos Sociais, Departamento de Saúde Pública. Porém, era tempo de guerra; a Wehrmacht provavelmente tomou os dois andares do prédio e nada foi anotado no registro municipal.

Então a equipe voltou a atenção para a afirmação de Kremer de que o pai fornecia comida para o Anexo. Em seu livro *Eu, Miep, escondi a família de Anne Frank*, Miep Gies descreveu em grandes detalhes que obtinha legumes e verduras com um verdureiro amigo, Hendrik van Hoeve, cuja loja ficava na Leliegracht, a algumas centenas de metros do Anexo.[3] Um amigo de Kleiman, W. J. Siemons, dono de uma rede de padarias, entregava pão no escritório duas ou três vezes por semana. Além disso havia o açougue de Piet Scholte, onde Hermann van Pels tinha combinado com o dono o fornecimento de carne para o Anexo (Anne mencionou o açougue no cardápio que esboçou para o jantar de aniversário de casamento de Miep e Jan no Anexo). Bep Voskuijl dividia com Miep a tarefa de conseguir comida, frequentemente indo de bicicleta, correndo grande risco, até fazendas fora da cidade ou viajando até Halfweg, uma cidade a oeste de Amsterdã, para conseguir leite.[4]

Os ajudantes deram um crédito generoso a todos os fornecedores de alimentos, e não há motivo para presumir que não agradeceriam a Gerardus, que estaria pondo a vida em risco para fornecer comida a eles. No entanto, a equipe não encontrou nada que corroborasse a afirmação de Kremer de que seu pai fornecia comida para o Anexo. Isso não significa que o pai de Kremer não estivesse ajudando a resistência fornecendo comida para outras pessoas escondidas. De modo semelhante, se o dr. Lam estivesse fornecendo serviços médicos às pessoas do Anexo, como Kremer insistiu em um dos seus telefonemas frequentes, provavelmente Anne teria mencionado o fato em seu diário ou Otto Frank e os ajudantes o teriam citado. O dr. Lam podia muito bem estar tratando de pessoas escondidas, mas não as do Anexo.

Para investigar as outras partes da afirmação de Kremer, Pieter e Christine Hoste decidiram descobrir se era possível escutar vozes vindas do Anexo. O prédio número 2 da Westermarkt mudou pouco desde a guerra. É uma construção de tijolos marrons com seis andares, com a fachada dominada por janelas grandes. O saguão ornamentado ainda tem as características do período, tornando fácil para Pieter e Christine imaginar como teria sido durante a guerra. Conversando com vários moradores, eles ficaram sabendo que o prédio tinha um porão muito grande, como Kremer descreveu, onde os bens confiscados podem ter sido armazenados.

A inspeção da parede externa dos fundos do prédio deixou claro que não havia nenhuma janela e nem jamais houve, como as fotos da época provam; as pessoas que trabalhassem nos escritórios ali não poderiam ter vista direta para o Anexo. Mesmo com as janelas laterais abertas, seria muito difícil escutar vozes emanando do Anexo, quanto mais identificar a localização delas. Quanto ao relato de Gerardus, de que tinha visto as meninas brincando no pátio, ele pode ter visto crianças, mas certamente não eram as filhas do casal Frank. Anne deixou claro em seu diário que nenhum morador saiu do Anexo por mais de dois anos.

Vince e a equipe rejeitaram a teoria de Kremer sobre a invasão, argumentando que era apenas um boato baseado no testemunho de Gerardus no leito de morte à sua nora, que anos mais tarde contou ao marido. Simplesmente não existem declarações nem documentos que o corroborem.

25

OS "CAÇADORES DE JUDEUS"

uem eram os homens (e ocasionalmente as mulheres) que caçavam judeus para ganhar a vida? Quem, em troca do magnífico pagamento de 7,50 florins (47 dólares em valores atuais), entregaria um judeu simplesmente pelo "crime" de ser judeu? (Se o judeu tivesse realmente cometido o que os nazistas consideravam crime verdadeiro — possuir um rádio, por exemplo —, eram acrescentados 15 florins.) Quando começou a investigar os arquivos do CABR, a equipe do caso arquivado descobriu que alguns desses "caçadores de judeus" eram membros da Referat IV B4, comandada por Adolf Eichmann em Berlim. Esse subdepartamento da Segurança do Reich, padronizado em todos os territórios ocupados, supervisionava a categorização de judeus, a legislação antissemita e finalmente as deportações em massa para os campos de extermínio. A unidade do IV B4 de Amsterdã, inclusive os policiais holandeses que se juntaram a ela, ficava sob as ordens do Serviço de Segurança Alemão (Sicherheitsdienst, SD).

No final de 1941, a corda nazista se apertou em volta dos pescoços da população judia da Holanda. Dia após dia os regulamentos ficavam mais rígidos. Em 5 de dezembro, todos os judeus *não holandeses* receberam ordem de se apresentar na Agência Central para Emigração de Judeus

(Zentralstelle für jüdische Auswanderung, JA), em geral chamada simplesmente de Zentralstelle, para se registrar para a "emigração voluntária". Os nazistas já possuíam os arquivos de registro de todos os judeus *holandeses*. A próxima chamada foi para 40 mil judeus holandeses e não holandeses se apresentarem para o *Arbeitseinsatz*, o trabalho obrigatório na Alemanha; isso começou em 5 de julho de 1942, o dia em que Margot Frank recebeu sua convocação. Em 1943, a máquina bem lubrificada estava a caminho de alcançar suas metas de "emigração". Os nazistas simplesmente pegaram o número total de judeus na Holanda e subtraíram os que já haviam sido processados ou tinham sido isentados por trabalhar para o Conselho Judaico. Não era necessário ser um estatístico para calcular que havia um número significativo de judeus não contabilizados, aproximadamente 25 mil, a maioria dos quais supostamente escondida.

Para alcançar o objetivo de tornar a Holanda um país *judenfrei* (livre de judeus), os nazistas ordenaram que aquelas 25 mil pessoas fossem encontradas. Em um interrogatório depois da guerra, Willy Lages, chefe do SD em Amsterdã, admitiu que estivera presente em uma reunião no quartel-general do SD em Haia, quando foi tomada a decisão de incentivar a busca dos judeus escondidos oferecendo uma recompensa. As recompensas deveriam ser pagas a policiais holandeses, principalmente homens da polícia de Amsterdã, no Departamento de Assuntos Judaicos. O esquadrão investigativo na Zentralstelle, conhecido como Coluna Henneicke (Colonne Henneicke), era composto por funcionários civis.[1]

Formada quase totalmente por holandeses filiados ao NSB, os membros da Coluna Henneicke eram um grupo eclético, vindos de várias profissões diferentes: vinte por cento eram caixeiros-viajantes; vinte por cento, funcionários de escritórios; quinze por cento vinham da indústria automobilística; e oito por cento eram donos de pequenos negócios. Alguns notáveis, como Henneicke e Joop den Ouden, eram mecânicos. Den Ouden tinha trabalhado para a Lippman, Rosenthal & Co. e era famoso pelo modo implacável de roubar bens de judeus. Eduard Moesbergen, operador de rádio sem fio profissional, era um hábil contador responsável pela administração eficiente do grupo de Henneicke.

Depois de o grupo ser dissolvido em 1º de outubro de 1943, a caça aos judeus ficou por conta de homens com poder de polícia, ou seja, o esquadrão de Assuntos Judaicos do SD conhecido como unidade IV B4. A cadeia de comando do esquadrão começava pelo tenente Julius Dettmann da SS, nascido na Alemanha, no topo, com outro alemão, Otto Kempin, diretamente abaixo dele e encarregado dos detetives do SD holandês. Esses dois estavam no posto desde 1942, mas a equipe de investigação do caso arquivado descobriu que Kempin foi transferido apenas alguns dias antes da invasão do Anexo. Sua ausência é provavelmente o motivo para o telefonema falando do Anexo ter ido para Dettmann. Como oficial do SD alemão, Karl Silberbauer, que comandou a invasão, estaria se reportando a Kempin, mas, como Kempin não se encontrava mais lá, Silberbauer estava recebendo ordens diretamente do topo.

Depois que a guerra acabou, todos os membros holandeses do IV B4 foram acusados de colaboração, e por isso existe um dossiê do CABR com o nome de cada um deles no Arquivo Nacional da Holanda. Alguns membros não holandeses foram processados por crimes de guerra; Kempin foi condenado a dez anos e Dettmann foi preso, mas cometeu suicídio na cadeia antes de ser processado. Outros, como Silberbauer, já haviam fugido da Holanda.

Pelos arquivos fica claro que os detetives holandeses da IV B4 dependiam fortemente de civis para informar sobre judeus escondidos. Esses homens-V e mulheres-V podiam ser judeus ou gentios. A maioria tinha feito alguma coisa que provocasse o medo de perder a vida caso não entregasse outras pessoas. Em troca da cooperação, permaneciam livres, mas sob o olhar atento de seus controladores, que recebiam um belo lucro pelo trabalho deles. Podiam ter as despesas pagas e receber um local para morar. Até mesmo, ocasionalmente, podiam receber algum valor adicional na forma de roupas ou alimentos, mas a recompensa *Kopgeld* e qualquer butim iriam para o bolso do detetive que os controlava.

A V-Frau mais conhecida, Ans van Dijk, mais tarde identificou Gerrit Mozer e Pieter Schaap — dois dos controladores de pessoas-V mais prolí-

172 ROSEMARY SULLIVAN

ficos — como os detetives a quem dava informações. Eduard Moesbergen, que entrou para o IV B4 depois de a Coluna Henneicke ser dissolvida, gerenciava com sucesso uma V-Frau produtiva chamada Elisa Greta de Leeuw, que usava o codinome "Beppie". Esses informantes levavam judeus insuspeitos a confiar neles. A estratégia se baseava no fato de os detetives e as pessoas-V saberem do que os judeus escondidos precisavam (por exemplo, um novo esconderijo, documentos falsos, comida) e em seguida divulgarem nos círculos certos que eles poderiam ajudar. Eles montavam apartamentos conhecidos como "armadilhas para judeus", oferecendo abrigo seguro para judeus desesperados que não desconfiavam de nada. Esse foi o ardil usado em 10 de maio de 1944 para capturar o marido e o filho da segunda esposa de Otto, Fritzi Geiringer, o que levou à captura de Fritzi e sua filha, Eva, no dia seguinte, por coincidência o aniversário de Eva.[2]

Outro truque usado pelos detetives do SD era infiltrar pessoas-V em prisões ou campos de concentração para obter informações dos prisioneiros sobre endereços onde havia outros judeus escondidos ou bens valiosos guardados. Em seu interrogatório depois da guerra, Schaap admitiu ter mandado um homem-V chamado Leopold de Jong a Westerbork para pegar endereços de prisioneiros recém-chegados. Ele iria se tornar um suspeito da delação do Anexo.

Informantes não judeus também eram usados, mas estes esperavam algum tipo de pagamento pela informação ou, no mínimo, o perdão por alguma infração anterior da lei, como pequenos roubos. As pessoas apanhadas escondendo judeus tinham a chance de escapar do destino tornando-se pessoas-V e fornecendo outros endereços onde houvesse judeus escondidos ou seus contatos na resistência. Um julgamento depois da guerra envolveu um homem que administrava uma pensão na Weteringschans em Amsterdã e oferecia acomodações seguras para judeus. Depois de receber o aluguel adiantado, ele contatava as autoridades para pegarem os judeus. Durante o interrogatório, esse homem identificou o detetive do SD Frederick Cool como o policial que lhe deu ordem de telefonar quando chegassem novos inquilinos. Alegou obedecer às ordens do detetive Cool porque tinha medo de ser preso se não o fizesse. Por esse motivo dava os telefonemas — mas só depois de ter recebido e depositado o dinheiro do aluguel.

Com o tempo, os homens do IV B4 começaram a ganhar menos dinheiro, à medida que o número de judeus encontrados facilmente em esconderijos começou a diminuir. Um número menor de prisões significava menos pagamentos de recompensas no fim do mês. Para compensar, os caçadores de judeus roubavam qualquer coisa valiosa que os judeus ou as pessoas que os escondiam possuíssem. Por exemplo, o policial holandês Pieter Schaap, do Departamento de Assuntos Judaicos, não hesitava em pegar parte dos saques. Quando a equipe de busca e apreensão do pós-guerra foi atrás de Schaap, encontrou peles, pinturas, joias e outros objetos valiosos que tinham ido parar na casa dele. Testemunhas disseram ter visto a esposa de Schaap usando casacos de pele e joias na cidade.

Vince ficou intrigado ao ver o nome do detetive holandês Willem Grootendorst em um dos documentos do NIOD. O nome dele aparecia em vários recibos de *Kopgeld* e, claro, ele era um dos policiais holandeses que tinham acompanhado Silberbauer na invasão do Anexo. O outro policial que fez parte da invasão, Gezinus Gringhuis, foi denunciado por extorquir uma holandesa que abrigava um judeu. Ele exigiu 500 florins para "dar um jeitinho". Em vez disso, ela foi à polícia local e o denunciou. Quando Gringhuis voltou à casa dela para pegar os 500 florins, o policial Hendrik Blonk estava esperando atrás da cortina para prendê-lo. Infelizmente um sopro de vento abriu a cortina, expondo Blonk e estragando o ardil. Quando Blonk foi até o sargento Kaper para denunciar Gringhuis, Kaper disse a Blonk, na presença de seus homens, que, se algum dia ele interferisse de novo nos negócios deles, daria aos seus homens o direito de atirar nele.[3] Tamanha era a corrupção na polícia.

Para saber quais detetives do SD trabalhavam juntos, Vince estabeleceu o Projeto Rastreamento de Prisões, uma iniciativa investigativa em que a equipe pesquisava todas as prisões de judeus em 1943 e 1944 para determinar o modus operandi dos caçadores de judeus: quem trabalhava com quem, que métodos eram usados, como obtinham informações e assim por diante.

Quando catalogou as informações dos arquivos do CABR junto com os registros diários da polícia de Amsterdã, os recibos de *Kopgeld* e outras fontes, o grupo viu que a invasão do Anexo foi incomum em pelo menos um aspecto. Aquela foi a primeira vez em que Silberbauer, o homem do SD, e os detetives do SD holandês Gringhuis e Grootendorst trabalharam juntos. (Havia provas de Silberbauer e Grootendorst participarem de prisões anteriores até mesmo em junho de 1944, mas não com Gringhuis.) Ainda que ninguém jamais tenha determinado categoricamente a identidade do terceiro detetive do SD que acompanhou Silberbauer e os outros naquele dia, Vince e sua equipe passaram a acreditar que podia ser ninguém menos do que Pieter Schaap. Graças a Nienke Filius — uma brilhante cientista da computação holandesa que escreveu um programa para analisar os dados do Projeto Rastreamento de Prisões —, a equipe ficou sabendo que Schaap e Silberbauer trabalharam juntos em agosto de 1944.

Com frequência os arquivos do CABR continham declarações atenuantes sobre a conduta dos homens do IV B4 durante a guerra. Em geral os informes sobre "bom comportamento" começaram no final de 1943, quando até mesmo o SD provavelmente suspeitava que os alemães perderiam a guerra. Impelidos pela autopreservação — todo mundo sabia que haveria prestações de contas depois da guerra —, os detetives do SD holandês passaram a ocasionalmente ajudar pessoas e a soltar suspeitos. Depois do fim da guerra, era grande o número de bilhetes vindos das prisões pedindo que judeus e outros que haviam sido poupados prestassem depoimentos favoráveis. Em seu dossiê, Eduard Moesbergen disse que tinha ajudado um destacado membro do Conselho Judaico indo à casa dele avisar sobre uma prisão iminente. O membro do conselho, que era escrivão, não estava lá. Verificando alguns dias depois e vendo que o escrivão continuava ausente, Moesbergen presumiu que ele havia se escondido.[4]

Obviamente, a maior parte das pessoas que os membros do IV B4 ajudaram não podia ser contatada e testemunhar, a favor nem contra, sobre suas experiências nas mãos dos caçadores de judeus; elas não tinham sobrevivido à guerra.

No período pós-guerra, os tribunais especiais perceberam nitidamente o comportamento dos membros do IV B4 e dos informantes e pessoas-V que trabalhavam para eles e refletiram isso nas penas. Quase um quarto dos membros do IV B4 julgados recebeu pena de morte, mas a maioria dessas penas foi comutada. Abraham Kaper, Pieter Schaap, Maarten Kuiper (um policial designado para o SD que se especializou em localizar e prender membros da resistência) e Ans van Dijk foram executados. Apenas os culpados dos piores crimes foram executados, o que levou a equipe de investigação do caso arquivado a examinar exaustivamente seus dossiês no CABR para avaliar que papel, se é que houve algum, eles teriam representado na denúncia das pessoas escondidas no Anexo.

26

A V-Frau

nna "Ans" van Dijk nasceu em Amsterdã em 1905. Seus pais eram judeus laicos de classe média baixa. Ans tinha um irmão. Quando ela estava com quatorze anos, sua mãe morreu e, pouco depois, o pai se casou de novo. Aos 22 anos ela se casou, mas se separou do marido oito anos depois. Em 1938, depois de o pai ser internado em um hospício, onde acabou morrendo, ela se divorciou oficialmente do marido.

Sua história poderia ter permanecido comum, mas, quando fez 33 anos, como testemunhou mais tarde no tribunal, apaixonou-se pela enfermeira que cuidou dela durante uma doença prolongada.

Van Dijk trabalhava em uma chapelaria, a Maison Evany, de propriedade de Eva de Vries-Harschel, também judia. (Era nesse estabelecimento que Gerardus Kremer se lembrava de tê-la visto.) Quando os judeus foram proibidos de ter negócios, a loja foi tomada e Van Dijk perdeu o emprego. Logo depois iniciou um relacionamento romântico com uma mulher chamada Miep Stodel. Stodel, também judia, deixou Van Dijk em 1942 para buscar a segurança na Suíça. Como a vida de Van Dijk poderia ter sido diferente se tivesse conseguido fugir com ela!

Durante seu julgamento por colaboração, de 1946 a 1948, Ans van Dijk declarou que desde o início da invasão tinha desafiado os ocupadores alemães, recusando-se a usar a estrela amarela ou a obedecer qualquer uma das leis discriminatórias contra os judeus. Disse que havia trabalhado para um grupo da resistência composto principalmente por jovens judeus que se reuniam de forma clandestina na Tweede Jan Steenstraat, a maioria dos quais fora presa e não sobrevivera à guerra. Com uma carteira de identidade falsa em nome de Alphonsia Maria "Annie" de Jong, ela distribuía documentos falsificados e conseguiu esconder muitos judeus. Van Dijk afirmou que também trabalhou para o jornal *Vrij Nederland*, da resistência.[1]

A equipe de investigação do caso arquivado não conseguiu encontrar nenhum registro que corroborasse esses detalhes, mas isso não significa que não sejam verdadeiros, já que os membros da resistência trabalhavam em pequenas células e raras vezes trocavam nomes, muito menos mantinham registros. Em caso de captura, quanto menos pudessem revelar sob tortura, melhor. Se um grupo fosse amplamente judeu, as chances de seus membros sobreviverem para testemunhar a favor de alguém eram pequenas.[2] No julgamento dela, que foi acompanhado obsessivamente pelos jornais, alguém poderia ter se apresentado para negar sua afirmação de que havia ajudado à resistência. Ninguém fez isso. Tampouco alguém se apresentou para apoiá-la.

Van Dijk contou que trabalhou para a resistência por quase dois anos mas, conforme a situação foi piorando, decidiu se esconder na Marco Polostraat. Para seu azar, ela julgou mal: as pessoas que a escondiam, uma mulher chamada Arnoldina Alsemgeest, e sua filha, a denunciaram.[3]

No domingo de Páscoa, 25 de abril de 1943, Van Dijk foi presa por Pieter Schaap, o policial holandês notoriamente cruel que trabalhava na unidade IV B4. Ele tinha começado a carreira na polícia antes da guerra trabalhando com a brigada de cães; no fim da guerra era responsável pela denúncia e execução de centenas de judeus e combatentes da resistência. Schaap deu a Van Dijk o ultimato costumeiro: cooperar ou enfrentar a morte certa em um campo no leste. Ela contou que no terceiro dia de prisão concordou em cooperar. Tornou-se uma das V-Frauen mais prolíficas da Holanda.

Pieter Schaap tinha muitas pessoas-V trabalhando para ele, e via vantagem em formar duplas de colaboradores para trabalhar juntos. Van Dijk era auxiliada em seu "trabalho" por Branca Simons, uma costureira judia que deixou de ser protegida da deportação quando seu marido cristão, Wim Houthuijs, foi preso por roubo. Depois de ela ser denunciada por Schaap, seu apartamento no número 25 da Kerkstraat se tornou uma armadilha para judeus.[4] As pessoas que precisavam se esconder eram atraídas para o apartamento com a promessa de um abrigo seguro e cartões de alimentação. Depois de algumas horas ou dias o SD chegava para fazer a prisão.

É DIFÍCIL CONTEMPLAR A TRANSIÇÃO DE TRABALHAR NA RESISTÊNCIA E SALVAR PESSOAS PARA SE tornar uma V-Frau que as entregava. Porém, ao se ver diante da morte aos 38 anos, muita gente pode preferir viver. Van Dijk disse que morria de medo de Schaap, que, à mão armada, ameaçou deportá-la para Mauthausen.

No final da década de 1930, quando Ans van Dijk se declarou como lésbica para sua amante, a homossexualidade não era crime. Havia bares de gays e lésbicas em Amsterdã. As pessoas mais modernas sabiam sobre os homossexuais, e as menos sofisticadas simplesmente fingiam que a homossexualidade não existia. Homens que moravam juntos eram chamados de solteirões convictos; as mulheres eram chamadas de solteironas. No entanto, não se corria o risco de ser abertamente gay em público.* Frequentemente os policiais faziam questão de revelar quem era homossexual, o que provocava sérias consequências sociais. No dossiê de Ans Van Dijk no CABR, a equipe do caso arquivado encontrou extensas declarações em que as pessoas expressavam nojo por seu estilo de vida, inclusive uma feita pela filha da sua amante. Van Dijk era considerada proscrita e pária.

Em 1934, Heinrich Himmler criou uma divisão na Gestapo chamada de Escritório Central do Reich para Combater a Homossexualidade e o

---

* Artigo 248 bis do Wetboek van Strafrecht (Código Penal). A homossexualidade não era crime na Holanda desde 1811. O contato homossexual entre adultos (acima de 21 anos) e menores (abaixo de 21 anos) foi proibido em 1911.

Aborto (Reichszentrale zur Bekämpfung der Homosexualität und der Abtreibung). As duas coisas ameaçavam o crescimento da raça dominante. Homens homossexuais eram aprisionados, frequentemente em campos de concentração, onde às vezes eram usados em experiências científicas, sobretudo para curar a homossexualidade. Porém, por incrível que pareça, as lésbicas não eram amplamente perseguidas.[5] A homossexualidade feminina, considerada passiva e não ameaçadora, era, se não tolerada, pelo menos desconsiderada. Isso se aplicava na Holanda. Para seus controladores do SD, a sexualidade de Van Dijk não parecia motivo de preocupação. Eles eram pragmáticos e toleravam sua lesbianidade porque ela era útil para eles.

Dois meses depois de ser convencida por Pieter Schaap, Van Dijk conheceu sua nova namorada, Johanna Maria "Mies" de Regt, em um café e se mudou para o apartamento dela na Nieuwe Prinsengracht, número 54-2, onde casas elegantes ladeavam o canal. As duas trabalhavam como V-Frauen, e logo o apartamento se tornou uma armadilha para judeus, para onde pessoas que tentavam se esconder eram atraídas com a promessa de segurança. De Regt testemunhou que ela e Van Dijk iam a festas em boates com a elite alemã, onde a comida e o vinho de ótimas safras eram abundantes, enquanto a maioria das pessoas sobrevivia com cupons de racionamento.[6] Pela primeira vez, Van Dijk estava por cima, e o dinheiro que ganhava de modo tão cruel lhe trazia luxo. Obviamente não foi difícil ser seduzida pelo status que havia alcançado e ficar indiferente ao preço que os outros pagavam como resultado de suas ações. Apesar de produzir heróis, a guerra jamais é o melhor contexto para aprimorar a consciência.

A criminalidade fria daquelas V-Frauen era gritante. Em seu testemunho no tribunal, Van Dijk descreveu como descobriu por coincidência a família de um homem chamado Salomon Stodel quando estavam procurando outra família totalmente diferente.

Como não tínhamos nenhum endereço de Klepman (sobre o qual tinham ouvido dizer que guardava dinheiro escondido na chaminé), fizemos perguntas sobre a família em uma leiteria próxima.

Fingimos ser membros da resistência. Disseram que a família Klepman já tinha sido presa pelos alemães e que a casa deles estava ocupada de novo. Como nos apresentamos como boas holandesas, a mulher da leiteria disse que havia judeus morando ali perto, que estavam com dificuldade e precisando de ajuda.[7]

As mulheres chamaram Schaap para prender a família Stodel.

Ronnie Goldstein-van Cleef recordou sua interação com Van Dijk. Goldstein-van Cleef era de uma família judia muito liberal em Haia, e para ela foi natural ir para a clandestinidade e juntar-se à resistência: "Determinadas circunstâncias e pedidos de amigos forçavam uma pessoa a agir." A família mantinha uma gráfica da resistência sob o piso de casa. Sua tia Dora escondia pessoas em casa e também havia encontrado um esconderijo perfeito para *onderduikers* em um apartamento condenado ali perto. Goldstein-van Cleef se lembrava de ter conhecido Van Dijk lá:

Eu deveria levar um garoto para Twente. Tia Dora conhecia Ans van Dijk de quando ela era pequena e a considerava totalmente digna de confiança. Ans van Dijk perguntou se eu poderia levar outra garota junto. Ela me deu uma foto da garota e eu consegui uma carteira de identidade para ela. Mais tarde ela propôs: "Se tal e tal hora você estiver na Estação Central com o garoto, eu estarei lá com a garota, e você poderá levar os dois." Foi o que combinamos. Na Estação Central dei minha bolsa para o garoto segurar porque queria comprar passagens na bilheteria. Eu me virei e vi que o garoto estava sendo preso. Segurando só o troco, saí correndo da estação o mais rápido que pude, pulei no bonde e voltei para a casa de tia Dora, onde caí no choro. Estava absolutamente em choque. Então eu disse: "Aquela Ans van Dijk não presta; ela não presta." Isso acabou sendo confirmado.[8]

Goldstein-van Cleef ficou assombrada por aquele momento. A vítima era uma criança, e ela precisou abandoná-la. Ela própria foi finalmente delatada em junho de 1944 e foi parar em Westerbork, onde conheceu a família Frank. Ela sobreviveu à guerra.

Uma estratégia que Ans van Dijk usava para obter informações era chamada de "espionagem de cela". Ela era posta em uma cela de cadeia junto com outros prisioneiros suspeitos de saberem onde havia judeus escondidos. Depois de mentir dizendo que tinha sido gravemente torturada durante o interrogatório, ela convencia os companheiros de cela de que o SD ia soltá-la e se oferecia para avisar a qualquer amigo ou parente deles que procurassem outro lugar. Falava que sempre havia o risco de os prisioneiros serem obrigados a revelar informações se a tortura ficasse intolerável demais.[9]

Como todas as pessoas-V, Ans van Dijk usava uma combinação de acaso, eventualidade e traição para fazer seu trabalho. Vince contou uma história extraordinária sobre Van Dijk que ficou sabendo por meio de Louis de Groot, um sobrevivente do Holocausto que ele entrevistou no seu apartamento em Washington, D.C., em maio de 2018.[10]

De Groot disse que seus pais eram donos de uma loja de eletrodomésticos em Arnheim. Seu pai, Meijer de Groot, era amigo dos policiais da área, que prometeram avisá-lo se estivesse para acontecer alguma batida dos nazistas. Sua família se escondeu em 17 de novembro de 1942, depois de serem alertados de uma batida iminente. Eles foram divididos e postos em locais diferentes em Amsterdã. De Groot e os pais se esconderam em uma casa na Prinsengracht, número 825, mas, em dezembro de 1943, ele foi levado para o interior por um detetive holandês conhecido do seu pai. Sua irmã mais velha, Rachel de Groot, estava escondida em outro lugar da cidade.

No fim de tarde de 8 de abril de 1944, véspera de Páscoa, Ans van Dijk, Branca Simons e o marido dela, Win Houthuijs, estavam passeando pelas vizinhanças da Prinsengracht, onde os pais de De Groot estavam escondidos. Van Dijk reconheceu Israel de Groot, tio de Louis, andando sozinho na rua. Ela se aproximou dele, dizendo que podia conseguir uma passagem segura para a Espanha. Israel disse que não precisava da ajuda dela e continuou andando.

Van Dijk, Simons e Houthuijs seguiram Israel e o viram entrar no prédio 825 da Prinsengracht. De um bar próximo, Van Dijk deu um telefonema para a Zentralstelle e passou a dica para o tenente Otto Kempin, da SS, que ordenou que Grootendorst e vários outros detetives do SD holandês fossem ao endereço. Os informantes ficaram esperando ali perto e mostraram o local para a equipe de busca e apreensão.

Israel de Groot tinha saído do endereço na Prinsengracht logo antes da chegada dos homens do SD holandês. Infelizmente, a irmã de Louis, Rachel, estava naquele momento visitando os pais, e os três foram levados. Ainda escondido, Louis ficou sabendo que os pais e a irmã tinham sido capturados, mas só depois do fim da guerra soube que todos haviam morrido nos campos de concentração. Seu tio Israel, que trabalhava na resistência, jamais foi capturado e sobreviveu à guerra.

Louis descobriu que a mãe, Sophia, e a irmã foram mandadas para a cadeia em Haia. Apesar de não ter provas, ele suspeita que, depois da prisão da família, Van Dijk tenha sido posta na cela junto com sua irmã para obter informações sobre outros judeus escondidos. O pai foi levado para uma cadeia em Amsterdã, onde, por acaso, conhecia o carcereiro e pôde convencer o sujeito a permitir que escrevesse um bilhete para seu irmão Israel contando os detalhes da prisão. O carcereiro levou o bilhete, e foi assim que Louis acabou tendo conhecimento de quem estava envolvido na prisão e na traição contra sua família. Pelo bilhete também ficou sabendo que o pai, Meijer, conhecia Grootendorst, o policial que fez a prisão; quando eram crianças, eles tinham jogado bola de gude juntos.

Como no outono de 1944 estava ficando evidente que os Aliados tinham vencido a guerra, Van Dijk procurou a ajuda de Otto Kempin para conseguir um visto para a Alemanha. Kempin recusou. Por mais que ela tivesse trabalhado lealmente como V-Frau, não seria recompensada.[11] Então ela se mudou para Haia com a amante, Mies de Regt, onde passou a viver fazendo negócios no mercado clandestino.

Depois da libertação, Van Dijk foi presa e julgada pelo Tribunal Especial de Justiça. Foi condenada em 23 casos de traição envolvendo 68 pessoas e condenada à morte. Seu dossiê no CABR é enorme e sugere um número muito maior, provavelmente próximo de duzentas delações, mas muitos casos simplesmente não podiam ser provados porque foram muito poucas as testemunhas sobreviventes.

Em uma apelação, o advogado de Van Dijk pediu uma investigação psicológica, dizendo que tanto o pai quanto a mãe dela tinham morrido enquanto sofriam de doenças mentais; sua tentativa de sugerir que o comportamento dela era resultado de alguma condição hereditária não impressionou os juízes. Em 14 de janeiro de 1948, Ans van Dijk foi executada no Forte Bijlmer, depois de ter sido batizada como católica no dia anterior.

Van Dijk teve a distinção de ser a única mulher condenada à morte e executada na Holanda. As outras com quem havia trabalhado, Miep Braams e Branca Simons, também foram condenadas à morte, mas as penas foram comutadas para prisão perpétua. Houve quem argumentasse que parte do motivo para Van Dijk ser executada foi ela ser uma mulher assumidamente homossexual.

Se não fossem os nazistas, é improvável que a vida de Van Dijk tivesse sido excepcional. Em 1940, ela estava com 35 anos, era funcionária de uma chapelaria e tinha uma amante. Como lésbica, era repudiada, o que obviamente a deixava com raiva, mas não há nenhuma sugestão de que ela tenha agido a partir da raiva. Talvez, inicialmente, esse fato até lhe desse coragem. Nos primeiros tempos da ocupação ela se recusou a se curvar diante das regras nazistas e supostamente ajudou outros judeus a encontrar esconderijos. Porém, nos últimos dois anos da guerra, de abril de 1943 a abril de 1945, transformou-se em um monstro grotesco capaz de trair várias centenas de pessoas. O medo de perder a vida pode tê-la levado a se tornar uma V-Frau, mas o que aconteceu depois disso, segundo seu controlador Pieter Schaap, foi que ela passou a gostar do trabalho; tornou-se uma das suas informantes mais eficazes.

Sua amante Mies de Regt testemunhou dizendo acreditar que Van Dijk fora seduzida pela "empolgação irresistível da caçada".[12] Empolgação da caçada! É uma expressão espantosa. Coagida pelo medo de perder a vida e depois seduzida pelo poder. Uma coisa que talvez possamos aprender com Ans van Dijk é que os regimes totalitaristas alcançam o poder não somente através da repressão, mas também através da sedução do "fazer parte", que transforma pessoas em bajuladoras covardes. Acreditam fazer parte da elite até que, como aconteceu com Van Dijk, o poder se volta contra elas e as cospe.

Durante um tempo, Van Dijk pareceu uma provável suspeita de envolvimento na invasão ao número 263 da Prinsengracht. No Projeto Rastreamento de Prisões, seu nome aparecia repetidamente. Sem dúvida, trabalhando como V-Frau, ela possuía um motivo. Será que tinha conhecimento? A região da Prinsengracht fazia parte da sua área habitual e, pelo menos segundo Gerard Kremer, ela costumava ser vista por lá. Poderia ter ouvido alguma coisa sobre as pessoas escondidas no Anexo? Poderia ter ficado com suspeitas e vigiado o prédio, vendo o fluxo de fornecedores que entregavam o que parecia ser um excesso de comida? E será que teve oportunidade? Onde ela estava nos dias anteriores a 4 de agosto, e com quem estava em contato? Essas eram as perguntas que a equipe de investigação ainda precisava responder.

27

NENHUMA PROVA SUBSTANCIAL, PRIMEIRA PARTE

Desde o início do trabalho, a equipe do caso arquivado coletou um enorme volume de material relacionado à investigação original da polícia, em 1947 e 1948, sobre a invasão do Anexo. Isso incluía vários dossiês do CABR, correspondências pessoais e oficiais, documentos de tribunais e o relatório de nove páginas feito pela polícia de Amsterdã. Vince disse que uma coisa era clara: segundo os padrões de hoje, a qualidade e a meticulosidade da investigação estavam abaixo da média. Um motivo para isso foi que, logo depois da guerra, a polícia holandesa foi expurgada dos colaboradores. Isso levou 2.500 pessoas a perderem o emprego e muitas outras a serem rebaixadas. Dezesseis por cento da força policial foram suspensos e investigados. Em resultado, investigadores inexperientes e em número insuficiente precisavam cuidar de um acúmulo gigantesco de casos de colaboração, crimes de guerra e traição.

Também ficou evidente que a investigação poderia não ter acontecido se não fosse a pressão de Otto e seus funcionários da Opekta/Gies & Co. Johannes Kleiman e Victor Kugler tomaram a iniciativa de pressionar as autoridades do pós-guerra para assumir o caso. Eles, junto com Miep e Bep, tinham concluído que o gerente do armazém da Opekta, Willem van Maaren, era o traidor mais provável. No verão de 1945, Kleiman escreveu ao Serviço de Investigação Política de Amsterdã (Politieke Opsporingsdienst; POD) exigindo uma investigação sobre Van Maaren. Nada aconteceu.[1]

Em 11 de novembro de 1945, Otto escreveu uma carta à mãe dizendo que ele, junto com Kleiman e Kugler, tinham procurado o Departamento de Segurança Nacional (Bureau Nationale Veiligheid; BNV) para verificar os arquivos da polícia em busca de fotografias dos policiais holandeses que os haviam prendido. Contou que eles identificaram dois homens — assassinos responsáveis pela morte de sua família. Esperava que os homens pudessem identificar o traidor que os havia denunciado ao SD, mas não se sentia otimista, porque esses homens sempre diziam que estavam apenas cumprindo ordens.[2] (Em uma carta datada de 2 de maio de 1958, Kugler lembrou que ele e Kleiman tinham acompanhado Otto ao BNV em 1945.) Dentre as fotos que a polícia mostrou, eles reconheceram Willem Grootendorst e Gezinus Gringhuis, os policiais holandeses da unidade IV B4, que na época estavam cumprindo pena por colaboração na prisão de Amstelveenseweg.

Ainda em novembro, Otto, Kleinman e Kugler fizeram uma visita à prisão para entrevistar Grootendorst e Gringhuis. Os dois admitiram ter participado da invasão ao número 263 da Prinsengracht, porém, depois, sob interrogatório oficial, esqueceram-se convenientemente de ter feito isso.[3] Ambos disseram que o sargento Abraham Kaper, do Departamento de Assuntos Judaicos, os tinha convocado. Afirmaram, o que provavelmente era verdade, que não possuíam qualquer informação sobre um telefonema anônimo feito de manhã para Julius Dettmann, denunciando judeus escondidos. Dettmann não podia ser interrogado, pois tinha se enforcado em sua cela em 25 de julho; segundo boatos, ele foi ajudado.

Então Otto fez uma segunda visita à prisão, para entrevistar Gezinus Gringhuis. Em 6 de dezembro de 1945, ele fez uma anotação a respeito na agenda, junto com o nome Ab. O apelido provavelmente se refere a

Abraham "Ab" Cauvern, um amigo íntimo, cuja esposa, Isa, trabalhou como secretária de Otto.

Sem dúvida, Otto esperava que seu caso fosse assumido rapidamente pelo POD, mas em 1945 ele era apenas um dos 5.500 sobreviventes que voltavam dos campos de concentração. Nada aconteceu. Somente em 11 de junho de 1947, quase dois anos depois, ele visitou de novo o Departamento de Segurança Nacional pessoalmente. Mais uma vez, nada. Então, depois de uma conversa com Otto, em 16 de julho, Kleiman mandou outra carta para o Departamento de Investigação Política (Politieke Recherche Afdeling; PRA) (o POD tinha mudado de nome em março de 1946, depois de as Forças Militares Aliadas entregarem o poder à administração civil). Ele pedia, em nome de Otto e em seu próprio nome, que o caso fosse "examinado de novo".[4]

Em 12 de janeiro de 1948, três anos e meio depois da invasão do Anexo, o brigadeiro da polícia Jacob Meeboer abriu uma investigação sobre o gerente do armazém, Willem van Maaren, a única pessoa investigada oficialmente como possível delator. O brigadeiro Meeboer interrogou quatorze pessoas, dentre elas: os ajudantes Johannes Kleiman, Miep Gies e Viktor Kugler, mas não Bep Voskuijl;* os detetives holandeses Gezinus Gringhuis e Willem Grootendorst; Johannes Petrus van Erp e o dr. Petrus Hendrikus Bangert, ambos conhecidos de Van Maaren; o outro funcionário do armazém, Lammert Hartog, e sua esposa, Lena; e finalmente o próprio Van Maaren.

Apesar da expressão de choque de Kleiman em sua carta de julho, por Karl Silberbauer jamais ter sido levado à Holanda para ser interrogado, já que ele havia "representado um papel importante na prisão de 'judeus e outras pessoas escondidas'",[5] Silberbauer não foi chamado a testemunhar. Nem Otto Frank, provavelmente porque já havia dito à polícia que ele e sua família estavam escondidos no Anexo muito antes de Van Maaren ser contratado e que não o conhecia.

---

* Não está claro por que ele não entrevistou Bep Voskuijl. Talvez tivesse concluído que já havia depoimentos suficientes.

O relatório oficial do brigadeiro Meeboer começa com o depoimento de Kleiman, em que ele faz um relato detalhado da invasão e também descreve as perguntas e o comportamento suspeito de Van Maaren. Pouco depois de ser contratado, Van Maaren perguntou aos funcionários se alguém ficava no almoxarifado depois da hora de trabalho. Ele tinha encontrado uma carteira em uma mesa do almoxarifado, onde Van Pels devia tê-la esquecido durante uma das idas noturnas ao armazém. Van Maaren mostrou a carteira a Kugler e perguntou se era dele. Kugler reagiu rapidamente, dizendo que sim, era dele, e que a havia esquecido na noite anterior. O conteúdo da carteira estava intacto, a não ser por uma nota de 10 florins que faltava.

Kleiman explicou que Van Maaren certamente sabia da existência do Anexo. Ele o tinha visto quando Kugler o mandou consertar um vazamento no telhado. De qualquer modo, um anexo nos fundos era característico de muitos dos prédios estreitos na área. Também havia uma porta no fundo do armazém que dava no pátio. Um homem curioso como Van Maaren provavelmente teria saído por ela; a partir dali, veria todo o Anexo ligado ao prédio. Para ele seria normal questionar por que o grande "apêndice" jamais era mencionado por ninguém, nem usado pela empresa. E ele deve ter se perguntado onde ficava o acesso ao Anexo, já que não havia nenhuma indicação clara de entrada. Na ausência de uma entrada óbvia, provavelmente desconfiaria de uma porta oculta.

Kleiman explicou ao detetive Meeboer que eles encontravam lápis equilibrados na beira das mesas e farinha espalhada no chão, obviamente postos ali por Van Maaren para confirmar a suspeita de que havia pessoas no prédio depois do horário de trabalho. Uma vez Van Maaren perguntou a Kleiman se um tal de sr. Frank já havia trabalhado no prédio, o que sugeria que estava fazendo uma investigação própria. Tudo levava a crer que Van Maaren supunha haver pessoas morando no Anexo.

Kleiman informou que, depois da invasão em 4 de agosto, o contador da Opekta, Johannes van Erp, visitou o dr. Petrus Bangert, um médico homeopata, e mencionou que os judeus escondidos na Prinsengracht tinham sido presos. O médico perguntou se o endereço era o número

263. Disse que fazia um ano que sabia da existência de judeus escondidos naquele endereço. Quando Van Erp contou isso a Kleiman, aparentemente Kleiman reagiu dizendo que Van Maaren devia ser a fonte da informação, já que ele era paciente do médico.

No entanto, quando foi interrogado, o dr. Bangert insistiu que o contador da Opekta estava equivocado. Ele jamais tinha dito uma coisa daquelas e, depois de verificar os registros de pacientes, afirmou que Van Maaren só havia se tornado seu paciente em 25 de agosto de 1944, três semanas após a prisão. Essa informação seria correta ou simplesmente um subterfúgio? Era 1948, três anos depois do fim da guerra. Todo mundo queria lavar as mãos com relação à catástrofe e continuar em paz.

A parte mais reveladora da investigação do brigadeiro Meeboer foi o interrogatório do próprio Van Maaren com relação ao que sabia sobre judeus escondidos no Anexo. Van Maaren testemunhou dizendo que não tinha certeza de haver alguém escondido, mas que desconfiava. Explicou que os lápis na beira das mesas e a farinha no chão eram uma estratégia para pegar ladrões que ele acreditava estarem roubando a Opekta. Quanto a perguntar sobre um tal de sr. Frank, ele disse que tinha ouvido as pessoas do escritório falando sobre "papai Frank", e que Miep Gies e Kleiman tinham dito que os ex-proprietários, Frank e Van Pels, haviam fugido, supostamente para os Estados Unidos.[6]

Mais condenatório foi o fato de que seu assistente, Lammert Hartog, jurou que, quatorze dias antes da invasão, Van Maaren tinha lhe dito que havia judeus escondidos na Prinsengracht. Van Maaren negou enfaticamente ter dito isso.

Apesar de acabar admitindo que roubava da Opekta/Gies & Co., Van Maaren também denunciou Miep e Bep por roubo. Acusou as duas mulheres de irem ao Anexo depois da prisão e, antes que os alemães pudessem fazer um inventário, pegarem "roupas, papéis e muitas outras coisas para elas".[7] Van Maaren era um homem amargo e acusou de volta seus acusadores.

A investigação foi abandonada em 22 de maio de 1948. O relatório concluiu que não havia prova de culpa do gerente do armazém.[8] Van

Maaren recebeu absolvição condicional, foi posto sob vigilância pelo Departamento de Vigilância de Delinquentes Políticos durante três anos e perdeu o direito de votar por dez anos.

Van Maaren ficou ultrajado por receber uma absolvição condicional e recorreu. Durante a audiência, seu advogado argumentou que a apelação em si era prova da inocência de Van Maaren. "Se o acusado tivesse ao menos o menor vestígio de culpa, não teria recorrido contra a absolvição condicional, já que as restrições impostas são tão pequenas."[9] Em 13 de agosto de 1949, um tribunal distrital retirou todas as acusações.

Van Maaren provavelmente achou que esse era o fim de suas provações, mas quinze anos depois a questão de quem denunciou as pessoas escondidas no número 263 da Prinsengracht voltaria à superfície e ele iria se ver de novo como o principal suspeito. Todas as pessoas da equipe do caso arquivado achavam que a primeira investigação sobre Van Maaren havia sido superficial — o relatório oficial tinha apenas nove páginas. Nesse momento, começaram a coletar todas as informações relevantes à segunda investigação, feita em 1963 e 1964, esperando que ela pudesse ter tido um foco mais amplo e mergulhado mais fundo no que havia precipitado a invasão.

28

"VÁ PARA OS SEUS JUDEUS!"

A equipe de investigação do caso arquivado não encontrou nenhuma prova conclusiva de que a pessoa que traiu Anne Frank fosse alguém da vizinhança, mas descobriu evidências desconcertantes relativas a um círculo mais próximo: os ajudantes. Os membros da equipe tinham se conectado emocionalmente aos ajudantes, mas, como disse Vince, era necessário manter a objetividade para proteger a integridade da investigação.

Através do Projeto Mapeamento, ficaram sabendo que o vizinho que morava ao lado de Johannes Kleiman não só era um membro fervoroso do NSB, como também trabalhava no escritório do SD na Euterpestraat. A esposa e o irmão de Kleiman sabiam sobre as pessoas escondidas, e parece que a filha deles, Corrie, também deduziu isso a partir de uma observação casual de seu pai de que a família Frank ainda se encontrava em Amsterdã, mas ela provavelmente não sabia que eles estavam escondidos no Anexo.[1] A equipe também descobriu que o irmão adotivo de Miep e o cunhado de Kugler tinham sido acusados de colaboração. Poderia um comentário acidental feito por qualquer um deles ter entregado as pessoas escondidas?

A equipe começou pesquisando o dossiê sobre a colaboração do cunhado de Kugler e descobriu que sua "colaboração" tinha se dado como operador em um cinema que passava filmes pró-Alemanha durante a ocupação. Quanto a Miep, qualquer dúvida sobre ela era fácil de ser descartada. Miep era extremamente disciplinada e capaz de separar a vida em compartimentos. Como ela própria disse, durante a guerra tinha perdido o hábito de falar. Além do mais, a equipe encontrou documentos indicando que seu irmão adotivo, Laurens Nieuwenburg Jr., foi para a Alemanha em novembro de 1943 e voltou a se registrar no endereço dos pais em agosto de 1945; parece que ele estava na Alemanha na época das prisões no Anexo. Finalmente, o vizinho de Kleiman também era um suspeito muito improvável; se ele tivesse entregado o endereço da Prinsengracht, não teria telefonado para o tenente da SS Julius Dettmann dando a informação. Como funcionário do SD, saberia que a pessoa a quem telefonar com a informação sobre os judeus escondidos era o sargento Abraham Kaper no Departamento de Assuntos Judaicos. Kaper era encarregado da unidade de caça aos judeus e podia ficar furioso quando os outros passavam por cima dele, caçavam em seu território ou tentavam reivindicar as recompensas *Kopgeld.*

A guerra provoca conflitos entre países, entre desconhecidos, entre vizinhos e entre parentes. A equipe descobriu que o conflito da guerra dentro de uma família tinha chegado à porta do número 263 da Prinsengracht. Havia motivos para acreditar que a irmã de Bep, Nelly Voskuijl, podia ser quem havia delatado as pessoas do Anexo. Em seu livro *Anne Frank: The Untold Story* [Anne Frank: A história não contada] (escrito com Jeroen de Bruyn), o filho de Bep, Joop van Wijk, apresenta o que parece ser um forte argumento contra a tia.

Vince conseguiu entrar em contato com Joop através de suas redes sociais e descobriu que ele estava ansioso para conversar com a equipe de investigação. Em um dia gélido em dezembro de 2018, Joop e a esposa viajaram de onde moravam, no leste da Holanda, até o escritório em Amsterdã, onde Vince e Brendan esperavam para entrevistá-lo.[2] Joop foi totalmente franco. Disse que *Anne Frank: The Untold Story* era um trabalho de amor por sua mãe e um tributo ao seu avô, cujos esforços para ajudar as pessoas escondidas jamais tinham sido adequadamente reconhecidos. Acrescentou que, ao escrever o livro, não pôde deixar de expressar suas preocupações com o papel de sua tia Nelly na delação.

Joop começou explicando seu relacionamento com a mãe. Ele é o mais novo de quatro filhos e, quando tinha sete anos, entendeu que a mãe havia ajudado a família de Anne Frank. Ficou fascinado pela história do Anexo. Lembrava-se com carinho das visitas de Otto Frank, que ele chamava de "tio Otto". Durante a entrevista, Joop ficou comovido ao narrar um incidente ocorrido em 1959, quando tinha dez anos. Ele ouviu a mãe chorando no banheiro e, quando abriu a porta, viu que ela estava tomando comprimidos. Ela olhou para ele, consternada, e parou. Sua intromissão obviamente havia salvado a vida dela. Apenas mais tarde ele percebeu quanto a mãe fora traumatizada pela guerra; ela lhe contou que achava ter fracassado com as pessoas escondidas no Anexo.

Joop fez um perfil detalhado de Nelly para a equipe. Ela era a quarta de oito filhos, quatro anos mais nova que Bep, a mais velha. A família morava em um bairro operário no oeste de Amsterdã, em uma casa pequena para dez pessoas. Por causa disso, as meninas mais velhas muitas vezes precisaram morar em outros lugares. No início da guerra, Nelly e a irmã Annie trabalhavam como empregadas domésticas residentes para uma família rica que, como foi comprovado, era de simpatizantes dos nazistas. Soldados alemães visitavam a propriedade com regularidade. Um dos frequentadores era um jovem austríaco chamado Siegfried, por quem Nelly, de dezoito anos, se apaixonou.

Em 1º de novembro de 1941, Nelly foi presa enquanto caminhava com Siegfried ao longo da Nieuwendijk. A equipe do caso arquivado encontrou seu dossiê policial no Arquivo da Cidade de Amsterdã, indicando que ela só foi acusada de violar o toque de recolher.[3] Como Nelly ainda era considerada menor de idade, seu pai foi chamado para buscá-la na delegacia na manhã seguinte e ficou indignado ao saber que a filha havia saído com um soldado inimigo. Johannes Voskuijl era profundamente antinazista e insistiu para que Nelly encerrasse o relacionamento.[4]

Porém, parecia impossível deter Nelly. Em uma entrevista em 2011 na Fundação Anne Frank, sua irmã mais nova, Diny, informou que Nelly havia levado o namorado austríaco à sua casa para pedir permissão ao pai para namorarem. Espiando por uma fresta da porta, Diny viu o rapaz bater os calcanhares das botas e dizer ao pai delas, "Herr Voskuijl":

— Heil Hitler![5]

Segundo a história da família, Johannes tentou dissuadir a filha de ter qualquer contato com Siegfried. Não deu certo. As tensões na família ficaram insuportáveis, até que, em dezembro de 1942, Nelly pediu um passaporte holandês.[6] A equipe do caso arquivado encontrou o pedido. Tinha o carimbo "A.B.", o que significava que o departamento de emprego de Amsterdã a aprovava para trabalhar na Alemanha. Também tinha as palavras "Com consentimento". Como menor de idade, Nelly precisava da permissão dos pais para viajar, mas parece improvável que seu pai fosse consentir. Joop concluiu que a tia simplesmente havia mentido com relação à aprovação paterna.

Joop contou à equipe de investigação que acredita que a família Voskuijl subestimou ou deliberadamente escondeu o envolvimento de sua tia com membros do Exército alemão. Eles afirmavam que ela se mudou para a França depois de se separar de Siegfried e que ficou lá até o fim da guerra, mas, enquanto pesquisava para o livro, Joop encontrou uma história diferente.

Segundo sua irmã Diny, Nelly foi para a Áustria morar com a irmã de Siegfried enquanto ele lutava no front. Então ela descobriu uma carta mandada pela noiva dele,[7] o que a fez voltar para Amsterdã com o coração partido. Porém, sua relação com os nazistas não terminou aí. O namorado de Bep na época, Bertus Hulsman, ia frequentemente à residência dos Voskuijl. Ele disse que, depois do retorno para Amsterdã, Nelly continuou ligada aos ocupantes. Ele lembrou que ela "vivia no prédio do clube de patinação Veronica, em frente à sala de concertos. Os alemães transformaram o lugar no que era chamado de *Wein, Weib und Gesang* (vinho, mulheres e música), um lugar onde faziam festas".[8]

Joop descobriu que em maio de 1943 Nelly viajou ao norte da França para trabalhar em uma base militar aérea da Wehrmacht em Laon. Era secretária do comandante da base. Tratava-se de uma colaboração séria, já que significava que ela conheceria a programação dos bombardeios alemães. Parece que ficou lá durante um ano. Em maio de 1944, decidiu voltar para casa.

Enquanto Nelly continuava a namorar alemães, a tensão em casa aumentou. Diny disse que às vezes seu pai batia em Nelly. Ela se lembrava de uma ocasião em que a surra foi tão séria que Nelly caiu no chão do corredor e seu pai continuou a chutá-la. Foi tão chocante que Diny perguntou à mãe por que o pai havia perdido as estribeiras, mas a mãe se recusou a responder. Apesar de Diny lembrar que o incidente havia ocorrido no verão de 1944, não conseguiu determinar se tinha sido antes ou depois da prisão das pessoas no Anexo.[9] Se foi depois, a raiva do pai podia ser consequência da crença de que Nelly estaria envolvida na delação.

Nesse ponto da investigação de Nelly como suspeita, a equipe encontrou uma anomalia. Em *O diário de Anne Frank*, na edição de 1947, organizado sob a supervisão de Otto Frank e publicado em todo o mundo, não há nenhuma menção a Nelly Voskuijl. Isso poderia simplesmente se dever à necessidade de produzir um livro viável com 335 páginas; muita coisa precisou ser cortada. Em 1986, quando o NIOD publicou a versão crítica de *O diário de Anne Frank*, muitas passagens extraídas foram postas de volta.

Em uma anotação misteriosa, datada de 6 de maio de 1944, Anne registra que M.K. estava no norte da França, que recentemente havia sofrido bombardeios dos aliados. M.K. estava aterrorizada e desesperada para voltar a Amsterdã. Além disso, estava pedindo perdão pelo sofrimento que havia causado ao pai.

A equipe de investigação sabia que Nelly tinha trabalhado como secretária do comandante da base aérea alemã em Laon, no norte da França. Obviamente o nome dela tinha sido substituído por iniciais. Também havia uma curiosa nota de rodapé na Edição Crítica.

Os editores explicavam que, a pedido de uma pessoa não identificada, tinham disfarçado o nome da pessoa a quem Anne se referia, escolhendo aleatoriamente as iniciais M.K. para substituí-lo. Também indicavam que, a pedido dessa mesma pessoa, 24 palavras tinham sido retiradas da anotação feita em 6 de maio. Três outras passagens nas anotações de 11 e 19 de maio também foram cortadas, em um total de 92 palavras.

Sem dúvida era imperativo que a equipe de investigação do caso arquivado descobrisse quem teria pedido aquilo e quais trechos haviam sido removidos. Quando entraram em contato com David Barnouw, um dos editores da Edição Crítica, ele contou à equipe que a própria Nelly tinha feito o pedido. Obviamente, ela ficara sabendo da publicação iminente da edição e entrara em contato com o NIOD, pedindo que as passagens referentes a ela fossem retiradas. O NIOD disse que manteria as passagens mas tiraria o seu nome.

O que haveria nas passagens que fosse tão prejudicial a ponto de Nelly precisar removê-las? Será que elas davam alguma sugestão de que ela poderia ser a delatora do Anexo Secreto?

A equipe entrou em contato com Jeroen de Bruyn, coautor de *The Untold Story*, de Joop Voskuijl. Ele teve a generosidade de mandar para a equipe uma grande coleção de documentos e anotações que havia acumulado em suas pesquisas. Um desses itens era um documento com quatro anotações do diário de Anne identificando as palavras que Nelly tinha pedido para os editores removerem.

Bep devia conversar abertamente com Anne Frank sobre as batalhas entre Nelly e o pai delas por causa dos namoros com alemães, já que esse é o assunto da maioria das anotações de Anne relacionadas a Nelly.[10]

Descobriu-se que o primeiro corte, de 24 palavras, se refere ao comentário de Anne de que Nelly poderia citar a doença do pai como motivo para voltar à Holanda, mas Anne acrescenta que isso só daria certo se o pai dela morresse.* A próxima exclusão, de quatro palavras, se refere ao fato de que Nelly está desesperadamente ansiosa para ver o pai.[11]

---

* Infelizmente não recebemos permissão para citar as anotações publicadas em *The Diary of Anne Frank: The Revised Critical Edition*, organizado por David Barnouw e Gerrold van der Stroom (Nova York: Doubleday, 2003).

A terceira exclusão, de 28 palavras, é igualmente inofensiva. Nelly deve ter pedido permissão para ir embora. O comandante deixou claro que estava aborrecido por ser incomodado antes do jantar. Anne cita Nelly respondendo que, se seu pai morresse antes que ela pudesse vê-lo, jamais perdoaria os alemães. Finalmente, na última exclusão, Anne se refere à tristeza do pai de Nelly. Ele estava morrendo de câncer, e sua filha, que tinha voltado para casa, o fazia sofrer ainda mais ao se relacionar de novo com alemães.[12]

As anotações de 6 e 19 de maio deixam claro que Nelly tinha voltado da França e estava tendo um caso com um piloto alemão. É possível que ela quisesse que as palavras fossem retiradas porque sentia culpa pelo sofrimento do pai, para o qual havia colaborado, mas na época da publicação do livro ele estava morto havia muito tempo. É mais provável que, em 1986, mesmo quarenta anos depois do fim da guerra, ser identificada como colaboradora que havia trabalhado para os ocupantes nazistas ainda provocasse desprezo e ultraje. E o diário de Anne identificaria Nelly claramente de tal forma. De qualquer modo, as palavras cortadas eram inócuas. Não davam à equipe de investigação nenhuma informação a mais sobre a possibilidade de Nelly ser a delatora.

A acusação mais direta sugerindo que Nelly saberia sobre judeus escondidos no Anexo vem do namorado de Bep, Bertus Hulsman.[13] Em uma entrevista dada em 2007 a Dineke Stam, da Anne Frank Stichting, ele recordou uma discussão à mesa da família quando as irmãs de Nelly estavam "brigando com ela porque ela tinha negócios com os 'chucrutes'. E em uma ocasião — jamais vou esquecer — ela gritou à mesa: 'Vá para os seus judeus!' Não lembro exatamente quando foi isso".[14]

A entrevista demorou mais de duas horas, e a discussão entre Nelly e a família foi citada de diferentes modos. Em determinado momento, Hulsman esclareceu a afirmação de Nelly: "No relacionamento daquela família sempre havia um campo de tensão. Sabe como é, todas aquelas moças. [...] E então ela disse: 'Vá para os seus judeus.'"[15]

Em outro momento, Hulsman acrescentou que a fala deveria ser considerada como algo mais geral: "Uma zombaria foi feita contra ela, e ela zombou de volta: 'Vá ver os seus judeus.'"[16]

Então ele refletiu sobre sua própria incerteza quanto à fonte da informação: "Mas como eu me lembrei desse 'Vá para os seus judeus' que aconteceu há sessenta anos? Eu mesmo vou duvidar disso, sabe? [...] Espero estar errado, espero que minhas sugestões estejam erradas."[17]

Será que a fala de Nelly, que a princípio parece se referir às pessoas do Anexo, foi mais uma réplica do que uma acusação específica? "Vá para os seus judeus!" poderia ser a reação dela ao fato de as irmãs ou o pai estarem gritando que ela deveria ir para os seus "chucrutes". Estaria Nelly deixando claro que sabia de alguma coisa? Ou simplesmente reagindo à simpatia que seu pai e sua irmã certamente expressavam pelos judeus na Holanda ocupada?

Pouco depois da libertação, em maio de 1945, Nelly se mudou para a cidade de Groningen, que não fica longe de Amsterdã. Segundo Melissa Müller em *Das Mädchen Anne Frank. Die Biographie*, ela foi presa lá em 26 de outubro por colaborar com os nazistas. Nelly passou vários anos presa e "só conseguiu retomar a vida em 1953".A equipe do caso arquivado procurou o dossiê de Nelly no CABR. Uma pasta sobre cada condenação depois da guerra relacionada a crimes políticos é mantida no Arquivo Nacional. No entanto, não havia nenhum dossiê sobre Nelly Voskuijl. Vince procurou Müller para perguntar qual era a sua fonte da informação sobre a prisão e a condenação de Nelly. Ela recomendou falar com seu pesquisador.[18] O pesquisador também não lembrava qual era a fonte.[19] Porém, durante duas entrevistas com a equipe, ele explicou sua teoria. Segundo ele, primeiro Nelly Voskuijl foi mantida em um teatro em Groningen com outras jovens suspeitas de colaboração. Depois, segundo o pesquisador, ela foi transportada para uma prisão onde ficou cerca de um ano. A equipe procurou o Arquivo de Groningen mas não encontrou nenhuma documentação nem prova para sustentar isso. Segundo o pesquisador, os registros de Nelly teriam sido destruídos porque, como era menor de idade na época, ela seria julgada em um tribunal juvenil. Corroborando a história de que Nelly foi presa, há a declaração de sua irmã Willy de que se lembrava de ter sido interrogada logo depois da guerra, possivelmente sobre Nelly, mas não recordava os detalhes.[20] Naquela época, em 1945, Nelly tinha mais de 21 anos e seria julgada em um tribunal para adultos; portanto deveria haver registros. Para encontrar provas dessa teoria ou qualquer outra informação sobre o paradeiro de Nelly durante o período de 1945 a 1953, a equipe do caso arquivado realizou uma busca sobre campos de prisioneiros no pós-guerra, especificamente procurando jovens prisioneiras em Groningen, e leu os dossiês de presos políticos mantidos pelas autoridades de Groningen.[21] Nenhuma pista direta apontava para Nelly Voskuijl. A ausência de um dossiê no CABR levou a equipe a suspeitar que Nelly jamais foi presa.

Um dia, Circe de Bruin, pesquisadora da equipe do caso arquivado, voltou ao escritório em uma empolgação enorme. Tinha descoberto um documento indicando que Nelly Voskuijl havia se registrado na prefeitura de Groningen em 26 de outubro de 1945, o mesmo dia em que Müller afirmou que ela havia sido presa.[22] O pesquisador de Muller parece ter presumido, equivocadamente, que o documento de registro fosse o documento da prisão.* Vince disse que a montanha-russa levando da empolgação à frustração é parte normal de qualquer processo investigativo, mas ficou um tanto decepcionado. Se Nelly tivesse sido presa, seu dossiê no CABR forneceria uma narrativa de suas atividades e de seus contatos com alemães durante a guerra. Poderia ficar mais claro se ela participou da delação sobre o Anexo.

Ao fugir de Amsterdã, Nelly passou despercebida e se evadiu da condenação por qualquer crime de colaboração que pudesse ter cometido. No mínimo, escapou do destino de outras mulheres que tiveram relacionamentos sexuais com alemães. Arrastadas de suas casas, com a cabeça

---

* O que pode ter acontecido é que o pesquisador de Müller não visitou o arquivo em Groningen e contou com outra pessoa que morava lá para fazer uma consulta para ele. Se não for isso, não sabemos explicar o erro.

raspada, elas eram levadas em carroças pelas ruas da cidade enquanto os espectadores gritavam impropérios.

Depois de décadas de silêncio, Joop van Wijk voltou a falar com sua tia Nelly em 1996. Ela estava morando na cidadezinha de Koudum, na província de Friesland, no norte da Holanda, e ainda tinha contato próximo com as irmãs, particularmente Diny e Willy. Joop lembrou: "Sempre fui bem recebido, mas isso mudou quando puxei assunto sobre a guerra e o comportamento dela na família Voskuijl."[23] Nelly sabia que ele estava escrevendo um livro sobre a mãe, mas disse que era difícil falar sobre aquela época; arrependia-se tremendamente daquele período da vida.

Então, de modo espantoso, Joop contou que, "em uma das últimas vezes em que a visitei e mencionei Anne Frank e a invasão do Anexo, ela teve um desmaio sério".[24] Ele se ofereceu para levá-la ao hospital, mas ela recusou e disse que o desmaio era provavelmente resultado dos socos que o pai lhe dava. Joop ficou desconfiado, acreditando que a tia poderia usar uma encenação dramática para disfarçar a culpa. Porém, disse à equipe do caso arquivado que, temendo pela saúde de Nelly, parou de perguntar sobre a guerra.

O aspecto mais surpreendente do relato de Joop é que parece que ele só precisou mencionar o Anexo para Nelly desmaiar. Será que isso podia ser mesmo um ardil, um modo de Nelly escapar da necessidade de responder? Ele também contou que a tinha visto desmaiar em três ocasiões anteriores, o que sugere que ela podia ter algum tipo de problema crônico. Em seu livro *Anne Frank: The Untold Story: The Hidden Truth About Eli Vossen, the Youngest Helper of the Secret Annex* [Anne Frank: a história não contada: a verdade oculta sobre Eli Vossen, a mais jovem ajudante do Anexo Secreto], ele também mencionou o incidente do desmaio, mas disse que foi ocasionado por sua menção à guerra, e não à invasão do Anexo.

A equipe do caso arquivado ficou na dúvida: Nelly estaria escondendo coisas com seus desmaios e sua recusa em falar?[25] Ou será que Joop, já convencido da culpa da tia, tinha dificuldade para enxergar com clareza? Após a visita de Joop, Nelly foi morar em uma casa de repouso, onde morreu em 2001. Joop recebeu um último cartão-postal dela com o curto texto: "Um abraço, Nel."

Usando seus 27 anos de experiência como agente secreto do FBI, Vince disse que tinha aprendido a decifrar as pessoas — para sua própria segurança. Ele gostou muito de Joop, mas o achou um tanto obcecado por provar a culpa da tia Nelly. Vince lhe sugeriu que não se preocupasse com a traição. Ele deveria se concentrar em celebrar a mãe e o avô, que haviam sido seu motivo para escrever o livro.

Como esperado, Vince continuou calmamente com a investigação, aplicando o axioma policial de "conhecimento, motivo e oportunidade" para a hipótese de Nelly Voskuijl. Nelly tinha um motivo? Joop visitou sua tia cinquenta anos depois do fim da guerra, época em que Nelly parecia sentir vergonha de quando era jovem, mas na época ela era rebelde, descuidada, combativa, flertava com o inimigo. Será que, em um momento de raiva — depois de uma briga com o pai, por exemplo —, poderia ter contado à pessoa errada sobre o segredo que o pai e a irmã guardavam? E será que essa pessoa, possivelmente um de seus amigos alemães, teria repassado a informação ao SD?

Será que ela possuía conhecimento? Ainda que seu pai e sua irmã fossem muito discretos, é possível que ela os tivesse escutado falar sobre a estante. Talvez suspeitasse dos mantimentos que Bep estava sempre recolhendo, às vezes com a ajuda das irmãs. Mas nem mesmo a mãe de Bep sabia sobre as pessoas escondidas no Anexo. Quando descobriu, depois de elas serem presas, ficou enfurecida pelo fato de o marido e a filha terem posto a família em uma situação tão arriscada.

Nelly teve oportunidade, já que voltara para Amsterdã em maio de 1944. Seu pai reclamava que ela ainda se encontrava com os amigos alemães.

Entretanto, a equipe ficou cética com relação a Nelly atacar o pai, Johannes, quando descobriu que os detalhes que ela pediu para serem retirados do diário de Anne eram afetuosos com relação a ele. Era mais provável que em 1986 ela não quisesse que seu passado como simpatizante dos alemães fosse conhecido, o que poderia ser prejudicial não somente para ela própria, mas também para a memória do pai e da irmã Bep, ambos celebrados como ajudantes na história de Anne Frank.

Parecia não haver nenhuma prova substancial de que Nelly, mesmo inadvertidamente, tivesse traído os residentes do Anexo Secreto. Mesmo assim, a equipe de investigação do caso arquivado ainda não estava preparada para descartar essa hipótese.

29

SONDANDO A MEMÓRIA

V ince me lembrou de que qualquer indivíduo que se apoie em relatos de testemunhas oculares como um registro preciso de um momento histórico descobrirá rapidamente que a memória é fluida. As pessoas afirmam com grande certeza coisas que são contraditórias ou simplesmente não podem ser verdadeiras. Elas não estão mentindo; o que acontece é que sua memória foi poluída por experiências pelas quais elas passaram depois. O mesmo momento filtrado através de emoções diferentes também pode alterar o suposto registro objetivo. Vince disse que, sempre que a equipe de investigação registrava uma hipótese, precisava levar isso em conta. Um dos casos mais instigantes foi o de Victor Kugler.

Em um dos seus relatos sobre a invasão, Kugler contou que, naquela manhã, enquanto estava trabalhando no escritório, subitamente ouviu passos e viu sombras passarem correndo pela janela da porta da sala. Abriu a porta e viu um oficial da Gestapo subindo a escada com a arma na mão, seguido por outros.[1] A equipe de busca e apreensão se espalhou pelo escritório, onde Kleiman, Bep e Miep estavam trabalhando. Deixando para trás um policial para vigiar os ajudantes, Silberbauer ordenou que Kugler fosse à frente dele, subindo a escada até o próximo andar do prédio. Kugler estava sozinho com os nazistas. Enquanto subia a escada, Silberbauer gritou:

— Cadê os judeus?[2]

Kugler o levou até a estante.

Em um artigo na revista *Life* em 1958, a versão de Kugler para os acontecimentos foi um tanto diferente. Ele descreveu a equipe de busca levando-o até a frente do depósito e procurando até enfim sacarem as armas e o levarem até a estante.[3] Seu relato no livro de Ernst Schnabel *Anne Frank. Spur eines Kindes*, de 1958, repetia essa versão. Durante a investigação de 1963 e 1964, ele explicou ao detetive Arend Jacobus van Helden que, na esperança de que os nazistas estivessem simplesmente procurando armas ou documentos ilegais, primeiro mostrou sua sala a Silberbauer, abrindo os armários e estantes. Depois o levou aos fundos do prédio e mostrou a sala de Kleiman, o banheiro e a pequena cozinha. Então Silberbauer ordenou que ele subisse ao próximo andar. Primeiro foram ao almoxarifado na parte da frente do prédio e depois para o corredor que dava no Anexo, nos fundos. Quando chegaram à estante, Kugler notou que outra estante ao lado e algumas caixas já tinham sido revistadas, presumivelmente pelos policiais holandeses. Ele os viu tentando mover a estante giratória. A princípio não conseguiram, mas então descobriram que o gancho precisava ser solto para abri-la.[4]

Quem esperaria que o relato de Kugler dezenove anos depois da invasão fosse o mesmo? Entretanto, parece que aconteceu uma espécie de revisionismo emocional:

1. *Na primeira versão, Kugler revelava o local da estante secreta quase imediatamente, sob a ameaça mortal de Silberbauer, que perguntou: "Cadê os judeus?"*

2. *Em versões posteriores, a equipe de busca e apreensão revistou o prédio; os policiais determinaram que a estante escondia alguma coisa, o que foi confirmado pelas marcas das rodas no piso. A estante cedeu e a porta secreta foi exposta. Kugler acrescentou que então percebeu que o Policial Verde "sabia de tudo".[5]*

A hipótese mais provável é a primeira. Vince observou que a pergunta agressiva de Silberbauer era uma tática comum, que ele reconhecia das batidas do FBI: você deixa o suspeito achar que você já está por dentro do que interessa. A partir de todas as outras coisas que aconteceram na invasão, fica claro que Silberbauer sabia da existência de judeus no prédio, mas provavelmente não sabia onde. Com uma arma às costas, aterrorizado, Kugler levou a equipe de busca e apreensão até a estante que escondia a entrada do Anexo Secreto. Isso deve ter sido doloroso para um homem da integridade de Kugler. Durante mais de dois anos ele havia escondido oito pessoas, fielmente, apesar de tensões enormes, e de repente passou a carregar o peso da responsabilidade de revelá-las. Ele deve ter se sentido terrivelmente vulnerável e cheio de uma culpa irracional. Irracional porque não havia nada que ele pudesse ter feito para salvá-las. Assim, não é surpreendente que seu relato do acontecimento trágico tenha se alterado um tanto no decorrer dos anos. Ele se torna mais astuto, mais tortuoso na tentativa enganar Silberbauer, mais composto.

A culpa de Kugler poderia ter sido aplacada se ele soubesse o que Otto contou em dezembro de 1963 ao detetive Van Helden: "Se Silberbauer disse que uma das pessoas presentes lhe mostrou a porta [escondida atrás da estante], ele [Otto] entendia que a pessoa não poderia ficar em silêncio por muito tempo no caso de uma batida armada do SD." Ninguém tinha culpa. Otto sabia que, assim que Silberbauer e os policiais holandeses entraram no prédio, as pessoas escondidas certamente seriam encontradas.[6]

DADAS AS VARIAÇÕES NO RELATO DE KUGLER, FOI SUGERIDO QUE SILBERBAUER E SUA EQUIPE NÃO estariam procurando judeus. Gertjan Broek, pesquisador da Casa de Anne Frank, insinuou que o SD estaria atrás de cupons ilegais e documentos falsificados, e encontrou por acaso os judeus escondidos. Talvez não houvesse nenhum traidor. Monique Koemans achou a ideia de Broek interessante a ponto de propô-la à equipe de pesquisadores do caso arquivado durante a revisão semanal de hipóteses possíveis, e eles decidiram estudá-la.

Enquanto examinava possíveis fontes para usar na pesquisa, Monique decidiu começar com Ernst Schnabel. Para seu livro *Anne Frank. Spur eines Kindes*, ele havia falado com Otto e todos os ajudantes, inclusive

Jan Gies. Havia começado a escrever o livro em 1957, apenas doze anos depois do fim da guerra, e conseguiu incluir o testemunho em primeira mão de 42 pessoas ligadas de algum modo a Anne Frank.

Monique descobriu que o manuscrito original de Schnabel estava guardado no Arquivo Marbach de Literatura Alemã, perto de Stuttgart, na Alemanha. Quando entrou em contato com o arquivo, ficou sabendo que parte das anotações pessoais de Schnabel e algumas cartas de Otto Frank também estavam disponíveis. Schnabel não tinha feito gravações das entrevistas, e alguns críticos argumentaram que ele havia sido impreciso nas anotações. De qualquer modo, poderia valer a pena examinar as anotações pessoalmente. Talvez ela encontrasse provas que corroborassem a afirmação de Kugler de que Silberbauer tinha perguntado "Cadê os judeus?", indicando que fora previamente informado sobre a presença deles.

Monique partiu para a Alemanha com a pesquisadora Christine Hoste. Depois de oito horas de uma viagem de carro debaixo de chuva, vento e uma neve fraca de dezembro, chegaram a um hotel totalmente deserto perto do arquivo. Não havia outros hóspedes, o que aumentava a sensação de estarem mergulhando em território desconhecido. Dada a rígida burocracia alemã, não tinha sido fácil obter permissão para olhar as anotações no arquivo. No entanto, quando chegaram na manhã seguinte, depois de alguns mal-entendidos, os papéis estavam mais ou menos prontos para o exame. As duas foram acompanhadas até uma salinha com uma parede de vidro (de modo que o bibliotecário pudesse ficar de olho nelas), uma mesa com tampo de fórmica e lâmpadas retrô.

As anotações de Schnabel eram em alemão, em uma letra cursiva antiquada. Algumas não eram difíceis de ser lidas; outras pareciam quebra-cabeças com palavras rabiscadas nos cantos. Na época em que ele tinha escrito, ou o papel ainda era escasso ou Schnabel havia mantido o hábito do tempo de guerra de não desperdiçá-lo.

Monique e sua colega trabalharam fervorosamente. Monique disse que era estranho sentir-se tão próxima de Otto, sabendo que ele havia segurado nas mãos alguns daqueles papéis e cartas. Não era mais mera história. Ler as anotações era pessoal.

De repente Monique disse a Christine:

— Aqui está a prova!

Tinha encontrado duas anotações de entrevistas diferentes em que ele havia copiado a frase *"Wo sind die juden?"* ("Cadê os judeus?"). A julgar pelas anotações, aparentemente os ajudantes concordavam com a primeira lembrança de Kugler: os invasores exigiram especificamente saber onde os judeus estavam escondidos. Aquilo era empolgante. Significava que Silberbauer e os detetives holandeses não estavam procurando cupons de comida nem armas; não tinham encontrado as pessoas escondidas por acaso.

Havia outro pedaço de papel misterioso entre as anotações de Schnabel. Era simplesmente o fim de uma frase: "[...] e ela conhecia quem traiu". Não havia mais nada. O "ela" provavelmente seria Miep, certamente não era Bep. Otto não fazia confidências a Bep, e Miep era a única que já dissera saber o nome da pessoa que os traiu. Teria Miep contado a Schnabel o que sabia? Schnabel havia morrido em Berlim em 1986. Se ele sabia o nome de quem fez a delação, jamais o revelou.

Ainda havia outra peça do quebra-cabeça a investigar. Se, como a equipe de investigação do caso arquivado estava convencida, existia um delator, a informação teria chegado, como sempre fora presumido, através de um telefonema? Até que ponto os telefones eram comuns nas casas durante a guerra? Havia telefones públicos nas ruas que pudessem ser usados facilmente por um informante em potencial? Para descobrir, Vince e Brendan procuraram Jan Rijnders, historiador e especialista nas telecomunicações na Holanda durante a Segunda Guerra Mundial, que forneceu à equipe um relatório sobre o sistema de telefones públicos (PTT) durante a guerra.

Quatro dias depois de os holandeses se renderem em 15 de maio de 1940, as autoridades alemãs nomearam o dr. Werner Linnemeyer diretor do serviço municipal de telefonia. Uma quantidade gigantesca de cabos e equipamentos havia sido roubada para os militares alemães, mas, segundo Rijnders, isso só significava que a alta qualidade da rede holandesa caiu de nível. Em 1944, apenas algumas casas particulares ainda tinham telefone, já que era necessária uma permissão para possuir uma linha. Ainda que as cabines telefônicas nas ruas tivessem sido desmanteladas, a maioria das empresas em funcionamento ainda tinha telefone. Os pesquisadores do caso arquivado encontraram uma lista telefônica de 1943. Em 1944 não houve edição, mas isso não significa que não houvesse mais telefones; é provável que não houvesse papel para imprimir um catálogo.

Depois de setembro de 1944, os alemães sabiam que a resistência podia telefonar para a parte sul do país, libertada. Por isso eles desligaram todas as conexões de longa distância, mas em geral os telefonemas locais ainda funcionavam, em parte porque os alemães queriam continuar grampeando as empresas locais, além de seu próprio pessoal.[7]

Tudo que a equipe de investigação do caso arquivado sabia sobre um telefonema provocando a invasão do Anexo vinha de Silberbauer. Em seu testemunho às autoridades austríacas ele declarou que às dez da manhã do dia 4 o tenente Julius Dettmann, da Referat IV B4 da SS, recebeu um telefonema e em seguida ordenou que Silberbauer fizesse a batida junto com vários detetives escolhidos pelo sargento Kaper.

A equipe duvidou que as coisas pudessem ter sido tão simples assim. Como descobriram pelo Projeto Rastreamento de Prisões, as batidas comandadas por oficiais do SD alemão, como Silberbauer, eram raras. Assim, se esse caso era um desvio da norma, isso sugere que o telefonema também pode ter acontecido de um modo diferente da norma. Se o telefonema fosse uma delação anônima, certamente não iria direto para Dettmann, que estava em um nível alto demais na organização alemã para receber um telefonema de um informante não identificado.

A equipe de investigação do caso arquivado tendia a acreditar que o telefonema foi dado para Dettmann — mas seria um telefonema interno, feito de dentro da organização alemã, talvez por alguém nas proximidades, como Willy Lages ou Ferdinand aus der Fünten, chefe da Zentralstelle. Ou, se fosse um telefonema externo, seria de outra Zentralstelle, possivelmente em Groningen, Zwolle ou Haia, ou talvez até mesmo do campo de prisioneiros de Westerbork. De qualquer modo, provavelmente foi um telefonema de alguém que Dettmann conhecia e em quem confiava.

Uma declaração feita por Willy Lages em 1964, então preso em Breda, parece confirmar esse ponto de vista:

Então, finalmente, você está me perguntando se é lógico, depois de receber um telefonema sobre judeus escondidos em uma localidade determinada, citada especificamente, que nós iríamos de imediato a esse prédio prender os judeus encontrados lá. Eu teria que responder que isso é ilógico. Na minha opinião, primeiro verificaríamos a validade da informação, a não ser que ela viesse de alguém da confiança do nosso departamento. Se a história de Silberbauer dizendo que recebeu uma informação por telefone está correta e aconteceu uma ação imediata no mesmo dia, minha conclusão seria de que a pessoa que telefonou com a informação era nossa conhecida e que as informações anteriores dadas por ela também eram confiáveis.[8]

Obviamente, se a pessoa que telefonou era uma fonte em um posto alto, muitas hipóteses que a equipe havia considerado até então poderiam ser descartadas. Alguém como Willem van Maaren, por exemplo, não teria influência para falar diretamente pelo telefone com alguém como Dettmann.

Só existem dois indivíduos que poderiam saber, com certeza, quem foi a pessoa misteriosa que telefonou: a própria pessoa e Dettmann, que recebeu o telefonema. A equipe também achava possível que, quando Dettmann ligou para Abraham Kaper e mandou que ele escolhesse a equipe da batida, tivesse dito a Kaper onde tinha obtido a informação. Haveria alguma referência a isso nos arquivos de Kaper? E onde os arquivos estariam, depois de tanto tempo?

Vince me garantiu que, em seus vários anos na polícia, tinha aprendido muito sobre os policiais. Kaper podia ter mantido em casa cópias dos documentos que considerava importantes. Apesar de a equipe saber que a possibilidade de encontrar algum descendente de Kaper era remota (Kaper foi executado como colaborador em 1949) e que era ainda menos provável que algum deles soubesse sobre documentos específicos, Pieter começou a busca.

Segundo registros do Arquivo da Cidade de Amsterdã, a família Kaper era originária de uma região ao norte de Amsterdã. No catálogo telefônico da região, Pieter encontrou várias pessoas com o sobrenome Kaper, e, limitando a busca, chegou a um homem que parecia ser neto de Abraham Kaper. No entanto, sempre que telefonava, uma mulher atendia e negava que seu marido tivesse qualquer parentesco com o colaborador infame. Não devia ser fácil ser o neto de um dos criminosos de guerra holandeses mais notórios. No julgamento de Kaper depois da guerra, numerosas pessoas testemunharam sobre sua brutalidade implacável contra judeus e membros da resistência aprisionados, poucos dos quais tinham sobrevivido aos seus interrogatórios.

Depois da guerra, a vergonha direcionada aos colaboradores e suas famílias foi intensa. A maioria perdeu o emprego e precisou pedir auxílio no serviço de assistência social das prefeituras. Os funcionários públicos que examinavam o pedido procuravam os vizinhos perguntando se sabiam se o candidato estava trabalhando por fora ou violava as regras de algum modo. Todos os relatórios estão guardados no Arquivo de Serviços de Assistência Social da Cidade de Amsterdã.

No dossiê de Kaper, Pieter descobriu que a esposa dele se chamava Grietje Potman e que eles tinham uma filha e dois filhos. Pelos relatórios de inspetores que fizeram entrevistas na vizinhança logo depois da guerra, ficou claro que a maior parte das pessoas detestava Abraham Kaper mas gostava da esposa dele.

Como Pieter tinha noventa por cento de certeza de que havia encontrado o neto de Kaper, decidiu simplesmente ir à residência dos Kaper e ver o que aconteceria. Em um dia ensolarado em 2019, armado com um bolo de creme que tinha comprado no caminho, ele foi de carro até o apartamento de Kaper, entrou no prédio quando alguém estava saindo e tocou a campainha.

O próprio Kaper abriu a porta. Pieter lhe entregou o bolo e disse que tinha informações interessantes sobre a família dele. Junto com a esposa, Kaper acabou sendo muito amistoso e, então com oitenta e poucos anos, falou abertamente sobre as experiências com o avô, apesar de mal se lembrar dele, já que na época da guerra era muito pequeno.

Abraham Jr. aceitava o fato de que seu avô era um criminoso de guerra, mas sentia consolo no que seus vizinhos, da família Van Parreren, tinham lhe contado sobre sua avó. Aparentemente, Grietje trabalhava em segredo contra o marido recolhendo todos os bilhetes dos traidores que eram postos anonimamente na caixa de correspondência junto à porta ou que ela encontrava nos bolsos do marido. Copiava os nomes e os dava a Van Parreren, para que ele alertasse as pessoas antecipadamente. (Abraham Jr. também se orgulhava de que o tio Jan fora um marinheiro que servira aos Aliados e que a tia Johanna trabalhou para a resistência.)

Além disso, Abraham Jr. confirmou outra coisa para a equipe: o avô realmente guardara pastas e documentos em uma caixa de papelão em casa, e ele até mesmo sabia onde eles ficavam. Pieter se empolgou ao ouvir isso. Sentia que estava para pôr a mão no filão principal. Então Kaper contou que os documentos foram destruídos em 1960, quando a área rural onde seus avós moravam foi inundada e tudo se perdeu.

Foi uma decepção enorme, para dizer o mínimo.

30

"O HOMEM QUE PRENDEU A FAMÍLIA FRANK É DESCOBERTO EM VIENA"

Em 1957, na estreia de *O diário de Anne Frank* na cidade de Linz, na Áustria, um grupo de jovens manifestantes invadiu o teatro interrompendo a peça e dizendo que ela era uma fraude. O incidente chegou ao conhecimento de Simon Wiesenthal, ele próprio um sobrevivente do Holocausto e já bem conhecido por encontrar criminosos de guerra nazistas fugitivos. Em seu livro *O caçador de nazistas*, Wiesenthal descreveu o acontecido:

> Às nove e meia de uma noite em outubro de 195[7],* um amigo telefonou muito agitado para o meu apartamento em Linz, perguntando se eu poderia ir imediatamente ao Landestheater.

---

* Wiesenthal se equivocou ao lembrar a data, que escreveu como 1958. A peça estreou em 1957.

> *Uma apresentação de* O diário de Anne Frank *tinha acabado de ser interrompida por manifestações antissemitas. Grupos de jovens, na maioria com entre quinze e dezessete anos, tinham gritado:*
>
> *"Traidores! Puxa-sacos! Vigaristas!"*
>
> *Outros vaiavam e assobiavam. As luzes se acenderam. Da galeria, os jovens manifestantes jogaram uma chuva de panfletos sobre as pessoas da plateia. Quem pegou os papéis leu:*
>
> *"Esta peça é uma fraude. Anne Frank nunca existiu. Os judeus inventaram essa história porque querem extorquir mais dinheiro em restituição. Não acreditem em uma palavra dela! É falsa!"*
>
> *[...] Aqui em Linz, onde Hitler estudou e Eichmann cresceu, foi dito [aos jovens] para acreditar em mentiras e ódio, preconceito e niilismo.*[1]

Duas noites depois, Wiesenthal estava em um café em Linz com um amigo. Todo mundo falava sobre a manifestação. Seu amigo chamou um rapaz conhecido e perguntou o que ele achava daquilo. O rapaz disse que foi empolgante:

— O diário pode ser uma falsificação inteligente. Sem dúvida ele não prova que Anne Frank existiu.

— Ela está enterrada em uma vala coletiva em Bergen-Belsen — respondeu Wiesenthal.

O rapaz deu de ombros, dizendo:

— Não existe prova.

— Se eu pudesse provar que Anne Frank existiu, se pudesse encontrar o oficial da Gestapo que a prendeu, isso seria prova? — perguntou Wiesenthal.

— Sim — disse o rapaz. — Se o próprio sujeito admitisse.[2]

Esse diálogo foi o ímpeto para Wiesenthal procurar o homem do SD que tinha comandado a invasão do Anexo. A principal pista de Wiesenthal era o sobrenome do oficial do SD, que ele achou que era Silbernagel. Além disso, ele lembrava que Miep dissera que tinha reconhecido o sotaque vienense do oficial do SD, mas isso não ajudava tanto assim, porque mais de 950 mil austríacos haviam lutado ao lado dos alemães na Segunda Guerra. Através de várias fontes, Wiesenthal conseguiu localizar oito homens com o sobrenome Silbernagel que haviam sido membros do Partido Nazista, mas nenhum deles tinha prestado serviço para o SD em Amsterdã. Certamente alguma coisa estava errada.

Em seu livro de memórias, Wiesenthal admitiu que não entrou em contato com Otto Frank para confirmar o nome do homem do SD. Como também era sobrevivente do Holocausto, Wiesenthal disse que não queria incomodar Otto e forçá-lo a reviver as lembranças daquele dia fatídico. Também temia que, como muitos outros sobreviventes que ele tinha abordado, Otto talvez não quisesse que o homem do SD fosse encontrado. Wiesenthal havia se deparado com pessoas que perguntavam:

— De que adianta? Você não pode trazer os mortos de volta. Só pode fazer os sobreviventes sofrerem.[3]

Porém, Wiesenthal achava que estava preocupado com o panorama mais amplo: se pudesse localizar o homem do SD e fazê-lo admitir a prisão, provaria que Anne Frank realmente havia existido e que seu diário era verdadeiro. Mais importante, na década de 1950, quando alemães e austríacos estavam de novo falando com nostalgia sobre o "grande passado", eles seriam confrontados com provas do Holocausto.

O que pareceu crucial para a equipe do caso arquivado foi que, apesar de ter tomado conhecimento da missão de Wiesenthal — identificar e localizar o homem do SD —, Otto não ofereceu ajuda, mesmo sabendo o nome verdadeiro de Silberbauer. Em uma entrevista em 1985, Miep explicou que Otto tinha pedido para ela mudar o nome porque não queria que a família do sujeito fosse assediada, e ela inventou Silberthaler.[4] Segundo Wiesenthal, Victor Kugler foi a fonte do nome Silvernagl.[5] Antes do livro de Ernst Schnabel, *Anne Frank. Spur eines Kindes*, não houvera nenhuma menção pública ao homem do SD que comandou a invasão do Anexo. O ardil de usar um nome falso para Silberbauer deve ter começado com as entrevistas que Schnabel fez com Miep, Otto e os outros ajudantes em 1957.

De repente, Vince lembrou que, durante a visita com Pieter e Thijs à Anne Frank Fonds na Basileia, o presidente da fundação, John Goldsmith, tinha-o puxado de lado e dito:

— Você sabe que Otto mentiu para Wiesenthal sobre conhecer a identidade de Silberbauer. Por que acha que ele fez isso?

Vince achava que a resposta para a pergunta de Goldsmith seria a chave para a investigação.

Durante uma viagem a Amsterdã na primavera de 1963, amigos holandeses contaram a Wiesenthal que ele não deveria procurar Silbernagel, e sim Silberthaler, o nome inventado por Miep. Então ele teve um encontro fortuito com Ynze Taconis, chefe do Departamento Nacional de Investigação Criminal (Rijksrecherche) para falar da investigação. Quando Wiesenthal estava para sair, Taconis lhe entregou o que chamou de uma pequena "literatura de viagem". Era uma fotocópia de uma lista de membros do SD na Holanda em 1943, com cerca de trezentos nomes. No avião de volta para Viena, Wiesenthal começou a folhear o catálogo, procurando Silberthaler. Não encontrou. Porém, passando o dedo pela lista de cerca de quarenta membros do IV B4, encontrou "Silberbauer", um nome austríaco comum. Empolgado, finalmente Wiesenthal tinha seu nome — ou pelo menos o sobrenome, já que a lista não continha primeiros nomes.[6]

Fazia espantosos seis anos desde que ele tivera a ideia de encontrar o homem do SD. Conhecido pela busca a Josef Mengele e a localização de Adolf Eichmann, ele seria o primeiro a admitir que Silberbauer não era um nazista de alta patente. Seu objetivo não era tanto puni-lo, e sim fazê-lo admitir a prisão de Anne Frank e da família dela. No início de junho de 1963, ele deu a informação que havia conseguido sobre Silberbauer ao dr. Josef Wiesinger, seu contato no Ministério Federal Austríaco do Interior, responsável pelas investigações de crimes de guerra.

Nesse ponto não estava claro nem se Silberbauer tinha sobrevivido à guerra. Nos cinco meses seguintes, Wiesenthal manteve contato regular com Wiesinger para saber se houvera algum progresso em identificar e localizar o Silberbauer da lista. A resposta era sempre a mesma:

— Estamos trabalhando nisso.

O último desses comentários é de outubro de 1963. O que Wiesenthal não sabia, e a equipe de investigação do caso arquivado descobriu em um relatório do Ministério Federal Austríaco do Interior datado de 21 de agosto de 1963, era que as autoridades austríacas já haviam identificado, localizado e entrevistado Silberbauer. Simplesmente não contaram a Wiesenthal.

Pelo relatório, a equipe ficou sabendo que o inspetor Karl Josef Silberbauer, funcionário da polícia de Viena, foi convocado discretamente por um grupo de inquérito do Ministério do Interior. Na entrevista, ele admitiu que foi designado para o SD de Amsterdã e ficou lá entre novembro de 1943 e outubro de 1944, quando se feriu em um acidente de motocicleta. Confirmou que trabalhou sob o comando de Willy Lages e Julius Dettmann, além de receber pagamentos de recompensa pela captura de judeus escondidos. Também reconheceu que jamais havia dominado a língua holandesa e que precisava de um tradutor para conduzir os interrogatórios. Mais importante, ele confessou que estava presente na prisão de Anne Frank e sua família.

Durante a investigação sobre Silberbauer, a equipe ficou sabendo que, depois da guerra, em abril de 1945, ele voltou à Áustria, onde acabou cumprindo pena de quatorze meses por usar força excessiva contra prisioneiros comunistas antes da sua designação para Amsterdã. Depois de solto, ele foi recrutado pelo Serviço Federal de Inteligência da Alemanha Ocidental (Bundesnachrichtendienst, BND) e, segundo um relato publicado na revista Der Spiegel, trabalhou como agente secreto. Sua participação anterior na SS era útil para que os neonazistas investigados não soubessem de sua mudança de lealdade.[7] Depois do tempo no BND ele foi contratado pela polícia de Viena, onde chegou ao posto de inspetor.

Em 11 de novembro de 1963, quase três meses depois de Silberbauer fazer sua primeira declaração, Wiesenthal leu a seguinte manchete no jornal austríaco Volksstimme: "O homem que traiu Anne Frank".[8] Parecia que alguém da polícia vienense tinha vazado a história para o jornal local. A imprensa mundial baixou em Viena. Os jornalistas também requisitaram imediatamente comentários de Otto, Miep, Bep, Kugler e até mesmo do ex-acusado Willem van Maaren. Muitas pessoas que acompanhavam a história de Anne e até mesmo os participantes acharam que, finalmente, visto que o homem do SD que havia comandado a invasão do Anexo havia sido localizado, ele revelaria o nome do traidor.

Provavelmente sentindo-se ultrajado e magoado, Wiesenthal escreveu imediatamente uma carta para o dr. Wiesinger, lembrando que *ele* é que havia fornecido o nome "Silberbauer", e requisitou uma foto que pudesse mandar para Otto Frank, para identificação.[9] No intuito de preservar o relacionamento entre os dois, Wiesinger acabou contando a Wiesenthal que seus superiores tinham ordenado que ele não lhe informasse que haviam encontrado e interrogado Silberbauer.

Baseado no texto dessa carta, Wiesenthal ainda não tinha ideia de que Otto e as outras testemunhas conheciam o nome de Silberbauer desde o começo. Porém, uma semana depois de mandar a carta, Wiesenthal provavelmente ficou sabendo da verdade. Em uma de suas entrevistas depois de a notícia ser revelada, Otto admitiu ao jornal *Het Vrije Volk*, de Amsterdã, que sempre soubera que Silberbauer era o homem que havia comandado a invasão. Comentou: "Nunca tive contato com o sr. Wiesenthal em Viena. Assim, o motivo para ele querer encontrar Silberbauer, em particular, é um enigma para mim."[10] Em uma de suas entrevistas, Miep também confirmou que sabia o nome de Silberbauer, mas não o revelou porque Otto tinha pedido para ela usar um nome falso.[11]

Então Otto tinha pedido às pessoas que conheciam o nome de Silberbauer para chamá-lo de outra coisa? Por que faria isso?

Anos depois, Cor Suijk, ex-diretor da Casa de Anne Frank e amigo de Otto, especulou que Otto se sentia um tanto complacente com relação a Silberbauer porque, ao prendê-lo, este havia lhe demonstrado respeito como um colega oficial alemão. Disse que Otto queria proteger a família de Silberbauer de qualquer atenção indevida, apesar de, na verdade, Silberbauer não ter filhos.[12]

Essa parece uma explicação sentimental e oportuna. Otto não fazia o tipo sentimental. Silberbauer era o homem cujas ações tinham levado à morte horrível de sua esposa e suas filhas. Durante a invasão, o nazista tinha gritado com Miep — ela se lembrava de vê-lo "quase se dobrando de fúria" —, censurando-a por ajudar o "lixo judeu".[13] Durante o interrogatório no quartel-general do SD, ele tinha cumprimentado Kugler e Kleiman dizendo:

— *Mitgefangen, mitgehangen*. (Apanhados juntos, enforcados juntos.)[14]

Silberbauer não merecia nenhuma empatia, especialmente da parte de Otto. Devia haver algum outro motivo para a ocultação deliberada.

Miep também tinha escondido a identidade de Silberbauer, e o anúncio inesperado de que haviam localizado o oficial do SD em Viena representava certo problema. Do nada, cinco meses antes, em 3 de maio de 1963, ela fora abordada por um detetive do Departamento Nacional de Investigação Criminal para falar do que sabia sobre a invasão do Anexo. Nesse depoimento, ela afirmou desconhecer o nome do homem que tinha comandado a invasão, apesar de tê-lo fornecido anteriormente, durante a investigação do PRA em 1947 e 1948.[15] Além disso, sugeriu que falassem com Otto Frank, uma indicação de que ele talvez soubesse mais alguma coisa.

Enquanto isso, talvez como censura às autoridades austríacas por não terem contado que haviam identificado Silberbauer, Wiesenthal forneceu discretamente o endereço de Silberbauer a Jules Huf, um jovem holandês estudante de jornalismo. Em 20 de novembro de 1963, o ambicioso Huf foi à casa de Silberbauer sem aviso e bateu à porta, requisitando uma entrevista. A princípio a esposa de Silberbauer recusou, mas este gritou do fundo da casa para deixar o repórter entrar. Huf passou várias horas entrevistando Silberbauer sobre suas lembranças da invasão do Anexo. Em uma jogada para obter simpatia, Silberbauer reclamou que, depois de ter sido chamado recentemente para um interrogatório, fora obrigado a entregar sua arma, seu distintivo e o passe de bonde.

— De repente, fui obrigado a comprar meu próprio bilhete. Imagine como o condutor olhou para mim.

Às vezes sua esposa intervinha, reclamando que o pagamento de horas extras do marido tinha sido cortado:

— Precisamos pedir empréstimo para comprar os móveis.

No fim, a manchete bombástica que deveria ter saído em todos os jornais internacionais foi que Silberbauer dizia que a invasão fora provocada pelo telefonema de um funcionário do armazém de Otto para o SD.[16] Entretanto, a entrevista extremamente editada saiu em 22 de novembro no jornal austríaco *Kurier* e, fosse por causa da circulação limitada do jornal ou porque o mundo estava consumido pela notícia do assassinato do presidente estadunidense John F. Kennedy, não houve grande reação pública.

No entanto, as autoridades austríacas obviamente viram a matéria e devem ter ficado furiosas, já que Silberbauer tinha recebido ordem de ficar quieto.[17] Apenas três dias depois da publicação da matéria de Huf, Silberbauer foi convocado e interrogado de novo. Sua nova declaração foi bastante diferente da versão que saiu no artigo de Huf:

Quero deixar claro que eu jamais soube quem denunciou a família Frank. Jamais soube se foi um indivíduo holandês ou alemão. Assim, eu, como o único policial e único alemão, fui com a equipe de busca e apreensão à tal casa. Na área de depósito do térreo havia um homem, mas ele não parecia estar esperando por nós. Ele foi interrogado pela equipe holandesa encarregada da prisão e apontou para cima com a mão.[18]

A equipe de investigação do caso arquivado não encontrou nenhuma explicação para o motivo de Silberbauer mudar a história contada a Huf sobre quem tinha dado o telefonema. O que é consistente é que, nas três declarações oficiais dadas por Silberbauer às autoridades austríacas (em agosto de 1963, novembro de 1963 e março de 1964), ele jamais disse que o telefonema foi dado por um funcionário do armazém. Na verdade, ele afirmou que nunca tomara conhecimento de quem tinha denunciado a família Frank, nem se a pessoa era holandesa ou alemã, homem ou mulher. Essa nítida contradição na matéria de Huf deixou a equipe em dúvida sobre quem era mais digno de crédito, se Huf ou Silberbauer.

Será que a versão de Huf sobre o que Silberbauer disse era verdadeira? Os escritores Jeroen de Bruyn e Joop van Wijk apresentaram um argumento excelente: a afirmação de Silberbauer, de que o telefonema traiçoeiro havia ocorrido meia hora antes da prisão, elimina o gerente do armazém, Willem van Maaren. A análise de todos os dados disponíveis feita pela equipe indica que a invasão aconteceu aproximadamente às dez e meia. Van Maaren sempre chegava ao trabalho às nove. Todas as cabines de telefones públicos da rua tinham sido retiradas anos antes, por ordem dos alemães. O único telefone que Van Maaren poderia ter usado ficava no escritório, mas Bep, Miep e Kleiman haviam estado ali durante toda a manhã.[19] A única outra possibilidade é que ele tivesse usado um telefone de alguma empresa na vizinhança. A equipe do caso arquivado confiava que, se isso tivesse acontecido, dada a notoriedade do caso, alguém da empresa em questão acabaria por revelar.

A entrevista completa de Silberbauer só ficou disponível ao público 23 anos depois, quando saiu no semanário holandês *De Groene Amsterdammer*, em 1986.[20] Era interessante, mas não respondia às perguntas mais importantes: o superior de Silberbauer, o tenente da SS Julius Dettmann, de fato tinha contado a ele quem deu o telefonema? Ou ele só estava fazendo pose para o jovem repórter Huf, em uma última tentativa de ganhar fama?

31

O QUE MIEP SABIA

Dentre os ajudantes, é difícil não considerar Miep Gies a mais cativante. Miep salvou o diário de Anne, pretendendo devolvê-lo quando ela voltasse, no fim da guerra. Otto morou com ela e o marido durante sete anos depois de voltar de Auschwitz. Ela foi uma das pessoas que guardaram os segredos de Otto depois da guerra. Após a morte de Otto em 1980, Miep se tornou a porta-voz de fato da história de Anne Frank. A imprensa mundial a entrevistou em dezenas de ocasiões e ela foi convidada para falar em vários países.

Vince organizou o que chamou de Projeto Declarações: a equipe deveria coletar todas as declarações relativas à delação dadas pelas testemunhas ao longo dos anos em material impresso, áudio e vídeo. Tudo isso foi posto em uma linha do tempo para identificar contradições ou corroborações.

Como parte do Projeto Declarações, a equipe coletou todos os materiais impressos, em áudio e vídeo envolvendo Miep.

Em 2019, enquanto examinava a gravação de um evento internacional com a participação dela, Vince encontrou algo totalmente inesperado. Em 1994, Miep fez uma palestra na Universidade de Michigan e foi acompanhada no palco pelo professor Rolf Wolfswinkel, que atuou como moderador e também a ajudou quando ela ocasionalmente tinha dificuldade com alguma palavra ou expressão em inglês.[1] Deitado no sofá, ouvindo a palestra com fones de ouvido, Vince quase caiu no sono. Era essencialmente a mesma palestra que ele tinha ouvido Miep fazer na maioria das outras gravações que havia examinado. Então, na conclusão da fala, Wolfswinkel pediu a participação da plateia, e um rapaz perguntou: "O que entregou os Frank?" Enquanto respondia, Miep fez uma declaração completamente espantosa: "Depois de quinze anos [...] começamos de novo a procurar o traidor. Mas era 1960, e a essa altura o traidor havia morrido." Ela concluiu dizendo: "Assim, precisamos nos resignar com o fato de que jamais saberemos quem foi." Vince se sentou empertigado, em choque. As duas coisas não poderiam ser verdade. Se Miep sabia que o traidor estava morto em 1960, devia saber quem era.

Vince buscou os escritos do psicólogo Art Markman, da Universidade do Texas em Austin, para explicar a discrepância. Em um artigo de Drake Baer para o site The Cut, "The Real Reason Keeping Secrets Is So Hard, According to a Psychologist" ["O verdadeiro motivo para guardar segredos ser tão difícil, segundo um psicólogo"], Markman explicou que a mente tem uma capacidade limitada de processar informações, e controlar o que é sigiloso e o que pode ser divulgado é uma manobra cognitiva multifacetada. Às vezes a tentação é nos livrarmos do peso, deixando escapar parte do segredo.[2] Vince achou que era isso que havia acontecido com Miep. Ela estava admitindo que sabia quem havia cometido a traição e deixava uma pista: a pessoa já havia morrido em 1960. O que mais ela sabia?

Apesar de claramente conhecer o nome do traidor, ela jamais o revelou. Quando seu amigo Cor Suijk perguntou diretamente se ela tinha o nome do traidor, Miep perguntou:

— Cor, você pode guardar um segredo?

Ele respondeu ansioso:

— Posso, sim, Miep!

E ela sorriu e disse:

— Eu também.[3]

Vince decidiu procurar o padre John Neiman, amigo íntimo de Otto e Miep. Ele estivera com Miep na festa dada por Leslie Gold, coautora do livro *Eu, Miep, escondi a família de Anne Frank*, por ocasião do Oscar de 1996. O livro tinha virado um filme (*A lembrança de Anne Frank*), que ganhou o Oscar de Melhor Documentário. Neiman lembrou que estava falando em particular com Miep quando, do nada, ela contou que Otto Frank sabia quem havia traído o Anexo e que a pessoa estava morta. Para ele não ficou claro se ela queria dizer que Otto conhecia pessoalmente o traidor ou se só sabia do nome. "Daria para escutar até um alfinete caindo no chão." Ele perguntou se ela também sabia quem era. Miep disse que sim, e ali a conversa terminou.[4]

Segundo Joop, o filho de Bep, sua mãe lhe contou que no final da década de 1950 foi feito um "acordo espontâneo" entre Otto e os ajudantes. A partir de então, Otto seria o porta-voz que falaria com a mídia. "Os ajudantes permaneceriam o mais reservados possível com relação ao seu papel no esconderijo."[5]

A agressividade dos neonazistas e dos negacionistas do Holocausto, além da manipulação de jornalistas que escreviam sobre a história do Anexo, eram motivos suficientes para Otto desejar controlar a narrativa. Bep, Miep e Jan Gies não tiveram problema com esse acordo, de tão incomodados que estavam com os erros frequentes da imprensa.[6] Porém, parecia que, para Otto, existia algo mais profundo em jogo; a equipe estava decidida a sondar esse mistério.

Ocorreu a Vince que ele deveria falar com Rolf Wolfswinkel. Talvez ele tivesse tido conversas pessoais com Miep sobre a invasão do Anexo. Depois de algumas buscas pelo computador, Vince localizou Wolfswinkel na Universidade de Nova York, onde ele era professor de história moderna. Vince o procurou e teve uma longa conversa a respeito do projeto do caso arquivado e do relacionamento dele com Miep. Por acaso ele era amigo íntimo de Miep, frequentemente acompanhando-a a palestras e ajudando com a tradução.

Wolfswinkel contou a Vince que seu pai, Gerrit, tinha sido policial em Amsterdã durante a guerra. O pai alegava ter acompanhado o SD em algumas prisões, mas que só ficava do lado de fora do local, vigiando a porta. Por essas ações ele foi considerado culpado de colaboração e cumpriu pena. A mãe se divorciou de Gerrit enquanto este estava preso, e depois disso Rolf teve apenas um contato limitado com ele.

Mais tarde Wolfswinkel se reaproximou do pai e perguntou sobre as atividades dele no tempo da guerra. Estranhamente, seu pai, que antes havia sido um cristão convencional, tinha se tornado testemunha de Jeová, e só poderia confessar qualquer coisa acontecida durante a guerra a Deus. Na época, a declaração de Rolf sobre a mudança sem explicação da religião do pai não significou nada para Vince e, como ele não parecia saber muito mais coisas sobre Miep, Vince não pensou muito em Rolf.

Entretanto, Wolfswinkel é um nome difícil de esquecer, e Vince tinha a sensação de que o vira antes em algum lugar. O nome Gerrit Wolfswinkel ficava girando em sua cabeça. Antes do programa de IA da Microsoft, a equipe de investigação do caso arquivado contava com registros impressos e planilhas grosseiras para rastrear as informações. Vince pegou a planilha de quase mil recibos de *Kopgeld* que havia encontrado e fez uma busca rápida pelo nome Wolfswinkel. Ali, em preto e branco, estava o pai do professor Wolfswinkel. Ele era muito mais do que um policial que vigiava a porta durante uma batida. Era membro da unidade IV B4, de caça aos judeus. Vince imaginou se Rolf tinha esse conhecimento sobre o pai. Como era incrível que o amigo de Miep Gies também fosse filho de um membro da IV B4, a mesma unidade do SD que tinha realizado a invasão ao Anexo! Ao mesmo tempo Vince pensou: "Não é possível simplesmente inventar esse tipo de coisa!"

O negócio ficaria mais estranho ainda. Enquanto examinava os recibos de *Kopgeld* relacionados ao trabalho do pai de Wolfswinkel, Vince encontrou um que não era de pagamento pela prisão de judeus. Um recibo datado de 15 de março de 1942 mostrava que tinham sido pagos 3,75 florins pela prisão de uma testemunha de Jeová. Será que Gerrit Wolfswinkel sentia tanta culpa por essa prisão que se converteu à religião da vítima? Ou a conversão seria algo oportuno, já que as testemunhas de Jeová só podem confessar a Deus?

A última coincidência estranha foi Rolf também ter contado a Vince que era parente distante de Tonny Ahlers, que chantageara Otto Frank em 1941 com a carta de Jansen. A avó de Rolf tinha se casado várias vezes, e um dos seus maridos era o pai de Tonny Ahlers. Wolfswinkel tem a aliança de casamento dada à sua avó com "ACA 1925" gravado na parte de dentro.

32

NENHUMA PROVA SUBSTANCIAL, SEGUNDA PARTE

Vince concluiu que era hora de voltar a atenção da equipe para a segunda investigação da invasão do Anexo, realizada por Arend Jacobus van Helden, detetive veterano da polícia holandesa. A primeira pergunta com que a equipe se deparou foi: por que de repente, em 1963, o governo holandês autorizou a investigação? Não parecia ser resultado de nenhuma informação nova. Provavelmente foi uma reação à busca de Silberbauer feita por Simon Wiesenthal, que tinha gerado tanta atenção da imprensa internacional. Os holandeses queriam recuperar o controle do caso.

Vince notou que a segunda investigação foi conduzida de modo mais profissional do que a de 1947 e 1948, mas também teve seus pontos fracos. Não somente as lembranças haviam se confundido no intervalo de vinte anos, mas provas tinham sido perdidas e testemunhas tinham morrido, inclusive Johannes Kleiman (em 30 de janeiro de 1959), Lammert Hartog (em 6 de março de 1959) e a esposa de Hartog, Lena (em 10 de junho de 1963).

O problema da segunda investigação era que ela também foi limitada. De novo o foco estava apenas em Willem van Maaren. Isso se devia, em parte, à observação de Silberbauer, em Viena, de que um funcionário do armazém de Otto Frank tinha dado o telefonema para o SD. Apesar de mais tarde se retratar com relação a isso, Silberbauer disse que, quando chegou ao local, testemunhou um detetive holandês perguntando ao gerente do armazém:

— Cadê os judeus?

O homem apontou para o andar de cima, o que levou Silberbauer a concluir que Van Maaren tinha telefonado com a informação sobre os judeus e estava esperando a equipe de busca e apreensão.

O detetive Van Helden foi metódico. Localizou e interrogou os dois policiais holandeses, Willem Grootendorst e Gezinus Gringhuis, que tinham ajudado Silberbauer na batida. Grootendorst foi solto da cadeia em 1955, no décimo aniversário da libertação da Holanda. Gringhuis, cuja pena de morte foi comutada para prisão perpétua, foi solto em 1958. Os dois disseram que não se lembravam de ter participado das prisões no Anexo. Gringhuis foi mais longe ainda, dizendo que não estava lá, porque se lembraria da prisão de oito judeus, um hábil disfarce da verdade.[1]

Van Helden também entrevistou outro colega de trabalho de Van Maaren, Johannes de Kok, que foi ajudante do armazém durante alguns meses na segunda metade de 1943. De Kok admitiu ter ajudado Van Maaren a vender as mercadorias que roubava da Opekta/Gies & Co. no mercado clandestino, mas acrescentou que Van Maaren nunca demonstrou simpatia pelos nazistas.

Enquanto sondava o passado de Van Maaren, Van Helden descobriu uma variada carreira de negócios fracassados, falências, anos de desemprego e acusações de pequenos roubos. Entretanto, durante todo esse tempo Van Maaren parecia antinazista. Pouco antes da guerra, ele havia sido ajudado por uma instituição de caridade holandesa. Depois de os nazistas fecharem todas as instituições de caridade particulares e as substituírem pela Winterhulp Nederland (Ajuda de Inverno da Holanda), segundo um ex-membro da diretoria da instituição de caridade, Van Maaren se recusou por princípio a aceitar ajuda dos fascistas. O detetive fez indagações entre os ex-vizinhos de Van Maaren e, apesar de as pessoas informarem que ele era "financeiramente indigno de confiança", ninguém suspeitava que ele tivesse tido contatos com "pessoas que haviam servido aos inimigos ou aos capangas dos inimigos". Sabia-se que ele visitava com frequência um vizinho que era da resistência e "nunca houve nenhuma sugestão de traição".[2]

Quando o próprio Van Maaren foi interrogado, refutou a versão de Silberbauer para os acontecimentos. Disse que Silberbauer não falava holandês e tinha entendido mal o diálogo. Assim que a equipe de busca e apreensão chegou e o policial se aproximou dele, o homem simplesmente perguntou onde ficava o escritório e Van Maaren apontou para cima.[3]

Van Maaren também foi acusado de falar com funcionários das empresas vizinhas sobre os judeus no Anexo. Ele esclareceu isso, dizendo que só falou com eles depois da prisão. Observou que as pessoas nas empresas adjacentes já sabiam que alguma coisa estranha estava acontecendo no prédio da Opekta/Gies & Co. Jacobus Mater, que administrava uma empresa de ervas no número 269 da Prinsengracht e era membro do NSB, tinha perguntado uma vez a Van Maaren:

— O que vocês têm escondido lá?

A investigação sobre Van Maaren foi encerrada em 6 de novembro de 1964. O relatório final ao promotor declarava que "o inquérito não levou a nenhum resultado concreto".[4]

A EQUIPE DO CASO ARQUIVADO DECIDIU DISSECAR OS DEPOIMENTOS DE VAN MAAREN NAS INVEStigações de 1947-1948 e 1963-1964, procurando qualquer declaração falsa ou incoerência. Van Maaren disse que não chamaria atenção para si mesmo contando aos nazistas sobre o Anexo porque seu filho mais velho, Martinus, estava evitando o trabalho obrigatório, fato que o SD descobriria facilmente. No entanto, a equipe não encontrou nenhum registro de que Martinus Van Maaren era procurado por não se apresentar para o *Arbeitseinsatz*. Infelizmente essa não é uma declaração definitiva sobre seu status, já que ele pode ter sido posto em uma das listas de procurados do SD depois de março de 1944, quando as listas estavam reconhecidamente incompletas.

Várias pessoas entrevistadas comentaram que Van Maaren não parecia pró-nazismo, desse modo eliminando a ideologia como motivação. Entretanto, uma pessoa não precisaria necessariamente ser pró-nazismo ou antissemita para dar informações sobre judeus escondidos com o objetivo de salvar o filho da prisão. Se, por exemplo, fosse descoberto que Martinus van Maaren estava desobedecendo à lei, para manter o filho em segurança o pai poderia ser coagido a revelar que havia pessoas no Anexo.

A essa altura, a equipe de investigação do caso arquivado ainda não se convencera da culpa de Van Maaren. Parecia mais provável que ele estivesse satisfeito com o status quo. Ele podia roubar dinheiro de carteiras perdidas ou gavetas de escrivaninhas sem ser questionado. Podia pegar produtos do armazém e vendê-los impunemente no mercado clandestino. Os funcionários talvez tenham suspeitado de suas ações questionáveis, mas jamais se arriscariam a confrontá-lo ou demiti-lo, por medo de ele retaliar e os trair.

Visto que parecia menos provável que Van Maaren fosse o traidor, outros suspeitos foram considerados. O primeiro foi Lammert Hartog, que havia entrado recentemente para a Opekta e trabalhava ilegalmente, já que tinha ignorado a convocação para trabalho forçado na Alemanha. Havia também sua esposa, Lena Hartog, empregada intermitentemente como faxineira na Opekta/Gies & Co.

Em sua biografia de Anne Frank, Melissa Müller seguiu a teoria, já mencionada antes, de que Lena Hartog fez fofoca sobre judeus escondidos no Anexo não somente com um dos clientes para quem trabalhava como faxineira, mas também para Bep Voskuijl, que imediatamente informou isso aos outros ajudantes. Ela e os outros no armazém discutiram a impossibilidade de realocar as oito pessoas do Anexo, por isso não contaram a Otto. Isso aconteceu apenas cerca de cinco semanas antes da invasão. Porém, a lógica sugere que não seria do interesse de Lena telefonar dando essa informação. Afinal de contas, seu marido trabalhava ilegalmente na Opekta/Gies & Co., e tal telefonema iria lhe custar o emprego, o salário e a liberdade. Os nazistas levavam a sério a evasão do trabalho forçado.

Em novembro de 2000, o padre John Neiman, amigo íntimo e confidente de Otto, estava hospedado na casa de Miep em Amsterdã. Ele disse ter contado a Miep que havia lido o livro de Melissa Müller, *Das Mädchen Anne Frank. Die Biographie*, no qual ela sugeria que Lena Hartog podia ser a traidora. Ele perguntou:

— Miep, foi Lena? Foi ela que os traiu?

Miep olhou direto para ele e disse:

— Não, não foi ela.[5]

Um motivo para Müller achar que Lena podia ser a culpada era a teoria de que a pessoa que tinha dado o telefonema anônimo ao quartel-general do SD era mulher. Essa ideia foi perpetuada pela minissérie da ABC *Anne Frank: The Whole Story* [Anne Frank: a história completa], baseada na biografia escrita por Müller. Entretanto, a afirmação de que uma mulher tinha dado o telefonema jamais foi confirmada. A fonte do boato teria sido Cor Suijk, ex-diretor da Casa de Anne Frank, que disse ter tomado conhecimento disso por uma conversa que tivera com Silberbauer, mas não há evidência de que ele jamais tenha entrevistado Silberbauer.[6]

Suijk morreu em 2014, mas a equipe do caso arquivado entrevistou um contato próximo e também funcionário da Casa de Anne Frank, Jan Erik Dubbelman. Este afirmou que Suijk lhe contou que, quando Silberbauer foi identificado, Otto Frank pediu que Suijk fosse a Viena falar com Silberbauer. Na época (1963-1964), Suijk não era funcionário da Casa de Anne Frank, mas dizia ser amigo de Otto. Parece improvável que Otto fosse fazer esse pedido, já que tinha jurado que não queria ter mais nada a ver com Silberbauer.[7] Além disso, depois de sua entrevista em 1963 ao jornalista holandês Huf, Silberbauer se recusou a dar outras declarações, provavelmente por ordem das autoridades austríacas. Parece que Suijk era conhecido por exagerar. A filha dele contou a Dubbelman que não era possível acreditar em nenhuma palavra dita por seu pai.

Quanto ao marido de Lena, Lammert Hartog, ser o traidor, a equipe ficou em dúvida. Sim, em sua declaração feita em 1948 ele deixou claro que soubera por Van Maaren, aproximadamente quatorze dias antes da invasão, que havia judeus escondidos no prédio.[8] Segundo Johannes Kleiman, assim que Silberbauer e sua equipe chegaram, Hartog "imediatamente foi embora e nunca mais o vimos de novo".[9] Por outro lado, não é incriminador que alguém trabalhando ilegalmente fugisse ao ver um oficial do SD alemão.

Mesmo descartando o casal Hartog como suspeitos, a equipe continuava intrigada com a pesquisa de Melissa Müller. Em 13 de fevereiro de 2019, Vince e Brendan viajaram a Munique para entrevistá-la. Ela foi aberta e generosa em descrever sua pesquisa, e continuava profundamente ligada a Anne Frank. Ficou claro que Müller não estava mais tão convencida do envolvimento de Lena e achava que o caso continuava em aberto. Ela contou a Vince que tinha conseguido entrevistar Miep Gies, o que descreveu como "uma entrevista difícil. [...] Era complicado arrancar informações dela". Melissa tinha fortes suspeitas de que Miep e Otto sabiam muito mais sobre as circunstâncias da invasão mas por algum motivo não queriam compartilhar essas informações.

Vince disse que sentiu alarmes soarem. A pergunta que vinha incomodando a equipe o tempo todo era "O que havia mudado entre a investigação de 1948 e a de 1963-1964?". A resposta era: não muita coisa, a não ser o comportamento de Otto Frank. Em 1948, ele estava decidido a descobrir quem tinha traído os moradores do Anexo. Na segunda investigação, porém, ele mal esteve presente. No máximo, observava de longe, discretamente. Ele e os ajudantes não pareciam mais convencidos da culpa de Van Maaren. Em várias entrevistas, Miep Gies chegou a dizer que não acreditava que Van Maaren fosse o traidor. O enigma fundamental passou a ser: por que Otto Frank mudou de ideia? O que ele sabia então e não sabia antes?

Ou, como disse Melissa Müller: alguma coisa aconteceu que tornou a identidade do traidor "menos um mistério não solucionado e mais um segredo bem guardado".[10]

33

O VERDUREIRO

Hendrik van Hoeve era dono de uma quitanda na Leliegracht, perto da esquina e a no máximo cem metros do número 263 da Prinsengracht. Ele fornecia verduras frescas e batatas para o Anexo, entregando secretamente a comida ao meio-dia, quando os funcionários do armazém saíam para almoçar. Van Hoeve trabalhava para a resistência. Durante a guerra, supostamente usava um carrinho de mão com um compartimento secreto para distribuir comida em uma lista de endereços que ele pegava todas as manhãs. "Ele jamais via nenhuma das pessoas que recebiam. Ou deixava os sacos na porta ou alguém aparecia de dentro para pegá-los."[1] Às vezes ele colava cartazes em paredes. Mantinha uma foto de um cartaz grande com a palavra *VITÓRIA!* com a cabeça de Hitler presa entre as duas pernas do *V*.[2]

No inverno de 1942, um judeu trabalhador da resistência chamado Max Meiler entrou em contato com Van Hoeve e perguntou se ele estaria disposto a esconder um casal de judeus. Quando ele concordou, Meiler conseguiu que um carpinteiro de confiança construísse um esconderijo engenhoso no sótão de Van Hoeve. O casal Weisz se mudou para um quarto extra nos fundos da casa equipado com um sino de alarme que podia ser tocado em caso de perigo. Se isso acontecesse, eles subiriam para o compartimento secreto no sótão.[3] Eles ficaram na casa da família Van Hoeve durante pelo menos dezessete meses.

QUEM TRAIU ANNE FRANK? 233

Em 25 de maio de 1944, uma equipe de busca e apreensão comandada por Pieter Schaap, o controlador de Ans van Dijk, invadiu a casa e a loja de Van Hoeve e descobriu o casal Weisz escondido.[4] O casal e Van Hoeve foram presos, mas a esposa de Van Hoeve não. Isso não era incomum. Quando havia crianças envolvidas, as equipes de busca e apreensão costumavam deixar a esposa para trás.

Imediatamente a equipe do caso arquivado imaginou se esta seria uma das prisões "em sequência" — judeus que tinham sido presos sendo forçados a entregar o endereço de outros judeus escondidos. A questão óbvia era se havia uma conexão entre as prisões de Van Hoeve e do casal Weisz e a invasão subsequente ao número 263 da Prinsengracht, já que a casa e a loja de Van Hoeve ficavam perto da empresa de Otto. Naquela vizinhança as notícias corriam depressa. No mesmo dia, Anne Frank escreveu em seu diário que o homem que fornecia verduras tinha sido apanhado pela polícia, junto com dois judeus que ele estivera escondendo; eles iam entrar no universo dos campos de concentração. Quanto a ela e sua família, teriam menos para comer. Talvez passassem fome, mas pelo menos ainda tinham a liberdade.[5]

DEPOIS DE SEIS SEMANAS PRESO EM AMSTERDÃ, VAN HOEVE FOI MANDADO PARA O CAMPO DE Vught. Estabelecido em 1942 no sul da Holanda pelo comissário do Reich Arthur Seyss-Inquart, Vught era o único campo de concentração administrado diretamente pela SS na Europa Ocidental fora da Alemanha.[6] Era um lugar aterrorizante. Cercado por arame farpado e torres de vigia, tinha seus próprios cadafalsos, uma área de execução na floresta próxima e um forno crematório móvel para se livrar dos mortos.

Nessa época na Holanda, era de conhecimento comum que as pessoas que tinham coragem de salvar judeus iam parar nesses lugares se fossem descobertas.

Durante a guerra, Amsterdã era um mundo pequeno em que vidas e destinos se cruzavam implacavelmente. Nada ilustrava mais isso do que a teia de relacionamentos entre as pessoas conectadas ao verdureiro e ao Anexo. No círculo interno de Van Hoeve existiam vários suspeitos potenciais que podiam ter dado informações sobre as pessoas escondidas.

MAX MEILER

Max Meiler era o contato que colocou o casal Weisz escondido com a família Van Hoeve. Era profundamente antinazista e, já na Kristallnacht, em 9 de novembro de 1938, usou a casa de verão de seu irmão, perto de Venlo, próximo da fronteira com a Alemanha, para abrigar refugiados judeus.[7]

Desde o início da guerra, Meiler falsificou carteiras de identidade (Persoonsbewijzen, ou PBs) e cartões de racionamento, e logo estava ajudando judeus a encontrar esconderijos. A partir de 1942, viajava regularmente até Venlo levando o jornal clandestino *Vrij Nederland* e fotos da família real, o que, em si, era um ato de resistência.[8]

Em 17 de maio de 1944, oito dias antes de a casa e a loja de Van Hoeve serem invadidas, Meiler foi preso no trem entre Utrecht e Roterdã. Estava levando documentos de identidade falsos.

Em seu livro de memórias sobre a guerra, agora guardado na Anne Frank Stichting, Van Hoeve descreveu como encontrou Meiler no campo de Vught em meados de julho. Meiler ficou chocado ao se deparar com Van Hoeve e implorou que este não o chamasse pelo nome verdadeiro.[9] Estava usando um nome falso para esconder sua identidade judia. Os dois se encontraram de novo nas fábricas Heinkel, perto de Berlim, no final de setembro ou início de outubro. Meiler, que já fora um homem grande e bonito, parecia totalmente abatido.[10] Tudo que contou a Van Hoeve foi que a SS tinha descoberto que ele era judeu. Ele morreu no campo de concentração de Neuengamme, no norte da Alemanha, em 12 de março de 1945.

Teria Meiler se dobrado durante o interrogatório, talvez no campo de Vught? Sem dúvida é concebível que Van Hoeve tivesse contado a ele sobre o número 263 da Prinsengracht. Os dois estavam envolvidos no trabalho com a resistência; Meiler pode ter visto as listas de entrega de

Van Hoeve ou mesmo se envolvido na escolha dos endereços. Será que Meiler teria revelado o endereço do Anexo à SS? A equipe achou que era uma hipótese possível até descobrir que as datas não batiam.

Van Hoeve foi preso em 25 de maio e mandado para a prisão de Amstelveenseweg durante seis semanas antes de ser transferido para o campo de Vught por volta de meados de julho. Quando encontrou Meiler no campo de Vught, Meiler ainda estava se passando por ariano e não teria necessidade de entregar nomes à SS. Algo deve ter acontecido com ele em 12 de agosto, já que existe um registro de sua entrada no hospital do campo.[11] Talvez tenha sido espancado por um *kapo*, e isso pode ter acontecido quando sua identidade judia foi descoberta. Porém, a invasão do Anexo havia ocorrido oito dias antes da sua hospitalização, ou seja: é improvável que ele tenha sido espancado para revelar o endereço na Prinsengracht 263.

RICHARD E RUTH WEISZ

Depois da prisão em 25 de maio de 1944, o casal Weisz foi transportado para o campo de trânsito de Westerbork. Os judeus presos em esconderijos eram considerados criminosos, postos no Alojamento 67, o alojamento penal, e tinham um "S" (caso penal) em sua carteira de identidade.[12] Era a designação mais baixa possível, significando que o prisioneiro deveria fazer trabalhos forçados e seria transportado para o leste quanto antes. Os internos faziam o que podiam para perder o status S, esperando que isso os salvasse da deportação.

Pieter e Monique visitaram o campo de Westerbork, no norte da Holanda, em 10 de outubro de 2018. Atualmente o lugar é um museu memorial, e Guido Abuys, o curador-chefe do arquivo do campo, se ofereceu para ajudá-los na busca de informações sobre o casal Weisz. Abuys entrou no arquivo e ficou lá por algum tempo. Quando voltou, parecia perplexo. Trazia os documentos de identidade dos Weisz no campo, que mostravam uma coisa bastante rara. O número do alojamento nos cartões parecia ter sido rasurado: o "67" (o alojamento penal) tinha sido mudado para "87" (alojamento hospitalar). Mais significativamente, de algum modo (não está claro como), entre 11 e 29 de junho, Richard e Ruth Weisz tinham conseguido tirar o "S" dos seus cartões. Isso significava que haviam perdido o status "penal" e seriam designados como prisioneiros "normais", o que provocou uma mudança dramática em sua situação.[13]

Para aumentar o enigma, Richard Weisz enviou duas cartas para a esposa do verdureiro, a sra. Van Hoeve, requisitando que ela mandasse lençóis e roupas limpas. A primeira carta está carimbada com "Alojamento 67", a segunda com "Alojamento 85". Será que isso significava que eles tinham sido transferidos para o Alojamento 85?[14]

Para essa mudança, os Weisz precisariam ter feito algo extraordinário. Ou talvez alguém com influência houvesse intercedido em nome deles. O Alojamento 85, conhecido como Alojamento Barneveld, era o mais "elitizado" em Westerbork. Era designado para um grupo privilegiado de judeus holandeses de alto nível, principalmente de classe alta e média, considerados valiosos para o Estado, com tamanho status que não podiam ser deportados para o leste. Inicialmente foram abrigados em um castelo na cidade de Barneveld, no leste da Holanda, mas, em 29 de setembro de 1943, todos foram deportados para o campo de Westerbork. Mesmo lá eles mantiveram alguns privilégios.[15]

É possível, é claro, que os Weisz jamais tenham sido postos no Alojamento 85 e que outra pessoa tenha mandado a segunda carta em nome de Richard Weisz. Ainda assim, de algum modo, os Weisz haviam conseguido mudar seu status penal. A equipe do caso arquivado sabia que os prisioneiros "penais" podiam mudar de status pagando uma quantia considerável (um sobrevivente de Westerbork pagou 80 mil florins, o equivalente a 545 mil dólares em valores atuais). Entretanto, os Weisz não pareciam ter tanto dinheiro, o que sugere que podem ter pagado com uma moeda diferente: informação.

Nas carteiras de identidade do casal Weisz, a data da deportação está anotada, à mão, junto com a informação acrescentada: "caso normal".

QUEM TRAIU ANNE FRANK? 237

Apesar de ter status "normal", e não "penal", em 3 de setembro de 1944 o casal Weisz foi deportado para Auschwitz no mesmo transporte que levou Anne Frank e sua família. Os dois morreram nos campos do Leste Europeu. Não se sabe se estavam juntos ou separados, nem exatamente quando faleceram.[16]

LEOPOLD DE JONG

A presença de Leopold de Jong em Westerbork é uma história longa e curiosa. Começa com o homem que prendeu Van Hoeve e o casal Weisz: Pieter Schaap.

Pieter Schaap foi o agente holandês do SD que comandou a invasão da quitanda de Van Hoeve na Leliegracht, perto do Anexo Secreto. Além disso, ele era o controlador da V-Frau Ans van Dijk e estava por trás da delação e da prisão de Erich Geiringer, o primeiro marido de Fritzi Geiringer, a segunda esposa de Otto Frank. Segundo seu chefe, Abraham Kaper, sargento administrador do Departamento de Assuntos Judaicos, Schaap foi um dos homens que recolheu mais judeus. "E eu devo saber", acrescentou ele, "porque era eu quem os pagava."[17]

Schaap era conhecido por seu modus operandi: pressionar judeus a atuar como homens-V e mulheres-V. Depois de uma batida, ele se concentrava em um prisioneiro judeu e ameaçava mandá-lo com a família para os campos ou coisa pior. Em seguida, oferecia uma saída se a pessoa trabalhasse para ele como informante. Dentre seus informantes mais infames estava Leopold de Jong. Com relação a De Jong, Schaap tinha uma vantagem dupla: explorava não somente De Jong como informante, mas também sua esposa, Frieda Pleij.[18]

Nos primeiros tempos da ocupação, De Jong (que era judeu) e Pleij (que não era) esconderam pessoas em sua casa em Heemstede. Os dois eram conhecidos por terem amantes. De Jong teve relacionamentos com moças e jovens mulheres judias escondidas na casa deles (algumas cujas famílias ele traiu mais tarde), e Pleij estava envolvida com um homem chamado Herman Mol, que tomou conta da sua casa quando ela ficou na prisão depois da guerra. O fato de ela também ter um relacionamento com Pieter Schaap era de conhecimento comum no SD.[19] Pleij afirmou que só estivera com ele por medo; Schaap disse que ela havia sido sua *Friedl* e que queria se casar com ela, apesar de já ser casado.[20]

Mais tarde, Pleij declarou que tinha entregado cupons de alimentação para a resistência. Seu dossiê no CABR confirma que ela recebia cupons de comida através de um intermediário que tinha conexões com a resistência. Evidentemente, em seguida ela vendia os cupons no mercado clandestino.

Enquanto examinava o dossiê de Pleij no CABR, Christine Hoste, pesquisadora da equipe do caso arquivado, descobriu um extrato bancário indicando um grande depósito de 4.110,10 florins (o equivalente a 28 mil dólares hoje) feito em 5 de agosto de 1944, um dia depois da invasão do Anexo. Uma quantia muito grande e uma data muito suspeita! Como se explicaria? Será que Pieter Schaap estivera envolvido na invasão e que aquele era o dinheiro que ele roubara do Anexo e pedira para a amante, Pleij, depositar? Para Christine, foi um momento de revelação. Entretanto, um exame posterior de extratos bancários deixou claro que Pleij recebia esses pagamentos regularmente.[21] Vender cupons de comida no mercado clandestino era obviamente um golpe lucrativo.

No verão de 1944, Leopold de Jong começou a entrar em pânico. Parecia que um número muito grande de pessoas sabia de sua conexão com Schaap através de sua esposa e podia suspeitar que ele era informante judeu. Schaap ordenou que De Jong fosse para Westerbork, onde poderia atuar como espião de cela, ou informante de prisão.[22] De Jong entrou em Westerbork em 1º de julho.[23] Na lista de transporte é declarado que seu status como judeu ainda estava sob investigação, o que, claro, era um subterfúgio.[24] Ele foi posto no Alojamento Barneveld. Os registros do campo indicam que em uma ocasião ele pediu para ir à cidade de Groningen ajudar Pieter Schaap a encontrar um líder da resistência chamado Schalken.

A equipe não podia ignorar a pergunta óbvia: será que, em seu papel de informante de prisão, de algum modo Leopold de Jong ficou sabendo com os Weisz sobre judeus escondidos no número 263 da Prinsengracht?

Independentemente de o casal Weisz saber sobre o Anexo Secreto, está claro que o verdureiro Hendrik van Hoeve sabia; foi ele que comentou com Jan Gies, depois de ladrões invadirem o armazém em abril de 1944, que havia decidido não contar à polícia.[25] Mas Richard Weisz tinha sido verdureiro antes de se esconder. Podia ser que ele ajudasse Van Hoeve preparando os produtos antes da entrega e, com isso, ficasse sabendo que um dos endereços da lista era o número 263 da Prinsengracht.

Van Hoeve disse que sua quitanda funcionava como uma *"doorganghuis"* (casa de trânsito) para pessoas escondidas. Pode ter havido uma oportunidade de ouvir boatos sobre *onderduikers* no Anexo Secreto. Naquele ambiente, com tantas pressões e temores, as pessoas cometiam deslizes e trocavam informações sem nem sempre perceber.

Qualquer compartilhamento de informação poderia acontecer por acidente se, por exemplo, o casal Weisz, que tinha conseguido perder o status penal, encontrasse Leopold de Jong no Alojamento 85 ou em outro lugar. Os Weisz não tinham motivo para suspeitar que ele fosse um homem-V. Como eles, De Jong era judeu; eles provavelmente achariam que era de confiança. Como homem-V, De Jong teria cultivado a confiança do casal, assim como Ans van Dijk fazia com pessoas escondidas. Talvez eles tenham falado sobre a suspeita de que havia judeus escondidos no Anexo. Achando que comemoravam a engenhosidade dos Frank em permanecer escondidos, podiam ter alardeado sobre eles. De Jong, claro, passaria a informação para Schaap.

Em abril de 1945, De Jong foi se encontrar com Schaap em Groningen. Esperava pedir que ele o ajudasse a fugir para a Suíça. Em vez disso, Schaap, acompanhado por um homem do SD chamado Geert van Bruggen, o atraiu até uma casa vazia e lhe deu um tiro nas costas. Mais tarde, Bruggen testemunhou: "Eu vi o judeu em uma poça de sangue caído na frente da escada perto da cozinha. Não vi nenhum sinal de vida no judeu."[26] O arquivo de De Jong no campo de Westerbork registrou que ele saiu sem autorização em 9 de abril.

Depois da Dolle Dinsdag (Terça-feira Louca) e dos boatos de que as Forças Aliadas iam libertar o resto da Holanda, a maioria dos agentes do SD e dos colaboradores dos nazistas fugiu de Amsterdã. Quando foi provado que os boatos eram falsos e o pânico diminuiu, Schaap permaneceu em Groningen e, junto com muitos comparsas, estabeleceu um reino de terror na cidade. Eles caçavam combatentes da resistência e realizaram várias execuções sumárias e terríveis atos de tortura. Quando a libertação finalmente chegou, no início de maio, Schaap tentou fugir, usando o nome "De Jong" para esconder a identidade.

Em seu interrogatório depois da guerra, Pieter Schaap confirmou que De Jong trabalhou para ele como homem-V e teve sucesso em Westerbork, entregando vários endereços onde havia judeus escondidos. Segundo Schaap, um dos endereços que ele entregou foi o do "verdureiro da Leliegracht", onde havia dois judeus escondidos. Era o endereço de Van Hoeve. Porém, isso não seria possível, já que a invasão da quitanda aconteceu em 25 de maio e De Jong só entrou em Westerbork em 1º de julho. Talvez Schaap estivesse confundindo a invasão na Leliegracht com a da Prinsengracht 263.

Schaap foi finalmente executado por um pelotão de fuzilamento em 29 de junho de 1949 na cidade de Groningen.

Jamais a empolgação e a frustração de investigar um caso arquivado foram mais evidentes do que nesta ocasião: quando a equipe começou a procurar Frieda Pleij, por exemplo, acreditava que ela havia morrido. Entretanto, ao verificarem os arquivos, os pesquisadores descobriram que ela não estava registrada como falecida. Em geral, os arquivos eram bastante confiáveis e atualizados, portanto por um momento pareceu que Pleij ainda podia estar viva. Como havia nascido em 1911, isso significava ter chegado à idade respeitável de 108 anos. Finalmente eles descobriram que ela vivera, na verdade, até os 104 anos e tinha morrido em Düren, na Alemanha, em 15 de dezembro de 2014.

No início de fevereiro de 2019, Pieter dirigiu 363 quilômetros até a cidade alemã de Bad Arolsen, famosa por duas coisas: o impressionante castelo de Arolsen, no centro, e o Serviço de Rastreamento Internacional (ITS), agora conhecido como Arquivo de Arolsen. O arquivo é um centro de documentação, informação e pesquisas sobre a perseguição nazista e o Holocausto. A coleção tem mais de 30 milhões de documentos, desde registros originais dos campos de concentração até relatos de trabalhos forçados, listas de deportação, registros de mortes, documentos de saúde e seguridade social, passaportes de trabalho e mais. Além disso, armazena todas as cartas e pedidos de pessoas que querem saber mais sobre o destino de parentes e entes queridos. Bad Arolsen pertence ao Programa Memória do Mundo, da Unesco.

Quando chegou, Pieter ficou surpreso ao descobrir que o arquivo ficava em um depósito discreto, em uma área industrial nos arredores da cidade. Na entrada, ele recebeu um capacete e galochas obrigatórias, material mais adequado para uma fábrica que para um arquivo. Sem dúvida o arquivo não tinha verbas para um prédio mais adequado. Esse é o interesse do mundo pela Memória do Mundo, pensou ele.

A enormidade da coleção era esmagadora, mas ele conseguiu encontrar reproduções digitais do arquivo do campo de Westerbork e várias listas de transportes relevantes que entravam em Westerbork e de lá saíam. Nessa viagem também descobriu que alguém fizera investigações sobre o paradeiro de Ruth Weisz depois da guerra. Com a ajuda dos arquivistas, ele soube que uma mulher chamada Ruth Weisz-Neuman tinha sobrevivido à guerra e pegado em Xangai um navio para os Estados Unidos. Segundo o registro, ela morava em uma área perto de Chicago. Isso era animador, já que podia significar que a equipe tinha descoberto uma testemunha viva. Infelizmente, Peter descobriu que era outra Ruth Weisz. No final, ficou sabendo que a Ruth Weisz que estavam procurando fora mandada para Auschwitz e morrera em fevereiro de 1945, possivelmente no campo de concentração de Flossenbürg.

O verdureiro Hendrik van Hoeve sobreviveu a vários campos e acabou sendo libertado. Achando que o filho dele, Stef, poderia ter informações sobre as experiências do pai durante a guerra, Monique decidiu procurá-lo. Conseguiu localizá-lo em Amsterdã e o entrevistou na casa dele. Stef disse que o pai jamais havia falado sobre a delação do Anexo e fora traumatizado pela guerra, que era continuamente forçado a confrontar. Terminado o conflito, ele foi convocado para responder a perguntas sobre prisioneiros de campos de concentração que ainda estavam desaparecidos.[27] Além disso, foi testemunha no julgamento de Johannes Gerard Koning, um dos policiais de Amsterdã que o prenderam junto com o casal Weisz.[28] Na década de 1950, representou a si mesmo na adaptação cinematográfica de *O diário de Anne Frank*.[29] Stef disse que o pai foi assombrado durante toda a vida pelas experiências nos campos, contando a um repórter em 1972: "Enquanto estava dentro dos campos eu só pensava na minha libertação. Então, depois da libertação, pensei: 'Agora quero fazer setenta anos; simplesmente por raiva, preciso disso! Estou com 77 anos e ainda penso: eles não vão me pegar!'"[30]

34

O CONSELHO JUDAICO

Pouco depois da ocupação alemã em maio de 1940, a comunidade judaica achou que precisava de um corpo representativo para de algum modo se armar contra as medidas antissemitas que justificadamente temiam. Estabeleceu-se assim a Comissão de Coordenação Judaica (Joodse Coördinatie Commissie, JCC), destinada a funcionar como uma organização abrangente que representaria a comunidade como um todo. A comissão assessorava, organizava atividades culturais e às vezes fornecia auxílio financeiro. No entanto, ela se recusou a se engajar diretamente ou a negociar de qualquer modo com os ocupantes alemães. Seus membros acreditavam que isso não cabia a eles, apenas ao governo holandês legítimo, do qual eram cidadãos.

Os nazistas queriam isolar os judeus do resto da sociedade, mas para isso precisavam de acesso direto à comunidade judaica. Eles determinaram o estabelecimento de um órgão alternativo, o Conselho Judaico (Joodse Raad). O conselho, comandado pelos dois presidentes, David Cohen, um acadêmico conhecido, e Abraham Asscher, diretor de uma fábrica de diamantes, incluía cidadãos importantes, como o principal rabino de Amsterdã, Lodewijk Sarlouis, e o proeminente tabelião Arnold van den Bergh. À medida que se acumulavam os decretos proibindo os judeus de participação na sociedade holandesa, o conselho assumiu mais e mais aspectos da vida dos judeus, fornecendo emprego, acomodação, comida e apoio especial para os idosos e enfermos.[1] Em seu auge, o conselho tinha 17.500 membros.

A partir de julho de 1942, o conselho recebeu a ordem de organizar a seleção de judeus deportados da Holanda para o campo de Westerbork e para os campos de prisioneiros no leste. Então, em 30 de julho, os alemães autorizaram o secretário-geral do Conselho Judaico, M. H. Bolle, a conceder passes de salvo-conduto, ou *Sperres*, para os funcionários do próprio conselho e outras pessoas "indispensáveis". Um carimbo no documento de identidade desses selecionados dizia: "Dispensado do serviço de trabalho até segunda ordem."[2]

Essa era uma estratégia concebida com astúcia para dividir as pessoas e criar o caos, de modo que os judeus concentrassem a atenção na busca desesperada da dispensa. Uma testemunha ocular relatou que, no dia em que as primeiras *Sperres* foram emitidas, as pessoas quebraram as portas do Conselho Judaico e atacaram funcionários.[3] Na realidade, as *Sperres* eram uma ilusão; apenas adiavam o inevitável. No final, os alemães simplesmente retiraram as palavras "até segunda ordem" e deportaram as pessoas de qualquer modo. A "segunda ordem" havia chegado.

AS *SPERRES* ERAM PESSOAIS. CADA *SPERRE* TINHA UM NÚMERO INDIVIDUAL E CAÍA EM UMA FAIXA específica, de 10 mil a 120 mil, que correspondia ao tipo de dispensa concedida. (O objetivo era chegar o mais perto possível de 120 mil.) A complexidade burocrática era espantosa. Os nazistas consideravam várias combinações, dando diferentes níveis de *Sperres* a judeus "estrangeiros"; a judeus cristãos — aqueles nascidos judeus mas batizados antes de 1º de janeiro de 1941 (apenas 1.575 judeus católicos e protestantes foram protegidos desse modo); e a judeus casados com pessoas não judias, que eram convidadas a escolher entre a deportação e a esterilização. (Isso não funcionou, pois muitos médicos forneciam um atestado falso da cirurgia ou se recusavam a fazê-la; estima-se que entre 8 e 9 mil judeus casados com não judeus sobreviveram à guerra.)[4]

Também havia "judeus de troca", que tinham conseguido comprar a cidadania de um país sul-americano e eram considerados candidatos para a troca por prisioneiros de guerra alemães. Os pais da colega de escola e amiga de Anne Frank, Hanneli Goslar, que também foram prisioneiros em Bergen-Belsen, compraram passaportes paraguaios através de um tio na Suíça neutra. Apesar de Hanneli e sua irmã mais nova jamais terem sido trocadas, elas tinham permissão de manter as próprias roupas no frio inverno do norte da Alemanha e recebiam pacotes ocasionais de comida da Cruz Vermelha. Provavelmente por causa desses "privilégios", Hanneli e a irmã sobreviveram.[5]

Os chamados judeus palestinos que tinham parentes no Protetorado Britânico da Palestina também eram candidatos à troca. No final de 1943, 1.297 judeus tinham certificados palestinos e estavam indicados para a troca. Em janeiro de 1944, eles foram mandados para Bergen-Belsen.[6] Em julho, cerca de 221 pessoas chegaram à Palestina passando pela Turquia. A maioria das demais não sobreviveu ao campo.

As categorias prosseguiam assim, baseadas em uma série de distinções diabólicas e, em última instância, sem sentido. A maioria das *Sperres,* inclusive as de membros do Conselho Judaico, de fato forneceu alguma proteção, mas apenas por um período limitado.

De longe a dispensa mais desejável e útil era conhecida como o status Calmeyer. O "*J*" era retirado permanentemente das carteiras de identidade dos que eram aprovados para o status Calmeyer e eles não eram mais considerados judeus, o que significava que a pessoa podia evitar a deportação indefinidamente.

Os alemães definiam como judeu qualquer pessoa que tivesse um avô judeu por etnia ou que pertencesse a uma comunidade religiosa judaica. Os casos duvidosos em que a definição era questionada eram mandados para a Comissão do Reich em Haia, que os repassava ao Comitê Geral para Administração e Justiça (*sic*) e, em última instância, ao Departamento de Administração Interna controlado pelos nazistas, cujo principal julgador era um alemão chamado dr. Hans Georg Calmeyer.

A lista Calmeyer incluía pessoas que afirmavam oficialmente não serem judias ou serem apenas parcialmente judias. Elas baseavam o pedido de revisão do status em documentos antropológicos e ancestrais ou em provas de que jamais haviam sido membros de uma comunidade religiosa judaica. Esse processo exigia a assistência de um advogado, a criação de um registro genealógico, uma declaração de um tabelião e, se necessária, a falsificação de documentos, já que a maioria dos pedidos era de pessoas que, de fato, eram judias por nascimento. Tudo isso demandava muito dinheiro. Durante a fase de pesquisa da investigação de ascendência, os candidatos ficavam dispensados da deportação.

O escritório de Calmeyer era um departamento da autoridade alemã, mas parece que ele e seus funcionários não eram totalmente escrupulosos ao determinar a origem ou a validade dos documentos e aceitavam certidões de nascimento e de batismo duvidosas, documentos de divórcio e cartas dizendo que crianças tinham nascido de pais não casados e portanto não eram judias. Calmeyer era considerado "totalmente incorruptível", "nem nazista, nem antinazista declarado", no entanto, ele costumava ir a extremos para defender um candidato, e alguns membros do seu departamento eram secretamente simpáticos aos judeus.[7] Estima-se que Calmeyer tenha salvado cerca de 2.899 pessoas, ou três quartos dos casos enviados a ele.

Essa era a burocracia do absurdo. O senso de ordem dos nazistas impunha um nível de complexidade e pseudolegalidade a uma coisa muito simples: como e quando mandar centenas de milhares de indivíduos para a morte.

Depois da guerra, muitas pessoas acusaram o Conselho Judaico de cooperação — na verdade, quase de colaboração — com os alemães, afirmando que ele protegia a elite às custas dos judeus pobres e da classe trabalhadora. O conselho escolhia as pessoas a serem deportadas e as que seriam dispensadas da deportação. Entretanto, os apoiadores do conselho diziam que, pelo menos, eles davam aos judeus um pouco de controle sobre a própria vida e um modo de negociar com os alemães.

A verdade é que sempre houve uma divisão profunda na comunidade judaica com relação às táticas. No início da ocupação, a JCC e o Conselho Judaico coexistiram durante vários meses, mas havia um atrito forte entre as duas organizações. A JCC acusava o Conselho Judaico de ser um instrumento dos alemães, ao passo que o Conselho Judaico acreditava que a JCC não tinha nenhum poder, que na verdade tinha abdicado do poder porque não queria negociar com os alemães. Os membros do Conselho Judaico insistiam que, se tivessem um diálogo com os ocupantes, poderiam obter alguma influência e talvez impedir, mitigar ou adiar algumas das medidas opressivas dos alemães e de algum modo manter um pouco de dignidade. Eles temiam que, se ignorassem ou mesmo se revoltassem contra as regras que os alemães estavam introduzindo, seu destino seria muito mais difícil. Em outubro de 1941, as autoridades alemãs dissolveram a JCC.

Em retrospecto, boa parte da comunidade judaica sobrevivente na Holanda concluiu que o Conselho Judaico foi uma arma nas mãos dos nazistas. Ele não tinha praticamente nenhuma influência e não adiou nada. Mas, claro, em retrospecto esse julgamento é fácil. Não havia na Holanda um manual de sobrevivência sob a ocupação por um regime inimigo. No final, o copresidente David Cohen admitiu que "tinha avaliado mal as intenções assassinas sem precedentes dos nazistas".[8]

35

UMA SEGUNDA AVALIAÇÃO

A equipe de investigação do caso arquivado trabalhava regularmente em várias hipóteses ao mesmo tempo, de modo que, enquanto Monique inseria nomes no programa de IA para estabelecer conexões com Westerbork, Pieter e vários jovens historiadores estavam nos arquivos procurando os dossiês de pessoas relacionadas com suas próprias hipóteses. Vince se encontrava no escritório, examinando o resumo de quarenta páginas que o detetive Van Helden tinha feito de sua investigação em 1963 e 1964, quando algo chamou sua atenção. Van Helden mencionava que Otto Frank havia lhe contado que recebera um bilhete pouco depois da libertação denunciando um traidor. O bilhete não estava assinado. Aparentemente, Otto disse a ele que tinha feito uma cópia do bilhete e entregado o original a um diretor da Casa de Anne Frank. Em seu resumo, Van Helden redigiu o texto do bilhete anônimo do seguinte modo:

> *Seu esconderijo em Amsterdã foi denunciado na época à Jüdische Auswanderung [Imigração Judaica] em Amsterdã, Euterpestraat por A. van den Bergh, que na época residia em Vondelpark, O Nassaulaan. Na J.A. havia toda uma lista de endereços que ele entregou.*[1]

Vince ficara sabendo sobre o bilhete a partir de leituras anteriores do dossiê, mas a equipe do caso arquivado ainda não tinha priorizado aquilo na investigação.[2] O A. van den Bergh mencionado no bilhete era membro do Conselho Judaico, que foi abolido em setembro de 1943. Praticamente todos os seus membros foram mandados para vários campos de concentração. Mesmo se Van den Bergh tivesse alguma informação sobre o Anexo, provavelmente não esperaria um ano para entregá-la; além disso, se de algum modo a tivesse entregado antes de ser deportado, não é plausível que o SD esperasse onze meses antes de agir a partir da informação. No entanto, a pesquisa no terminal de Bad Arolsen (ITS) no Museu Memorial do Holocausto, nos Estados Unidos, revelou que Van den Bergh e sua família não foram citados em nenhum arquivo dos campos de concentração. Eles jamais foram deportados nem aprisionados em um campo. Se Van den Bergh ainda estivesse morando em seu antigo endereço em Amsterdã, teria tido a oportunidade de entregar a lista de endereços citada no bilhete?

Vince decidiu que a equipe precisava investigar tanto a informação que estava no bilhete anônimo quanto a origem do próprio bilhete. Será que o texto que Van Helden escrevera no relatório era o bilhete completo? Onde estaria o bilhete original ou pelo menos a cópia que Otto disse ter feito? Certamente não estava no dossiê da polícia. Quanto a Van den Bergh, Vince colocou o nome dele no programa de IA, que o conectou a uma mulher empregada como secretária do Conselho Judaico: Mirjam Bolle. Ela tinha 101 anos e morava em Israel.

Bolle tinha escrito um livro chamado *Letters Never Sent* [Cartas jamais enviadas], publicado em inglês pelo Yad Vashem em 2014. Parte dele descrevia o tempo em que ela estivera no Conselho Judaico. Depois de saber sobre o passado dela, Vince disse achar que, se pudesse entrevistá-la, talvez ela oferecesse uma perspectiva especial sobre como o conselho funcionava. Além disso, queria saber mais sobre Van den Bergh, que, ao que tudo indicava, ela havia conhecido pessoalmente. Teria Van den Bergh sido muito ativo no Conselho Judaico? Será que ela sabia o que acontecera com ele, para que campo de concentração fora mandado, se tinha sobrevivido à guerra?

A partir de 1938, Bolle, que na época se chamava Mirjam Levie, foi empregada pelo Comitê para Refugiados Judeus. Depois da ocupação nazista, o comitê foi incorporado ao Conselho Judaico e ela se tornou membro do novo quadro de funcionários, parcialmente graças à sua capacidade de ler e escrever em alemão. Como muitos funcionários do conselho, ela foi parar no campo de Westerbork e, depois, em Bergen--Belsen. Teve mais sorte do que Anne e Margot. Em junho de 1944, esteve entre os 550 prisioneiros escolhidos para a única troca de prisioneiros judeus palestinos, e assim foi embora antes da chegada das irmãs Frank ao campo.

Durante a guerra, Mirjam escreveu cartas ao noivo, Leo Bolle, que tinha emigrado para a Palestina em 1938. Jamais as enviou, mas conseguiu escondê-las em um armazém em Amsterdã; elas foram encontradas em 1947 e devolvidas. Nas cartas, Mirjam recordava os dias e noites terríveis no Conselho Judaico, quando as listas de deportação eram redigidas; o pânico, o desespero e as discussões entre os membros do conselho; e o sofrimento humano que marcava a impossibilidade da tarefa. Ela escreveu sobre o caos absoluto no Expositur, o escritório responsável por emitir as *Sperres*, e as visitas intimidantes de Aus der Fünten, líder do SD. Disse que o controle das *Sperres* foi um capítulo muito sombrio: "Os alemães jogavam um osso para nós e ficavam olhando com enorme prazer enquanto os judeus brigavam uns contra os outros por causa daquilo." *Acabei sozinha em casa, chorei muitíssimo, porque sabia que aquilo estava dando errado para nós e porque estava consternada vendo que o CJ [Conselho Judaico] estava sendo usado de novo para esse trabalho de açougueiro em vez de dizer: basta [...] Fiquei [...] chorando de raiva e fúria, mas não podia fazer nada.*[3]

POR MEIO DE UM CONTATO EM ISRAEL, A EQUIPE DE INVESTIGAÇÃO DO CASO ARQUIVADO OBTEVE o número de telefone de Mirjam. Thijs e Vince ligaram para ela. Ela pediu desculpas por não falar inglês muito bem, apesar de seu domínio da língua ser mais do que adequado. Sua voz era suave, mas surpreendentemente forte para a idade.

Mirjam contou que seu trabalho como secretária era bastante limitado, no sentido de que ela datilografava, mandava cartas e estava presente em discussões em que foram feitas as primeiras menções aos campos de concentração nazistas. Thijs e Vince perguntaram se ela se lembrava do membro do Conselho Judaico Arnold van den Bergh. Quando ela respondeu que sim, os dois se entreolharam, ansiosos. A princípio, ela não conseguia recordar o que ele fazia no conselho, porque não trabalhava diretamente com ele. Só quando Vince mencionou que Van den Bergh era tabelião ela pareceu evocar o fato. Não se lembrava de ele falar muito nas reuniões, diferentemente dos diretores, Asscher e Cohen. Disse que Van den Bergh era "reservado" e "despretensioso". Perguntou se eles podiam esperar um momento enquanto ela pegava cópias de atas de reuniões do Conselho Judaico que ainda possuía. Eles a ouviram folheando papéis. Depois ela voltou ao telefone e disse que podia confirmar que ele havia participado de algumas reuniões.

Mirjam não sabia se Van den Bergh tinha sido prisioneiro no campo de Westerbork. Não se lembrava de tê-lo visto por lá antes de ser posta no trem para Bergen-Belsen. Também não sabia se ele estivera em algum campo de concentração na Alemanha. Infelizmente não pôde acrescentar nada à história porque não voltou para Amsterdã depois da guerra.

Se Thijs e Vince quisessem saber mais sobre Van den Bergh, precisariam procurar em outro lugar.

36

O TABELIÃO HOLANDÊS

A rnold van den Bergh nasceu em 1886 na cidade holandesa de Oss, localizada a pouco mais de cem quilômetros a sudeste de Amsterdã. Casou-se com Auguste Kan e os dois tiveram três filhas, as gêmeas Emma e Esther e a terceira, Anne-Marie, que por acaso tinha a mesma idade de Anne Frank. Van den Bergh era tabelião, um de apenas sete tabeliães judeus que trabalhavam em Amsterdã antes da guerra. Era dono de um dos maiores e mais bem-sucedidos cartórios da cidade. Seu nome saía regularmente em notícias de jornais envolvendo a venda e a transferência de propriedades. Era rico e respeitado na comunidade judaica de Amsterdã e membro do Comitê para Refugiados Judeus, uma organização de caridade comandada por David Cohen.

Um tabelião na Holanda é bem diferente de alguém com a mesma profissão na América do Norte ou mesmo em alguns outros países europeus. Um tabelião holandês é uma autoridade imparcial que faz um rígido juramento de sigilo, é autorizado a redigir documentos autênticos — chamados de atos notariais — entre partes e garante que esses documentos sejam manuseados e armazenados em segurança. O juramento de sigilo é tão rígido que nem mesmo um juiz pode ser obrigado a forçar um tabelião a revelar os detalhes de suas transações. Os tabeliães precisam estar presentes e validar transações relativas a famílias (casamentos, divórcios, testamentos e assim por diante), incorporação de empresas e transações imobiliárias (hipotecas, vendas de casas e assim por diante). É necessário um tabelião para garantir que todas as partes disponham de vontade e capacidade de legitimar uma venda ou transação. Ser tabelião é um cargo prestigioso, e Van den Bergh estava no topo da sua profissão.

Como o remetente do bilhete anônimo obviamente sabia, já que o bilhete incluía o endereço, Van den Bergh morava em uma propriedade elegante na Oranje Nassaulaan, uma rua adjacente ao famoso Vondelpark, de 48 hectares, com seu roseiral e a Casa Azul de Chá. Parecia ser um homem quieto porém autoconfiante. Sua esposa adorava receber convidados em casa e ele tinha uma paixão por belas pinturas dos séculos XVII e XVIII, um luxo que seus rendimentos permitiam. De modo pouco surpreendente, a equipe descobriu que Van den Bergh tinha sido registrado como tabelião para a Gouldstikker, N.V., uma famosa galeria em Amsterdã que negociava pinturas e obras de arte inestimáveis.

No início da ocupação, e antes das sufocantes restrições dos nazistas contra a população judia, Van den Bergh continuou nos negócios, assim como Otto Frank. A equipe do caso arquivado localizou registros mostrando que Van den Bergh ainda atuava em várias transações em 1940. Muitas vendas de objetos de arte atraíram o exame especial da equipe, não tanto pelo que tinha sido vendido, e sim pelos nazistas proeminentes que os compravam, como Hermann Göring.

O convite para Van den Bergh se tornar membro fundador do Conselho Judaico veio no início de fevereiro de 1941, provavelmente feito por David Cohen. Van den Bergh foi nomeado para a Comissão dos Cinco, um comitê envolvido na organização interna do conselho. Além de servir como tabelião do conselho, ele também comparecia às reuniões semanais do Departamento de Emigração, o grupo que tinha a tarefa pouco invejável de compilar os nomes dos judeus que seriam postos nas listas de deportação. No Instituto de Estudos da Guerra, do Holocausto e do Genocídio

(NIOD), a equipe do caso arquivado examinou as atas preservadas do Conselho Judaico, mostrando que os líderes do SD de Amsterdã, Willy Lages e Ferdinand Aus der Fünten, tinham interação constante com o conselho, às vezes comparecendo às reuniões.[1]

Dez meses depois da ocupação, em 21 de fevereiro de 1941, os nazistas decretaram que todos os tabeliães judeus deveriam entregar suas funções públicas a tabeliães não judeus. Entretanto, não era incomum se passarem meses antes que um substituto fosse nomeado.[2] No caso de Van den Bergh, só em janeiro de 1943, quase dois anos depois, ele foi informado de que seria substituído por um tabelião ariano.

Van den Bergh tinha começado a entender a ameaça terrível representada pelos nazistas para sua segurança e a de sua família. Quando a equipe do caso arquivado verificou os arquivos do NIOD, descobriu que os nomes dele, da esposa e das três filhas apareciam na lista de pessoas que conseguiram as exclusivas *Sperres* 120.000 (concedidas a aproximadamente 1.500), os que supostamente ofereciam mais proteção. A elite do Conselho Judaico e todos os outros judeus que os alemães achavam adequado proteger tinham essa *Sperre*, que os protegia da deportação "até segunda ordem". Segundo os dossiês do NIOD, Van den Bergh se candidatou às *Sperres* (na verdade as comprou) em nome próprio e da família em julho de 1943. Com o cobiçado *Stempel* (carimbo) na carteira de identidade, ele pôde viver abertamente em Amsterdã. De fato, ele estava "escondido à vista de todos". Interrogado depois da guerra, um homem chamado Hans Tietje disse que ajudou Van den Bergh a obter as *Sperres*.[3]

Hans Tietje era um empresário alemão que se mudara para a Holanda com o objetivo de comandar uma empresa que produzia estanho. Tinha ascendido de funcionário público a milionário, colecionador de arte e fornecedor da Wehrmacht, e era casado com uma mulher judia. Seus amigos eram algumas das pessoas mais influentes da Holanda, entre eles Willy Lages, Ferdinand aus der Fünten e o empresário e negociante de artes Alois Miedl. Durante a investigação feita depois da guerra pelo

BNV sobre sua colaboração, Tietje disse que tinha mantido os contatos de alto nível com autoridades alemãs apenas para ajudar os judeus. Afirmou que mais de cem judeus deixaram de ser deportados por causa de seu relacionamento próximo com Lages e insistiu que jamais recebeu pelo trabalho que fazia.

Vince e a equipe enxergaram a coisa por outro lado. Tietje não era um personagem do tipo "lista de Schindler", apesar de tentar se retratar assim. Ele realmente salvou alguns judeus, porém a maioria era de filhos de industriais influentes que poderiam lhe dar proteção depois que os alemães perdessem a guerra, o que ele estava convencido de que iria acontecer. Por outro lado, quando doze trabalhadores de uma de suas fábricas foram presos, ele não usou sua influência para libertá-los. Também não conseguiu (ou não quis) salvar o próprio cunhado e a família dele, que foram deportados e morreram no leste.[4] Tietje era essencialmente alguém que lucrava com a guerra e jogava dos dois lados. Ele comerciava obras de arte tomadas de judeus e vendia a eles *Sperres* 120.000. Às vezes estas eram falsificadas e as pessoas eram deportadas de qualquer modo. Esse era o tipo de homem com quem Van den Bergh, por necessidade, se pegou trabalhando.

Em 31 de agosto de 1943, um tabelião chamado J.W.A. Schepers foi nomeado oficialmente para assumir a conta do cartório de Van den Bergh.[5] Pieter encontrou um dossiê do CABR no Arquivo Nacional com o nome de Schepers, o que significava que depois da guerra ele foi investigado como colaborador. O dossiê revelava algumas informações fascinantes. Logo depois de assumir o controle do negócio de Van den Bergh, Schepers descobriu que era impossível administrar o cartório por causa do que chamou de "truque de judeu": antes de deixar o negócio, Van den Bergh havia espertamente designado todos os documentos notariais para um dos seus funcionários, que depois adoeceu "convenientemente". Outro funcionário, que tinha recebido as tarefas administrativas do escritório, não possuía autoridade legal para acessar os documentos ou transferi-los para Schepers. Sem acesso aos documentos, Schepers não podia levar o negócio adiante, e mesmo assim ficou com todas as despesas do cartório. O pró-nazista Schepers, obviamente, voltou sua fúria contra Van den Bergh.

Em seu livro *Kille mist: het Nederlandse notariaat en de erfenis van de oorlog* [Névoa fria: Os tabeliães holandeses e a herança da guerra], Raymund Schütz descreveu como Schepers decidiu destruir Van den Bergh. Ele procurou o banco Lippmann-Rosenthal (LIRO), estabelecido pelos ocupantes alemães para registrar e saquear propriedades dos judeus. Em uma carta datada de 15 de agosto de 1943, reclamou que Van den Bergh ainda estava morando em sua imponente residência na Oranje Nassaulaan, número 60, e não usava a estrela amarela exigida.

Examinando o arquivo Calmeyer, uma pesquisadora da equipe do caso arquivado, Anna Foulidis, descobriu como Van den Bergh conseguiu isso. No mês anterior, em 2 de setembro, ele havia recebido o status Calmeyer, o que significava que não era mais considerado judeu nem precisava usar a estrela amarela. Ele obviamente desconfiava da segurança das *Sperres* 120.000 e tinha conseguido algo maior. Já que não era mais judeu, não era mais membro do Conselho Judaico e não seria deportado com outros membros do conselho. Na verdade, ele escapou da deportação por uma questão de semanas.

Tinha sido um processo longo. Os registros mostravam que Van den Bergh havia requisitado o status Calmeyer um ano e meio antes, na primavera de 1942. Ele estava questionando sua identidade como judeu. Se pudesse provar que apenas um dos pais era judeu, segundo o sistema de classificação nazista ele poderia ser considerado "parcialmente pertencente à raça alemã".

Para os nazistas havia uma questão essencial: quem era judeu e quem não era? Segundo as leis raciais nazistas, o nível de judaísmo era determinado por uma tabela complexa como a apresentada a seguir, dada aos policiais locais quando fossem interrogar alguém considerado judeu.[6]

Classificação	Tradução	Ascendência	Definição
Deutschblütiger	De sangue alemão	Alemã	Pertence à raça e à nação alemãs; aprovado para ter cidadania do Reich
Deutschblütiger	De sangue alemão	1/8 judia	Considerado como pertencente à raça e à nação alemãs; aprovado para ter cidadania do Reich
Mischling zweiten Grades	Raça mista (segundo grau)	¼ judia	Só em parte pertencente à raça e à nação alemãs; aprovado para ter cidadania do Reich
Mischling ersten Grades	Raça mista (primeiro grau)	⅜ ou ½ judia	Só em parte pertencente à raça e à nação alemãs; aprovado para ter cidadania do Reich
Jude	Judeu	¾ judia	Pertencente à raça e à comunidade judaicas; não aprovado para ter cidadania do Reich
Jude	Judeu	Judia	Pertencente à raça e à comunidade judaicas; não aprovado para ter cidadania do Reich

O escritório de Calmeyer declarou que Van den Bergh tinha apenas um dos avós judeu e portanto era *Mischling* de segundo grau (*zweiten Grades*).[7] Isso significava que pertencia à raça alemã e era aprovado para ter cidadania alemã. Suas filhas também eram *Mischling* de segundo grau, e, como ele era considerado não judeu, sua esposa judia, Auguste, estava protegida pelo casamento misto. Essa decisão lhe permitiu ter o "*J*" removido do cartão de registro. Também significou que, como não era mais judeu, precisou se demitir do Conselho Judaico no início de setembro, o que, por acaso, foi uma sorte para ele.

O fato de Van den Bergh ter recebido o status Calmeyer era bastante inacreditável, considerando que isso aconteceu no meio da guerra.

O processo demorou quase dezoito meses, mas, enquanto o pedido era avaliado, ele foi dispensado da deportação. Primeiro foi mandada uma carta para o escritório dos drs. J. & E. Henggeler, em Zurique, na Suíça, que fizeram um pedido de busca a uma sociedade de genealogistas em Londres em 7 de março de 1942.[8] Foi solicitado que a sociedade localizasse registros de igrejas, em um esforço para provar que um ou mais dos pais ou avós de Van den Bergh não eram judeus. A agência recebeu o pedido em 6 de agosto de 1942, mas só respondeu em 12 de janeiro de 1943. Ela pediu desculpas pela demora, explicando que os registros que precisavam ser localizados estavam armazenados em abrigos antiaéreos.[9] Não há certeza se essas buscas e esses resultados eram autênticos ou se todos eram falsificações bem-feitas.

Quando Schepers descobriu que Van den Bergh tinha conseguido o status Calmeyer, ficou indignado. Afirmando que antes da guerra Van den Bergh sempre havia alardeado que era um tabelião judeu, levou a reclamação diretamente à SS e ao departamento de Calmeyer em Haia, exigindo que realizassem uma investigação.[10] Infelizmente para Van den Bergh, Schepers teve sucesso. Pelo dossiê de Schepers no CABR, a equipe de investigação do caso arquivado concluiu que ele podia exercer mais pressão sobre os nazistas de alto posto em Haia do que Van den Bergh.

A equipe localizou uma carta endereçada a Van den Bergh, datada de 4 de janeiro de 1944, em que dois advogados que trabalhavam no departamento de Calmeyer o alertavam que ele corria o risco de ser preso.[11] Imediatamente Van den Bergh saiu de sua mansão e se registrou formalmente em uma casa pequena no número 61 da Nieuwendammerdijk em Amsterdam-Noord, de propriedade de Albertus Salle, que tinha sido funcionário em seu antigo cartório.[12] Pieter localizou e entrevistou a filha de Salle, Regina Salle, que não tinha lembrança de ninguém que tivesse morado na casa naquele período que não fosse da família, indicando que o endereço era provavelmente apenas um disfarce.[13]

Pieter passou algum tempo no Arquivo da Cidade de Amsterdã e ficou sabendo com o arquivista Peter Kroesen que Van den Bergh precisaria ter se apresentado fisicamente na prefeitura de Amsterdã para mudar o endereço no registro. Evidentemente ele ainda não tinha medo de ser visto andando pelas ruas da cidade.[14] Entretanto, sabia que o assédio constante de Schepers às autoridades, tratando de seu status de "não judeu", estava ficando cada vez mais perigoso para ele e sua família.

Forçado a admitir as reclamações de Schepers, em 22 de janeiro de 1944, o departamento de Calmeyer emitiu uma decisão formal afirmando que Van den Bergh podia ter usado provas falsas para reivindicar seu status "ariano" e que suas contas bancárias deveriam ser bloqueadas.[15] O absurdo surreal dessa dança das cadeiras burocráticas, quando a vida de um homem e da sua família estavam em risco, é um exemplo brutal do método nazista de assassinato através de pequenos cortes burocráticos.

Curiosamente, a equipe do caso arquivado encontrou menção ao nome de Van den Bergh no arquivo de colaboração sobre o notório caçador de judeus e membro do esquadrão IV B4 Eduard Moesbergen,[16] que fez parte da Coluna Henneicke até esta ser dissolvida. (Depois disso ele trabalhou para o sargento Abraham Kaper no Departamento de Assuntos Judaicos. Kaper descreveu Moesbergen como um dos seus caçadores de judeus mais prolíficos.) O dossiê de Moesbergen no CABR continha dois testemunhos, de um homem-V e uma mulher-V que trabalhavam para ele, dizendo que Moesbergen costumava andar com listas de endereços onde judeus estariam escondidos. No verão de 1944, tudo indica que ele invadiu metodicamente os endereços da lista, um por um.[17]

Em seu interrogatório depois da guerra, Moesbergen disse que ficou sabendo que Arnold van den Bergh tinha perdido o status Calmeyer. Contou que pouco depois foi à residência dele na Oranje Nassaulaan e descobriu que ele não estava mais lá. Quando Moesbergen voltou, alguns dias depois, ficou claro que Van den Bergh tinha fugido. Buscando reduzir a pena por sua recente condenação como colaborador, Moesbergen afirmou que quisera alertar Van den Bergh para se esconder, algo que os relatórios do dossiê no CABR não sugeriam.[18]

A equipe do caso arquivado se perguntou se Moesbergen realmente pretendia avisar Van den Bergh ou se queria prendê-lo para receber o pagamento de *Kopgeld*. Depois da guerra, Moesbergen não admitiria que seu objetivo ao ir à residência de Van den Bergh era prendê-lo. Não existe registro de Van den Bergh ter sido consultado sobre a veracidade do testemunho de Moesbergen.

Então o inesperado aconteceu. Por um acaso feliz, Thijs encontrou um homem que insistia, com documentação convincente, que seus avós tinham escondido com sucesso a filha de Van den Bergh, Anne-Marie, durante a guerra. Segundo os avós desse homem, Arnold van den Bergh arranjara um esconderijo para a filha com a ajuda da resistência. De um modo ou de outro, parece que, através de seu relacionamento com nazistas poderosos, que o ajudaram a obter o status Calmeyer, ou através da resistência, que ajudou a esconder suas filhas, Van den Bergh conseguira salvar a vida da família.

O caso de Van den Bergh era excepcional. Por um lado, ele pôde pedir para a resistência esconder suas filhas; por outro, tinha contatos suficientemente poderosos na hierarquia nazista para garantir o status Calmeyer e, em seguida, ser avisado a tempo quando o status foi retirado. Para a equipe, isso era suspeito.

37

ESPECIALISTAS EM AÇÃO

Vince se lembra claramente do momento em que tudo mudou na investigação do caso arquivado. Estava relendo o bilhete anônimo pela centésima vez. Este dizia: "Seu esconderijo em Amsterdã foi denunciado na época à Jüdische Auswanderung em Amsterdã, Euterpestraat por A. van den Bergh."De repente ele percebeu que o bilhete não dizia que o *nome* de Otto Frank foi revelado; só mencionava o endereço. Quem escreveu o bilhete podia nem mesmo saber quem estava escondido no número 263 da Prinsengracht. Em seguida, o bilhete dizia: "Na J.A. havia toda uma lista de endereços que ele entregou."De repente Vince começou a enxergar as coisas de modo diferente. Se A. van den Bergh realmente entregou uma lista de endereços, e não de nomes, de algum modo isso fazia o crime de traição, se *era* traição, parecer menos pessoal. No mínimo ele não precisava sentir que estava traindo alguém que talvez conhecesse.

No relatório de quarenta páginas da investigação, o detetive Van Helden tinha transcrito o bilhete anônimo, mas Vince queria saber se aquelas eram as palavras exatas ou apenas um resumo. Haveria mais alguma coisa no bilhete? Quem era o diretor da Casa de Anne Frank a quem Otto disse que dera o bilhete original? Onde estava a cópia que ele tinha feito?

Assim como Abraham Kaper havia guardado documentos importantes em casa, Vince apostava que Van Helden teria feito a mesma coisa. A equipe de investigação do caso arquivado decidiu localizar os parentes de Van Helden. Com um pouco de trabalho, conseguiram encontrar seu filho, Maarten.

Quando Vince mandou o primeiro e-mail, Maarten van Helden pareceu muito interessado em falar sobre o pai. Disse que não sabia muito sobre o trabalho dele e que seria de pouca ajuda na investigação. No entanto, quando Vince perguntou se por acaso ele tinha papéis que seu pai havia deixado, Maarten disse que tinha — que, cerca de oito anos depois da morte do pai, havia encontrado vários documentos relacionados à investigação de 1963-1964.

Maarten van Helden digitalizou e mandou para a equipe do caso arquivado alguns documentos que havia localizado. Ao examinar os registros, Vince encontrou um pequeno bilhete datilografado que também continha algo escrito à mão. O conteúdo e o tamanho combinavam com a descrição de Van Helden sobre o bilhete anônimo. Aquele não podia ser o original, pensou Vince, não com comentários escritos à mão. Seria a cópia que o próprio Otto havia feito?

Imediatamente depois das festas de Natal, Vince marcou um encontro com Maarten van Helden. Ao entrar na sala de Van Helden, seu olhar foi atraído para uma grande pilha de papéis na mesinha de centro. Sentiu uma espécie de choque. Vince se virou para o homem idoso, que lhe estendia a mão. Sua esposa, casada com ele havia 45 anos, se adiantou e se apresentou como Els. Maarten começou a falar sobre o pai.

Arend van Helden tinha dezoito anos quando entrou para o exército e ascendeu ao posto de sargento na Polícia Militar. Depois da invasão alemã em 1940, foi capturado e preso em Haia. Quando foi solto, os alemães permitiram que ele continuasse atuando como policial. Foi um descuido, já que logo ele começou a trabalhar para a resistência.

Arend usava seu posto para ajudar pessoas escondidas fornecendo comida para elas. Por causa da escassez de carne durante a guerra, um policial precisava estar presente quando porcos ou bois eram abatidos, para garantir que não houvesse roubo. Como sempre ficavam para trás alguns restos de carne, Arend os pegava e entregava em casas onde sabia haver pessoas escondidas.

Maarten se tornou o arquivista das histórias de guerra contadas pelo pai. Uma história envolvia a captura de um homem que seu pai tinha recebido ordem de transportar para o campo de Amersfoort. O prisioneiro pediu para ser liberado por uma hora, de modo a alertar outros sobre uma iminente prisão em massa. Ele deu a palavra de que se entregaria em seguida. O pai de Maarten cedeu ao pedido e o homem cumpriu com a palavra e voltou para o transporte.

Outra história era sobre um confronto entre seu pai e um oficial nazista. Em setembro de 1944, Arend estava envolvido na investigação das atividades de um oficial da SS no mercado clandestino na cidade de Elst. Ele buscou o oficial para ser interrogado. Enquanto seguiam de carro, o oficial ordenou que Arend entregasse sua pistola. Ele obedeceu, e o oficial da SS o fez sair da estrada. Estava se preparando para atirar em Arend mas ouviu o som de passos se aproximando. Quando o oficial baixou a arma, Arend saiu correndo feito um cervo, atravessando valas e campinas para escapar.

Depois da guerra, Arend van Helden continuou como policial e acabou sendo promovido a inspetor na força policial de Amsterdã. Maarten tinha vinte anos em 1963 quando seu pai foi encarregado de investigar a invasão do Anexo. Quando ficava frustrado ou empacado no trabalho, Van Helden pai às vezes levava o processo para casa. Maarten lembrou que o pai tinha viajado a Viena para se encontrar com Simon Wiesenthal e que na mesma viagem fora à Basileia interrogar Otto Frank.

Vince tentou esconder a empolgação quando os dois voltaram a atenção para a pilha de papéis na mesa. Ali estavam dezenas de originais e cópias carbono de quase todas as páginas da investigação feita em 1963-1964, inclusive a capa da pasta original do Departamento de Investigação Criminal. Ele disse que as mãos começaram a tremer.

Na base da pilha Vince encontrou o que estava procurando: uma folha de papel de carta com aproximadamente 14 por 23 centímetros, presa a outros documentos. Estava ligeiramente amarelada e tinha uma mensagem datilografada, embaixo da qual havia frases escritas à mão em tinta. O bilhete parecia ser original, e não uma fotocópia ou reprodução. A escrita à mão também parecia original. Não era de espantar que a cópia do bilhete anônimo não tivesse sido encontrada entre os papéis de Van Helden arquivados no Departamento Estatal de Investigações Criminais — porque estivera todos aqueles anos ali, em sua coleção particular!

No topo do bilhete estava datilografada a palavra em alemão *"Abschrift"* (cópia). Isso corroboraria a teoria de que aquela era a cópia feita por Otto. A língua nativa de Otto era o alemão, e para ele seria natural usar a palavra em alemão para "cópia". O resto do texto datilografado estava em holandês. Havia palavras escritas à mão, e Maarten identificou a letra como sendo de seu pai. Ele concordou em emprestar à equipe o bilhete *Abschrift*, como Vince passou a chamá-lo, para exame forense. Vince queria confirmar que o bilhete tinha sido datilografado por Otto Frank e que a letra era mesmo de Van Helden.

VINCE DECIDIU ENTRAR EM CONTATO COM UM DOS SEUS EX-COLEGAS DO LABORATÓRIO DO FBI, E juntos repassaram todos os testes disponíveis que pudessem ajudar a extrair o máximo de informações. Infelizmente muitos deles implicariam efeitos colaterais destrutivos, e Vince hesitava em realizar qualquer teste que pudesse alterar o bilhete. Testar em busca de impressões digitais era uma possibilidade, mas como o processo de espalhar o pó ou cianoacrilato (supercola) pode causar descoloração extrema, foi descartado. Em seguida, ele procurou uma especialista forense, a detetive Carina van Leeuwen. Eles concluíram que o exame do bilhete exigiria uma abordagem dupla: um exame científico e uma análise linguística.

Por não confiar no correio para mandar um documento potencialmente histórico, Maarten foi de carro a Amsterdã com sua irmã e entregou pessoalmente o bilhete a Vince e Brendan. Foi perguntado se eles reconheciam a letra no bilhete como sendo de seu pai. Os dois concordaram que era.

Para uma opinião científica, Vince entrou em contato com um perito grafotécnico holandês, Wil Fagel, agora aposentado do Instituto Forense da Holanda. Este pediu que eles obtivessem com Maarten, que ainda tinha várias cartas escritas pelo pai, exemplares, ou seja, cópias da letra do detetive. Fagel comparou essa escrita com a do bilhete *Abschrift* e concluiu que a letra era a mesma.[1] (Por coincidência, o departamento de Fagel no Instituto Forense da Holanda tinha examinado o diário de Anne Frank para autenticar sua letra em meados da década de 1980. Os resultados do exame foram publicados na edição crítica do diário feita pelo NIOD e refutavam todas as afirmações de que o diário não tinha sido escrito por Anne Frank.)[2]

Era essencial determinar quando o bilhete *Abschrift* fora escrito. A datação por radiocarbono provavelmente determinaria a idade do papel, mas não do que estava escrito nele; porém, exigiria cortar um pedaço do bilhete. Vince notou que havia dois buracos feitos por um perfurador de papel no lado esquerdo do bilhete, um dos quais cortava parte da escrita. Ele telefonou para Maarten van Helden, que explicou que tinha perfurado todos os documentos para guardá-los em um fichário. Vince perguntou se o perfurador que ele havia usado tinha um compartimento que guardava os círculos de papel cortados. Maarten já havia esvaziado o compartimento? Não? Logo o escritório recebeu um envelope volumoso. Quando foi aberto, cerca de mil pequenos discos de papel se derramaram.

Vince e Brendan examinaram todos em uma mesa de luz. Depois de várias horas, puderam separar quinze discos possíveis baseados na cor, mas não conseguiram descobrir nenhum que tivesse a escrita a tinta, nem podiam ter certeza de que algum deles combinava exatamente com os buracos no bilhete.

Enquanto isso, Vince e Brendan esperavam que um exame da tipografia do bilhete confirmasse o autor e a data. Eles entraram em contato com o especialista internacional em tipografia Bernhard Haas, filho do autor do Haas Atlas, o guia definitivo para identificar fontes tipográficas. Na terminologia das máquinas de escrever, a fonte do documento descreve a imagem deixada no papel depois de a haste bater na fita de tinta. (Na era dos computadores e impressoras a jato de tinta, o exame tipográfico é uma arte perdida, e a equipe teve sorte em encontrar Haas.) Eles puseram

Haas a par da investigação e informaram suspeitar que o bilhete *Abschrift* podia ter sido produzido por Otto Frank. Haas disse que precisaria da máquina de escrever usada por Otto ou de vários documentos originais que Otto tivesse produzido em sua máquina de escrever. A equipe não tinha esperança de obter a máquina de escrever de Otto, já que provavelmente estava sob o controle da Anne Frank Fonds na Basileia, um grupo que até então não havia ajudado. A solução óbvia era procurar alguém que tivesse se correspondido regularmente com Otto.

Quando era adolescente no final da década de 1950, a americana Cara Wilson-Granat ficou tão inspirada pelo diário de Anne Frank que escreveu para Otto Frank. Ela chegou a fazer um teste para representar Anne no filme ganhador do Oscar em 1959 *O diário de Anne Frank*, dirigido por George Stevens, um papel que acabou sendo feito por Millie Perkins. Sua correspondência com Otto e a amizade entre os dois durou mais de duas décadas. Em 2001, ela publicou as cartas em *Dear Cara: Letters from Otto Frank* [Querida Cara: Cartas de Otto Frank].

Vince tinha falado anteriormente com Cara sobre a correspondência e as conversas pessoais com Otto, e sabia que ela guardava as cartas originais dele. Telefonou para ela e explicou que a equipe estava com um documento que podia ser de Otto. Será que ela poderia mandar algumas das suas cartas para serem comparadas? Ela disse que faria isso, com todo o prazer.

Quando Vince estava se informando sobre o envio expresso das cartas para o escritório em Amsterdã, o encarregado da empresa transportadora perguntou qual era o valor do conteúdo do pacote. Ao saber que o valor era inestimável, ele respondeu: desculpe, mas essa não era uma das opções. Então a equipe consultou um especialista em documentos que sugeriu uma estimativa de valor e o pacote foi enviado.

Vince passou a noite toda rastreando o transporte e, na manhã seguinte, viu que ele havia chegado ao aeroporto Schiphol, em Amsterdã. Seu coração se encolheu quando às oito e quinze recebeu uma mensagem de texto dizendo que a entrega seria adiada até o dia seguinte, apesar de o rastreamento pela internet ainda mostrar que ele seria entregue antes das dez e meia daquele dia. Ele quase entrou em pânico, imaginando que precisaria dizer a Cara que as cartas tinham sido perdidas ou danificadas, mas às nove o caminhão de entrega chegou ao escritório, o motorista entrou e pediu uma assinatura. Vince pensou: "Se ele soubesse o que está aí dentro!"Então Vince e Brendan partiram na viagem de seis horas de trem até Winnenden, uma cidadezinha no sudoeste da Alemanha onde Bernard Haas morava. Levavam o bilhete e várias das cartas originais enviadas por Cara. Aposentado, Haas tinha transformado o andar de cima da sua casa em escritório, decorado com uma coleção de máquinas de escrever antigas. Os instrumentos do seu ofício estavam espalhados em uma grande mesa com tampo de vidro: um microscópio estéreo, gabaritos de espaçamento, luzes especiais e uma lente de aumento.

A avaliação demorou várias horas. Para examinar a tipografia do bilhete *Abschrift*, Haas tirou com cuidado o bilhete de dentro da capa protetora para provas. Colocando-o embaixo do microscópio estéreo, acendeu uma iluminação especial que mostraria até mesmo os menores detalhes. Anotou algumas observações e murmurou em alemão enquanto estudava a tipografia com cuidado. Começou a medir as letras, a distância entre letras e o espaçamento entre as linhas de texto usando um gabarito especial. Em seguida, girou na cadeira, pegou na estante a enciclopédia de tipos que seu pai havia escrito e disse a Vince e Brendan que o bilhete era um documento original datilografado, e não uma cópia. A máquina de escrever usada para escrever o bilhete tinha defeitos específicos de tipos nas letras "*h*" (na serifa superior), "*n*" (no pé direito), no "*a*" (no remate inferior) e no "*A*" (no lado direito). Identificou que o conjunto de tipos havia sido fabricado pela Ransmayer & Rodrian, em Berlim, em algum momento entre 1930 e 1951.

Haas explicou que o próximo passo seria comparar o bilhete com as cartas originais de Cara Wilson-Granat. Brendan e Vince esperaram nervosos enquanto ele murmurava em alemão. Por fim, ele empurrou a cadeira para trás, afastando-se da mesa, e anunciou que podia concluir com a máxima certeza forense que o bilhete e as cartas tinham sido escritos com a mesma máquina de escrever.[3] Em seguida, acrescentou algo que os dois investigadores não esperavam: baseado na progressão de determinadas degradações dos tipos nas cartas para Cara Wilson-Granat, ele concluiu que o bilhete havia sido produzido vários anos antes da data da primeira carta, 1959. (Isso significava que a tipologia no bilhete era mais limpa; os tipos ficam progressivamente mais sujos à medida que a máquina de escrever é usada.) Isso confirmaria a declaração de Otto ao detetive Van Helden, de que ele tinha feito uma cópia do bilhete antes de entregar o original a um membro da diretoria da recém-criada Casa de Anne Frank em maio de 1957.

No trem de volta para Amsterdã, Vince e Brendan tinham um sentimento de satisfação. Haviam provado que o bilhete não era apenas a única prova física relacionada à delação do Anexo; era uma prova produzida por Otto Frank.

A próxima tarefa era investigar o conteúdo da escrita do detetive Van Helden, que aparecia embaixo da parte datilografada do bilhete. Juntando o que os dois filhos de Van Helden achavam que o pai deles tinha escrito e um consenso dos pesquisadores holandeses, a escrita foi traduzida assim:

O original está de posse de
ou
O original está no depósito 23 [a escrita não é clara, mas esta é a leitura mais provável]
Tabelião V. d. Hasselt, 702 Keizersgracht (230047)
(234602)
Pelo correio recebido na Basileia através da Fundação ou não
Detalhes pessoais
Provavelmente
Já mais anos
Entregue a mim em 16/12-63—
Sr. Heldring,

1 foi membro do Conselho Judaico
dentre outras sociedade de atendimento & assistência
2. Departamento Lijnbaansgracht (???? &)
????)

Essas eram anotações feitas pelo detetive Van Helden para si mesmo. A primeira frase afirma claramente que o bilhete original estava em posse de um tabelião chamado Van Hasselt na Keizersgracht, 702, seguido por dois números de seis dígitos. Uma busca no catálogo telefônico de Amsterdã em 1963 confirmou que esses eram o endereço e os números de telefone do tabelião J. V. van Hasselt.

As palavras que vêm em seguida não são claras, mas mencionam a Basileia, onde Otto morava em 1963. A equipe interpretou a próxima frase inteira, "Entregue a mim em 16/12-63", com o significado de que o detetive Van Helden recebeu a cópia do bilhete em 16 de dezembro de 1963, aproximadamente duas semanas depois de interrogar Otto.

A equipe acreditava que "Heldring" se referia a Herman Heldring, um membro original da diretoria da Anne Frank Stichting. A última parte do bilhete, "foi membro do Conselho Judaico dentre outras sociedade de atendimento & assistência", parecia ser sobre Van den Bergh — e a organização para a qual ele entrou depois da libertação. "Departamento Lijnbaansgracht" era a rua onde ficava o Escritório Central de Informações do Conselho Judaico durante a guerra. O tradutor usou "????" para indicar que duas palavras, separadas por &, vinham em seguida, mas são completamente ininteligíveis.

Os membros da equipe de investigação do caso arquivado finalmente tinham certeza de que estavam com a cópia, feita por Otto, do bilhete original, mas ficaram com algumas perguntas enigmáticas: quem era esse tabelião, Van Hasselt? Por que ele ficou com o bilhete original? E por que não tinham ouvido falar dele antes?

38

UM BILHETE ENTRE AMIGOS

Jakob van Hasselt iria se tornar uma figura importante na investigação. Por acaso ele conhecia Arnold van den Bergh bastante bem. Antes da guerra, eles eram dois dos apenas sete tabeliães judeus em Amsterdã e realizavam muitas transações juntos.[1] Durante a guerra, a vida dos dois seguiu direções diferentes: Van Hasselt foi convidado para ser membro do Conselho Judaico mas recusou. Van den Bergh aceitou. Van Hasselt e sua família se esconderam; ele e a esposa acabaram chegando à Bélgica e suas duas filhas permaneceram na Holanda.* Depois da guerra, a vida dos dois se cruzou de novo. Van Hasselt voltou a Amsterdã e se envolveu profundamente no trabalho de ajuda aos judeus, nomeando Van den Bergh para um cargo na organização Trabalho Social Judaico (Joods Maatschappelijk Werk).

Van Hasselt também era muito íntimo de Otto Frank. Ele foi o tabelião que estabeleceu a Anne Frank Stichting, a fundação formada originalmente em maio de 1957 para proteger o prédio 263 da Prinsengracht da

---

* Era muito comum famílias se separarem ao se esconderem. Cuidar de uma ou duas pessoas, em vez de uma família inteira, era um fardo menor para as pessoas que forneciam abrigo.

demolição. Atuou como membro-fundador, junto com Otto, Johannes Kleiman e vários outros. Van Hasselt também preparou o contrato pré-nupcial para Otto e sua segunda esposa, Fritzi, antes de se casarem em novembro de 1953.[2] Ele até mesmo apoiou Otto quando as pessoas começaram a questionar a autenticidade do diário de Anne: em 1954, reconheceu em cartório uma declaração de que havia examinado o diário e concluído que era autêntico.[3]

Otto e Van Hasselt tinham outra coisa em comum: Van Hasselt também tinha perdido as duas filhas (de seis e nove anos) no Holocausto. A desumanidade do que aconteceu é chocante. Para não pagar multa por violar a ordem de usar cortinas de blecaute, uma mulher denunciou uma judia idosa que estava escondida e que por acaso era avó das duas filhas de Van Hasselt. Quando a avó foi levada, a equipe de busca e apreensão encontrou cartas das netas que tinham nos envelopes os endereços de remetente do lugar onde estavam escondidas.[4]

A perda trágica dos dois homens os ligou de um modo que ninguém, a não ser uma pessoa que tivesse sofrido uma perda tão grande, poderia entender. Certamente Otto e Van Hasselt devem ter discutido o conteúdo do bilhete anônimo, mas pareceram não saber direito o que fazer com ele. Era óbvio que Otto sentia que o bilhete era importante o bastante para copiá-lo e dar o original ao amigo, presumivelmente para ser guardado em segurança.[5]

O nome Van Hasselt apareceu em muitos documentos que a equipe do caso arquivado encontrou no Projeto Declarações, inclusive em uma carta de março de 1958 de Kleiman para Otto Frank. Na carta, Kleiman se referia ao bilhete anônimo, dizendo:

Li a carta anônima que o tabelião Van Hasselt me mandou. Este último conhecia o tabelião Van den Bergh, que morava perto, mas este último faleceu há muito tempo. Ele não sabia nada além de que este último era "bom" na época. O dr. de Jong informaria ao departamento de justiça, mas os dois cavalheiros acharam melhor não atribuir muito valor a esses bilhetes anônimos. A primei-

ra pergunta surge imediatamente: por que uma pessoa só aparece agora com uma acusação dessas? O dr. de Jong irá me passar mais informações quando descobrir alguma coisa.[6]

A carta de Kleiman confirmava duas coisas: primeiro, que o bilhete original tinha sido dado ao tabelião Van Hasselt (como sugeriam as anotações à mão do detetive Van Helden na cópia *Abschrift*) e, segundo, que Van den Bergh e Van Hasselt se conheciam e eram colegas. Também sugeria que Kleiman estava de fato confuso (ou tinha sido enganado?) com relação a quando o bilhete original fora mandado, já que escreveu: "Por que uma pessoa só aparece agora com uma acusação dessas?" Ele parecia não saber que Otto tinha recebido o bilhete pouco depois da libertação, cerca de treze anos antes. Kleiman era um dos amigos de maior confiança de Otto. Há evidências de que, nos anos imediatamente depois da guerra, Miep, Bep, Kugler e Kleiman costumavam especular sobre quem os havia denunciado. Porém, segundo todas as declarações examinadas pela equipe do caso arquivado, parece que o nome de Van den Bergh nunca havia surgido entre eles.

A carta de Kleiman para Otto deixava claro que o tabelião Van Hasselt lhe disse que Van den Bergh estava morto, mas o comentário do tabelião sobre Van den Bergh, "Ele não sabia nada além de que este último era 'bom' na época", é uma declaração notavelmente cautelosa. Quando Kleiman procurou o dr. Loe de Jong, um historiador holandês que foi diretor do RIOD (mais tarde renomado como NIOD) e perguntou o que fazer com o bilhete, primeiro De Jong recomendou que ele informasse ao Departamento de Justiça, mas então ele e Van Hasselt decidiram que o bilhete não deveria receber muito crédito. Não há prova de que o bilhete tenha sido entregue ao arquivo do RIOD, e sua existência jamais foi informada ao Departamento de Justiça.

Ao contrário do que contou ao detetive Van Helden, Otto tinha feito alguma investigação sobre Van den Bergh. Quando visitou o policial holandês Gezinus Gringhuis na prisão em 6 de dezembro de 1945, ele perguntou especificamente sobre Van den Bergh e o bilhete anônimo.

Gringhuis teria respondido: "Não havia motivo para suspeitar da integridade do sujeito."[7] É pouco provável que Otto tenha aceitado a palavra de Gringhuis com relação ao caráter de Van den Bergh. Porém, está claro que, apenas alguns meses depois de receber o bilhete anônimo quando voltou de Auschwitz, Otto o levava a sério.

O mais interessante é que, na visita à prisão, Otto não levou Kugler nem Kleiman, e sim (como indicava sua agenda) "Ab". Abraham "Ab" Cauvern era um amigo próximo que acabou ajudando Otto a revisar o diário de Anne e, em 1947, o convidou, junto com Miep e Jan Gies, para compartilhar seu amplo apartamento depois da morte de sua esposa. Apesar de Cauvern obviamente saber sobre o bilhete anônimo, Kleiman e Kugler continuaram alheios à sua existência. O motivo para Otto guardar segredo com relação a eles sobre o bilhete anônimo e só em 1963 entregar ao detetive Van Helden a cópia que tinha feito é um mistério no centro da investigação do caso arquivado.

39

A DATILÓGRAFA

A equipe de investigação do caso arquivado se dedicou em seguida à questão de quem mandou o bilhete anônimo. O suspeito mais óbvio era J.W.A. Schepers, o tabelião pró-nazismo que tomou posse do escritório de Van den Bergh. Schepers odiava Van den Bergh e certamente estava decidido a se vingar dele. Mesmo depois da guerra é improvável que sua raiva tivesse se aplacado. Então por que não dar o próximo passo e difamar o homem, acusando-o de trair outro judeu?

Porém, Schepers não teria oportunidade de mandar o bilhete: tinha sido preso como colaborador em 2 de junho de 1945, um dia antes de Otto voltar de Auschwitz. Os prisioneiros tinham permissão de mandar cartas, mas apenas escritas à mão nos papéis timbrados da penitenciária. Se o bilhete original tivesse o timbre da prisão, Otto certamente mencionaria isso ao detetive Van Helden ou Kleiman comentaria na carta para Otto — presumindo, claro, que Schepers soubesse quem era Otto Frank, o que não era necessariamente verdade. Além disso, como a equipe ficou sabendo a partir das cartas dele sobre Van den Bergh durante a guerra, Schepers não tinha escrúpulos em assinar seu nome em acusações malignas e mandá-las às autoridades apropriadas.

O autor do bilhete precisaria conhecer Van den Bergh e também devia ter acesso a algum tipo de informação interna. Talvez o remetente anônimo trabalhasse no SD, já que o bilhete mencionava que muitos outros endereços tinham sido entregues ao escritório do SD na Euterpestraat. Somente alguém que trabalhasse lá possuiria esse tipo de informação.

A equipe do caso arquivado procurou a linguista forense holandesa dra. Fleur van der Houwen, da Universidade Livre de Amsterdã, que tem vinte anos de experiência na área.[1] Depois de examinar a escolha de palavras e a estrutura das frases usada pelo autor anônimo, ela fez a seguinte avaliação:

1. *O texto foi escrito em um nível avançado da língua holandesa.*
2. *A escolha formal de palavras e a estrutura das frases indicava que quem o escreveu era holandês e não alemão.*
3. *Provavelmente era um adulto.*
4. *Possivelmente trabalhava em algum órgão do governo.*

A partir dessa análise e de outros conhecimentos assimilados, a equipe concluiu que o autor do bilhete:

1. *Era holandês.*
2. *Era funcionário do SD de Amsterdã no escritório da Zentralstelle na Euterpestraat, ou estava de algum modo conectado a ele.*
3. *Possivelmente trabalhava diretamente com ou para autoridades importantes que lidavam com material altamente sigiloso. Podemos presumir que apenas funcionários nazistas de confiança, homens do SD, detetives holandeses que trabalhavam para o SD e pessoas-V podiam ver ou ter conhecimento do tipo de lista mencionada no bilhete anônimo.*
4. *Estava ansioso para se livrar do fardo de informações dolorosas.*
5. *Conhecia Arnold van den Bergh ou sabia sobre ele, já que o endereço particular do tabelião estava mencionado no bilhete.*

Ao procurar algum holandês dentro da Zentralstelle que pudesse se encaixar no perfil operacional, a equipe do caso arquivado descobriu o nome de Cornelia Wilhelmina Theresia "Thea" Hoogensteijn. A equipe já havia encontrado o nome dela na lista telefônica do SD de Amsterdã, onde era citada como secretária de Willy Lages e Julius Dettmann.

Nascida na Alemanha em 1918, Hoogensteijn se mudou para a Holanda com sua família católica holandesa quando estava com nove anos. Aos 24, fluente em alemão e holandês, conseguiu trabalho como datilógrafa na Zentralstelle. A princípio, traduzia as determinações antissemitas dos nazistas para o holandês, registrava judeus durante as *Razzias* e datilografava os relatórios dos interrogatórios de presos políticos no quartel-general do SD.[2]

O fato de trabalhar no quartel-general do SD passava a impressão de que Thea apoiava a ocupação nazista, mas a equipe do caso arquivado descobriu que ela se dava bem com dois policiais de Amsterdã que trabalhavam para a resistência: Arend Japin e Piet Elias. Mais tarde, eles testemunhariam que ela os ajudou e foi fundamental em garantir a libertação de vinte estudantes presos que seriam mandados para trabalhos forçados em 1943. Psicologicamente, trabalhar quase que como agente dupla acabou se tornando demais para ela. Consternada com o enorme abuso contra prisioneiros no quartel-general, Thea se demitiu no início de 1944.[3] No entanto, a resistência a considerava um elemento valioso e a pressionou para voltar ao trabalho. No mês de junho do mesmo ano, ela foi promovida a secretária pessoal do temido chefe do SD, Willy Lages. Como a lista telefônica do SD deixa claro, ela também se tornou secretária de Dettmann, o que significa que provavelmente poderia saber sobre uma lista preparada e entregue ao SD por Van den Bergh, como o bilhete sugere.

No final de 1944, porém, o SD começou a suspeitar de suas conexões com a resistência. Lages datilografou na máquina de escrever dela: "Thea, você é uma traidora."[4] Em janeiro de 1945, ela foi presa suspeita de espionagem, mas, como não havia provas, foi solta depois de três dias. Com o disfarce revelado, Thea imediatamente passou a se esconder, com uma carta de um membro da resistência testemunhando a seu favor.

Tentando entrar no sul libertado, Hoogensteijn e seu amante, Henk Klijn, foram presos em 11 de março e mandados para um campo de prisioneiros perto da cidade de Tilburg. O oficial de inteligência da 15ª Divisão Escocesa que a interrogou ficou obviamente sabendo de seu trabalho anterior no SD de Amsterdã. (Parece que a carta de referência dada pela resistência não teve peso.) Após a libertação em 5 de maio, ela foi transferida para o campo de Forte Ruigenhoek, perto de Utrecht, onde foi mantida com mais de mil outras mulheres, na maioria esposas de membros do NSB. Arrasada, isolou-se do resto das prisioneiras, recusou-se a comer e tentou suicídio. Em seguida, foi transferida para uma instituição mental em Utrecht. No final de agosto, foi internada na Clínica Valerius, um hospital psiquiátrico em Amsterdã, onde recebeu o diagnóstico de psicose histérica, e, no final de novembro, recebeu o primeiro de quinze tratamentos de terapia de eletrochoque.[5]

Finalmente foi liberada em 21 de maio de 1946, mas a guerra havia destruído sua vida. Não sendo mais bem-vinda na família, que a considerava uma *moffenhoer* (puta dos alemães), emigrou para a Suécia em 1947 e depois para a Venezuela. Só em 1969, em um artigo de página inteira publicado em um jornal holandês com o título "No SD da Euterpestraat, Thea salvou muitas vidas", ela foi finalmente louvada como uma heroína esquecida da resistência.[6]

É improvável, mas não impossível, que Thea Hoogensteijn tenha escrito o bilhete anônimo. Se ela o tivesse escrito antes de ser presa em 15 de março e o mandado para o endereço da Prinsengracht, 263 (ela não tinha o nome de Otto), Kleiman ou Kugler teriam aberto a carta. Porém, eles não sabiam nada sobre um bilhete anônimo. Se o escrevesse depois, de um dos campos, provavelmente precisaria usar papel timbrado especial, e Otto mencionaria isso. No final de agosto, parece que ela já não estaria em condições de escrever uma carta assim. Infelizmente, apesar de Otto ter dito ao detetive Van Helden que havia recebido o bilhete pouco depois da libertação, ele não revelou a data exata. No final, a equipe concluiu que o bilhete, se não tinha sido escrito por Thea, provavelmente foi escrito por alguém com conhecimento interno do funcionamento do SD. Entretanto, justo quando estavam se preparando para investigar outras teorias sobre a autoria, foram distraídos por algo que acabaria sendo ainda mais importante: motivos para acreditar no *conteúdo*.

40

A NETA

Thijs, por sua vez, estava procurando o homem cujos avós tinham escondido com sucesso Anne-Marie van den Bergh durante a guerra. Quando conversaram pelo telefone, ele foi amistoso e se ofereceu para apresentar Thijs à neta de Van den Bergh, com quem mantinha contato próximo. (Para proteger a privacidade da neta, não o identificamos e concordamos com o pedido dela de chamá-la pelo pseudônimo de Esther Kizio.)

Em 13 de fevereiro de 2018, o homem mandou uma carta a Esther, apresentando Thijs. Ele perguntou se ela gostaria de participar da investigação do caso arquivado e lembrou que, no fim da guerra, seus avós, Arnold e a esposa, junto com as três filhas, se mudaram para a Minervalaan, 72-3. O lugar ficava a uns cinco quilômetros da Merwedeplein, onde a família Frank morava antes de se esconder. Em 6 de março, ela respondeu. Um tanto cautelosamente, concordou com uma reunião.

Thijs descreveu para mim sua ida em 15 de março até a cidade onde Esther morava, perto do litoral do Mar do Norte e próxima de Amsterdã. Disse que se sentia muito tenso, sabendo o que estava em jogo. Antes de partir, tinha relido o relatório policial de 1963 e o bilhete citando Arnold van den Bergh como o traidor. Thijs sentia a relutância de Esther: de repente surge um desconhecido querendo falar sobre seu avô, que, como ela provavelmente sabe, fez parte do Conselho Judaico, cujos membros foram tão vilipendiados depois da guerra.

Ele estacionou o carro e tocou a campainha. Uma mulher de cinquenta e poucos anos abriu a porta e o recebeu. Foi totalmente calorosa. Enquanto falava, ela o levou por uma sala até o jardim na lateral da casa e a cozinha. Ofereceu chá e biscoitos de gengibre.

Esta acabou sendo a primeira de várias entrevistas. Esther se mostrou bastante cooperativa. Apesar de não ter conhecido o avô, que havia morrido antes de ela nascer, tinha muitas histórias de família sobre o passado.[1]

Esther contou que tinha nove ou dez anos quando a mãe falou pela primeira vez sobre a guerra. Anne-Marie disse que, depois da invasão nazista, a família foi protegida da deportação por causa da posição do seu pai no Conselho Judaico.[2] Porém, em algum momento em 1943, as coisas mudaram; de repente eles estavam correndo perigo. (Isso provavelmente aconteceu quando o Conselho Judaico foi abolido no final de setembro daquele ano.) A família sentia uma ansiedade terrível e estava sempre com as malas arrumadas, pronta para fugir e deixar tudo para trás. Anne-Marie contou a Esther que foi então que seu avô procurou a resistência para ajudar a esconder as três filhas.

A resistência sempre aconselhava que era mais seguro uma família se dividir do que se esconder todos juntos, e Esther se lembrava de a mãe ter contado que lhe perguntaram se queria ficar com a família e ela disse que não. Anne-Marie tinha um relacionamento ruim com a mãe, que ela descrevia como fria e socialmente ambiciosa. Por outro lado, amava o pai profundamente. Os dois compartilhavam um vínculo baseado no amor pela arte e pela literatura. Segundo Esther, para Anne-Marie a morte do pai foi "o maior desastre da sua vida. Ela não se importou tanto com o resto".[3]

A resistência colocou as gêmeas irmãs de Anne-Marie em uma fazenda perto de Scharwoude, no norte, com uma família chamada De Bruin. Anne-Marie se escondeu em Amsterdã, mas a experiência foi pavorosa. A família a obrigava a trabalhar e ela recebia pouca coisa para comer. Em determinado ponto ficou tão faminta que roubou comida, o que levou a uma briga terrível. Além disso, Esther entendeu que Anne-Marie fora estuprada, ainda que essa palavra jamais tenha sido dita.

Depois de reclamar com uma pessoa da resistência que tinha ido ver como ela estava, Anne-Marie foi transferida para um novo local no sul da Holanda. Ela foi acompanhada em parte da viagem de trem pela pessoa da resistência. Enquanto esperava sozinha na plataforma da estação de trem para realizar a última parte da viagem, Anne-Marie foi notada por um holandês que usava um chapéu de estilo alemão, com uma pena. Com seu cabelo e seus olhos escuros, ela devia parecer judia. O homem informou à polícia que havia uma garota judia na estação.

A polícia a pegou, levou-a para uma cadeia em Scheveningen e a pôs em uma cela junto com outros judeus. Durante vários interrogatórios, Anne-Marie repetiu a história que a resistência a havia treinado para dizer caso fosse apanhada. Anos mais tarde, ela contou à filha que tinha mantido a compostura olhando a foto de uma família feliz exposta na sala do homem que a interrogava com tanta agressividade.

Finalmente Anne-Marie forneceu o nome Alois Miedl ao seu interrogador, um nome que seu pai havia mandado ela usar se tivesse algum problema. Miedl era um alemão que fazia negócios com Van den Bergh e estava envolvido na aquisição de pinturas antigas. Depois de duas semanas, Anne-Marie era a única pessoa que restava na cela. Todas as outras tinham sido deportadas.

Foi solta sem nenhuma explicação e continuou a viagem de trem até a cidade de Sprundel, onde foi recebida pelo professor Ruijgrok. Este a levou para a família Bastiaensen, que tinha concordado em escondê-la. Eram católicos e foram muito receptivos. Entretanto, crianças escondidas não podiam esperar estabilidade. De repente chegou a notícia de que soldados alemães ficariam alojados com a família, e Anne-Marie foi transferida de novo. A resistência a colocou sob os cuidados da família Sadee, na cidade de Breda, onde ela ficou cerca de seis semanas antes de voltar para os Bastiaensen, após os alemães saírem da casa. Anne-Marie permaneceu com eles até a libertação.

Esther disse que sua mãe não queria deixar os Bastiaensen quando a guerra acabou. Tinha passado a considerar os filhos deles como irmãos adotivos e até queria se tornar católica. Finalmente os Bastiaensen a convenceram a voltar para os pais em Amsterdã, mas ela manteve contato com os membros da família por muito tempo depois da guerra.

Esta é a versão de Esther para a história da mãe, e combina com as informações que a equipe de investigação do caso arquivado descobriu no dossiê do seu avô.[4] No testemunho dado às autoridades holandesas, Van den Bergh revelou que a filha foi detida em Roterdã, na viagem para o esconderijo. Disse que ela ficou presa por nove dias e foi solta porque seus documentos de identidade não tinham a letra "J", mas não mencionou que tinha mandado a filha usar o nome Alois Miedl caso tivesse algum problema.[5] Talvez soubesse que, depois da guerra, não seria bom indicar que tivera um relacionamento próximo com um nazista conhecido.

Quando a equipe do caso arquivado perguntou se Esther sabia mais sobre Miedl, ela lembrou que ele era colecionador de arte e tinha esposa judia. O avô de Esther colecionava pinturas de artistas famosos dos séculos XVII e XVIII, e ele e Miedl frequentavam juntos os leilões de arte. Ela também recordou que Miedl havia comprado a coleção de arte Goudstikker, mais ou menos na época da invasão alemã. Em seguida, ele vendeu a coleção ao carrasco de confiança de Hitler, Hermann Göring. Esther se lembrava de ter visto na internet uma foto da época da guerra que mostrava Göring saindo do escritório de Miedl, mas não indicou saber que seu avô fora o tabelião que oficiara a compra da coleção por Göring.

Esther tinha o hábito de visitar regularmente a avó e as tias. Ela lembrou que, quando abria a porta da casa da avó, era como entrar no Rijksmuseum. As paredes eram cobertas com pinturas da escola de Jan Steen e outros. Depois da morte da avó, em 1968, Esther teve a incumbência de examinar a casa em Amsterdã. Encontrou muitos documentos, mas a coleção de pinturas valiosas de seu avô parecia ter sumido (ela ainda está tentando encontrá-las). Contou a Thijs que havia uma mala cheia de documentos, que tinha ficado durante quarenta anos na casa do seu avô. Porém, como aconteceu com a casa de Abraham Kaper, houve um acidente e tudo foi destruído em um incêndio provocado por um vazamento de gás.

Esther acabou sendo convidada para ir ao escritório da equipe em Amsterdam-Noord, onde Vince e Brendan a entrevistaram.[6] Finalmente eles lhe mostraram o bilhete identificando seu avô como a pessoa que havia traído a família Frank. Ela ficou visivelmente chocada.

— O que motivaria alguém a mandar um bilhete desses? — perguntou.

Esther contou a eles que depois da guerra houve muita raiva direcionada contra o Conselho Judaico. Disse que sua avó raramente falava sobre a guerra e que jamais houve na família acusações contra o avô. Mas também relatou que recebeu pessoalmente telefonemas anônimos agressivos sobre o Conselho Judaico muito depois da morte do avô.

— Por que alguém trairia outros assim? — perguntou de novo em voz alta.

Seu avô devia ter sido obrigado a cooperar com os alemães, mas ela não conseguia imaginá-lo traindo Otto Frank. Lendo o bilhete atentamente, reparou que se referia a listas, e não a pessoas específicas. Sim, podia imaginar isso. Se de fato seu avô revelou o endereço Prinsengracht 263, provavelmente se tratava apenas de um endereço em uma lista impessoal; ele não sabia quem morava lá. Se ele tivesse mesmo feito aquilo, disse finalmente, sabia que só poderia ser por um motivo: porque fora obrigado, porque precisava salvar a vida das pessoas da própria família.

41

O CASO GOUDSTIKKER

Os comentários de Esther sobre a ligação do avô com o caso Gouds-tikker, a mais famosa "aquisição" de coleção de arte na Segunda Guerra Mundial, coincidia com o que a equipe de investigação do caso arquivado tinha descoberto. Seu relato também colaborou para o sentimento crescente de que Van den Bergh podia de fato estar envolvido na delação da família Frank.[1]

Na Europa das décadas de 1920 e 1930, Jacques Goudstikker era um dos mais ricos negociantes holandeses de obras de mestres europeus dos séculos XVII e XVIII. Como era judeu, no verão de 1940 foi obrigado a vender sua famosa coleção — que incluía mais de mil obras de arte, além de imóveis — por um preço extremamente reduzido a Alois Miedl,[2] um colecionador de arte alemão naturalizado holandês que se mudou para a Holanda para atuar como banqueiro. O que muitas pessoas não sabiam era que Miedl também trabalhava para a Abwehr, a inteligência militar alemã, e, portanto, tinha boas relações com o círculo de oficiais nazistas do SD na Holanda, incluindo Ferdinand aus der Fünten, o chefe da Zentralstelle, e Willy Lages, o chefe do SD em Amsterdã. Aliás, a esposa de Lages morava no castelo Nijenrode, uma das elegantes propriedades que Miedl tinha adquirido junto com os bens de Goudstikker. Miedl e a esposa, que era judia, frequentemente davam festas luxuosas frequen-tadas pela elite do SD alemão, além de autoridades alemãs bem situadas na administração civil. Miedl também tinha conexões profundas na Alemanha. Era amigo íntimo de Heinrich Hoffmann, o fotógrafo pessoal de Adolf Hitler.[3] Segundo relatos, ele teria passado vários dias com Hitler em Berchtesgaden.[4]

A venda da coleção Goudstikker, que aconteceu quase imediatamente depois da invasão alemã em 1940, foi uma transação oculta em nome do marechal de campo Hermann Göring, o homem número dois no Reich alemão. Para manter as mãos limpas, Hitler e Göring usavam "laranjas" para localizar coleções e negociar transações que satisfizessem seu gosto por obras de arte raras, e está claro que Göring ou seus agentes de arte tinham na lista de desejos a notável coleção Goudstikker. Uma condição que Goudstikker exigiu antes de concordar com a venda forçada a Miedl foi que este protegesse sua idosa mãe judia.

Enquanto as forças alemãs se aproximavam de Amsterdã em 13 de maio de 1940, a família Goudstikker, que tinha perdido a chance de trocar Amsterdã pelos Estados Unidos, fugiu, sem vistos, para a Inglaterra. Conseguiu embarcar no SS *Bodegraven*, em parte porque um soldado que montava guarda reconheceu a esposa de Goudstikker, uma conhecida cantora de ópera. Mas Goudstikker não chegou vivo à Inglaterra. Durante a viagem noturna, ele caiu misteriosamente por uma escotilha aberta e bateu no porão de carga, quebrando o pescoço.[5]

Mesmo depois da sua morte, a "casa de artes" de Goudstikker continuou a prosperar sob a ocupação, à medida que um grande número de alemães com dinheiro ilimitado chegava ao país. Depois da primeira visita, no fim de maio de 1940, Herman Göring voltou várias vezes, usando seu trem ou seu avião particulares e ocupando todo o Hotel Astoria em Amsterdã. Há uma foto famosa de Göring saindo da galeria Goudstikker na Herengracht durante uma de suas visitas para inspecionar as pinturas que desejava adquirir. (Foi essa foto que a neta de Van den Bergh reconheceu.) Durante seu interrogatório após a guerra em 30 de agosto de 1946, pouco mais de seis semanas antes do suicídio, Göring disse que conheceu o tabelião de Goudstikker. Não especificou se isso aconteceu na primeira visita ou depois, nem disse o nome do tabelião, mas obviamente era Van den Bergh.[6] O marechal de campo tinha influência sobre Miedl por causa da esposa judia de Miedl, de quem este, sendo um católico conservador, se recusou a se divorciar. Miedl continuou a aplacar Göring fornecendo pinturas e presentes valiosos.

Na transação fraudulenta, Alois Miedl adquiriu o imóvel e o nome da empresa — Goudstikker, N.V. — e Göring adquiriu a maior parte das pinturas, inclusive um Rembrandt (que deu de presente a Hitler), um Frans Hals e um Ruysdael. Arnold van den Bergh oficiou a transação como tabelião da Goudstikker e redigiu as escrituras de venda da coleção de arte, ainda que, como a equipe do caso arquivado ficou sabendo mais tarde, tecnicamente não houvesse necessidade de um tabelião para aquele tipo de venda.* O pagamento de 2 milhões de florins (10 milhões de dólares em valores atuais) foi feito em notas de mil florins que Van den Bergh supostamente precisou contar manualmente. (O contrato original pedia que a transação fosse realizada por cheque bancário, mas parecia haver uma grande urgência de completar a venda e a conversão para um cheque jamais aconteceu.)

Depois da venda a Göring, que foi claramente ilegal e realizada sob coação, todo mundo na Goudstikker, N.V. recebeu um bônus. Van den Bergh recebeu dez por cento dos 2 milhões de florins. O avaliador e restaurador J. Dik Sr. e o administrador A.A. ten Broek receberam, cada um, 180 mil florins. Até o pessoal de nível inferior, como os jardineiros, receberam bônus. Entre eles a venda era chamada de "chuva de ouro".[7]

A equipe de investigação do caso arquivado confirmou que o próprio Van den Bergh era um colecionador de arte prolífico e vendia obras diretamente para a Chancelaria do Reich, uma das quais foi parar na coleção particular de Hitler.[8] Ele era muito bem pago; porém, mais importante ainda do que o dinheiro era o fato de que seu papel na Goudstikker, N.V. e sua ligação com Miedl lhe forneciam muitos contatos na SS e na administração nazista que poderiam garantir sua segurança.

---

* O tabelião holandês Corneils M. Cappon confirmou que só havia necessidade de um tabelião para a venda de imóveis.

QUEM TRAIU ANNE FRANK? **287**

Evidentemente a pedido de Miedl,[9] em setembro de 1943 Van den Bergh abriu as portas da sua mansão na Oranje Nassaulaan para a mãe de Goudstikker, Emilie Goudstikker, e ela permaneceu lá até o fim da guerra. Uma verificação do cartão do Conselho Judaico dela indicou que Miedl tinha conseguido "limpar" o documento de identidade: não havia nenhum número de identificação, nem número de *Sperre* nem o obrigatório "*J*".[10] Isso era impressionante; o sujeito tinha poder de verdade. Van den Bergh estava nitidamente contando com Miedl para lhe retribuir o favor usando sua influência na administração nazista com o objetivo de proteger a ele e à sua família.

Van den Bergh era um homem inteligente. Tinha tentado várias estratégias para salvar a família. Candidatou-se e conseguiu várias *Sperres* e até uma dispensa Calmeyer — até que o tabelião holandês J.W.A. Schepers a questionou. Conseguiu que a resistência escondesse suas filhas. Obviamente reconhecia que a sobrevivência era uma questão de ter os contatos certos. Através do relacionamento com Miedl, desfrutou da proteção (indireta) de Ferdinand aus der Fünten e Willy Lages. No entanto, mesmo tendo conexões nos níveis mais altos do mundo nazista, Van den Bergh não era ingênuo a ponto de confiar nos nazistas. Suas tarefas como tabelião da Goudstikker, N.V. terminaram em 28 de fevereiro de 1944. Depois disso, ele deve ter feito planos para encontrar refúgio. A equipe do caso arquivado sabia que Van den Bergh e sua esposa jamais foram deportados, jamais estiveram nas listas de qualquer campo de concentração e sobreviveram à guerra. O que Van den Bergh teria feito para garantir a sobrevivência?

Em 1944, estava ficando claro que os alemães iam perder a guerra. A influência de Herman Göring diminuía; Hitler estava furioso porque a Luftwaffe de Göring não conseguia impedir que os Aliados bombardeassem cidades alemãs. Miedl enxergou o que viria. Não podendo mais contar com a proteção de Göring, decidiu levar a família para a Espanha, cujo caudilho, Francisco Franco, era amistoso com os alemães. Em seu interrogatório depois da guerra, feito por um representante do Exército dos Estados Unidos, Miedl disse que entrou na Espanha em 5 de julho de 1944 levando três pinturas na bagagem pessoal. A equipe do caso arquivado encontrou um relatório indicando que ele foi detido pelos alemães na França em 21 de agosto de 1944 e ficou preso por pouco tempo. Miedl provavelmente contrabandeou suas pinturas pela fronteira com a Espanha em várias ocasiões. Deixou sua empresa e duas mansões para o amigo Hans Tietje, o mesmo Tietje que tinha conseguido as *Sperres* 120.000 para Van den Bergh e sua família. O zelador, os empregados e um vizinho de Miedl informaram à resistência holandesa que, nos meses anteriores à partida dele, muitos caminhões do Exército alemão tinham parado diante de sua mansão e sido carregados com bens valiosos para serem transportados à Alemanha.[11]

Com o poder de Miedl seriamente reduzido, Van den Bergh ficou mais exposto do que nunca. Ainda que a equipe não pudesse ter certeza, é possível que ele e a esposa tenham procurado refúgio em uma das duas propriedades que Miedl havia "comprado" de Goudstikker e para as quais Van den Bergh tinha atuado como tabelião. A equipe do caso arquivado procurou verificar se o casal ficara na propriedade Oostermeer nos arredores de Amsterdã. Descobriu que muitas pessoas estiveram escondidas lá no fim da guerra, mas não havia nenhuma menção a Van den Bergh e sua esposa, e portanto descartaram essa possibilidade. O castelo Nijenrode, contudo, continuou sendo um endereço plausível para os Van den Bergh.

Uma ex-moradora, uma alemã amiga de Miedl chamada Henriette von Schirach — esposa do famoso líder da Juventude Hitlerista e governador do Reich em Viena, Baldur von Schirach — era amiga íntima de Hitler. Ela descreveu o castelo como um lugar muito estranho:

> *Na mesma noite segui o conselho de Miedl e me mudei para seu castelo com fosso. Nessa casa era possível encontrar qualquer pessoa que temesse a perseguição na Alemanha: engenheiros da Messerschmidtwerke, trazidos para cá por causa de Göring e que tinham esposas judias, atores que haviam escapado de uma turnê da Wehrmacht na Holanda, jornalistas, impostores, homens e mulheres com passaportes falsos/errados e nomes falsos/errados.*[12]

Se os Van den Bergh estiveram no castelo, dividir espaço com fugitivos alemães não pareceria seguro. Com Miedl na Espanha e incapaz de protegê-lo, Van den Bergh pode ter sentido necessidade de encontrar algum seguro adicional — algo que o SD valorizasse a ponto de fornecer proteção para ele e a família. Quando os homens do IV B4 efetuavam prisões, era um procedimento padrão pressionar os detidos para entregar endereços de outros judeus escondidos. Para Van den Bergh, os endereços onde supostamente haveria judeus escondidos seriam uma mercadoria valiosa.

42
UMA BOMBA

A equipe de investigação do caso arquivado começou a busca de possíveis fontes de listas de endereços examinando o trabalho do Comitê de Contatos (Contact Commissie) no campo de Westerbork. Quando os prisioneiros precisavam de documentos específicos para provar que eram elegíveis para uma *Sperre*, tinham que ir ao Comitê de Contatos. O escritório era administrado por dois homens nomeados pelo Conselho Judaico que viajavam regularmente entre Westerbork e Amsterdã para obter os documentos necessários e intervir a favor dos prisioneiros. Um desses homens era Eduard Spier, colega e amigo íntimo de Van den Bergh. Antes da guerra eles tinham compartilhado um escritório na Westeinde, número 24. Spier, Van den Bergh e Van Hasselt faziam muitos negócios juntos; a equipe encontrou vários anúncios de negócios com os nomes deles em jornais anteriores à guerra.[1]

Eduard Spier estava encarregado também do Escritório Central de Informação do Conselho Judaico, que trabalhava junto com o Expositur, o escritório de ligação entre o Conselho Judaico e a Zentralstelle, comandada por Ferdinand aus der Fünten. Em outras palavras, Spier tinha influência sobre um dos nazistas de mais alto posto em Amsterdã e estava em condições de receber informações e oferecer favores. Será que ele tentou ajudar seu amigo Arnold van den Bergh fornecendo a ele listas de pessoas escondidas como um instrumento de barganha para comprar sua liberdade, caso fosse confrontado com a prisão?

A equipe do caso arquivado descobriu que, em abril de 1943, o comandante do campo de Westerbork, Albert Konrad Gemmeker, decidiu que desejava seus próprios homens no comando do Comitê de Contato.* Ele mandou Spier se juntar ao grupo de Barneveld no castelo perto da cidade holandesa do mesmo nome. Spier conseguiu ficar apenas alguns meses ali antes que todo o grupo de Barneveld fosse transferido para o campo de Westerbork. Ele foi designado para o Alojamento 85, onde pode ter conhecido Leopold de Jong. No entanto, não tinha mais acesso ao Conselho Judaico, que fora dissolvido, e parece provável que estivesse preocupado demais com a própria sobrevivência para ajudar Van den Bergh.

A corrupção era disseminada em Westerbork. Em um depoimento reconhecido por um tabelião, os quatro prisioneiros designados por Gemmeker para assumir o Comitê de Contatos depois de Spier descreveram que, em maio de 1944, foram chamados para a sala de Gemmeker, que lhes disse para oferecer aos prisioneiros a possibilidade de comprar seu status "penal" com diamantes.[2] Em uma investigação criminal sobre o Comitê de Contatos depois da guerra, também foi informado que Gemmeker ordenou que membros do Comitê de Contatos procurassem judeus escondidos em Amsterdã e em outros lugares e lhes oferecessem a possibilidade de comprar a liberdade com dinheiro e joias valiosas.[3] A tarefa da equipe de investigação do caso arquivado era determinar como o Comitê de Contatos descobria os endereços de judeus escondidos para oferecer a proposta de Gemmeker.

Pieter decidiu rever os dossiês do CABR sobre os diretores do Conselho Judaico, David Cohen e Abraham Asscher, no Arquivo Nacional. Os dois foram presos em 6 de novembro de 1947 por ordem da Corte Especial de Justiça em Amsterdã, acusados de colaborar com os alemães. Ficaram presos por um mês e depois puderam aguardar o julgamento em liber-

---

* Eram Hans Eckmann, Fritz Grünberg, Walter Heynemann e Hans Hanauer.

dade.* Houve muitos testemunhos de que esses homens tinham obtido os favores de altas autoridades nazistas. Asscher era dono da Companhia de Diamantes Asscher. O representante de Göring, A.J. Herzberg, visitou a fábrica numerosas vezes, e o próprio Göring pelo menos uma vez. Göring queria comprar um milhão de Reichsmarks em diamantes, provavelmente para uso pessoal e não para o bem da nação alemã. Foi deixado claro a Asscher, em termos velados, que, se ele se recusasse a vender, havia outros modos de obter sua cooperação.[4]

Testemunhas informaram que Cohen, e particularmente Asscher, visitavam Willy Lages regularmente. Asscher costumava levar anéis de diamante e joias para Lages e sua secretária. Segundo Lages, que foi interrogado na prisão, Asscher lhe disse que sua prioridade máxima era a segurança da família e que ele precisava de garantias de que, se cooperasse, ela estaria em segurança. Lages disse ter respondido que a família de Asscher teria permissão de emigrar para outro país. Isso jamais aconteceu, claro, mas Asscher acreditou nele. Gemmeker, o comandante do campo de Westerbork, que também testemunhou, contou que Asscher pediu que a noiva de um dos seus filhos, uma moça chamada Weinrother, fosse deportada para Auschwitz. Ele não a desejava como nora. Gemmeker disse que se recusou, mas outras testemunhas informaram que, na verdade, ela foi deportada. A moça sobreviveu à guerra. Depois de voltar para casa, toda a história foi revelada.[5]

Foi nesses dossiês que Pieter descobriu a bomba na forma do depoimento de Ernst Philip Henn, um alemão de 37 anos que, entre setembro de 1942 e julho de 1943, serviu como tradutor para o Comando da Força Aérea na Holanda (Luftgau-Kommando Holland) em Amsterdã. Henn alegou que, quando trabalhava no departamento de Assuntos Civis, ouviu um sargento da Feldgendarmerie (Polícia Militar) conversar com um perito judicial chamado Willy Stark. O sargento mencionou que o

---

* Em 1951, o processo contra Cohen foi suspenso (Asscher tinha morrido em 1950) sob o argumento de interesse público.

Conselho Judaico possuía uma lista de mais de quinhentos endereços de judeus escondidos. Seu departamento tinha requisitado uma lista, e o Conselho Judaico mandou entre quinhentos e mil endereços. Ele acrescentou o comentário cruel de que os membros do Conselho Judaico provavelmente achavam que, quanto mais endereços "traíssem", maior a leniência com que poderiam ser tratados.[6]

Henn disse que tinha perguntado a uma mulher judia como o Conselho Judaico obtinha os endereços das pessoas escondidas. Ela contou que um modo era pelo correio. Toda a correspondência do campo de Westerbork e as cartas ocasionais vindas dos campos no leste passavam pelo Conselho Judaico. Confiando no Conselho Judaico, as pessoas escreviam para os parentes escondidos usando os endereços dos esconderijos.

Henn foi julgado depois da guerra, já que havia trabalhado como intérprete para os ocupantes alemães, mas é difícil ver como essa declaração específica poderia ajudá-lo. O interessante em seu depoimento é que ele mencionou endereços, e não nomes. Deve ter ouvido a conversa antes de julho de 1943, quando foi transferido para outro cargo. Assim, a equipe do caso arquivado precisava questionar se a informação era relevante para Arnold van den Bergh e a possibilidade de ele ter dado listas de endereços ao SD.

Como a equipe descobriu, apesar de o conselho ter sido dissolvido, alguns dos seus membros ainda estavam soltos — e muitos provavelmente ainda tinham acesso a endereços. Rudolf Pollak, por exemplo, foi membro do Conselho Judaico, e parte da sua função era distribuir cupons de alimentação aos prisioneiros em Westerbork e no Teatro Holandês (Hollandsche Schouwburg). Além disso, ele mantinha um catálogo de cartões com endereços de esconderijos de judeus.[7] Em março de 1944, o SD o prendeu e, ao ser pressionado, ele se rendeu imediatamente: entregou o catálogo de cartões e se tornou um homem-V para o SD. Acabou sendo visado e morto pela resistência holandesa em novembro ou dezembro de 1944.

A equipe achou muito provável que Van den Bergh tenha possuído uma lista de endereços durante um bom tempo e a mantivesse como garantia até que fosse necessário usá-la. Até o verão de 1944, ele havia garantido a segurança da família mandando as filhas para esconderijos e também se candidatando a várias isenções. Quando seu status Calmeyer foi revogado, ele procurou o amigo Alois Miedl e provavelmente se escondeu na propriedade de Miedl. No entanto, depois de Miedl fugir para a Espanha, Van den Bergh pode ter achado que precisava de outro tipo de proteção. O que quer que tenha feito deu certo, já que ele e sua família sobreviveram à guerra. É sempre possível que ele e a esposa tenham ido se esconder com a ajuda da resistência, assim como suas filhas fizeram em 1943, mas a equipe do caso arquivado não encontrou nenhum registro de ele ter falado em ir se esconder ou especificado algum esconderijo, apesar de ter tido oportunidade de fazer isso nos interrogatórios dos membros do Conselho Judaico depois da guerra. A equipe sabia que ele também foi vago com relação à amizade com Miedl, um nazista.[8] A maioria das pessoas que sobreviveram escondidas celebrava os indivíduos corajosos que as abrigaram. Até a neta de Van den Bergh, ao ser perguntada, disse que seus pais jamais falaram em ter se escondido.[9]

DEPOIS DA GUERRA, A COMUNIDADE JUDAICA SOBREVIVENTE ESTABELECEU O TRIBUNAL DE HONRA

Judaico para chamar à responsabilidade os judeus que eles acreditavam ter colaborado. A autoridade do tribunal era mais moral do que legal. Tendo sido membros do Conselho Judaico, Van den Bergh e outros quatro réus foram chamados a se apresentar ao Tribunal de Honra em Amsterdã. Todos os cinco optaram por não participar.[10] Julgando-os à revelia, em maio de 1948, o tribunal decidiu que os cinco tinham colaborado em várias medidas contra os judeus, inclusive distribuindo a estrela de davi, determinando de modo injusto as listas de isenções e participando da seleção de pessoas que seriam deportadas.[11] Qualquer defesa de Van den Bergh foi branda — "Nenhum fato particularmente feio sobre ele havia surgido", disse um membro —, e, quando ele se recusou a sair da Comissão de Coordenação Judaica (Joodse Coördinatie Commissie), que prestava ajuda a sobreviventes judeus que voltavam dos campos, vários membros se demitiram. No final, Van den Bergh perdeu seu direito de ter qualquer cargo judaico e acesso a funções honorárias na comunidade judaica por cinco anos,[12] mas nunca houve nenhuma acusação pública de que ele tivesse traído outros judeus.

Foi mais ou menos nessa época que Otto disse ao jornalista holandês Friso Endt, que trabalhava no *Het Parool*: "Fomos traídos por judeus."[13] Ele usou o plural, provavelmente se referindo a Van den Bergh e ao Conselho Judaico. Sem dúvida Otto devia estar pensando no bilhete anônimo identificando Van den Bergh como o traidor, mas, apesar de ele certamente acompanhar o desenrolar do processo, jamais falou a favor ou contra Van den Bergh, que, pouco depois do veredicto ser dado, foi diagnosticado com câncer na garganta.[14] Van den Bergh viajou para Londres no intuito de buscar tratamento e morreu em 28 de outubro de 1950.[15]

O corpo de Van den Bergh foi levado de volta para ser enterrado na Holanda. Não pareceu importar que sua pena de exclusão da sociedade judaica não tivesse expirado: ele foi enterrado em um cemitério judaico. O avião que levou seu corpo atrasou por conta da neblina, de modo que o enterro aconteceu em uma hora incomum, às sete da noite, em Muiderberg. Um grande cortejo de veículos seguiu o carro fúnebre. Luzes de emergência foram instaladas junto à sepultura e faróis iluminavam o caminho. As pessoas que fizeram discursos falaram de um bom marido e bom pai, um homem que dedicava seu tempo à comunidade, mas um orador pediu desculpas em nome de sua associação com o falecido por ter "demonstrado pouco respeito e apreciação". O tabelião Eduard Spier, amigo de Van den Bergh, que estava nos Estados Unidos, mandou dizer que as pessoas que iam além de seu "exterior fechado" reconheciam um colega e amigo excepcional.[16]

Talvez a falta de interesse de Otto em revelar quem foi seu traidor possa ser atribuída, em parte, à morte de Van den Bergh. Qual seria o sentido de perseguir um morto? Otto sempre disse que não queria prejudicar os filhos do sujeito. Também pode ter concluído que Van den Bergh se tornaria um bode expiatório conveniente para os que odiavam os judeus. Se um judeu e o Conselho Judaico haviam traído os judeus — e não os nazistas alemães e uma população alemã passiva; não os nazistas holandeses e uma população holandesa submissa; não os governos ocidentais que viraram as costas para os refugiados judeus —, ele não estaria simplesmente fazendo o jogo dos muitos antissemitas que ainda perambulavam pela Europa?

43

UM SEGREDO BEM GUARDADO

Segundo Vince, em meados do verão de 2019, a equipe tinha apenas quatro teorias sobre a traição que ainda pareciam viáveis. Todas as outras haviam sido eliminadas, fosse porque a equipe as considerou improváveis, fosse porque, para umas poucas, não existiam informações suficientes para investigar mais a fundo.

O argumento contra Ans van Dijk ainda era particularmente forte. Ela era uma V-Frau prolífica, com estimativa de ter delatado duzentas pessoas, e era conhecida por trabalhar no bairro Jordaan, perto da localização do Anexo. Apesar de a equipe ter descartado a teoria de Gerard Kremer de que Van Dijk teria ouvido as secretárias da Wehrmacht no número 2 da Westermarkt falando sobre o Anexo, ela ainda era uma suspeita viável.

Porém, depois de examinar o amplo dossiê de Van Dijk no CABR, a equipe descobriu que ela e seu grupo de informantes (Branca Simons; o marido dela, Wim Houthuijs; e Mies de Regt) não estavam em Amsterdã em agosto de 1944; tinham se mudado no final de julho para a cidade de Zeist, perto de Utrecht, com o objetivo de se infiltrar em uma grande rede de resistência.[1] (Quando "Zeist" foi digitado no banco de dados de IA em relação a Van Dijk e seu paradeiro naquele mês de agosto, houve

705 resultados, inclusive bilhetes escritos à mão e até arquivos de vídeo atestando sua presença na cidade.) Em 18 de agosto, Van Dijk e seus comparsas em Zeist entregaram ao SD cinco membros da resistência que eles vinham vigiando e seis judeus escondidos.

Existe outra consideração: a equipe sabia que Otto se esforçara para proteger a identidade do traidor. Não faz sentido que ele fosse fazer isso por Van Dijk, que não apenas foi amplamente desprezada depois da guerra, mas também tinha sido indiretamente responsável pela captura de sua segunda esposa, Fritzi, e de toda a família dela. Por que ele hesitaria em citá-la?

A hipótese envolvendo Nelly, a irmã de Bep, também pareceu inicialmente possível. Nelly era uma conhecida simpatizante dos nazistas e tinha trabalhado durante um ano em uma base aérea dos alemães na França. Seu pai e sua irmã estavam entre os ajudantes dos judeus escondidos e conheciam o segredo do Anexo. As várias teorias — que ela era a mulher anônima que havia telefonado; que traiu as pessoas do Anexo por raiva em relação ao modo como era tratada pelo pai — eram apenas especulações. Entretanto, depois que o filho de Bep, Joop van Wijk, e seu coautor, Jeroen de Bruyn, publicaram *Anne Frank: The Untold Story*, apresentando a teoria de que Nelly era a traidora, a equipe do caso arquivado teve motivos para hesitar. Joop disse que quando perguntou a Nelly sobre a guerra para escrever o livro, ela havia desmaiado. Será que desmaiou convenientemente para evitar responder às perguntas?

No final do livro, Joop dizia que "afirmar que Nelly foi a delatora é ir longe demais. Não temos prova concreta". Ele escreveu de modo eloquente sobre a mãe, Bep:

> *Depois da guerra, ela vivia muito no passado e pensava na divisão em que se encontrava: por um lado a perda de seus entes queridos judeus no Anexo, e por outro a lealdade para com a irmã que tinha servido ao ocupante. Um ocupante que havia deportado e matado brutalmente aqueles mesmos entes queridos.*[2]

Na entrevista dada à equipe, Joop deixou claro que, para ele, a mãe e a tia representavam o paradoxo brutal das lealdades divididas em tempo de guerra refletido dentro de uma família. Entretanto, ele não quis dizer, conclusivamente, que Nelly havia delatado os Frank.

Na verdade, outras duas fontes descartam a possibilidade de Nelly ser a delatora: Miep e Otto. Em uma palestra em 1994 na Universidade de Michigan, Miep "escorregou" e disse a um jovem estudante que o delator tinha morrido antes de 1960 — e Nelly estava bem viva até 2001. Além disso, no final da década de 1940, Otto contou a um jornalista holandês que eles tinham sido traídos por judeus e que não queria perseguir o culpado porque não desejava punir a família e os filhos do homem que os havia delatado, indicando, dentre outras coisas, que o traidor era um homem com filhos. Nelly não era judia e não tinha filhos. Mesmo se algumas dessas declarações fossem subterfúgios para afastar os curiosos, outras eram obviamente verdadeiras, e todas descartam Nelly.

Uma terceira hipótese, a que envolve o verdureiro, também era plausível. Van Hoeve foi preso em 25 de maio por esconder um casal de judeus. Será que, sob coação, teria informado sobre o Anexo? É possível, mas, se fosse o caso, seria improvável que os detetives holandeses esperassem quase três meses para invadir o Anexo. Além disso, depois da prisão Van Hoeve foi mandado para um campo de trabalhos forçados. Se tivesse entregado oito judeus naquele dia, provavelmente seria solto.

Quanto a Richard e Ruth Weisz, eles podiam saber muito bem que Van Hoeve estava entregando comida para o Anexo. Mas, como aconteceu com Van Hoeve, se eles tivessem dado essa informação depois de serem presos, o SD não esperaria tanto tempo para agir. Mesmo assim, o fato de eles terem chegado a Westerbork como casos penais e depois de um curto período terem o status alterado continuava levantando dúvidas na equipe de investigação. Será que os Weisz teriam entregado alguma coisa valiosa, isto, é, uma lista de judeus escondidos? Por outro lado, as datas não batiam: o status dos Weisz foi alterado em Westerbork em algum momento de junho de 1944, muito antes de o Anexo ser invadido em 4 de agosto. Os nazistas não tinham o hábito de recompensar informantes antes de confirmar que a informação que eles haviam dado estava correta.

COM TODAS AS OUTRAS HIPÓTESES ELIMINADAS, APENAS UMA PERMANECIA VIÁVEL: A DE VAN DEN

Bergh, a única teoria apoiada por uma evidência física identificando o nome do delator. Todas as teorias propostas por ajudantes, pesquisadores e escritores se baseavam em suposições sobre a identidade do delator baseadas em atividades suspeitas ou ações passadas. A evidência recuperada pela equipe do caso arquivado, ainda que não fosse o bilhete original, era uma cópia feita por Otto Frank. Mesmo sem provar que a alegação feita no bilhete era verdadeira, ela fornecia uma credibilidade inerente, já que sem dúvida Otto a levou a sério.

Certamente a equipe precisava considerar que o bilhete fora mandado de maneira anônima por alguém que quisesse se vingar de Van den Bergh. Mas por que mandar o bilhete para Otto? Se não existia a tal lista de endereços entregada por Van den Bergh, como e por que o remetente se fixou no endereço do Anexo, e não em outros endereços possíveis em Amsterdã?

A redação do bilhete — "Seu esconderijo em Amsterdã foi denunciado na época à Jüdische Auswanderung" — parece sugerir que o delator não tinha os nomes dos *onderduikers* que estavam no Anexo, apenas sabia que existiam. A probabilidade de o remetente mandar o bilhete para um endereço aleatório, que por acaso era o local onde judeus tinham sido delatados e também era o endereço de Otto Frank, é minúscula.

A equipe também considerou a possibilidade de que a pessoa que mandou o bilhete tivesse mandado outros semelhantes para outros endereços da lista. Nesse caso, eles jamais foram descobertos — talvez porque a maioria dos judeus delatados nesses endereços não tenha sobrevivido aos campos de concentração, e além disso quase todos estiveram escondidos em endereços que não eram suas casas ou locais de trabalho. Otto era a exceção. Ele estava escondido em seu próprio prédio — e sobreviveu à guerra.

QUEM TRAIU ANNE FRANK?

Se a carta tivesse chegado dez anos depois — digamos, em meados da década de 1950 —, poderíamos argumentar que alguém só estava tentando usar a fama de Otto para lançar uma luz negativa sobre Van den Bergh. Entretanto, na época em que o bilhete foi recebido, em 1945, o diário ainda não tinha sido publicado e Otto Frank era apenas um dos 5.500 judeus que voltavam à Holanda. Em um mar de holandeses que retornavam dos campos de trabalhos forçados, além de centenas de milhares de pessoas saindo dos esconderijos, e com os judeus que retornavam se esforçando para reorganizar a vida, ele era uma figura desconhecida.

Em outras palavras, se a acusação no bilhete era falsa, o remetente precisaria ser alguém que:

1. *Tinha um desejo de vingança específico contra Arnold van den Bergh mas inexplicavelmente não quis notificar as autoridades do pós-guerra, que estavam agressivamente procurando e prendendo colaboradores e delatores já dias depois da libertação.*
2. *Sabia que Otto tinha sido delatado enquanto estava escondido e que tinha sobrevivido aos campos.*
3. *Sabia que Otto havia voltado ao seu endereço do tempo da guerra.*
4. *Sabia que listas de judeus escondidos tinham sido entregues ao SD por membros do Conselho Judaico.*

As chances de o remetente saber de tudo isso são extremamente remotas. Podemos presumir que o autor do bilhete anônimo está morto, mas sempre existe a possibilidade de ele ter informado a familiares que passaram a história adiante. Vince acredita que, depois de a teoria sobre Van den Bergh se tornar pública, a equipe poderá ter notícias deles.

Através do Projeto Rastreamento de Prisões, pelo qual as prisões de todos os judeus na Holanda entre 1943 e 1944 foram analisadas, a equipe descobriu que a invasão do Anexo foi um tanto diferente das outras batidas, especificamente porque um oficial alemão comandava a equipe. Isso era muito incomum e sugere que não foi o policial de plantão holandês, o sargento Abraham Kaper da Zentralstelle, que chamou Silberbauer.

Kaper não chamaria um oficial alemão para acompanhar policiais holandeses. O chamado deve ter vindo de alguém em um posto mais alto, algo que Silberbauer sempre afirmou quando disse que o tenente da SS Julius Dettmann da Euterpestraat recebeu o telefonema e ordenou que ele organizasse a batida. Além do mais, se um civil holandês comum estivesse querendo delatar judeus, teria telefonado para a JA; o número de Kaper estava no catálogo telefônico. Dettmann era um oficial de posto muito elevado para receber um telefonema aleatório. Seu número não estava no catálogo, ele não controlava pessoas-V e não falava holandês. Se recebeu o telefonema, este certamente veio de dentro da organização alemã, fosse de outro departamento alemão ou de alguém que ele conhecia. Dentre os suspeitos que a equipe examinou, apenas Van den Bergh tinha conexões com altas autoridades alemãs, tinha contato com indivíduos importantes como Tietje e seria conhecido dos serviços de inteligência alemães.

Para Vince, o que tornava convincente a hipótese de Van den Bergh é que, diferentemente de qualquer dos outros suspeitos, Van den Bergh atendia a todos os critérios do axioma policial:

> **Conhecimento:** *É quase certo que o Conselho Judaico possuísse listas de endereços de judeus escondidos. Graças à sua posição--chave no Conselho Judaico, Van den Bergh teria acesso a essas listas. Ele também poderia ter acesso às listas de endereços coletadas pelo Comitê de Contatos no campo de Westerbork.*[3] *O endereço Prinsengracht 263 podia estar facilmente em uma lista em 1943 ou 1944, posto ali por um membro da resistência que tivesse sido delatado ou por um informante e disponível para compra se o dinheiro fosse suficiente.*
>
> **Motivo:** *O motivo de Van den Bergh era proteger a si e e à família da captura e da deportação, tornando-se útil para os ocupantes nazistas, alguns dos quais eram "amigos" ou conhecidos nos negócios. O fato de o bilhete declarar que a lista continha endereços e não nomes torna mais plausível que Van den Bergh*

a usasse para proteger a própria família. Endereços são menos pessoais.

Oportunidade: *Numa época em que qualquer pessoa poderia ter motivo para trair, Van den Bergh possuía algo que a maioria dos outros judeus não tinha: liberdade para se locomover e acesso ao SD. Ele estava em contato regular com nazistas em postos elevados. Poderia ter passado a informação a qualquer momento.*

Ainda que a teoria sobre Van den Bergh fosse nitidamente a mais provável, Vince disse que bancou várias vezes o advogado do diabo com todos os pontos fundamentais. Repetidamente Van den Bergh emergia como o culpado mais provável. Na verdade, esta era a única teoria que explicava o comportamento de Otto e as declarações que ele e Miep tinham feito no decorrer dos anos. Porém, antes de concluir qualquer coisa oficialmente, Vince queria fazer mais um teste: apresentar todas as evidências na forma de um argumento final a Pieter, semelhante ao modo como os promotores apresentam uma alegação na conclusão de um julgamento.

Vince e Pieter costumavam ficar sozinhos no escritório depois de todos os outros irem embora.

— Eu estava sentado à minha mesa e Pieter na cadeira de Brendan, com as fotos dos detetives holandeses do SD IV B4 acima dos ombros dele — contou Vince. — Comecei lembrando a ele da declaração de Melissa Müller, de que "este é menos um mistério não solucionado e mais um segredo bem guardado".

Em seguida, ele citou as ações de Otto relacionadas à teoria sobre Van den Bergh.

O fato de Otto ter sobrevivido ao horror dos campos de concentração demonstrava sua profunda vontade de viver. Obviamente ele foi sustentado por sua determinação de se reunir com a esposa e as filhas, mas o retorno a Amsterdã foi sombreado pela incerteza com relação ao destino delas. Para as pessoas que encontraram Otto na época, ele parecia um homem purgado pelo fogo, caminhando por Amsterdã como se estivesse em um sonho estranho, procurando notícias das filhas. Descobrir que tinha sido o único sobrevivente da família deve tê-lo deixado em um estado muito sombrio. Vince levantou a hipótese de que o sofrimento de Otto acabou se transformando em uma missão de encontrar as pessoas responsáveis pela invasão do Anexo, mas seu motivo não era a vingança. Ele estava buscando responsabilização e justiça. Existem provas de ele ter dito isso, tanto em uma carta que mandou à mãe em novembro de 1945 quanto mais tarde no documentário da CBS *Who Killed Anne Frank?* [Quem matou Anne Frank?], que foi ao ar em 13 de dezembro de 1964.

Vince perguntou: seria possível também que essa busca por justiça tivesse sido influenciada pelo bilhete anônimo que ele recebeu, citando Van den Bergh como o delator? O bilhete deve ter provocado perguntas sem fim. Por que Van den Bergh, outro judeu, entregaria seu endereço ao SD? Como ele conseguiu o endereço do Anexo? O que ele recebeu em troca dos endereços? Otto talvez se perguntasse se deveria procurar as autoridades com essa alegação. Ele certamente realizou suas próprias investigações. Ele, Kugler e Kleiman foram ao Departamento de Segurança Nacional já em novembro de 1945 para examinar fotos dos detetives holandeses que tinham trabalhado para o IV B4. Depois, Otto foi com Kugler e Kleiman à prisão de Amstelveenseweg para confrontar os dois homens que eles tinham identificado como participantes da invasão. Otto até mesmo voltou com o amigo Ab Cauvern para interrogar o detetive Gringhuis, e nessa ocasião perguntou objetivamente sobre Van den Bergh. Também fez numerosas visitas entre 1945 e 1948 às autoridades holandesas que tratavam da colaboração, mas algumas dessas visitas provavelmente estavam relacionadas aos inquéritos sobre Tonny Ahlers e Job Jansen.

Na época, deve ter sido uma decisão difícil para Otto não informar a Kugler e Kleiman sobre o bilhete anônimo, já que eles também tinham sido vítimas da delação e foram parar em campos de prisioneiros. Talvez Otto tenha achado que, se contasse, eles procurariam imediatamente as autoridades relacionadas à colaboração, coisa que ele não estava preparado para fazer.

Otto era mais próximo de Miep do que de qualquer dos outros ajudantes. Vince concluiu que faria sentido ele informar a ela sobre o conteúdo do bilhete, e Otto provavelmente fez isso em algum momento depois da investigação de 1947-1948 e bem antes da publicação do livro de Schnabel em 1958. Lendo as declarações de Miep aos investigadores em 1947, fica claro que ela ainda acreditava que Van Maaren era o culpado, mas, quando foi entrevistada mais tarde por Schnabel, ela foi muito mais circunspecta. A essa altura, Miep e Otto sabiam sobre Van den Bergh.

Entre o final de 1945 e 1949, Otto fez investigações sobre Van den Bergh. Devia saber que, nessa época, Van den Bergh estava sendo visado pelo Tribunal de Honra Judaico por causa de sua participação na diretoria do Conselho Judaico. Isso induz a uma pergunta: por que Otto não apresentou o conteúdo do bilhete ao tribunal, já que eram judeus julgando os atos de judeus, algo bem diferente das investigações sobre colaboração? Talvez, enquanto acompanhava os processos do tribunal, ele estivesse esperando que outros apresentassem bilhetes anônimos semelhantes, já que a pessoa tinha se referido à lista de endereços dada por Van den Bergh. Como isso não aconteceu, Otto pode ter se sentido inseguro em relação a como agir.

Depois do veredicto do Conselho de Honra Judaico, que dava uma punição leve a Van den Bergh, de novo Otto pode ter considerado as consequências de revelar a existência do bilhete. Se ficou sabendo que Van den Bergh sofria de câncer e logo sairia de Amsterdã para se tratar em Londres, será que iria em frente com o caso?

Nos anos seguintes à morte de Van den Bergh, o sucesso espantoso do diário de Anne, da peça e do filme dominaram a vida de Otto. Mantendo-se ocupado e se concentrando em outras coisas, provavelmente foi mais fácil colocar nos recessos da mente a incerteza relativa a quem havia delatado o Anexo. O mundo só conhecia a história do Anexo até a última anotação do diário de Anne, feita em 1º de agosto de 1944, e até então não existia curiosidade do público com relação ao delator. Isso mudou em meados da década de 1950, quando Otto foi convencido pelo editor alemão do diário a colaborar com Ernst Schnabel em um livro que contaria toda a história do Anexo — antes, durante e depois da invasão.

Um livro assim poderia ajudar a afastar os boatos de que o diário de Anne era falso. Concordando em colaborar com o livro, Otto e os ajudantes esperavam provar ao mundo que Anne Frank era real, que o diário era real, assim como as pessoas sobre as quais Anne escreveu. O livro de Schnabel também dava informações sobre a invasão e pistas de quem poderia tê-la provocado, abrindo sem intenção uma caixa de pandora. Otto tinha pedido para Miep disfarçar o nome de Silberbauer, o oficial do SD. Por quê? A única explicação razoável é que ele temia que Silberbauer soubesse quem tinha dado o telefonema anônimo e pudesse indicar Van den Bergh, e nesse ponto Otto não queria que o nome fosse revelado.

Em algum momento imediatamente antes ou logo depois da publicação do livro de Schnabel, Otto decidiu tomar uma atitude ousada mas muito arriscada sobre o bilhete anônimo que tinha guardado por tantos anos. Ele sabia que o livro de Schnabel continha informações que fariam os noticiários, junto com os leitores, questionarem a ele ou aos outros sobre a invasão. Sem dúvida ele havia decidido não destruir o bilhete. Em vez disso, encontrou alguém a quem confiá-lo. Para o caso de algum dia ser confrontado com relação à existência do mesmo, poderia responder, com sinceridade, que não o possuía mais. Poderíamos esperar que ele escolhesse Kleiman, mas Otto deu o bilhete ao seu amigo, o escrivão Jacob van Hasselt, que por acaso também era amigo e contato comercial de Van den Bergh.

Examinando isso a partir de múltiplas perspectivas, Vince e a equipe especularam que, sem uma prova irrefutável de que Van den Bergh fosse o delator, Otto optou por jamais mencionar publicamente o nome que estava no bilhete. No entanto, ao cooperar com Schnabel para provar a validade do diário, ele acabou criando a possibilidade de o nome de Van den Bergh surgir caso o oficial do SD fosse localizado. Por isso se esforçou para tornar mais difícil até mesmo para alguém tão comprometido quanto Simon Wiesenthal encontrar Silberbauer.

Otto estivera envolvido em vários processos cíveis muito públicos para refutar as afirmações de que o diário de Anne era falso, mas, quando Wiesenthal tentou fazer a mesma coisa, Otto optou por não ajudar. A princípio, a equipe de investigação do caso arquivado ficou perplexa com essa contradição, porém, depois o fato fez sentido. Otto sabia que poderia defender o diário sem revelar o verdadeiro nome do oficial do SD, mas não poderia controlar Wiesenthal, que já possuía uma reputação de caçador de nazistas obstinado, caso ele descobrisse. Apesar de demorar seis anos, Wiesenthal acabou localizando Silberbauer, e nesse ponto a imprensa mundial caiu sobre Otto e os ajudantes. Só então Otto admitiu que sabia o nome do oficial que tinha feito as prisões, mas disse que Wiesenthal nunca o havia procurado em busca da informação. Além disso, sugeriu que o oficial do SD não se lembraria de muita coisa depois de tanto tempo.[4]

Somente no final de 1963, quando o Departamento Estatal de Investigações Criminais iniciou seu inquérito sobre a invasão do Anexo, Otto decidiu informar ao detetive Van Helden sobre o bilhete anônimo e entregar a cópia que tinha feito. Van Helden entrevistou Otto durante dois dias no início de dezembro de 1963, mas, surpreendentemente, não existe no relatório da entrevista nenhuma menção ao bilhete. Entretanto, no relatório resumido de quarenta páginas produzido na conclusão da investigação no outono de 1964, há vários parágrafos descrevendo que Otto o havia informado sobre o bilhete anônimo. Baseado nos comentários escritos à mão por Van Helden na cópia *Abschrift*, ele tinha recebido o bilhete em 16 de dezembro de 1963, aproximadamente duas semanas depois da entrevista de Otto. Parece que Van Helden foi convencido quando Otto disse que não conhecia Van den Bergh, porque o assunto foi abandonado e a cópia *Abschrift*, que Otto lhe havia dado, jamais entrou na pasta oficial do caso.

A equipe do caso arquivado analisou a correspondência de Otto durante o período da investigação e encontrou uma pista pequena mas talvez significativa: um dia antes da entrevista dele com Van Helden em 1º de dezembro, Otto escreveu uma carta a Miep expressando sua dúvida com relação a qualquer condenação de Willem van Maaren, já que não existia "prova escrita" de que ele era o delator.[5] É uma declaração estranha, e possivelmente uma referência velada ao bilhete anônimo — a "prova escrita" — que apontava explicitamente para Van den Bergh.

Tendo sobrevivido à curiosidade da imprensa mundial, Otto instruiu os outros ajudantes — Miep, Bep e Kugler — que seria ele o único porta-voz da história do Anexo. Kugler, que morava no Canadá, desafiou essa instrução quando concordou em colaborar em um livro com uma escritora chamada Eda Shapiro, um livro que ela pretendia chamar de "O homem que escondeu Anne Frank". Kugler não informou a Otto sobre isso, e, quando Otto descobriu, ficou furioso. Depois de saber que o livro não tinha o apoio de Otto, o editor cancelou a publicação.[6]

Após a morte de Otto, Miep se tornou a porta-voz e protetora do legado de Anne. Apesar de ser hábil em guardar segredo, ela não conseguiu esconder o fato de que possuía um. Em suas muitas entrevistas à imprensa, nos discursos e conversas particulares, ela deixava escapar pistas com relação ao delator. Todas as pistas apontavam para Arnold van den Bergh. O delator era alguém que Otto conhecia. Ele conhecia Van den Bergh. O delator era judeu. Van den Bergh era judeu. O delator morreu antes de 1960. Van den Bergh morreu em 1950. Otto não queria punir a família do homem que tinha delatado sua família. Van den Bergh era pai de três filhas que sobreviveram à guerra e continuaram vivas depois da morte de Otto Frank.

Vince se lembrou da pergunta que John Goldsmith, presidente da Anne Frank Fonds na Basileia, fez a ele em 2018: "Você sabe que Otto mentiu para Wiesenthal sobre conhecer a identidade de Silberbauer. Por que acha que ele fez isso?"

Na época, Vince não entendeu completamente o que Goldsmith estava querendo dizer, mas nesse momento fazia sentido. Otto não queria revelar o envolvimento de Van den Bergh. Mais que isso: ele se esforçou bastante para escondê-lo.

Tanto Otto Frank quando Arnold van den Bergh fizeram escolhas. Segundo a perspectiva da sobrevivência, Otto Frank fez a escolha errada

— se bem que, na época, é claro, achou que estava protegendo a família e quatro outras pessoas ao encontrar um esconderijo para todos. Pela perspectiva da sobrevivência, Van den Bergh fez a escolha certa. Salvou sua família ao entregar endereços ao SD, inclusive o da Prinsengracht, 263. No entanto, talvez também tenha pagado um preço. Morreu de câncer na garganta, o que foi estranhamente pertinente: ele perdeu a capacidade de falar.

Vince tem o cuidado de dizer que não houve um momento "eureca" que encerrasse a investigação; o surgimento de Van den Bergh como delator foi apenas isto: uma junção lenta de evidências e motivos, uma peça de quebra-cabeça que subitamente, inegavelmente, se encaixava. Por mais que a equipe esteja confiante com relação à conclusão, não houve alegria na descoberta. Mais tarde, Vince diria que se viu dominado por "um peso de grande tristeza" que permaneceu com ele.

Enquanto a equipe se separava, voltando para seus empregos, suas famílias e seus países, cada um precisou lidar individualmente com a experiência compartilhada. Quando a investigação acabou, em 2021, sabiam ter vivenciado algo poderoso e importante. Eles se referem às pessoas do caso como se fossem gente que eles conhecessem de verdade. Vince admitiu ter sonhado com os Frank e se perguntado como se comportaria em circunstâncias semelhantes.

Igualmente complexos foram seus sentimentos a respeito de compartilhar as descobertas com o mundo. Todos sabiam que suas conclusões seriam poderosas e perturbadoras; estavam preparados para a reação do público. O fato de um judeu holandês respeitável ter provavelmente entregado os endereços ao SD, de alguém não muito diferente do próprio Otto Frank ter sido a pessoa que o delatou... é chocante. Mas eles não podiam permanecer em silêncio. Como o rabino Sebbag tinha dito a Thijs no início da investigação, a lealdade mais importante, a única lealdade que qualquer um de nós deve mesmo ter, é com relação à verdade.

Arnold van den Bergh foi uma pessoa posta diante de um dilema diabólico por circunstâncias pelas quais ele não era culpado. E, sob pressão, pode ter deixado de entender completamente as consequências de seus atos. Ele não revelou informações por maldade ou para enriquecer, como tantos outros fizeram. Seu objetivo, como o de Otto Frank, era simples: salvar sua família. Ele ter tido sucesso enquanto Otto fracassou é um terrível fato histórico.

No verão de 1944, era sabido que o extermínio esperava as pessoas após as deportações. Será que conseguimos imaginar isso para os nossos filhos? Vivendo em um estado constante de medo da prisão e da deportação, como uma pessoa mantém o equilíbrio moral? Umas poucas conseguem; a maioria não. Nunca podemos ter certeza de como agiríamos até de fato nos encontrarmos no meio do mesmo horror.

As escolhas de Arnold van den Bergh foram mortais, mas, em última instância, ele não foi responsável pela morte dos residentes do número 263 da Prinsengracht. Essa responsabilidade compete aos ocupantes nazistas que aterrorizaram e dizimaram uma sociedade, colocando vizinho contra vizinho. Foram eles os culpados pela morte de Anne Frank, Edith Frank, Margot Frank, Hermann van Pels, Auguste van Pels, Peter van Pels e Fritz Pfeffer. E de milhões de outros, escondidos ou não.

E isso jamais poderá ser entendido ou perdoado.

EPÍLOGO

A CIDADE DAS SOMBRAS

Otto Frank morreu em 19 de agosto de 1980, aos 91 anos. Após voltar de Auschwitz, ele tentou recuperar sua empresa, a Opekta, mas depois da guerra não havia pectina nem temperos disponíveis. No final da década de 1940, seu tempo era consumido pelo diário da filha. Quando Otto se mudou para a Suíça em 1952, Johannes Kleiman assumiu o controle da empresa.

Otto e a esposa, Fritzi, eram empenhados em responder a todas as cartas que recebiam sobre o diário, e, com a atenção internacional cada vez maior, logo as cartas chegavam aos milhares. Otto viajava frequentemente a Amsterdã para presidir a Fundação Anne Frank, estabelecida em 1957, e para orientar a restauração do prédio 263 da Prinsengracht, inaugurado como a Casa de Anne Frank em 1960.

Em 24 de janeiro de 1963, Otto e Fritzi estabeleceram a Anne Frank Fonds, uma fundação de caridade com sede na Basileia, onde continuaram a morar. Os direitos de publicação do diário e os royalties do livro, da peça, do filme e de apresentações de rádio e televisão iriam para a Anne Frank Fonds. Para seus parentes, ele deixou legados e parte dos direitos autorais, até certa quantia, durante o tempo de vida deles. O resto ia para a Fonds. Entretanto, querendo garantir que o diário jamais seria vendido — quem sabia o que seria feito da Fundação Anne Frank em cinquenta anos? —, Otto deixou em testamento os diários físicos para o Instituto de Estudos da Guerra (NIOD), sabendo que o governo holandês jamais iria vendê-los e que eles estariam em segurança.[1]

Otto e Fritzi moravam nos arredores da Basileia, mas frequentemente passavam os meses de verão em Beckenried, no lago Lucerna. Fritzi falou sobre seus anos com Otto como "dos mais felizes de toda a minha vida. [...] Ele tinha um senso inato do significado de família".[2] Otto era bem próximo da filha de Fritzi, Eva, e do marido e dos três filhos de Eva. Todos os anos Otto e Fritzi passavam três meses com eles em Londres.

Houve muitas viagens: aos Estados Unidos e à Alemanha para eventos relacionados ao diário. E muitos prêmios. Em 12 de maio, Otto comemorou seus noventa anos em Londres, e então, em 12 de junho, viajou a Amsterdã para o Tributo aos Cinquenta Anos de Anne Frank na Westerkerk na Prinsengracht, e depois disso acompanhou a rainha até a Casa de Anne Frank para uma visita particular.

Entretanto, a idade o estava alcançando, e em seu último ano ele sofreu de câncer no pulmão, embora insistisse que não estava doente, apenas cansado. Uma das últimas pessoas a visitá-lo antes da morte foi Joseph Spronz, um amigo e também sobrevivente que Otto conheceu em Auschwitz. A esposa de Spronz descreveu a visita:

> *Quando chegamos, Otto estava na cama, mas nos ouviu e se levantou, estendendo os braços. Ele olhou nos olhos do meu marido e os dois se abraçaram. Otto murmurou de encontro ao ombro dele: "Meu caro amigo Joseph." Estava muito fraco. Os funcionários do hospital vieram pegá-lo alguns minutos depois. Nós fomos atrás, e meu marido teve permissão de entrar no quarto de Otto. Eles falaram sobre Auschwitz.*[3]

Otto morreu naquela noite.

DENTRE OS AJUDANTES, MIEP GIES SEMPRE FOI A MAIS PRÓXIMA DE OTTO. ELE MOROU COM ELA e o marido durante sete anos depois de voltar do leste. Otto sempre disse que associava Amsterdã à amizade que durava até a morte, e com isso es-

QUEM TRAIU ANNE FRANK? 313

tava falando de Miep Gies. Miep disse que as pessoas perguntavam como era sobreviver a quase todo mundo cuja história ela havia compartilhado. Ela respondia que era "estranho". "Por que eu?", perguntava. Por que foi poupada do campo de concentração quando Kleiman e Kruger foram apanhados escondendo judeus e estava claro que ela também fazia isso?

Depois que Otto se mudou para a Basileia, ela e Jan o visitavam todos os anos. Quando o filme *A lembrança de Anne Frank*, baseado em seu livro *Eu, Miep, escondi a família de Anne Frank*, foi indicado para o prêmio de Melhor Documentário no Oscar de 1996, Miep foi a Hollywood com o diretor, Jon Blair. Após a morte de Otto, ela se tornou efetivamente a porta-voz do diário de Anne, dizendo:

A mensagem a aprender com a história de Anne é que é preciso deter o preconceito e a discriminação logo no início. O preconceito começa quando falamos sobre OS judeus, OS árabes, OS asiáticos, OS mexicanos, OS negros, OS brancos. Isso leva ao sentimento de que todos os membros de cada um desses grupos pensam e agem do mesmo modo.[4]

Miep morreu em 2010, aos cem anos.

Depois da publicação do diário de Anne em 1947, Johannes Kleiman levava regularmente jornalistas e visitantes em passeios guiados pelo Anexo Secreto. Mesmo quando Otto se mudou para a Suíça, Kleiman tinha uma procuração dele e atuava quase como secretário particular de Otto, especialmente nas relações com os editores do diário. Ele se envolveu profundamente na restauração da Casa de Anne Frank e, em 1957, se tornou membro da diretoria da Fundação Anne Frank, apesar de não ter vivido para ver a inauguração do museu. Morreu de um derrame em seu escritório em 28 de janeiro de 1959. Tinha 63 anos.

A esposa de Victor Kugler, que estivera doente por muito tempo, morreu em 1952. Três anos depois, ele se casou de novo e se mudou para Toronto, onde a família da segunda esposa morava. Morreu em Toronto em 1981, aos 81 anos. O livro a seu respeito, com o título infeliz *The Man*

Who Hid Anne Frank [O homem que escondeu Anne Frank] (é claro que ele não foi o único ajudante), foi publicado em 2008, após a morte dele e de Otto.

Bep Voskuijl se casou em 1946 e teve quatro filhos. Jamais perdeu o contato com Otto, visitando-o toda semana quando ele ainda estava em Amsterdã e três vezes por ano depois de ele se mudar para a Suíça. Ela sempre foi reticente com relação aos anos da guerra e seu papel como ajudante, e deu poucas entrevistas. Conheceu a rainha Juliana na estreia holandesa do filme *O diário de Anne Frank*, de George Stevens, mas em uma carta a Otto admitiu que achou tudo aquilo desconfortável. Queria apoiar o que chamava de "o símbolo da Anne idealizada", mas isso sempre trazia de volta o sofrimento do que tinha testemunhado. "Essa dor enorme nunca sai do meu coração", disse.[5]

Todo mundo que conheceu Bep dizia que a "jovem que já fora alegre" sempre lutou para manter o equilíbrio, incapaz de aceitar a morte dos moradores do Anexo.[6] Ela morreu em Amsterdã, de uma ruptura da aorta, em 1983, aos 63 anos.

A pedido de Otto, em 1972 os quatro ajudantes receberam o título honorário de Justos Sob as Nações, do Yad Vashem, inclusive Johannes Kleiman, homenageado postumamente.

Otto Frank estava decidido a ser um sobrevivente, e não uma vítima. Ser uma vítima significaria dar a vitória aos nazistas. Mas, de modo revelador, ele jamais assistiu a nenhuma apresentação da peça ou do filme baseados no diário de Anne. Segundo sua filha adotiva, Eva, "ele não suportava a ideia de atrizes dizendo as palavras que ele tinha ouvido Anne e Margot falarem, fingindo ser as filhas que ele nunca mais veria".[7]

Otto desprezava as generalizações. Orgulhoso de sua origem alemã, não aceitava a ideia de culpa coletiva. Passava um tempo extra respondendo às cartas de crianças alemãs, querendo que elas soubessem o que havia acontecido durante a guerra. Como registrou seu biógrafo: em 1952, 88 por cento dos alemães "diziam não sentir responsabilidade pessoal pelos extermínios em massa".[8] Somente a geração seguinte confrontaria o que realmente aconteceu na Alemanha que deu permissão à fúria assassina de Hitler e dos nazistas.

Otto sabia que sua filha era um símbolo dos milhões de pessoas — tanto judias quanto não judias — que tinham sido assassinadas. O diário dela e o Anexo Secreto permaneciam em sua mente como um alerta do passado e uma fonte de esperança.[9] Ele queria que as pessoas se lembrassem para que aquilo não acontecesse de novo. Queria que elas soubessem que o fascismo cresce lentamente, até que um dia se torna um alto muro de ferro que não pode ser contornado. Queria que elas soubessem o que pode ser perdido e com que rapidez isso pode acontecer.

Podemos imaginar Otto Frank andando sozinho pelas ruas de Amsterdã em junho de 1945. Como era possível aquele lugar ainda existir quando tudo que ele já tivera havia desaparecido? Sua esposa, suas filhas, sua casa, sua empresa? Ele contou à mãe que caminhava em um sonho estranho e ainda não se sentia ele mesmo.

Hoje Amsterdã é uma cidade da memória. Com oitenta monumentos à guerra, a memória faz parte do tecido do presente, imediatamente acessível. Você pode fazer um passeio pela cidade das sombras, começando pela Casa de Anne Frank. A estante, inesquecível, é tão pesada e grandiosa quanto você imaginou. A escada que leva ao Anexo é íngreme. O espaço é muito menor do que você pensava. Naquele lugar claustrofóbico é impossível não imaginar o medo da ocupação.

Em seguida, você pode ir ao famoso Teatro Judeu. Agora ele é somente uma fachada. O interior original foi destruído, e uma parede mostra uma lista em bronze de mais de 6.700 famílias judias deportadas a partir daquele local. Todo dia, centenas de prisioneiros eram apinhados no espaço pequeno, esperando o transporte para Westerbork e depois para os campos de extermínio. As pessoas eram levadas de bonde, caminhão ou a pé à estação, sempre à noite, para que houvesse poucas testemunhas.

No segundo andar do teatro há um mapa interativo de Bergen-Belsen. Quando estive lá, vi um homem idoso se adiantar e apontar para uma lista. Ele disse aos amigos que o cercavam que ele era o número 29: "Unbekannter Jude [judeu desconhecido]. Hamburger? Alfred?" Cinquenta criança tinham sido descobertas escondidas com gentios, e os nazistas não tinham certeza se eram judias. Em 13 de setembro de 1944, elas foram transportadas de Westerbork para Bergen-Belsen. Dois meses depois, foram deportadas para Theresienstadt. Quarenta e nove crianças sobreviveram, inclusive o homem que estava ao meu lado.

— Como foi? — perguntaram seus amigos.

— Eu tinha quatro anos. Não me lembro — respondeu ele.

Do outro lado da rua, em frente ao teatro, é possível visitar a creche. Walter Süskind, um refugiado judeu alemão que trabalhava para a Expositur no teatro, conseguiu estabelecer um relacionamento com Ferdinand aus den Fünten, convencendo-o a deixar que as crianças prisioneiras frequentassem uma creche. Então Süskind fazia contato com a resistência para encontrar lugares onde escondê-las. Os trabalhadores da creche levavam crianças pequenas para a rua quando o bonde parava na frente, obstruindo a visão dos guardas no teatro do outro lado. Então eles iam embora com as crianças, usando o bonde como camuflagem. Os trabalhadores também levavam crianças embora em mochilas e cestos de roupa para lavar. O quintal da Escola Pedagógica, a duas portas dali, era conectado com a creche, e as crianças também eram contrabandeadas pela cerca. Os professores e alunos da escola sabiam o que estava acontecendo, mas ninguém falava. Pelos menos seiscentas crianças foram salvas. Walter Süskind acabou sendo deportado e morreu na Europa Central em 29 de fevereiro de 1945. Hoje a escola é o Museu Nacional do Holocausto.[10]

Mais adiante, virando a esquina, fica o lindo Zoológico Artis. À noite, durante a ocupação, dezenas de pessoas — judeus, membros da resistência e os que fugiam dos trabalhos forçados — se escondiam ali. Escondiam-se "no palheiro acima dos animais selvagens, nos aviários com as íbis, nas tocas noturnas dos ursos polares".[11] O gerente do zoológico guardava segredo. Quando estava acontecendo uma *Razzia*, o guardião dos macacos colocava uma tábua em cima do fosso que cercava a casa dos macacos para deixar homens e mulheres atravessarem, depois tirava a tábua para mantê-los em segurança.

Uma mulher, Duifje van der Brink, morou por dois anos no zoológico, passando as noites na casa dos lobos. Durante o dia, ela se sentava em um banco perto da casa dos macacos e conversava com as pessoas, inclusive com os alemães. Ninguém sabia que ela era judia. Ao longo do tempo, estima-se que de duzentas a trezentas pessoas conseguiram se esconder no zoológico. É impossível não pensar: os animais forneciam abrigo enquanto muitos seres humanos não faziam isso.

Do outro lado da avenida, diante do zoológico, fica o Museu da Resistência, que guarda o material da clandestinidade: prensas para imprimir jornais, panfletos, documentos e cupons de alimentação falsos; exemplares de grotesca propaganda antissemita do NSB; armas para ataques clandestinos.

Nas paredes do Museu da Resistência estão murais mostrando desfiles do NSB. Figuras explicam seus motivos para se juntarem aos nazistas:

"O que me atraía era a energia, os cânticos e a sensação de pertencimento."

"Eu só via uma opção: o nacional-socialismo ou o caos do comunismo."

"Não conseguíamos ganhar a vida com a loja, e o NSB dizia que as coisas melhorariam para a classe média."

"Com a Alemanha no poder, ser membro do NSB oferecia oportunidades para iniciar uma carreira profissional."

"Havia uma pobreza e uma divisão enormes no nosso país. O NSB se opunha àquele fingimento de democracia."

"A liderança era uma base sobre a qual podíamos criar uma comunidade nacional. Com escolhas demais, nada é decidido e há sempre aquele interesse próprio escondido depois da esquina."

O fascismo conta com a credulidade das pessoas, com seu desejo de acreditar, com seu medo de não haver nada em que acreditar.

Você pode dar um pulo na Escola Wilhelmina Catharina, a única escola de onde as crianças judias não foram expulsas. Das 175 crianças na escola, 71 eram judias. Os alemães não queriam judeus e gentios na mesma sala de aula, mas expulsar os judeus significaria fechar a escola. Em vez disso, as autoridades escolares construíram um muro dividindo a escola ao meio. O lado da frente era para as crianças gentias; o de trás, para as judias, que passaram a ser chamadas de "Dos fundos". O muro acabou sendo derrubado. As crianças da frente ficaram felicíssimas ao ver que o muro horrível tinha sumido, mas, quando foram para o outro lado, não restava nenhum dos seus amigos judeus; todos tinham sido deportados. Uma placa no prédio os homenageia.[12]

Se você for ao velho Bairro Judeu, verá a famosa estátua do estivador. Em 25 de fevereiro de 1941, teve início a greve para protestar contra a prisão em massa de jovens judeus, primeiro com a participação de trabalhadores do Serviço Municipal de Limpeza e Obras Públicas, depois dos ferroviários e dos funcionários dos bondes, e finalmente dos estivadores do porto. Lojas foram fechadas. Cidadãos acompanhavam os manifestantes, quebrando as janelas dos bondes que ainda rodavam. O jornal da resistência perguntava: "Sou eu o guardião do meu irmão?" A resposta era "Sim". A greve durou dois dias, até que os alemães, com armas de fogo, encerraram violentamente o protesto.

Você pode se sentar no banco de Lotty, no elegante bairro Apollolaan. Fica no lugar exato em que Lotty e sua amiga Beppie dormiram depois de voltar de Auschwitz. Quando os alemães evacuaram o campo, tiraram as mulheres e as mandaram em uma marcha mortal até o campo de concentração de Beendorf, a mais de 650 quilômetros de distância. Quando os Aliados libertaram Beendorf, as poucas sobreviventes, como Lotty e Beppie, foram trocadas por prisioneiros de guerra alemães. Quando as mulheres finalmente chegaram a Amsterdã, em 26 de agosto, praticamente não havia nenhum abrigo para sobreviventes do Holocausto. Elas receberam uma manta para cavalos e foram deixadas para se virarem sozinhas.

— Venha — disse Lotty a Beppie. — Vamos bancar as elegantes.[13]

Elas dormiram em um banco de parque no bairro chique de Apollolaan.

O governo holandês se recusou a dar preferência aos judeus que retornavam. A lógica era: "os nazistas trataram os judeus de modo diferente do resto da população e, sem dúvida, tratar os judeus de modo diferente outra vez lembraria a todo mundo da ideologia nazista".[14] Os holandeses estavam simplesmente seguindo a política estabelecida pelas autoridades aliadas, que diziam que diferenciar os judeus de outras pessoas desalojadas seria injusto para os não judeus e "constituiria discriminação religiosa".[15] Em setembro de 2017, Lotty, com 96 anos, finalmente foi reconhecida pelos horrores que suportou e foi homenageada com seu próprio banco.

O busto de bronze de Geertruida "Truus" Wijsmuller-Meijer, inaugurado em 1965, está agora na Bachplein, no sul de Amsterdã. Truus foi combatente da resistência holandesa. Em 1938, o governo britânico concordou em deixar crianças judias com menos de dezessete anos entrarem no Reino Unido para uma estadia temporária. O Comitê das Crianças Holandesas em Amsterdã pediu que Wijsmuller-Meijer, conhecida como imperturbável e intrépida, fosse a Viena se encontrar com Adolf Eichmann, o encarregado da "emigração" forçada dos judeus. Aparentemente Eichmann a considerou inacreditável: *so rein-arisch und dann so verrückt!* (tão puramente ariana e tão louca!).[16] Ele prometeu lhe dar dez mil crianças judias se ela conseguisse recolher seiscentas crianças em seis dias depois do encontro dos dois e colocá-las em um navio para a Inglaterra. Ela teve sucesso. Em 10 de dezembro, seiscentas crianças judias partiram de Viena por trem. Até o início da guerra, ela organizou *Kindertransporten* (transportes de crianças). Várias vezes por semana viajava à Alemanha e a territórios ocupados pelos nazistas para pegar crianças. Quando a guerra foi declarada, em 1º de setembro de 1939, sua organização tinha salvado dez mil crianças judias. Os alemães a chamavam de *die verrückte Frau Wijsmuller* (a doida da sra. Wijsmuller) porque ajudava judeus de graça.

Desde 1995, o artista alemão Gunter Demnig vem criando "pedras de tropeço" comemorativas. Em Amsterdã há várias centenas de pedras postas na frente dos endereços residenciais menos conhecidos de judeus, romani, sinti e outras pessoas assassinadas pelos nazistas. As pedras têm placas de bronze incrustadas. Quando a gente tropeça nelas, tropeça no passado; isso faz parte do tecido do presente. A gente se lembra.

POSFÁCIO

No decorrer desta investigação me perguntaram muitas vezes se eu achava que poderíamos responder de modo definitivo à pergunta central. Eu não podia prometer, claro, mas dizia que faríamos uma tentativa séria de descobrir a causa mais provável da invasão do Anexo Secreto.

Passamos quase cinco anos no processo de percorrer o mundo procurando relatos que tivessem sido perdidos ou mal arquivados e testemunhas que jamais tivessem sido consultadas. No final, nossa talentosa e dedicada equipe de investigadores, pesquisadores e voluntários alcançou o objetivo: descobrir o que aconteceu no prédio 263 da Prinsengracht. Como é comum em muitas investigações de casos arquivados, por acaso uma evidência desconsiderada acabou sendo a chave para solucionar o mistério de quase oitenta anos.

Por mais poderosa que seja essa descoberta, ela não é o único feito da nossa investigação. Ao longo dos anos encontramos uma grande quantidade de informações que ajudam a entender a época, além de fatos sobre o SD, as pessoas-V e os colaboradores. Também localizamos e analisamos quase mil recibos de *Kopgeld* que lançaram uma nova luz sobre o programa de incentivo por pagamento do SD para caçar judeus e outros indesejados pelos nazistas. E lançamos uma rede tão grande com nossa pesquisa investigativa que determinamos, ou no mínimo esclarecemos, o que aconteceu em vários outros casos de delações. Espero que nossos resultados ofereçam algum tipo de desfecho para os descendentes dos que foram capturados.

Minha geração, os chamados *baby boomers*, é formada pelos filhos e filhas dos militares que lutaram na Segunda Guerra Mundial. Somos a última geração que tem uma conexão real com aquela época. Eu me lembro de muitas histórias de guerra que meu pai e meus tios contavam — não eram histórias lidas em livros, e sim relatos em primeira pessoa. A maioria dos policiais *baby boomers* já se aposentou ou está chegando à idade da aposentadoria. Enquanto alguém com conhecimento em primeira mão ainda estiver vivo, enquanto ainda existirem registros disponíveis, enquanto parentes de testemunhas puderem se apresentar, as histórias precisam ser contadas.

Acredito que, assim que este livro estiver publicado e as pessoas se familiarizarem com nossas descobertas, qualquer um que tiver informações relevantes irá nos procurar e encaixar as peças que faltam no quebra-cabeça do que aconteceu em 4 de agosto de 1944. Creio realmente que a investigação do passado e nossa interpretação dele não sejam um exercício finito. Por esse motivo, doamos nosso banco de dados da pesquisa para o Estado holandês, de modo que outros possam tomar conhecimento desse importante período da história.

Para mim, foi uma honra e um privilégio representar um pequeno papel para lembrar ao mundo que as vítimas do Anexo e outros judeus traídos não foram esquecidos.

— *Vince Pankoke*

A EQUIPE DO CASO ARQUIVADO

Thijs Bayens	Diretor de projeto (CEO da empresa)
Luc Gerrits	Diretor financeiro (CFO da empresa)
Pieter van Twisk	Chefe de pesquisa (COO da empresa)
Vince Pankoke	Agente principal (agente especial aposentado do FBI)
Monique Koemans	Criminologista, historiadora e escritora
Brendan Rook	Investigador de crimes de guerra
Joachim Bayens	Tradutor
Veerle de Boer	Pesquisador
Circe de Bruin	Historiadora pública
Amber Dekker	Historiadora militar
Rory Dekker	Tradutor
Matthijs de Die le Clercq	Pesquisador
Nienke Filius	Cientista forense
Anna Foulidis	Historiadora pública
Marius Helf	Cientista de dados
Anna Helfrich	Historiadora
Jean Hellwig	Gerente de projeto
Soeliah Hellwig	Pesquisadora de gênero
Robbert van Hintum	Cientista de dados
Christine Hoste	Historiadora pública
Nina Kaiser	Especialista em documentação

Linda Leestemaker	Arqueóloga, jornalista
Bram van der Meer	Psicólogo comportamental
Lilian Oskam	Criminologista
Welmoed Pluim	Criminologista
Marin Rappard	Pesquisadora de herança cultural
Isis de Ruiter	Especialista em documentação
Cerianne Slagmolen	Historiadora
Patricia Spronk	Pesquisadora de gênero
Rinsophie Vellinga	Pesquisadora externa
Machteld van Voskuilen	Historiadora social

CONSULTORES DA EQUIPE

Gerard Aalders	Historiador e escritor
Frans Alkemade	Especialista em análise bayesiana na Alkemade Forensic Reasoning (AFR)
Hubert Berkhout	Arquivista
Gertjan Broek	Historiador da Casa de Anne Frank
Roger Depue	Cientista comportamental e especialista em perfis (aposentado da Unidade de Ciência Comportamental do FBI)
Wil Fagel	Perito grafotécnico
Corien Glaudemans	Historiador e pesquisador no Haags Gemeentearchief
Bernhard Haas	Analista forense de documentos
Eric Heijselaar	Arquivista no Stadsarchief Amsterdam
Peter Kroesen	Arquivista no Stadsarchief Amsterdam
Carina van Leeuwen	Detetive forense de casos arquivados
Guus Meershoek	Historiador
Quentin Plant	Cientista de dados
Sierk Plantinga	Arquivista
Leo Simais	Consultor policial
Eric Slot	Historiador, escritor e jornalista
Hans Smit	Consultor policial
Erik Somers	Historiador do NIOD
Gerrold van der Stroom	Historiador
Sytze van der Zee	Jornalista e escritor

AGRADECIMENTOS

D esde a ideia até a conclusão, a investigação do que levou à invasão do Anexo demorou bem mais de cinco anos e recebeu a ajuda de duzentas pessoas. Apesar de termos centrado a atenção do livro nos líderes e em outros membros importantes da equipe, existem muitos outros sem os quais essa pesquisa não seria possível.

Em primeiro lugar, queremos agradecer à equipe de pesquisa cotidiana que consistiu em nossas pesquisadoras regulares Christine Hoste, Circe de Bruin eAnna Foulidis. Elas, por sua vez, foram auxiliadas por uma equipe de pesquisadores autônomos, voluntários e estagiários: Joachim Bayens, Veerle de Boer, José Boon, Amber Dekker, Rory Dekker, Matthijs de Die le Clercq, Nienke Filius, Anna Helfrich, Soeliah Hellwig, Gülden Ilmaz, Nina Kaiser, Eline Kemps, Linda Leestemaker, Patrick Minks, Lilian Oskam, Welmoed Pluim, Marin Rappard, Anita Rosmolen, Isis de Ruiter, Dorna Saadati, Cerianne Slagmolen, Babette Smits van Warsberghe, Patricia Spronk, Logan Taylor-Black, Mattie Timmer, Maudy Tjho, Rinsophie Vellinga, Marlinde Venema, Machteld van Voskuilen e Mary Beth Warner.

Também temos uma dívida profunda para com muitos especialistas que endossaram nossa investigação e nos ajudaram frequentemente em suas áreas de conhecimento. Nós os chamamos de especialistas em temas. São Roger Depue (especialista em ciência comportamental aposentado do FBI); Bram van der Meer (psicólogo investigativo e especialista em perfis de criminosos); Frans Alkemade (estatístico forense); Bernard Haas (analista forense de documentos); Wil Fagel (ex-perito grafotécnico da NFI); Carina van Leeuwen (chefe da equipe de casos arquivados da polícia de Amsterdã); Menachem Sebbag (rabino-chefe no Ministério da Defesa Holandês); Leo Simais (equipe de casos arquivados, Polícia Nacional da Holanda); e Hans Smit (Polícia Nacional da Holanda). Queremos agradecer aos arquivistas que nos ajudaram: Peter Kroesen e Eric Heijselaar (arquivistas, SAA), Hubert Berkhout (arquivista, NIOD) e Sierk Plantinga (arquivista aposentado, NA). Como leigos no campo do armazenamento digital e de IA, também somos gratos ao nosso consultor digital Quentin Plant. Por fim, agradecemos aos seguintes escritores e historiadores que foram tão importantes para nós: Gerard Aalders (historiador), David Barnouw (historiador), Gertjan Broek (pesquisador, AFF), Corien Glaudemans (pesquisadora, HGA), Ad van Liempt (jornalista e escritor), Guus Meershoek (historiador), Erik Somers (historiador), Gerrold van der Stroom (historiador) e Sytze van der Zee (jornalista e escritor). (Apesar de estudarmos, citarmos e apreciarmos muito seu trabalho e em alguns casos os consultarmos ou entrevistarmos, esses escritores e pesquisadores não devem ser considerados como apoiadores do resultado da nossa investigação. De fato, eles podem não ter sido informados sobre nossas descobertas finais.)

E há ainda todas as pessoas que forneceram ajuda pessoal de um modo diferente e em uma base menos frequente. Podem ser testemunhas, escritores com quem conversamos, arquivistas que nos ajudaram a percorrer enormes registros públicos e particulares, pesquisadores e historiadores de famílias e pessoas que representam institutos importantes.

Em ordem alfabética, gostaríamos de agradecer a: Guido Abuys (campo de Westerbork), Jelmar Ahlers (parente de Tonny Ahlers), Edith Albersheim-Chutkow (sobrevivente do Holocausto), Svetlana Amosova (Museu Judaico e Centro de Tolerância, Moscou), Floriane Azoulay (Arquivo de Arolsen), Freek Baars (Spaarnestad Photo), Francis van den Berg (Historisch Centrum Overijssel), Albert Beuse (Arquivo de Groningen), Rene Bienert (Centro Simon Wiesenthal de Los Angeles), Gerrit e Sien Blommers (especialistas em bairros), Mirjam Bolle (sobrevivente do Holocausto e ex-secretária do Conselho Judaico), Petra Boomgaart (historiadora), Eric Bremer (parente de Jetje Bremer), Monique Brinks (historiadora), Jeroen de Bruyn e Joop van Wijk (coautores), Peter Buijs (Museu Histórico Judaico), Cornelis Cappon (Universidade de Amsterdã), Greg Celerse (pesquisador da Segunda Guerra Mundial), Marcelle Cinq--Mars (Biblioteca e Arquivo do Canadá), Sara-Joelle Clark e Ron Coleman (Museu Memorial do Holocausto dos Estados Unidos), Alexander Comber (Biblioteca e Arquivo do Canadá), Ryan Cooper (correspondente de Otto Frank), Jopie Davidse (residente em Amsterdã na época da Segunda Guerra Mundial), Peter Douwes (parente de Cor Suijk), Jan Erik Dubbelman (amigo de Cor Suijk), Rebecca Erbelding (Museu Memorial do Holocausto dos Estados Unidos), Zeno Geradts (professor de análise de dados forenses na Universidade de Amsterdã), Joop Goudsmit (sobrevivente holandês do Holocausto), Koos Groen (jornalista e escritor), Louis de Groot (sobrevivente holandês do Holocausto), Katja Happe (historiadora), Ron van Hasselt (escritor), Hubertine Heijermans (parente de Hubert Selles), René van Heijningen (historiadora, Instituto de Estudos da Guerra, do Holocausto e do Genocídio, NIOD), Maarten van Helden (filho do detetive Arend van Helden) e sua esposa, Els, Stephan van Hoeve (filho do verdureiro Hendrik van Hoeve), Jan Hopman (jornalista e escritor), Fleur van Houwen (linguista, Universidade Livre de Amsterdã), Ann Huitzing (historiadora), Abraham Kaper (neto de Abraham Kaper), J. van der Kar (tabelião), Christine Kausch (historiadora), Nancy Kawalek (professora, Universidade de Chicago), Edwin Klijn (pesquisador, Instituto de Estudos da Guerra, do Holocausto e do Genocídio, NIOD), Teun Koetsier e Elbert Roest (coautores), Bas Kortholt (historiador), Hans Krol (historiador, Arquivo Noord-Hollands), Gerlof Langerijs (pesquisador de história), Carol Ann Lee (escritora), Richard Lester (escritor), Jacqueline van Maarsen (amiga de Anne Frank e escritora), Myriam Maater van Hulst (sobrevivente do Holocausto), Eva Moraal (historiadora), Claudia Morawetz (filha do compositor Oskar Morawetz), Melissa Müller (escritora), Sylvia Naylor (Arquivo Nacional em College Park), John Neiman (amigo de Miep e Jan Gies), Jean Nieuwenhuijse (Centraal Bureau voor Genealogie, Haia), Albert

Oosthoek (historiador, NA), Jan Out (arquivista da Polícia Nacional da Holanda), Albert Penners (fisioterapeuta e informante), Joost Rethmeier (historiador), Jan Rijnders (historiador), Sally Rosen (investigadora), Regina Salle (testemunha), Eva Schloss (sobrevivente do Holocausto e filha adotiva de Otto Frank), Kyra Schuster (Museu Memorial do Holocausto dos Estados Unidos), Raymund Schütz (historiador), Derek Selles (neto de Hubert Selles), Eda Shapiro e Rick Kardonne (coautores), Eric Slot (historiador), Dineke Stam (ex-pesquisadora, Casa de Anne Frank), Jol van Soest (historiador de família), Michel Theeboom (Polícia Nacional da Holanda e Rede Policial Judaica), Paul Theelen (historiador de família), Stephan Tyas (historiador), Jacob Nathan Velleman (psiquiatra), Rian Verhoeven (historiador), Gerrit van der Vorst (historiador), Hugo Voskuijl (parente de Bep Voskuijl), Jan Watterman (historiador), Rene Wessels (parente do ex-proprietário do prédio 263 da Prinsengracht), Joop van Wijk (filho de Bep Voskuijl), Cara Wilson-Granat (correspondente de Otto Frank), Rolf Wolfswinkel (historiador e professor da Universidade de Nova York), Elliot Wrenn (Museu Memorial do Holocausto dos Estados Unidos), Kees Jan van der Zijden (tabelião), Giora Zwilling (Arquivo de Arolsen) e muitos, muitos outros.

Também queremos agradecer a todas as pessoas que nos ajudaram a desenvolver nossa própria infraestrutura investigativa digital e o programa de inteligência artificial, principalmente a Xomnia, cujo diretor administrativo, Ollie Dapper, desde o início apoiou totalmente nosso projeto e cujos cientistas de dados Robbert van Hintum e Marius Helf foram responsáveis pelo banco de dados que serviu de base para o posterior programa de IA. Esse programa rodou no software Microsoft Azure, disponibilizado para nós pela Microsoft, graças a Brian Marble e Jordan Passon. O programa foi customizado por uma equipe da Plain Concepts: Ingrid Babel, Manuel Rodrigo Cabello Malagón, Marta de Carlos López, Alejandro Hidalgo, Carlos Landeras Martinez, Olga Martí Rodrigues, Fransisco Pelaez Aller, Fluerette Poiesz, Sara San Luis Rodríguez e Daniela Solis. E finalmente agradecemos ao pessoal da Branded Entertainment Network — Hannah Butters, Erin Larnder, Abigail Mieszczak e Loriel

Weiss —, que forneceu boa parte do hardware necessário para rodar o programa, além de Paul Oranje e Anton Raves, que forneceram todo o suporte de TI para o projeto.

Os arquivos representaram um papel crucial na nossa investigação. Eles são mencionados durante todo o livro e em muitas das fontes e notas, mas mesmo assim gostaríamos de enfatizar alguns deles. Em primeiro lugar, o pessoal da Anne Frank Stichting foi muito solícito, especialmente Teresien da Silva, Maatje Mostart e Annemarie Bekker. Também agradecemos ao Museu Histórico Judaico de Amsterdã e especialmente seu diretor, Emile Schrijver. No Arquivo da Cidade de Amsterdã recebemos grande apoio do diretor, Bert de Vries, e do gerente de programas, Benno van Tilburg.

E, finalmente, os dois institutos onde, sem dúvida, nossos pesquisadores passaram a maior parte do tempo: o NIOD, Instituto de Estudos da Guerra, do Holocausto e do Genocídio, em Amsterdã e o Arquivo Nacional em Haia. Do primeiro gostaríamos de mencionar o diretor, Frank van Vree, que se comoveu imediatamente com nosso projeto, e do segundo gostaríamos especialmente de agradecer à ex-diretora de Coleções e Público, Irene Gerrits, e à gerente de serviços, Fenna Flietstra. Também agradecemos aos muitos funcionários das duas instituições que continuaram pacientemente a nos fornecer todos os documentos requisitados.

Em última instância, a investigação é fundamental, mas, como acontece com a maioria das coisas na vida, exigiu um financiamento adequado. Desde o início sabíamos que este seria um empreendimento caro, e demoramos algum tempo para arrecadar as verbas necessárias. Desde o momento em que divulgamos a ideia, ficou claro que estávamos tocando em um tema muito sensível. Com medo do resultado, muitos patrocinadores não quiseram correr o risco de se envolver. Fomos inflexíveis no sentido de que a investigação seria totalmente objetiva, e houve algumas partes que demonstraram interesse em patrocinar, mas no final das contas negamos seu apoio porque suspeitamos que elas poderiam ter interesses que entravam em conflito com a independência e a objetividade que exigíamos. Procuramos o público e recebemos muitas pequenas doações particulares, pelas quais somos extremamente gratos. Jaap Rosen Jacobson e Oshri Even-Zohar vieram nos salvar na hora em que mais precisávamos.

Também recebemos uma doação generosa da prefeitura de Amsterdã, graças particularmente às vereadoras Simone Kukenheim e Touria Meliani, que sabiam plenamente que durante a guerra a cidade de Amsterdã perdeu dez por cento dos cidadãos, uma atrocidade que jamais deveria ser esquecida e que deixou uma cicatriz permanente. Também temos uma dívida profunda para com Ger Baron, Tijs Roelofs e Tamas Erkelens, da prefeitura de Amsterdã, por seus conselhos e seu apoio. E, obviamente, recebemos adiantamentos editoriais por este livro.

E há as pessoas que tornaram possível esta publicação. Primeiro, a escritora Rosemary Sullivan, que, apesar da grande distância entre o Canadá e a Holanda, além das sérias restrições impostas pela Covid-19, conseguiu capturar a essência deste projeto de um modo pungente, produzindo este livro maravilhoso. Com tantos atores espalhados por vários países e continentes, em um período tão grande e com tantas informações para examinar, só podemos apreciar, admirar e respeitar seu trabalho.

Agradecemos profundamente à nossa editora na HarperCollins, Sara Nelson, que, com seu entusiasmo e sua confiança intermináveis, tornou essa jornada inesquecível para todos nós. Também somos muito gratos ao nosso publisher, Jonathan Burnham, que, junto com Sara, acreditou neste projeto desde o início e com cujos conselhos e apoio sempre pudemos contar. Nossa gratidão também se estende aos nossos editores holandeses, a diretora administrativa Tanja Hendriks e o editor Laurens Ubbink da Ambo|Anthos, que nos deu conselhos valiosos durante o processo de escrita; e às nossas agentes literárias, Marianne Schönbach e Diana Gvozden, da Agência Literária Marianne Schönbach em Amsterdã.

Projetos internacionais deste tamanho também precisam de aconselhamento jurídico. Para consultoria jurídica procuramos inicialmente Job Hengeveld, da Hengeveld Advocaten, e Philip van Wijnen. Em seguida fomos auxiliados pelo escritório internacional de direito Bird & Bird, e gostaríamos de agradecer especialmente a Jeroen van der Lee, Jochem

Apon e Olaf Trojan. Todos fizeram trabalhos excelentes para nós. Também gostaríamos de agradecer ao consultor independente Martin Senftleben, da Universidade de Amsterdã, por seus aconselhamentos excelentes.

Temos uma dívida de gratidão para com vários consultores externos que nos guiaram em nossa jornada longa e árdua: Edward Asscher, Boris Dittrich, Harry Dolman, Nelleke Geel, Dries van Ingen, Willem van der Knaap, Margreet Nanning, Kate Pankoke, Bert Wiggers e muitos outros. E há os estimados membros do nosso conselho consultivo, que nos orientou através das questões mais sensíveis que encontramos; gostaríamos de expressar gratidão a Roger van Boxtel, Job Cohen (presidente) e Michiel Westermann. Seus conselhos foram inestimáveis, mas eles não devem ter qualquer responsabilidade por nossas conclusões.

Finalmente, um projeto desta magnitude não é possível sem as pessoas que incansavelmente cuidaram dos negócios e da logística. Duas pessoas em particular ajudaram a fazer com que este projeto acontecesse: nosso gerente de projetos, Jean Hellwig, e nosso assistente executivo, Wieke van der Kley. Também agradecemos muito à nossa gerente de produção, Mardou Jacobs, e ao nosso controlador financeiro, Ali Banyahia, aos nossos dois maravilhosos estagiários, Jason Akkerman e Daniel Osterwald, e a Stan Schram, que encontrou nosso escritório.

Amsterdã, 4 de dezembro de 2020
Thijs Bayens
Pieter van Twisk
Luc Gerrits

Foi um privilégio trabalhar neste projeto, e por isso agradeço a Thijs Bayens, Pieter van Twisk e Vince Pankoke. Thijs forneceu inspiração, Pieter forneceu precisão e Vince forneceu conhecimento e apoio moral. Eles tornaram minha primeira estadia em Amsterdã imensamente produtiva, e, quando a Covid-19 atacou o mundo, atenderam com paciência minhas chamadas pelo Zoom e responderam meus milhares de e-mails. Gostaria de agradecer a Brendan Rook por seu profissionalismo, que ajudou a afiar meu ângulo de visão, e a Monique Koemans pela acolhida e pelo conhecimento quando me convidou a participar de suas sessões de pesquisa. Jean Hellwig, o gerente de projeto, foi extremamente generoso com seu tempo, solucionando todos os problemas de logística que surgiram. Também gostaria de agradecer aos jovens pesquisadores com quem trabalhei, inclusive Circe de Bruin, Christine Hoste, Anna Foulidis, Linda Leestermaker e Wieke van de Kley. Todos eles facilitaram minhas muitas visitas aos arquivos, inclusive ao NIOD, Instituto de Estudos da Guerra, do Holocausto e do Genocídio, e ao Arquivo da Cidade de Amsterdã; aos museus como o Museu Nacional do Holocausto e o Museu da Resistência; e especialmente as viagens ao Centro Memorial do Campo de Westerbork e a Haia. Sou grata à Residência de Escritores em Amsterdã, da Nederlands Letterenfonds, por me proporcionar um apartamento maravilhoso no coração de Amsterdã, onde pude realizar meu trabalho.

Gostaria de agradecer à minha irmã, Colleen Sullivan, que leu as primeiras versões deste original e me proporcionou um encorajamento fundamental; Karen Mulhallen, cujos apoio e conselhos durante o longo processo de escrita foram inestimáveis; Plum Johnson, que ouviu minhas deliberações; e Mary Germaine, que estava sempre presente nas emergências com o computador.

Gostaria de agradecer à minha editora canadense, Iris Tupholme, com quem trabalhei pela primeira vez em 1987 e que orientou meus livros durante o difícil processo de escrita. Como sempre, aqui também ela ofereceu um apoio maravilhoso e sábio, e é uma alegria trabalhar com ela. Ela sempre soube como me encorajar a ir além das minhas próprias expectativas. Eu lhe devo uma vida inteira.

Foi um privilégio trabalhar com Sara Nelson. Ela é uma editora fantástica, sempre e imediatamente presente; meticulosa e brilhante em seus comentários editoriais; uma perfeccionista que encoraja e exige os padrões mais elevados. Sua paciência é interminável. Todos os escritores deveriam ter a sorte de contar com um editor assim. Gostaria de agradecer especialmente a Jonathan Burnham, presidente e editor-chefe da Harper, que me sugeriu como escritora deste projeto, lançando-me em uma jornada profundamente comovente. Ele leu generosamente o original e ofereceu sugestões cruciais. Por fim, gostaria de agradecer à minha agente, Jackie Kaiser, que, como Iris, sempre esteve presente para mim, dando apoio e conselhos quando preciso. É sábia, apaixonada e gosta imensamente dos escritores e da escrita. Tenho sorte por ela ser minha agente.

Dedico este livro às minhas irmãs, Patricia, Sharon e Colleen, ao meu irmão, Terry, e ao meu companheiro de toda a vida, Juan Opitz. Com amor e gratidão.

Toronto, 1º de abril de 2021
Rosemary Sullivan

ARQUIVOS E INSTITUTOS

Anne Frank Stichting (Fundação Anne Frank), Amsterdã, Holanda
Arolsen Archives (Arquivo de Arolsen, anteriormente International Tracing
Service ou Serviço de Rastreamento Internacional), Bad Arolsen, Alemanha
Bundesarchiv Berlin (Arquivo Federal de Berlim), Berlim, Alemanha
Deutsches Literaturarchiv Marbach (Arquivo de Literatura Alemã de Marbach),
Marbach, Alemanha
Gedenkstätte und Museum Sachsenhausen (Memorial e Museu Sachsenhausen),
Oranienburg, Alemanha
Groninger Archieven (Arquivo de Groningen), Groningen, Holanda
Haags Gemeentearchief (Arquivo da Cidade de Haia), Haia, Holanda
Herinneringscentrum Kamp Westerbork (Centro Memorial do Campo de Wes-
terbork), Hooghalen, Holanda
Historisch Centrum Overijssel (Centro Histórico de Overijssel), Zwolle, Holanda
Jewish Cultural Quarter (Quarteirão Cultural Judaico), Amsterdã, Holanda
Library and Archives Canada (Biblioteca e Arquivo do Canadá), Ottawa, Canadá
Nationaal Archief (Arquivo Nacional), Haia, Holanda
The National Archives at College Park (Arquivo Nacional de College Park),
Maryland, Estados Unidos
Nationaal Monument Oranjehotel, Scheveningen, Holanda
Nederlands Dagboekarchief (Arquivo Nacional de Diários), Amsterdã, Holanda
NIOD Instituto de Estudos da Guerra, do Holocausto e do Genocídio, Amsterdã,
Holanda
Noord-Hollands Archief (Arquivo do Norte da Holanda), Haarlem, Holanda
Österreichisches Staatsarchiv (Arquivo Estatal da Áustria), Vienna, Áustria
Pickford Center for Motion Picture Study (Centro para Estudo Cinematográfico
Pickford), Los Angeles, Estados Unidos
Arquivo Militar do Estado Russo, Moscou, Rússia
Centro Simon Wiesenthal, Viena, Áustria
Stadsarchief Amsterdam (Arquivo da Cidade de Amsterdã), Amsterdã, Holanda

Streekarchief Gooi en Vechtstreek (Arquivo Regional de Gooi e Vechtstreek), Hilversum, Holanda

Museu Memorial do Holocausto, Washington, D.C., Estados Unidos

USC Shoah Foundation — The Institute for Visual History and Education (Fundação Shoah USC — Instituto de História e Educação Visual), Los Angeles, Estados Unidos

Verzetsmuseum (Museu da Resistência), Amsterdã, Holanda

The Wiener Holocaust Library (Biblioteca do Holocausto Wiener), Londres, Reino Unido

Wiener Stadt-und Landesarchiv (Arquivo Municipal e Provincial de Viena), Viena, Áustria

Arquivo Yad Vashem, Tel-Aviv, Israel

GLOSSÁRIO

Abteilung Hausraterfassung (Agência de Inventário Doméstico): O departamento que cuidava do confisco de bens domésticos dos judeus, que em seguida eram mandados para a Alemanha. Esse departamento ficava sob o controle da Zentralstelle für Jüdische Auswanderung e também trabalhava de perto com os bancos Einsatzstab Reichsleiter Rosenberg (ERR) e Lippmann-Rosenthal. A Coluna Henneicke trabalhava para esse departamento.

Abwehr: Inteligência militar alemã.

Amersfoort: Campo de concentração e trânsito da polícia alemã na Holanda, ao sul da cidade de Amersfoort. Funcionou de agosto de 1941 a abril de 1945. Nesse período, 37 mil pessoas foram encarceradas lá, das quais 20 mil foram deportadas para campos no leste. Por volta de 670 pessoas morreram no campo.

Anne Frank Fonds (AFF): Fundação estabelecida em 1963 na Basileia, Suíça, por Otto Frank. Representa a família Frank, distribui o diário de Anne e administra os direitos autorais.

Anne Frank Stichting (AFS) (Fundação Anne Frank): Fundação baseada em Amsterdã, estabelecida em 1957 por Otto Frank. Criada originalmente para salvar da demolição a Casa de Anne Frank e o Anexo, a fundação também é encarregada de administrar a propriedade e a propagação da história de Anne e seus ideais. A AFS organiza exposições e informações sobre Anne Frank em todo o mundo e também é comprometida com a luta contra o antissemitismo e o racismo.

***Arbeitseinsatz*:** Trabalho forçado para pessoas dos territórios ocupados durante a Segunda Guerra Mundial para substituir a mão de obra dos homens alemães que serviam como soldados. Na Holanda, o *Arbeitseinsatz* tornou-se obrigatório a partir de janeiro de 1942. Os homens que não respondessem à convocação precisavam se esconder.

Auschwitz (Auschwitz-Birkenau): O maior campo de concentração e extermínio dos nazistas no Terceiro Reich. Consistia de quase quarenta subcampos, dos quais Birkenau era o maior. Foi estabelecido em 1942 perto do sul da cidade polonesa de Oświęcim. Durante a guerra, quase um milhão de pessoas, predominantemente judias, foram exterminadas lá.

Bergen-Belsen: Um dos maiores campos de prisioneiros de guerra e de concentração, perto de Celle, no norte da Alemanha, onde mais de 70 mil pessoas morreram durante a Segunda Guerra Mundial. Este é o campo onde Anne e Margot morreram no início de 1945.

Besluit Buitengewone Rechtspleging (Lei Especial de Justiça): Uma lei especial criada pelo governo holandês no exílio em Londres no final de 1943; regulava a organização e o processo contra pessoas que tivessem colaborado com os alemães ou fossem consideradas criminosas de guerra.

Bureau Joodse Zaken (BJA) (Departamento de Assuntos Judaicos): Originalmente um departamento da polícia de Amsterdã encarregado de detectar violações de medidas relativas aos judeus impostas pelos alemães na Holanda ocupada. Depois de a Holanda ser declarada "livre de judeus" em 1943, os policiais dessa unidade foram designados para o departamento IV B4 do Sicherheitsdienst (SD) e essencialmente caçavam judeus escondidos.

Bureau Nationale Veiligheid (BNV) (Departamento de Segurança Nacional): Um serviço provisório de inteligência e segurança holandês (fundado em 1945). Mais tarde se tornou o Binnenlandse Veiligheidsdienst (BVD), ou Serviço de Segurança Interna, e agora é conhecido como Algemene Inlichtingen- en Veiligheidsdienst (AIVD), ou Serviço Geral de Inteligência e Segurança.

Centraal Archief van de Bijzondere Rechtspleging (CABR) (Arquivo Central de Justiça Extraordinária): O arquivo especial de todos os casos levados à justiça depois da guerra sob a Lei Especial de Justiça de 1943 pelo governo holandês exilado em Londres. É mantido em sua maior parte no Nationaal Archief (Arquivo Nacional) em Haia.

Colonne Henneicke (Coluna Henneicke): Grupo de mais de cinquenta colaboradores holandeses do nazismo, comandado pelo (parcialmente) alemão Win Henneicke. Foram ativos como caçadores de recompensa no período entre março e outubro de 1943. Estima-se que o grupo tenha sido responsável pela deportação de mais de 8 mil judeus. O grupo trabalhava para a Abteilung Hausraterfassung.

Comité voor Joodsche Vluchtelingen (CJV) (Comitê para Refugiados Judeus): Organização de ajuda estabelecida para acomodar o número crescente de refugiados judeus vindos da Alemanha; atuou entre 1933 e 1941. O CJV mediou questões relativas a socorro imediato, educação, emigração, vistos de saída e autorizações de residência.

Conferência de Wannsee: Reunião de quinze importantes autoridades nazistas (dentre eles Reinhardt Heydrich e Adolf Eichmann) em 20 de janeiro de 1942 na Villa Marlier no Wannsee, perto de Berlim. O principal objetivo do encontro foi a destruição em grande escala dos judeus da Europa.

QUEM TRAIU ANNE FRANK?

Dachau: O primeiro campo de concentração na Alemanha nazista, estabelecido em 1933 nas proximidades de Munique. Quase 50 mil pessoas morreram em Dachau.

Dolle Dinsdag (Terça-feira Louca): 5 de setembro de 1944. Depois de grandes avanços dos Aliados, espalhou-se o boato de que a Holanda seria libertada a qualquer momento. Os holandeses começaram a comemorar abertamente e alemães e colaboradores fugiram em grande escala. No final, o avanço Aliado foi limitado à parte sul da Holanda e os alemães resistiram por mais oito meses.

Einsatzstab (Força-tarefa) Reichsleiter Rosenberg (ERR): Organização nazista de saques que recebeu o nome por causa de Alfred Rosenberg e roubava sistematicamente obras de arte e bens culturais dos países ocupados pelos alemães e os levavam para a Alemanha.

Euterpestraat: Nome comumente usado para o Sicherheitsdienst (SD) de Amsterdã, cuja sede era localizada na Euterpestraat, 99, em frente ao prédio da Zentralstelle na praça Adama van Scheltelma, que também abrigava a unidade IV B4 de caça aos judeus.

Expositur: Escritório do Conselho Judaico, responsável pela ligação com as autoridades alemãs.

Februaristaking (Greve de Fevereiro): Greve em 25 e 26 de fevereiro de 1941 que começou em Amsterdã e se espalhou pelo resto da Holanda. A greve foi o único protesto grande e explícito contra a perseguição aos judeus na Europa ocupada. Foi provocada pelas primeiras batidas em Amsterdã, quando centenas de homens judeus foram presos.

Geheime Staatspolizei (Gestapo): A polícia política secreta na Alemanha nazista. A Gestapo ficava sob as ordens da SS.

Grüne Polizei (Polícia Verde): A Ordnungspolizei, unidades policiais que realizavam as tarefas cotidianas da polícia na Alemanha e nos países ocupados. Por conta da cor verde dos uniformes, eram apelidadas de Grüne Polizei. Os policiais do SD costumavam ser equivocadamente chamados de Grüne Polizei.

***Het Joodsche Weekblad* (Semanário Judeu):** Uma revista semanal publicada pelo Conselho Judaico na Holanda durante a Segunda Guerra Mundial. O semanário era a única publicação judia permitida. Saía todas as sextas-feiras entre abril de 1941 e setembro de 1943 e era usado para proclamar as medidas antijudaicas impostas pelos alemães. Como só era distribuído para os judeus, as medidas podiam ser escondidas dos não judeus, um modo de isolar ainda mais os judeus na sociedade holandesa.

***Het Parool* (A Senha ou O Lema):** Um dos jornais da resistência mais famosos da Holanda. O que começou como um curto boletim se transformou em um jornal de verdade em fevereiro de 1941. Durante a guerra, cerca de noventa pessoas que trabalhavam para o jornal foram presas e assassinadas. O *Het Parool* ainda existe e é um jornal social-democrata na região de Amsterdã.

Hollandsche Schouwburg (Teatro Holandês): Um teatro na Plantage Parklaan em Amsterdã. Era situado no Bairro Judeu estabelecido pelos alemães durante a ocupação da Holanda. Em 1942, se tornou um local de reunião de onde os judeus eram deportados através do campo de Westerbork e do campo Vught para os campos de extermínio. Hoje em dia é um memorial.

IJzeren Garde (Guarda de Ferro): Pequeno partido fascista que havia se separado do maior Nationaal-Socialistiche Nederlandsche Arbeiderspartij (NSNAP). O movimento era fortemente antissemita e pró-nazismo.

Joodse Coördinatie Commissie (JCC) (Comissão de Coordenação Judaica): Organização judaica fundada imediatamente depois da ocupação alemã para fornecer apoio à comunidade judaica. A comissão fornecia aconselhamento, organizava atividades culturais e prestava auxílio financeiro. A JCC se recusava a negociar diretamente com os alemães, já que achava que apenas o governo holandês poderia fazer isso. Depois de o Conselho Judaico ser estabelecido, a JCC foi dissolvida pelos alemães.

Joodse Ereraad (Conselho de Honra Judaico): Organização que cobrava a responsabilização por parte de judeus que teriam colaborado com os alemães. Estabelecido no início de 1946, continuou a existir até 1950. O conselho não tinha autoridade legal, mas publicava seus veredictos e podia pedir a expulsão de pessoas da comunidade judaica.

Joodse Raad/Judenraete (JR) (Conselho Judaico): Organização judaica estabelecida por ordem dos alemães em fevereiro de 1941 para administrar e controlar a comunidade judaica. Foi criado em Amsterdã, mas logo obteve influência sobre o resto da Holanda.

Jordaan: Antigo bairro no centro de Amsterdã onde se localizavam a empresa e o Anexo de Otto. Era um típico bairro de classe operária com muitos artesãos e pequenos negócios, habitações em más condições e muitas pessoas desempregadas, mas era conhecido por sua cultura característica.

Kopgeld: Nome do pagamento feito aos caçadores de judeus e policiais em troca dos judeus que eles prendiam. A quantia variava de 7,50 florins, no início da guerra, até 40 florins no final.

Landelijke Knokploegen (KP, LKP): Grupo armado da resistência fundado pelo Landelijke Organisatie voor Hulp aan Onderduikers (LO). As pessoas escondidas precisavam de todo tipo de documentos, como carteiras de identidade e cupons de alimentação, e o KP obtinha esses itens através de roubo ou violência.

Landelijke Organisatie voor Hulp aan Onderduikers (LO) (Organização Nacional para Ajuda a Pessoas Escondidas): Movimento de resistência holandês que desde 1942 até o final da guerra foi ativo ajudando pessoas que precisavam se esconder.

Lippmann-Rosenthal/LIRO, banco: Ex-banco judeu que foi confiscado e transformado em banco nazista que registrava propriedades de judeus e roubava os judeus. Os bens roubados eram usados, dentre outras coisas, para financiar o Holocausto.

Mauthausen: Campo de concentração perto de Linz, Áustria. O campo foi estabelecido em 1938. Quase cem mil pessoas morreram nele. Era bem conhecido na Holanda mesmo durante a guerra, já que a maioria dos judeus presos em fevereiro de 1941 foi mandada para lá e morreu em menos de dois meses. O nome "Mauthausen" se tornou sinônimo de "morte".

Mischling: Termo jurídico usado na Alemanha nazista para denotar pessoas que não eram consideradas totalmente judias. Os *Mischlinge* eram classificados em várias categorias, dependendo de seus ancestrais judeus.

Mittelbau (Mittelbau-Dora): Campo de concentração e de trabalhos forçados no centro da Alemanha que começou a funcionar em agosto de 1943 e consistia em muitas dezenas de subcampos. Era primariamente um campo de trabalho onde os prisioneiros produziam foguetes V1 e V2 e também foi o local onde morreram vinte mil pessoas.

Nationaal-Socialistische Beweging (NSB) (Movimento Nacional-Socialista): Partido nazista holandês, comandado por Anton Mussert, que existiu de 1931 a 1945. Antes da guerra tinha cerca de 30 mil filiados; durante a ocupação cresceu até cerca de 100 mil filiados no auge, em 1943. No início não era antissemita e até mesmo tinha membros judeus. Isso mudou em 1938. No final de 1941, todos os partidos políticos foram dissolvidos, menos o NSB.

Nationalsozialistische Deutsche Arbeiterpartei (NSDAP) (Partido Nacional--Socialista dos Trabalhadores Alemães): Partido político formal do movimento nacional-socialista na Alemanha, estabelecido em 1920. Adolf Hitler era o líder do partido.

Nationalsozialistisches Kraftfahrkorps (NSKK) (Corpo Motorizado Nacional--Socialista): Unidade militar que, com a ajuda de transporte motorizado, fornecia material para as várias frentes. Durante a guerra o corpo foi preenchido com pessoas dos territórios ocupados.

Nederlandse Beheersinstituut (NBI) (Instituto Administrativo da Holanda): Instituto estabelecido em agosto de 1945 encarregado de localizar, administrar e possivelmente liquidar bens de traidores, de inimigos e de pessoas desaparecidas durante a guerra.

Neuengamme: Campo de concentração perto de Hamburgo, Alemanha. Foi estabelecido em 1938 e era administrado pela SS. Estima-se que cerca de 43 mil pessoas tenham sido assassinadas lá.

Nürnberger Gesetze (Leis de Nuremberg): Conjunto de reis raciais antissemitas introduzidas na Alemanha em 1935. As leis se destinavam a legislar a privação de direitos dos judeus. Durante a ocupação da Holanda, a população também foi submetida a medidas baseadas nessas leis.

Opekta/Nederlandsche Opekta Maatschappij: Subsidiária da empresa alemã Opekta GmbH de Colônia, fundada em 1933. A empresa foi administrada por Otto Frank por vinte anos. Durante a guerra teve o nome mudado para Gies & Co. A empresa vendia produtos à base de pectina, usados para produção de geleia.

Oranjehotel: Apelido da prisão policial em Scheveningen durante a guerra. Mais de 25 mil pessoas foram presas lá, acusadas de vários crimes, inclusive resistência, linguagem depreciativa com relação aos alemães e crimes econômicos, como roubo e lucro com a guerra. Judeus, testemunhas de Jeová e pessoas romani e sinti também foram presos lá.

Ordedienst (OD): Um dos maiores grupos de resistência na Holanda, antes do LO. Foi fundado em 1940 com o objetivo de ocupar o vácuo de poder que os alemães deixariam para trás depois de partir. Durante a guerra o OD se envolveu em sabotagem e fornecia informações aos Aliados.

Pectacon: A empresa de Otto Frank, estabelecida em junho de 1938 para vender carne moída, ervas e temperos. Hermann van Pels trabalhava na Pectacon.

Persoonsbewijs (PB): Carteira de identidade que, a partir de abril de 1941, todos os cidadãos holandeses a partir dos 15 anos precisavam portar. Foi introduzida por ordem dos alemães e acabou sendo de grande ajuda na perseguição aos judeus e combatentes da resistência. As carteiras de identidade dos judeus tinham impresso um grande "J" preto. As pessoas que possuíam uma *Sperre* tinham carimbado "*Sperre*" nas carteiras de identidade.

Politieke Opsporingsdienst (POD) (Serviço de Investigação Política): Braço da polícia dedicado a encontrar e prender pessoas suspeitas de colaboração e crimes de guerra. O POD foi criado em fevereiro de 1945 e respondia à autoridade militar estabelecida logo depois da guerra.

Politieke Recherche Afdeling (PRA) (Departamento de Investigação Política): O novo nome do POD a partir de março de 1946, depois de a autoridade militar entregar o poder à administração civil e a ordem política ser restaurada. Ficava sob o comando do Ministério da Justiça.

Projeto Declarações: Iniciativa investigativa da equipe do caso arquivado para coletar todas as declarações relativas à invasão feitas por testemunhas no decorrer dos anos em formato impresso, de áudio ou de vídeo. Todas eram postas em uma linha do tempo para identificar contradições ou corroborações.

Projeto Mapeamento: Iniciativa investigativa da equipe do caso arquivado em que eram identificados todos os endereços registrados de membros do NSB, informantes do SD e pessoas-V que moravam em Amsterdã. A Xomnia usou esses dados para os mapas digitais interativos.

Projeto Rastreamento de Prisões: Iniciativa investigativa da equipe do caso arquivado para pesquisar todas as prisões de judeus entre 1943 e 1944 com o objetivo de determinar o modus operandi dos caçadores de judeus: quem trabalhava com quem, que métodos eram usados, como eles obtinham as informações e assim por diante.

Projeto Residentes: Iniciativa investigativa da equipe do caso arquivado em que todas as casas ao redor do Anexo foram pesquisadas para determinar quem morava onde e o que poderia ser descoberto sobre sua história, orientação política, registros criminais e outras informações.

QUEM TRAIU ANNE FRANK? **343**

Pulsen **(pulsos):** Nome dado ao esvaziamento das casas dos judeus de Amsterdã que eram deportados, por causa da empresa de mudança Abraham Puls, que aparecia alguns dias depois para esvaziar as casas. Abraham Puls era um holandês membro do NSB.

*Radio Oranje (Rádio Laranja)***:** Nome de um programa de rádio de quinze minutos transmitido todas as noites às 20h15 pelo Serviço Europeu da BBC. Era organizado pelo governo holandês no exílio em Londres. A primeira transmissão aconteceu em 28 de julho de 1940. Muitas pessoas na Holanda tinham acesso a um rádio ilegal e ouviam secretamente o programa.

Ravensbrück: Campo de concentração predominantemente para mulheres, a cerca de oitenta quilômetros ao norte de Berlim. Desde sua inauguração em 1939 até a libertação, aproximadamente trinta mil pessoas morreram lá.

Razzia **(pl.** *Razzias***):** Caçada nazista em larga escala a um determinado grupo de pessoas (judeus, combatentes da resistência, pessoas que tentavam escapar do trabalho obrigatório). As *Razzias* aconteceram durante todo o Terceiro Reich.

Referat IV B4 (seção): Seção do Sicherheidsdienst (SD) encarregada de assuntos judaicos. Sob o comando de Adolf Eichmann, era a organização responsável pela deportação dos judeus para os campos de extermínio. Era chamada coloquialmente de unidade de caça aos judeus.

Reichskommissar für die besetzten niederländischen Gebiete: Comissário Civil do Reich para a Holanda, Arthur Seyss-Inquart.

Rijksinstituut voor Oorlogsdocumentatie (RIOD): Instituto Holandês para Documentação de Guerra; agora chamado de NIOD, Instituto de Estudos da Guerra, do Holocausto e do Genocídio.

Sachsenhausen: Campo de concentração situado quarenta quilômetros ao norte de Berlim. Era um campo relativamente grande que, desde o início, em 1936, até a libertação, abrigou mais de duzentos mil prisioneiros, dos quais aproximadamente cinquenta mil morreram. As condições em Sachsenhausen eram bárbaras e prisioneiros eram mortos a tiros ou enforcados diariamente.

Schutzstaffel (SS): Originalmente uma organização paramilitar, fundada em 1925, que servia como guarda pessoal de Adolf Hitler. O grupo cresceu, tornando-se o que os nazistas viam como uma unidade de elite, comandada por Heinrich Himmler, e era dividido entre a SS regular e a Waffen-SS. Era a organização mais poderosa do estado nazista, predominantemente responsável pela execução do Holocausto.

Sicherheitsdienst (SD) (Serviço de Segurança): Serviço de inteligência do Estado alemão, que também fornecia apoio à Gestapo e cooperava com a Administração do Interior. Ficava sob administração da SS e era comandado por Reinhard Heydrich. O SD tinha a tarefa de observar e perseguir opositores políticos do Terceiro Reich, inclusive os judeus.

Sicherheitspolizei (SiPo): Polícia de segurança alemã.

*Signalementenblad***:** Revista publicada a partir de outubro de 1943 pelo movimento de resistência Ordedienst (OD). Continha os nomes, as descrições e

344   ROSEMARY SULLIVAN

fotos de mais de setenta traidores e colaboradores. Era publicada por trabalhadores da resistência para identificar elementos hostis.

Sobibor: Campo de extermínio no leste da Polônia. O campo existiu de abril de 1942 a novembro de 1948. Pelo menos 170 mil pessoas, na maioria judias, foram deportadas para Sobibor. Praticamente ninguém que tenha sido deportado para Sobibor sobreviveu. Estima-se que 34 mil judeus holandeses tenham sido assassinados lá.

Sperre **(pl.** *Sperres***):** Dispensa temporária da deportação emitida pelo Conselho Judaico depois de aprovação pela Zentralstelle. Havia muitas bases para se qualificar para uma *Sperre*, inclusive ser indispensável para a indústria de guerra e trabalhar para o Conselho Judaico. Muitas *Sperres* precisavam ser compradas ou tinham um custo de processamento associado (como as *Sperres* 120.000). O dinheiro ia em última instância para o esforço de guerra alemão.

Staatsbedrijf der Posterijen, Telegrafie en Telefonie (PTT): Empresa estatal holandesa responsável pelos correios, telégrafos, telefone e radiotelefone. Privatizada em 1998, atualmente é conhecida como KPN.

Stadsarchief Amsterdam: Arquivo da Cidade de Amsterdã (ACA).

Stichting Toezicht Politieke Delinquenten (STPD) (Fundação para a Supervisão de Criminosos Políticos): Organização fundada em setembro de 1945 a partir do interesse pelos possíveis distúrbios sociais causados pela presença de tantos criminosos políticos. Seu objetivo era ajudar em sua volta à sociedade. As pessoas suspeitas de colaboração podiam ser excluídas de serem processadas se fossem postas sob a supervisão da STPD.

Theresienstadt: Campo de concentração e gueto a aproximadamente setenta quilômetros ao norte de Praga, estabelecido pela Schutzstaffel (SS) em 1941. Servia a três objetivos: estação de parada a caminho dos campos de extermínio, "estabelecimento de aposentadoria" para judeus idosos e proeminentes, e campo usado para enganar o público com relação aos horrores do Holocausto.

United States Holocaust Memorial Museum (USHMM) (Museu Memorial do Holocausto dos Estados Unidos): Museu localizado em Washington, D.C.

Utrechts Kindercomité (Comitê das Crianças de Utrecht): Grupo de resistência holandês em Utrecht que se empenhou em esconder várias centenas de crianças judias.

Vertrouwens-Mann, Vertrouwens-Frau (Homem-V, Mulher-V): Termos usados para civis que trabalhavam disfarçados para o Sicherheitsdienst (SD). Eram usados para coletar informações sobre judeus escondidos, pilotos abatidos e membros da resistência. Esses informantes eram motivados ideologicamente, agiam em troca de lucro ou eram coagidos.

Verzuiling **(pilarização):** Divisão de uma sociedade em grupos ou "pilares" a partir de uma base filosófica, religiosa ou socioeconômica. Esses grupos se separavam voluntariamente uns dos outros. Por exemplo, os protestantes frequentavam lojas protestantes, clubes esportivos protestantes e escolas protestantes, ouviam rádio protestante, liam jornais protestantes e votavam em partidos políticos protestantes. Como os membros dos vários pilares raramente se misturavam, havia pouca solidariedade entre eles.

Vught: Campo de concentração perto da cidade de Den Bosch, no sul da Holanda. O campo foi concluído em 1942 e estava sob o comando da SS. Foi projetado para aliviar a pressão dos campos de Amersfoort e Westerbork e para servir como campo de trabalho para as indústrias ao redor. Em outubro de 1944, foi libertado pelos Aliados. Durante a guerra teve cerca de trinta mil prisioneiros, dos quais quase oitocentos morreram.

Waffen-SS: Braço militar de luta da SS sob o comando de Heinrich Himmler. Fundada em 1934 com o nome de SS-Verfügungstruppe, teve o nome mudado para Waffen-SS em 1940. Era considerada uma força guerreira de elite e seus membros eram conhecidos por seu zelo ideológico fanático.

Weerbaarheidsafdeling (WA) (Departamento de Resiliência): Milícia uniformizada do Nationaal-Socialistische Beweging (NSB) holandês.

Wehrmacht: O Exército alemão.

Westerbork: Campo de refugiados no nordeste da Holanda, construído pelo governo holandês em 1938. Durante a guerra o campo foi transformado em campo de trânsito a partir do qual 102 mil judeus e mais de duzentos romani foram deportados de trem para campos de concentração e extermínio no leste. Depois da libertação o campo foi usado para aprisionar suspeitos de crimes de guerra e colaboradores.

Wirtschaftsprüfstelle (WSP) (Agência de Inspeção Econômica): Agência através da qual os ocupantes alemães mantinham registros de todas as propriedades de judeus. A partir de outubro de 1940, as empresas de judeus eram obrigadas a se registrar na WSP, que fazia parte da Generalkommission für Finanzen und Wirtschaft (Comissão Geral de Finanças e Economia). A partir de março de 1940, as empresas de judeus podiam ser tomadas por interventores arianos e finalmente liquidadas. Isso era feito pela companhia fiduciária conhecida como Omnia-Treuhandgesellschaft.

Zentralstelle für Jüdische Auswanderung (Agência Central para Emigração de Judeus): Organização fundada por ordem do líder do Sicherheitsdienst (SD) Reinhard Heydrich, que objetivava a expulsar os judeus da sociedade, primeiro através da emigração e depois através da deportação forçada para campos de concentração e extermínio. O escritório da Zentralstelle em Amsterdã se localizava na Adama van Scheltemaplein, em frente à sede do SD. Os dois prédios foram bombardeados em 26 de novembro de 1944 por 24 bombardeiros Hawker Typhoon da RAF.

NOTAS

PREFÁCIO

1 Femke Halsema, discurso no Dia Nacional da Lembrança em 4 de maio de 2019 na praça Dam, em Amsterdã, trad. Equipe do Caso Arquivado.

CAPÍTULO 1: A INVASÃO E O POLICIAL VERDE

1 Entrevista na televisão francesa, década de 1960, citada em Carol Ann Lee, *The Hidden Life of Otto Frank* (Nova York: Harper Perennial, 2003), p. 130.
2 Menno Metselaar et al., org., *Anne Frank House: A Museum with a Story* (Amsterdã: Anne Frank Stichting, 2001), p. 176.
3 Ernst Schnabel, *The Footsteps of Anne Frank*, trad. Richard e Clara Winston (Harpenden, Reino Unido: Southbank Publishing, 2014), p. 133. Um em cada quatro prisioneiros de Theresienstadt morreu.
4 Jeroen de Bruyn e Joop van Wijk, *Anne Frank: The Untold Story: The Hidden Truth About Eli Vossen, the Youngest Helper of the Secret Annex*, trad. Tess Stoop (Laag-Soeren, Holanda: Bep Voskuijl Productions, 2018), p. 112.
5 Schnabel, *The Footsteps of Anne Frank*, p. 139.
6 Jules Huf, "Listen, We Are Not Interested in Politics: Interview with Karl Silberbauer", trad. Joachim Bayens e Rory Dekker, *De Groene Amsterdammer*, 14 de maio de 1986 (publicado primeiro na *Kurier* em 22 de novembro de 1963).

CAPÍTULO 2: O DIÁRIO DE ANNE FRANK

1 Anne Frank, anotação no diário, 29 de outubro de 1943, em *The Diary of a Young Girl: The Definitive Edition*, org. Otto H. Frank e Mirjam Pressler (Nova York: Doubleday, 1995), p. 139.
2 Anne Frank, anotação no diário, 11 de abril de 1944, em *The Diary of a Young Girl: The Definitive Edition*, p. 262.

3   Elie Wiesel, *Night*, trad. Marion Wiesel (Nova York: Farrar, Straus and Giroux, 2006), p. ix.
4   Ian Thomson, *Primo Levi* (Nova York: Vintage, 2003), p. 244.
5   Anne Frank, anotação no diário, 15 de julho de 1944, em *The Diary of a Young Girl*, p. 333.
6   Cynthia Ozick, "Who Owns Anne Frank?", *New Yorker*, 28 de setembro de 1997, https://www.newyorker.com/magazine/1997/10/06/who-owns-anne-frank.
7   Anne Frank, anotação no diário, 3 de maio de 1944, em *The Diary of a Young Girl*, p. 281.
8   Walter C. Langer, *Psychological Analysis of Adolf Hitler's Life and Legend* (Washington, D.C.: Office of Strategic Services, 1943), p. 219 (documento secreto aprovado para liberação em 1999). Ver também Henry A. Murray, *Analysis of the Personality of Adolph Hitler: With Predictions of His Future Behavior and Suggestions for Dealing with Him Now and After Germany's Surrender* (Cambridge, MA: Harvard Psychological Clinic, 1943), https://archive.org/details/AnalysisThePersonalityofAdolphHitler.

CAPÍTULO 3: A EQUIPE DO CASO ARQUIVADO

1   "Twisk, Pieter van", Systeemkaarten voor verzetsbetrokkenen (OVCG) (cartões de indexação para as pessoas envolvidas na resistência), nº 2.183, Arquivo de Groninger, https://www.groningerarchieven.nl/archieven?miva st=5&mizig=210&miadt=5&micode=2183&milang=nl&mizk_alle=van%20 Twisk&miview=inv2.

CAPÍTULO 4: AS PARTES INTERESSADAS

1   Equipe do Caso Arquivado (doravante ECA), entrevista com Jan van Kooten, 4 de março de 2016.
2   O comitê chama-se Nationaal Comité 4 en 5 mei.
3   Gerrit Bolkestein, transmissão pelo programa *Radio Oranje*, 28 de março de 1944.

CAPÍTULO 5: "VEJAMOS O QUE O HOMEM CONSEGUE FAZER!"

1   Otto Frank, carta a Leni Frank, 19 de maio de 1917, citada em Carol Ann Lee, *The Hidden Life of Otto Frank* (Nova York: Harper Perennial, 2003), p. 18.
2   Adolf Hitler, *Mein Kampf*, trad. Ralph Manheim (Nova York: Mariner Books, 1998) (publicado originalmente em 1926).
3   R. Peter Straus, entrevista com Otto Frank, *Moment*, dezembro de 1977, citada em Lee, *The Hidden Life of Otto Frank*, pp. 37-38.
4   Ernst Schnabel, *The Footsteps of Anne Frank*, trad. Richard e Clara Winston (Harpenden, Reino Unido: Southbank Publishing, 2014), p. 24.

5 Bob Moore, *Victims and Survivors: The Nazi Persecution of the Jews in the Netherlands 1940-1945* (Londres: Arnold, 1997), p. 2.
6 Pim Griffioen e Ron Zeller, "The Netherlands: the Greatest Number of Jewish Victims in Western Europe", Casa de Anne Frank, https://www.annefrank.org/en/anne-frank/go-in-depth/netherlands-greatest-number-jewish-victims-western-europe/.
7 Moore, *Victims and Survivors*, pp. 72-73.
8 Ibid., pp. 257-258.
9 Ibid., pp. 182-184.

CAPÍTULO 6: UM INTERLÚDIO DE SEGURANÇA

1 Melissa Müller, *Anne Frank: The Biography*, trad. Rita e Robert Kimber (Nova York: Picador, 2013), p. 94.
2 Eda Shapiro e Rick Kardonne, *Victor Kugler: The Man Who Hid Anne Frank* (Jerusalém: Gefen Publishing House, 2008), p. 29.
3 Miep Gies com Alison Leslie Gold, *Anne Frank Remembered: The Story of the Woman Who Helped to Hide the Frank Family* (Nova York: Simon & Schuster, 2009), p. 30.
4 Ibid., p. 23.
5 Carol Ann Lee, *The Hidden Life of Otto Frank* (Nova York: Harper Perennial, 2003), p. 52.
6 Harry Paape (na época diretor do NIOD), entrevistas com Jan e Miep Gies, 18 e 27 de fevereiro e 12 e 18 de dezembro de 1985, NIOD.
7 Gies, *Anne Frank Remembered*, p. 11.
8 Lee, *The Hidden Life of Otto Frank*, p. 52.
9 Müller, *Anne Frank: The Biography*, p. 92.
10 Milly Stanfield, entrevistada em Carl Fussman, "The Woman Who Would Have Saved Anne Frank", *Newsday*, 16 de março de 1995. Inclui sua versão da resposta de Otto Frank.

CAPÍTULO 7: A OFENSIVA

1 Bob Moore, *Victims and Survivors: The Nazi Persecution of the Jews in the Netherlands 1940-1945* (Londres: Arnold, 1997), p. 63.
2 Miep Gies com Alison Leslie Gold, *Anne Frank Remembered: The Story of the Woman Who Helped to Hide the Frank Family* (Nova York: Simon & Schuster, 2009), p. 61.
3 "Thorbeckeplein", Joodsamsterdam, https://www.joodsamsterdam.nl/thorbeckeplein/.
4 Arthur Seyss-Inquart, discurso no NSNAP, Concertgebouw, Amsterdã, 12 de março de 1941. Ver Gerben Post, *Lotty's Bench, The Persecution of the Jews*

of Amsterdam Remembered, trad. Tom Leighton (Volendam, Holanda: LM Publishers, 2018), p. 44.

5 Ibid., p. 44.
6 Moore, *Victims and Survivors*, p. 70.
7 Ibid., pp. 69-73.
8 Ad van Liempt, *Hitler's Bounty Hunters: The Betrayal of the Jews*, trad. S. J. Leinbach (Nova York: Berg, 2005), p. 10.
9 Moore, *Victims and Survivors*, pp. 71-73.
10 Melissa Müller, *Anne Frank: The Biography*, trad. Rita e Robert Kimber (Nova York: Picador, 1998), pp. 144-146.
11 Ibid., p. 160.
12 Breckenridge Long, memorando para colegas no Departamento de Estado, 26 de junho de 1940, citado em ibid., p. 147.
13 Müller, *Anne Frank: The Biography*, pp. 152-153.
14 Ibid., p. 163.

CAPÍTULO 8: PRINSENGRACHT, 263

1 Gerben Post, *Lotty's Bench: The Persecution of the Jews of Amsterdam Remembered*, trad. Tom Leighton (Volendam, Holanda: LM Publishers, 2018), p. 50. Ver também Bob Moore, *Victims and Survivors: The Nazi Persecution of the Jews in the Netherlands 1940-1945* (Londres: Arnold, 1997), p. 105.
2 Gerard Aalders, *Nazi Looting: The Plunder of Dutch Jewry During the Second World War*, trad. Arnold Pomerans e Erica Pomerans (Oxford, Reino Unido: Berg, 2004), p. 49, p. 129.
3 Reinhard Rürup, *Topography of Terror: Gestapo, SS, and Reichssicherheitshauptamt on the "Prinz-Albreche-Terrain": A Documentation* (Berlim: Verlag Willlmuth Arenhovel, 1989), pp. 152-153.
4 Etty Hillesum, *An Interrupted Life: The Diaries, 1941-1943, and Letters from Westerbork* (Nova York: Picador, 1996), p. 150.

CAPÍTULO 9: O ESCONDERIJO

1 Ernst Schnabel, *The Footsteps of Anne Frank*, trad. Richard e Clara Winston (Harpenden, Reino Unido: Southbank Publishing, 2014), pp. 84-85.
2 Melissa Müller, *Anne Frank: The Biography*, trad. Rita e Robert Kimber (Nova York: Picador, 1998), p. 193.
3 Jeroen de Bruyn e Joop van Wijk, *Anne Frank: The Untold Story: The Hidden Truth About Eli Vossen, the Youngest Helper of the Secret Annex* (Laag-Soeren, Holanda: Bep Voskuijl Productions, 2018), p. 43.
4 Ibid., p. 38.
5 Miep Gies, citada em Dienke Hondius, "A New Perspective on Helpers of Jews During the Holocaust: The Case of Miep and Jan Gies", em *Anne Frank*

in Historical Perspective: A Teaching Guide for Secondary Schools, org. Alex Grobman e Joel Fishman (Los Angeles: Martyrs Memorial and Museum of the Holocaust, 1995), https://files.eric.ed.gov/fulltext/ED391710.pdf, p. 38.

6 Miep Gies com Alison Leslie Gold, *Anne Frank Remembered: The Story of the Woman Who Helped to Hide the Frank Family* (Nova York: Simon & Schuster, 2009), p. 88.

7 Müller, *Anne Frank: The Biography*, p. 194.

8 Gies, *Anne Frank Remembered*, p. 94.

9 Ibid., p. 119.

10 Ibid., p. 133.

11 Müller, *Anne Frank: The Biography*, p. 195.

12 Gies, *Anne Frank Remembered*, p. 117.

13 Ibid., p. 98.

Capítulo 10: Pediam. Você dizia sim.

1 Miep Gies com Alison Leslie Gold, *Anne Frank Remembered: The Story of the Woman Who Helped to Hide the Frank Family* (Nova York: Simon & Schuster, 2009), p. 126.

2 Alex Grobman e Joel Fishman, org., *Anne Frank in Historical Perspective: A Teaching Guide for Secondary Schools* (Los Angeles: Martyrs Memorial and Museum of the Holocaust, 1995), p. 38.

3 Ibid., p. 40.

4 Ernst Schnabel, *The Footsteps of Anne Frank*, trad. Richard e Clara Winston (Harpenden, Reino Unido: Southbank Publishing, 2014), p. 124.

5 Grobman e Fishman, *Anne Frank in Historical Perspective*, pp. 40-41.

6 Ibid., p. 41.

7 Ibid., p. 42.

8 Schnabel, *The Footsteps of Anne Frank*, p. 126.

9 Gies, *Anne Frank Remembered*, p. 103, p. 117.

10 Schnabel, *The Footsteps of Anne Frank*, pp. 102-103.

11 Harry Rasky, "The Man Who Hid Anne Frank", documentário da CBC, 1980. Ver também Gies, *Anne Frank Remembered*, p. 111.

12 Grobman e Fishman, *Anne Frank in Historical Perspective*, p. 39.

13 Gies, *Anne Frank Remembered*, p. 109.

14 Jeroen de Bruyn e Joop van Wijk, *Anne Frank: The Untold Story: The Hidden Truth About Eli Vossen, the Youngest Helper of the Secret Annex* (Laag-Soeren, Holanda: Bep Voskuijl Productions, 2018), pp. 56-57.

15 Ibid., p. 76.

16 Gies, *Anne Frank Remembered*, p. 129.

Capítulo 11: Um incidente angustiante

1 Ernst Schnabel, *The Footsteps of Anne Frank*, trad. Richard e Clara Winston (Harpenden, Reino Unido: Southbank Publishing, 2014), p. 146.
2 Jeroen de Bruyn e Joop van Wijk, *Anne Frank: The Untold Story: The Hidden Truth About Eli Vossen, the Youngest Helper of the Secret Annex* (Laag-Soeren, Holanda: Bep Voskuijl Productions, 2018), p. 63.
3 Miep Gies com Alison Leslie Gold, *Anne Frank Remembered: The Story of the Woman Who Helped to Hide the Frank Family* (Nova York: Simon & Schuster, 2009), p. 102.
4 Melissa Müller, *Anne Frank: The Biography*, trad. Rita e Robert Kimber (Nova York: Picador, 2013), p. 277.
5 Ibid., p. 278.
6 Anne Frank, anotação no diário, 11 de abril de 1944, em *The Diary of a Young Girl: The Definitive Edition*, organizado by Otto H. Frank e Mirjam Pressler (Nova York: Doubleday, 1995), p. 260.
7 Carol Ann Lee, *The Hidden Life of Otto Frank* (Nova York: Harper Perennial, 2003), p. 121.

Capítulo 12: Anatomia de uma invasão

1 Ernst Schnabel, *The Footsteps of Anne Frank*, trad. Richard e Clara Winston (Harpenden, Reino Unido: Southbank Publishing, 2014), p. 128.
2 Miep Gies com Alison Leslie Gold, *Anne Frank Remembered: The Story of the Woman Who Helped to Hide the Frank Family* (Nova York: Simon & Schuster, 2009), p. 193.
3 Dr. Josef Wiesinger, entrevista com Karl Silberbauer, 21 de agosto 1963, Arquivo Austríaco, Ministério do Interior.
4 Jules Huf, "Erstes interview mit Häscher Anne Frank" ["A primeira entrevista com o homem que capturou Anne Frank"], *Kurier*, 22 de novembro de 1963 (reproduzido em *De Groene Amsterdammer*, 14 de maio de 1986).
5 Entrevistas com Karl Silberbauer, Arquivos Austríacos, Ministério do Interior, 25 de novembro de1963 e 2 de março de 1964.
6 Arend J. van Helden, Departamento Estatal de Investigação Criminal, Amsterdã, entrevista com Otto Frank, 2-3 de dezembro de 1963, NIOD, Doc. 1 Van Maaren.
7 Arend J. van Helden, Departamento Estatal de Investigação Criminal, Amsterdã, entrevista com Willem van Maaren, 6 de outubro de 1964, NIOD, Doc. 1 Van Maaren.
8 Ibid.
9 Schnabel, *The Footsteps of Anne Frank*, p. 128.
10 Declaração juramentada a A. J. Dragt, Anne Frank, NIOD, registro nº 4, 212c.
11 Gies, *Anne Frank Remembered*, p. 193.

12 Schnabel, *The Footsteps of Anne Frank*, p. 129.
13 Evelyn Wolf, entrevista em áudio com Victor Kugler, 1972, Anne Frank Stichting (doravante AFS).
14 Schnabel, *The Footsteps of Anne Frank*, p. 129.
15 Ernst Schnabel, anotações originais para *The Footsteps of Anne Frank*, 1957, Arquivo de Literatura Alemã, Marbach.
16 Eda Shapiro e Rick Kardonne, *Victor Kugler: The Man Who Hid Anne Frank* (Jerusalém: Gefen Publishing House, 2008), p. 53.
17 "I Hid Anne Frank From the Nazis", entrevista com Victor Kugler, *Pittsburgh Press*, 2 de agosto de 1958.
18 Arend J. van Helden, Departamento Estatal de Investigação Criminal, Amsterdã, entrevista com Otto Frank, 2-3 de dezembro de 1963, NIOD, Doc. 1 Van Maaren.
19 Ibid.
20 Schnabel, *The Footsteps of Anne Frank*, p. 134.
21 Entrevista com Bep Voskuijl, "Wie pleegde het verraad van het achterhuis" ["Quem delatou o Anexo Secreto"], *Panorama*, 13 de dezembro de 1963.
22 Elisabeth (Bep) Voskuijl, entrevista em áudio com Oskar Morawetz, outubro de 1978, Library and Archives Canada, Ottawa, Canadá.
23 Arend J. van Helden, Departamento Estatal de Investigação Criminal, Amsterdã, entrevista com Jan Gies, 23 de dezembro de 1963, NIOD, Doc. 1 Van Maaren.
24 Gies, *Anne Frank Remembered*, pp. 194-195.
25 Ibid., p. 195.
26 Ibid., pp. 196-197.
27 Ibid., p. 197.
28 Schnabel, *The Footsteps of Anne Frank*, p. 138.
29 Arend J. van Helden, Departamento Estatal de Investigação Criminal, Amsterdã, entrevista com Jan Gies, 23 de dezembro de 1963, NIOD, Doc. 1 Van Maaren.
30 Schnabel, *The Footsteps of Anne Frank*, p. 140.
31 Arend J. van Helden, Departamento Estatal de Investigação Criminal, Amsterdã, entrevista com Otto Frank, 2-3 de dezembro de 1963, NIOD, Doc. 1 Van Maaren.
32 Schnabel, *The Footsteps of Anne Frank*, p. 143.

CAPÍTULO 13: O CAMPO DE WESTERBORK

1 Miep Gies com Alison Leslie Gold, *Anne Frank Remembered: The Story of the Woman Who Helped to Hide the Frank Family* (Nova York: Simon & Schuster, 2009), p. 198.
2 Ernst Schnabel, *The Footsteps of Anne Frank*, trad. Richard e Clara Winston (Harpenden, Reino Unido: Southbank Publishing, 2014), p. 187.
3 Jeroen de Bruyn, entrevista telefônica com Diny Voskuijl, 2 de setembro de 2012.

4 Jeroen de Bruyn e Joop van Wijk, *Anne Frank: The Untold Story: The Hidden Truth About Eli Vossen, the Youngest Helper of the Secret Annex* (Laag-Soeren, Holanda: Bep Voskuijl Productions, 2018), p. 113.

5 Ibid., pp. 115-116.

6 Janny Brandes-Brilleslijper, citado em Willy Lindwer, *The Last Seven Months of Anne Frank: The Stories of Six Women Who Knew Anne Frank*, trad. Alison Meersschaert (Nova York: Pan Macmillan, 2004), p. 52.

7 Schnabel, *The Footsteps of Anne Frank*, p. 145.

8 Ibid., p. 151.

9 Ibid., p. 163.

10 Ad van Liempt, "Van Riet schetst genuanceerd beeld van Joodse Ordedienst", *Volkskrant*, 19 de novembro de 2016, https://www.volkskrant.nl/cultuur-media/van-riet-schetst-genuanceerd-beeld-van-joodse-ordedienst~b382e88b/.

11 Schnabel, *The Footsteps of Anne Frank*, pp. 155-156.

12 Carol Ann Lee, *The Hidden Life of Otto Frank* (Nova York: Harper Perennial, 2003), p. 138.

Capítulo 14: O retorno

1 Carol Ann Lee, *The Hidden Life of Otto Frank* (Nova York: Harper Perennial, 2003), p. 157.

2 Ibid., p. 164.

3 Ernst Schnabel, *The Footsteps of Anne Frank*, trad. Richard e Clara Winston (Harpenden, Reino Unido: Southbank Publishing, 2014), pp. 163-164.

4 Ibid., p. 161.

5 Miep Gies com Alison Leslie Gold, *Anne Frank Remembered: The Story of the Woman Who Helped to Hide the Frank Family* (Nova York: Simon & Schuster, 2009), p. 231.

6 Eda Shapiro e Rick Kardonne, *Victor Kugler: The Man Who Hid Anne Frank* (Jerusalém: Gefen Publishing House, 2008), p. 77.

7 Lee, *The Hidden Life of Otto Frank*, p. 177, p. 179.

8 Willy Lindwer, *The Last Seven Months of Anne Frank: The Stories of Six Women Who Knew Anne Frank*, trad. Alison Meersschaert (Nova York: Pan Macmillan, 2004), pp. 83-84.

9 Lee, *The Hidden Life of Otto Frank*, p. 195.

10 Jeroen de Bruyn e Joop van Wijk, *Anne Frank: The Untold Story: The Hidden Truth About Eli Vossen, the Youngest Helper of the Secret Annex* (Laag-Soeren, Holanda: Bep Voskuijl Productions, 2018), p. 130. A testemunha foi Rachel van Amerongen-Frankfoorder. Isso não foi corroborado por outras testemunhas.

11 Otto Frank, carta para sua mãe, 12 de dezembro de 1945, em Melissa Müller, *Anne Frank: The Biography*, trad. Rita e Robert Kimber (Nova York: Picador, 1998), p. 354.

12 Lindwer, *The Last Seven Months of Anne Frank*, p. 33.

13 Müller, *Anne Frank: The Biography*, p. 299.
14 Lindwer, *The Last Seven Months of Anne Frank*, p. 32.
15 Lee, *The Hidden Life of Otto Frank*, p. 196.
16 Lindwer, *The Last Seven Months of Anne Frank*, p. 27.
17 Ibid., pp. 28-29.
18 Schnabel, *The Footsteps of Anne Frank*, p. 182. Ela é identificada como Renate LA.

Capítulo 15: Os colaboradores

1 Bob Moore, *Victims and Survivors: The Nazi Persecution of the Jews in the Netherlands 1940-1945* (Londres: Arnold, 1997), p. 230.
2 Ibid., p. 229.
3 Carol Ann Lee, *The Hidden Life of Otto Frank* (Nova York: Harper Perennial, 2003), p. 173, p. 212.
4 Bart van Es, *Cut Out Girl: A Story of War and Family, Lost and Found* (Londres: Fig Tree, 2019), p. 190.
5 Miep Gies com Alison Leslie Gold, *Anne Frank Remembered: The Story of the Woman Who Helped to Hide the Frank Family* (Nova York: Simon & Schuster, 2009), p. 228.
6 Ad van Liempt, *Hitler's Bounty Hunters: The Betrayal of the Jews,* trad. S. J. Leinbach (Nova York: Berg, 2005), p. 30.
7 Ibid., p. 78.
8 Ibid., p. 33.
9 Ibid., p. 63.

Capítulo 16: Elas não vão voltar

1 Miep Gies com Alison Leslie Gold, *Anne Frank Remembered: The Story of the Woman Who Helped to Hide the Frank Family* (Nova York: Simon & Schuster, 2009), p. 234.
2 Ibid., p. 242.
3 Ibid., p. 240.
4 Carol Ann Lee, *The Hidden Life of Otto Frank* (Nova York: Harper Perennial, 2003), p. 86.
5 Otto Frank, "Anne Frank Would Have Been Fifty This Year", *Life*, março de 1979.
6 Eva Schloss com Karen Bartlett, *After Auschwitz: A Story of Heartbreak and Survival by the Stepsister of Anne Frank* (Londres: Hodder & Stoughton, 2013), p. 173.
7 Arthur Unger, entrevistas com Otto Frank, Nova York, 1977, AFS.
8 Schloss, *After Auschwitz*, p. 225.
9 Otto Frank, carta para Meyer Levin, 8 de julho de 1952, citada em Lee, *The Hidden Life of Otto Frank*, p. 238.

10 Lee, *The Hidden Life of Otto Frank*, p. 251.
11 Lothar Schmidt, carta para Otto Frank, junho de 1959, citada em David de Jongh, *Otto Frank. Vander van Anne* [Otto Frank. pai de Anne], documentário, 2010. Também em Jeroen de Bruyn e Joop van Wijk, *Anne Frank: The Untold Story: The Hidden Truth About Eli Vossen, the Youngest Helper of the Secret Annex* (Laag-Soeren, Holanda: Bep Voskuijl Productions, 2018), p. 205.
12 Entrevista com o padre John Neiman, abril de 2001, citada em Lee, *The Hidden Life of Otto Frank*, pp. 272-274.
13 Lee, *The Hidden Life of Otto Frank*, p. 272.

CAPÍTULO 18: OS HOMENS DOS DOCUMENTOS

1 Jessie Kratz, "The Return of Captured Records from World War II", Pieces of History, 24 de agosto de 2016, US National Archives, https://prologue.blogs. archives.gov/2016/08/24/the-return-of-captured-records-from-world-war-ii/.

CAPÍTULO 20: A PRIMEIRA TRAIÇÃO

1 Gijsbert Willem van Renen, Departamento da Força Policial de Amsterdã, investigação de Josephus Marinus Jansen, 2 de junho de 1948, Arquivo Nacional da Holanda, Haia (doravante NI-HaNa), dossiê nº 8.082.
2 Otto Frank, carta para o Departamento de Segurança Nacional (Bureau Nationale Veiligheid; BNV), 21 de agosto de 1945, denunciando Job Jansen. Outras versões contam que Ahlers pediu dinheiro, mas esta é a declaração oficial de Otto ao BNV. Otto afirmou que Ahlers tinha dito que era mensageiro entre o NSB e o SD e lhe entregou uma carta. Ele não tinha pedido dinheiro. Otto havia lhe oferecido dinheiro, obviamente sabendo que isso era necessário. Otto escreveu ao BNV para ajudar um homem que ele acreditava ter salvado sua vida, e certamente era fácil deixar passar a questão sobre quem tinha pedido e quem tinha oferecido dinheiro.
3 Job Jansen, relatório protocolar, 2 de junho de 1948, Centraal Archief van de Bijzondere Rechtspleging (doravante CABR), NI-HaNa.
4 Otto Frank, carta ao POD, 21 de agosto de 1945, nº 23.834, NI-HaNA.
5 Vince Pankoke, entrevista com Eric Bremer, 23 de abril de 2017, Amsterdã.
6 Job Jansen, CABR, NI-HaNa, trad. Joachim Bayens e Rory Dekker.
7 Van Renen, investigação de Josephus Marinus Jansen, 2 de junho de 1948.
8 Job Jansen, CABR, NI-HaNa.
9 Juiz cantonal, Amsterdã, Tribunal Especial, julgamento de Josephus Marinus Jansen, 21 de março de 1949.

Capítulo 21: O chantagista

1 Ernst Schnabel, *The Footsteps of Anne Frank*, trad. Richard e Clara Winston (Harpenden, Reino Unido: Southbank Publishing, 2014), p. 77.
2 Ibid., p. 78.
3 Amsterdam Stadsarchief, RC (cartão de residente) para Prinsengracht 253, o endereço da mãe de A. (Tonny) Ahlers.
4 Carol Ann Lee, *The Hidden Life of Otto Frank* (Nova York: Harper Perennial, 2003), p. 125.
5 Sytze van der Zee, *Vogelvrij: De jacht op de joodse onderduiker* (Amsterdã: De Bezige Bij, 2010), p. 21.
6 Otto Frank, carta ao BNV, 21 de agosto de 1945, Tonny Ahlers, CABR, NI-HaNa.
7 Tonny Ahlers, CABR, NI-HaNa.
8 Amsterdam Stadsarchief, AC (cartão pessoal) para A. (Tonny) Ahlers, registrado na Leger Des Heils; — Status militar Ahlers_ongeschikt (Não adequado) _ pais divorciados; posto na Vereeniging Nora para crianças abandonadas.
9 NI-HaNa, CABR, Anton (Tonny) Ahlers; vandalização de artigo do *Telegraaf* 04-03-1939.
10 Joseph van Poppel, CABR, NI-HaNa.
11 Cópia de artigo do jornal *De Telegraaf* com foto de Ahlers, 18 de fevereiro de 1941, Anton (Tonny) Ahlers, CABR, NI-HaNa.
12 Tonny Ahlers, CABR, NI-HaNa.
13 Tonny Ahlers, notas do serviço social, Stadsarchief Amsterdam.
14 *De Waarheid* (A Verdade), dezembro de 1945. Dossiê 22, NIOD.
15 Otto Frank, carta sobre Tonny Ahlers, nº 19.450.830, 20 de julho de 1945, Tonny Ahlers, CABR, dossiê 18, NIOD.
16 Schnabel, *The Footsteps of Anne Frank*, p. 77.
17 Gertjan Broek, "An Investigative Report on the Betrayal and Arrest of the Inhabitants of the Secret Annex", Casa de Anne Frank, dezembro de 2016, https://www.annefrank.org/en/downloads/filer_public/4a/c6/4ac6677d-f8ae-4c79-b024-91ffe694e216/an_investigative_report_on_the_betrayal_and_arrest.pdf, p. 17.
18 Lee, *The Hidden Life of Otto Frank*, pp. 315-316.
19 David Barnouw e Gerrold van der Stroom, "Who Betrayed Anne Frank?", NIOD, https://www.niod.nl/en/publications/who-betrayed-anne-frank.

Capítulo 22: A vizinhança

1 Ver mapas em https://www.google.com/maps/d/viewer?mid=1BfecsUvhYhQ qXVDX6NgQpohdMV4&ll=52.37625107530956%2C4.860590119128467&z=12) (mapa dos informantes do SD e pessoas-V). Banco de dados de rastreamento produzido para a ECA pelos cientistas da computação da Xomnia, Amsterdã, Holanda.

2   Jeroen de Bruyn e Joop van Wijk, *Anne Frank: The Untold Story: The Hidden Truth About Eli Vossen, the Youngest Helper of the Secret Annex* (Laag-Soeren, Holanda: Bep Voskuijl Productions, 2018), p. 98.

Capítulo 23: A babá

1   Nouschka van der Meijden, "Amerikaans Coldcaseteam onderzoekt verraad Anne Frank", *Het Parool*, 30 de setembro de 2017, https://www.parool.nl/nieuws/amerikaans-oldcaseteam-onderzoekt-verraad-annefrank~b543dae7/.
2   Stichting Toezicht Politieke Delinquenten (Fundação para a Supervisão de Criminosos Políticos) (doravante STPD), Jacobus Van Kampen, dossiê n° 21.103, 85.111, CABR, NI-HaNa.
3   Relatórios de incidentes da polícia de Amsterdã, 8 de março de 1944, Stadsarchief Amsterdam.

Capítulo 24: Outra teoria

1   Gerard Kremer, discurso no lançamento de seu livro, igreja Westerkerk, Amsterdã, 25 de maio de 2018, assistido por membros da ECA.
2   *De achtertuin van het achterhuis* [O quintal dos fundos do Anexo] foi publicado em inglês em 2020 com o título *Anne Frank Betrayed: The Mystery Unraveled After 75 Years*.
3   Miep Gies com Alison Leslie Gold, *Anne Frank Remembered: The Story of the Woman Who Helped to Hide the Frank Family* (Nova York: Simon & Schuster, 2009), p. 121.
4   Jeroen de Bruyn e Joop van Wijk, *Anne Frank: The Untold Story: The Hidden Truth About Eli Vossen, the Youngest Helper of the Secret Annex* (Laag-Soeren, Holanda: Bep Voskuijl Productions, 2018), pp. 52-53.

Capítulo 25: Os "caçadores de judeus"

1   Ad van Liempt, *Hitler's Bounty Hunters: The Betrayal of the Jews*, trad. S.J. Leinbach (Nova York: Berg, 2005), pp. 46-57.
2   Eva Schloss com Karen Bartlett, *After Auschwitz: A Story of Heartbreak and Survival by the Stepsister of Anne Frank* (Londres: Hodder & Stoughton, 2013), pp. 94-96.
3   Eduard Moesbergen, 248-0575A, NIOD, Doc. 1. Cópia do dossiê do CABR NI-HaNa.
4   Eduard Moesbergen, 248-1163A, NIOD, Doc. 1. Cópia do dossiê do CABR NI--HaNa.

CAPÍTULO 26: A V-FRAU

1 Ans van Dijk, CABR, NI-HaNa.
2 Bob Moore, *Victims & Survivors: The Nazi Persecution of the Jews in the Netherlands 1940-1945* (Londres: Arnold, 1997), p. 209.
3 Ans van Dijk, CABR, NI-HaNa.
4 Koos Groen, *Een prooi wordt jager: De Zaak van de joodse verraadster Ans van Dijk* (Meppel, Holanda: Just Publishers, 2016), p. 90.
5 Samuel Clowes Huneke, "The Duplicity of Tolerance: Lesbian Experiences in Nazi Berlin", *Journal of Contemporary History*, v. 54, n. 1, pp. 30-59.
6 Depoimento de Mies de Regt, 11 de novembro de 1945, trad. Circe de Bruin, Ans van Dijk, CABR, NI-HaNa.
7 Groen, *Een prooi wordt jager*, p. 123.
8 Willy Lindwer, *The Last Seven Months of Anne Frank: The Stories of Six Women Who Knew Anne Frank*, trad. Alison Meersschaert (Nova York: Pan Macmillan, 2004), pp. 169-170.
9 Processo de Andries Posno, que forneceu a Van Dijk informações sobre sua família e seus ajudantes, Ans van Dijk, CABR, NI-HaNa.
10 ECA, entrevista com Louis de Groot, Washington, D.C., 30 de maio de 2018.
11 Sytze van der Zee, *Vogelvrij: De jacht op de joodse onderduiker* (Amsterdã: De Bezige Bij, 2010), p. 361.
12 Depoimento de Mies de Regt, 11 de novembro de 1945, trad. Circe de Bruin, Ans van Dijk, CABR, NI-HaNa.

CAPÍTULO 27: NENHUMA PROVA SUBSTANCIAL, PRIMEIRA PARTE

1 Johannes Kleiman, carta ao Politieke Opsporingsdienst (doravante POD), fevereiro de 1945, dossiê nº 23.892, CABR, NI-HaNa. Deve ter sido datado errado, já que não era possível escrever ao POD para investigação em fevereiro de 1945.
2 Otto Frank, carta para Alice Frank-Stern, 11 de novembro de 1945, reg. code Otto Frank Archive-72, AFS.
3 Johannes Kleiman, carta para o Politieke Recherche Afdeling (doravante PRA), 16 de julho de 1947, NI-HaNa, CABR W. Van Maaren.
4 Ibid.
5 Ibid.
6 Entrevista com Willem van Maaren, relatório de investigação do PRA, 2 de fevereiro de 1948, Willem van Maaren, CABR, NI-HaNa.
7 Ibid.
8 Relatório de investigação do PRA, 1948, dossiê 61.196, Willem van Maaren, CABR, NI-HaNa.
9 Dossiê 6.634, sessão de 13 de agosto de 1949, trad. Joachim Bayens e Rory Dekker, Tribunal Cantonal, Amsterdã, Willem van Maaren, CABR, NI-HaNa.

Capítulo 28: "Vá para os seus judeus!"

1 Ernst Schnabel, *The Footsteps of Anne Frank*, trad. Richard e Clara Winston (Harpenden, Reino Unido: Southbank Publishing, 2014), p. 103.

2 Vince Pankoke, entrevista com Joop van Wijk, Proditione Office, Herengracht, 7 de dezembro de 2018.

3 Dossiê policial, 1º de novembro de 1941, Stadsarchief Amsterdam.

4 Jeroen de Bruyn e Joop van Wijk, *Anne Frank: The Untold Story: The Hidden Truth About Eli Vossen, the Youngest Helper of the Secret Annex* (Laag-Soeren, Holanda: Bep Voskuijl Productions, 2018), p. 99.

5 Teresien da Silva, AFS, entrevista com Diny Voskuijl, 14 de novembro de 2011, AFS.

6 Nelly Voskuijl, pedido de visto alemão, cert. nº 19.612, 18 de dezembro de 1942, Stadsarchief Amsterdam. Ver também Gertjan Broek, "An Investigative Report on the Betrayal and Arrest of the Inhabitants of the Secret Annex", Casa de Anne Frank, dezembro de 2016, https://www.annefrank.org/en/downloads/filer_public/4a/c6/4ac6677d-f8ae-4c79-b024-91ffe694e216/an_investigative_report_on_the_betrayal_and_arrest.pdf, p. 19.

7 Teresien da Silva, entrevista com Diny Voskuijl, 14 de novembro de 2011, AFS.

8 Jeroen de Bruyn e Joop van Wijk, entrevista com Bertus Hulsman, 20 de fevereiro de 2014, Amsterdã. Ver De Bruyn e Van Wijk *Anne Frank: The Untold Story*, p. 102.

9 ECA, entrevista com Joop van Wijk, 7 de dezembro de 2018.

10 Anne Frank, anotação no diário, 6 de maio de 1944, em *The Diary of Anne Frank: The Revised Critical Edition*, org. David Barnouw e Gerrold van der Stroom, trad. Arnold J. Pomerans, B. M. Mooyaart-Doubleday e Susan Massotty (Nova York: Doubleday, 2003), p. 655.

11 Anne Frank, anotação no diário, 11 de maio de 1944, ibid., p. 668.

12 Anne Frank, anotação no diário, 19 de maio de 1944, ibid., p. 674.

13 Jeroen de Bruyn e Joop van Wijk, *Bep Voskuijl, het zwijgen voorbij: En biografie van de jongste helpster van het Achterhuis* (Amsterdã: Prometheus Bert Bakker, 2018), p. 192. Rhijja Jansen, "Dat Nelly fout was, daar werd nooit over gesproken", *Volkskrant*, 26 de abril de 2018.

14 Bruyn e Wijk, *Anne Frank: The Untold Story*, p. 102; Jeroen de Bruyn e Joop van Wijk, entrevista com Bertus Hulsman, 20 de fevereiro de 2014, Amsterdã.

15 Dineke Stam, entrevista com Bertus Hulsman, AFS, fita 1, tempo: 25min30s, AFS.

16 Ibid., fita 2, tempo: 19min15s.

17 Ibid., fita 2, tempo: 10min51s.

18 Vince Pankoke, entrevista com Melissa Müller, Munique, 17 de fevereiro de 2019.

19 ECA, entrevista com Gerlof Langerijs, 28 de março de 2019.

20 Joop van Wijk, entrevista e troca de e-mails com Hugo Voskuijl.

QUEM TRAIU ANNE FRANK? **361**

21 Registros 13, 15, 17, 22, Interneringsarchieven (Arquivo de internação), 1945-1950, Arquivo de Groningen.

22 Nelly Voskuijl, cartão AC, Arquivo de Groningen. Pesquisa inédita feita por Ben Wegman mostra que Nelly morou não somente na Grote Rozenstraat 14, na Steentilstraat 47 e na Gedempte Zuiderdiep 25a, mas também na Noorderstationsstraat 20 por dois meses. A pesquisa de Wegman e uma busca no Delpher mostram que as lembranças de Diny sobre o trabalho de Nelly e a família Voet estão corretas: ela está registrada como funcionária residente da viúva A. Hendriks na Grote Rozengracht 14 de 26 de outubro de 1945 a 23 de maio de 1947, quando se mudou para a Noorderstationsstraat 20a. O filho da família Voet morou com a esposa e o filho bebê no número 20 da Noorderstationsstraat. Depois de dois meses, em 28 de julho 1947, Nelly se mudou para a Gedempte Zuiderdiep 25a, a casa com o café do chefe da família Voet, Gozen Theo Voet. Nelly foi registrada como empregada doméstica. Essa informação, junto com as vagas observações de Joop van Wijk de que a "família Voet" era amiga de Nelly, confirma que Nelly Voskuijl não esteve presa entre 26 de outubro de 1945 e 8 de abril de 1953, quando se mudou de volta para Amsterdã.

23 Bruyn e Wijk, *Anne Frank: The Untold Story*, p. 233.

24 ECA, entrevista com Joop van Wijk, 7 de dezembro de 2018.

25 Para responder a essa pergunta, a ECA realizou amplas entrevistas, além de buscas por documentos. A equipe falou com Melissa Müller e realizou duas entrevistas com Joop van Wijk e uma com Jeroen de Bruyn; Bertus Hulsman foi entrevistado por uma pesquisadora da AFS, Dineke Stam. Diny Voskuijl não pôde ser entrevistada por causa da saúde debilitada, mas eles revisaram atentamente a entrevista que ela tinha dado para o jornal *Volkskrant* em 2018. A equipe também entrevistou Hugo Voskuijl, um genealogista amador que tinha feito uma extensa pesquisa sobre sua família.

CAPÍTULO 29: SONDANDO A MEMÓRIA

1 Evelyn Wolf, entrevista de áudio com Victor Kugler, 1972, AFS.

2 Ernst Schnabel, anotações originais para *The Footsteps of Anne Frank*, 1957, Arquivo de Literatura Alemã, Marbach.

3 "A Tragedy Revealed", *Life*, 18 de agosto de 1958, pp. 78-90.

4 Ernst Schnabel, *The Footsteps of Anne Frank*, trad. Richard e Clara Winston (Harpenden, Reino Unido: Southbank Publishing, 2014), p. 129.

5 Ibid.

6 Arend J. van Helden, Departamento Estatal de Investigação Criminal, Amsterdã, entrevista com Otto Frank, 2-3 de dezembro de 1963, NIOD, Doc. 1 Van Maaren.

7 Jan Rijnders, *Report: Telefoonnet Amsterdam 1940-1945*, 25 de março de 2019. Relatório para a Equipe do Caso Arquivado, não disponível para o público.

362 ROSEMARY SULLIVAN

8 Gertjan Broek, "An Investigative Report on the Betrayal and Arrest of the Inhabitants of the Secret Annex", Casa de Anne Frank, dezembro de 2016, https://www.annefrank.org/en/downloads/filer_public/4a/c6/4ac6677d-f8ae-4c79-b024-91ffe694e216/an_investigative_report_on_the_betrayal_and_arrest.pdf, p. 8. Broek concluiu que essa observação foi mal-entendida porque depende de a declaração de Silberbauer ser correta.

CAPÍTULO 30: "O HOMEM QUE PRENDEU A FAMÍLIA FRANK É DESCOBERTO EM VIENA"

1 Simon Wiesenthal, *The Murderers Among Us: The Simon Wiesenthal Memoirs*, org. Joseph Wechsberg (Nova York: Bantam Books, 1968), pp. 171-172.

2 Ibid., p. 174.

3 Ibid., p. 177.

4 Harry Paape (então diretor do NIOD), entrevista com Miep Gies, 18 e 27 de fevereiro de 1985, NIOD.

5 Wiesenthal, *The Murderers Among Us*, p. 175. Presumindo que Kugler tivesse escrito errado, Wiesenthal mudou Silvernagl por Silbernagel, que era um nome comum na Áustria.

6 Ibid., p. 178. Em um documentário da CBS, *Who Killed Anne Frank?*, o diretor do RIOD (agora NIOD), Loe de Long, disse que ele tinha dado a Wiesenthal a lista telefônica com o nome de Silberbauer.

7 Tony Paterson, "Nazi Who Arrested Anne Frank Became a Spy for West Germany", *Independent*, 11 de abril de 2011.

8 "Der Mann, der Anne Frank verhaftete" ["O homem que prendeu Anne Frank"], *Volksstimme*, 11 de novembro de 1963.

9 Simon Wiesenthal, carta para o dr. Wiesinger, Ministro do Interior da Áustria, 15 de novembro de 1963, AFS.

10 "Nieuw onderzoek naar het verraad van familie Frank" ["Nova investigação sobre a delação da família Frank"], *Het Vrije Volk*, 27 de novembro de 1962. Ver também "Frank wist wie hem weghaald" ["Frank sabia quem o entregou"], trad. ECA, *De Telegraaf*, 22 de novembro de 1963.

11 "SS'er die gezin Frank arresteerde, gevonden" ["Encontrado o SS que prendeu a família Frank"], *Volkskrant*, 21 de novembro de 1963.

12 Carol Ann Lee, *The Hidden Life of Otto Frank* (Nova York: Harper Perennial, 2003), p. 278.

13 Miep Gies com Alison Leslie Gold, *Anne Frank Remembered: The Story of the Woman Who Helped to Hide the Frank Family* (Nova York: Simon & Schuster, 2009), p. 196.

14 Eda Shapiro e Rick Kardonne, *Victor Kugler: The Man Who Hid Anne Frank* (Jerusalém: Gefen Publishing House, 2008), p. 54.

15 Detetive Scherer, Departamento Estatal de Investigação Criminal, Amsterdã, entrevista com Miep Gies, 3 de maio de 1963, NIOD, Doc. 1 Van Maaren.

16 *De Groene Amsterdammer* republicou a matéria completa em 1986. Ver Jules Huf, "Listen, We Are Not Interested in Politics", *De Groene Amsterdammer*, 14 de maio de 1986.

17 Wiesenthal, *The Murderers Among Us*, p. 180.

18 Karl Josef Silberbauer, depoimento assinado, 25 de novembro de 1963, trad. Joachim Bayens, Departamento do Interior Austríaco, Arquivo Estatal da Áustria, VieNI-HaNa.

19 Jeroen de Bruyn e Joop van Wijk, Anne Frank: *The Untold Story: The Hidden Truth About Eli Vossen, the Youngest Helper of the Secret Annex* (Laag-Soeren, Holanda: Bep Voskuijl Productions, 2018), p. 191.

20 Huf, "Listen, We Are Not Interested in Politics".

CAPÍTULO 31: O QUE MIEP SABIA

1 Miep Gies, Palestra Wallenberg, Universidade de Michigan, 11 de outubro de 1994.

2 Drake Baer, "The Real Reason Keeping Secrets Is So Hard, According to a Psychologist", *The Cut*, 1º de junho de 2016, https://www.thecut.com/2016/06/real-reason-keeping-secrets-is-hard.html.

3 Citado em Carol Ann Lee, *The Hidden Life of Otto Frank* (Nova York: Harper Perennial, 2003), pp. 322-323.

4 Vince Pankoke, entrevista com o padre John Neiman, 19 de fevereiro de 2019.

5 Jeroen de Bruyn e Joop van Wijk, Anne Frank: *The Untold Story: The Hidden Truth About Eli Vossen, the Youngest Helper of the Secret Annex* (Laag-Soeren, Holanda: Bep Voskuijl Productions, 2018), p. 169.

6 Miep e Jan Gies, citado em Hieke Jippes, "Voices from the Front House", *NRC Handelsblad*, 14 de março de 1981. Ver também De Bruyn e Van Wijk, *Anne Frank: The Untold Story*, p. 169.

CAPÍTULO 32: NENHUMA PROVA SUBSTANCIAL, SEGUNDA PARTE

1 Arend J. van Helden, Departamento Estatal de Investigação Criminal, Amsterdã, entrevista com Willem Grootendorst, 7 de janeiro de 1964; Arend J. van Helden, entrevista com Gezinus Gringhuis, 23 de dezembro de 1963, NIOD, Doc. 1 Van Maaren.

2 Arend J. van Helden, Departamento Estatal de Investigação Criminal, Amsterdã, relatório sumário, 3 de dezembro de 1964, NIOD, Doc. 1 Van Maaren.

3 Arend J. van Helden, Departamento Estatal de Investigação Criminal, Amsterdã, entrevista com Willem van Maaren, 6 de outubro de 1964, NIOD, Doc. 1 Van Maaren.

4 Arend J. van Helden, Departamento Estatal de Investigação Criminal, relatório final do promotor, 6 de novembro de 1964.

364 ROSEMARY SULLIVAN

5 Carol Ann Lee, *The Hidden Life of Otto Frank* (Nova York: Harper Perennial, 2003), p. 123.
6 Umberto Bacchi perpetuou o boato de que a pessoa que telefonou era mulher em "Anne Frank: Book Identifies Betrayer as Helper's Sister and Gestapo Informer Nelly Voskuijl", *International Business Times*, 9 de abril de 2015, mas não comprovou. Ver também: Entrevista com Jan Erik Dubbelman, chefe de projetos educacionais, Casa de Anne Frank (AFH), Amsterdã, 8 de julho de 2019.
7 Simon Wiesenthal, *The Murderers Among Us: The Simon Wiesenthal Memoirs*, org. Joseph Wechsberg (Nova York: Bantam Books, 1968), p. 182.
8 Detetive Meeboer, entrevista com Lammert Hartog, 20 de março de 1948, PRA.
9 Detetive Meeboer, entrevista com J. Kleiman, 12 de janeiro de 1948, PRA.
10 Vince Pankoke, entrevista com Melissa Müller, Munique, 14 de fevereiro de 2019.

Capítulo 33: O verdureiro

1 Ernst Schnabel, *The Footsteps of Anne Frank*, trad. Richard e Clara Winston (Harpenden, Reino Unido: Southbank Publishing, 2014, pp. 95-96.
2 Relatado por E. Schnabel durante visita a Hendrik van Hoeve em 1957; Monique Koemans e Christine Hoste, entrevista com Stef van Hoeve, 27 de fevereiro de 2019.
3 Hendrik van Hoeve, memórias, AFS; Christine Hoste e Monique Koemans, entrevistas com Stef van Hoeve, 27 de fevereiro e 10 de julho de 2019.
4 Johannes Gerard Koning, CABR, NI-HaNa. Um relato detalhado da invasão de manhã cedo aparece no dossiê, junto com os nomes dos detetives holandeses do IV B4 que participaram.
5 Anne Frank, anotação no diário, 25 de maio de 1944, em Anne Frank, *The Diary of Anne Frank: The Revised Critical Edition*, org. David Barnouw e Gerrold van der Stroom, trad. Arnold J. Pomerans, B. M. Mooyaart-Doubleday e Susan Massotty (Nova York: Doubleday, 2003), p. 681.
6 O nome alemão do campo era Konzentrationslager Herzogenbusch; ver Hendrik van Hoeve, memórias, AFS, e Christine Hoste e Monique Koemans, entrevistas com Stef van Hoeve, 27 de fevereiro e 10 de julho de 2019.
7 Pesquisa feita por Gerrit van der Vorst, Buun, 2014, p. 133. O irmão dele, por sua vez, era o oposto. Alfred Meiler tinha atuado como espião duplo para os alemães na Primeira Guerra Mundial e fora mandado para os Estados Unidos em uma missão de espionagem.
8 "Max Meiler", Joods Monument, https://www.joodsmonument.nl/nl/page/402501/max-meiler.
9 Hendrik van Hoeve, memórias, AFS.
10 Ibid.

11 Número de registro/obtido durante telefonema, Arquivo da Cruz Vermelha Holandesa.

12 Monique Koemans e Pieter van Twisk, entrevista com Guido Abuys, curador, Herinneringscentrum Kamp Westerbork, 10 de outubro de 2018.

13 Ibid.

14 Hendrik van Hoeve, memórias, AFS.

15 Bob Moore, *Victims and Survivors: The Nazi Persecution of the Jews in the Netherlands 1940-1945* (Londres: Arnold, 1997), p. 133.

16 Ruth e Richard Weisz, cartões de entrada, Herinneringscentrum Kamp Westerbork.

17 Ad van Liempt, *Hitler's Bounty Hunters: The Betrayal of the Jews*, trad. S.J. Leinbach (Nova York: Berg, 2005), p. 129.

18 F. Pleij e P. Schaap, CABR, NI-HaNa.

19 Depoimento de Gerrit Mozer, POD Groningen, P. Schaap, CABR, NI-HaNa.

20 F. Pleij e P. Schaap, CABR, NI-HaNa.

21 Dossiê 20.190.906, F. Pleij, CABR, NI-HaNa. Depois da guerra ela foi acusada de comércio ilegal de cupons de alimentação. As quantias em questão podiam chegar a 4 mil florins por mês.

22 Sytze van der Zee, *Vogelvrij: De jacht op de joodse onderduiker* (Amsterdã: De Bezige Bij, 2010).

23 Richard Weisz, cartão Joodse Raad (entrou em Westerbork em 26 de maio de 1944); Leopold de Jong, registro de prisão (junho) e cartão de entrada (entrou em Westerbork em julho); ambos no Herinneringscentrum Kamp Westerbork.

24 Listas de deportação para o campo de Westerbork, Arquivo da Cruz Vermelha Holandesa.

25 Anne Frank, anotação no diário, 11 de abril de 1944, em *The Diary of Anne Frank: The Definitive Edition*, org. Otto H. Frank e Mirjam Pressler (Nova York: Doubleday, 1995), p. 257.

26 Relatório policial/ficha de acusação (proces verbaal) contra P. Schaap, POD Groningen, n° 67, SI-M-33/45, 14 de agosto de 1945, NIOD Doc. 2. Trad. Joachim Bayens e Rory Dekker.

27 Hendrik van Hoeve, memórias, AFS; entrevista da ECA com Stef van Hoeve, 27 de fevereiro e 10 de julho de 2019.

28 Declaração de Johannes Gerard Koning, 6 de julho de 1948, CABR, NI-HaNa.

29 *The Diary of Anne Frank* (1959), dirigido por George Stephens.

30 Door Willem (Por Willem), "De groenteman van de familie Frank leeft nog" ["O verdureiro de Anne Frank ainda está vivo"], trad. ECA, *Het Parool*, 26 de fevereiro de 1972.

CAPÍTULO 34: O CONSELHO JUDAICO

1 Bob Moore, *Victims and Survivors: The Nazi Persecution of the Jews in the Netherlands, 1940-1945* (Nova York: St. Martin's Press, 1997), p. 75.

2 Ibid., pp. 95-96.

3 Ibid., p. 96. Moore citou as memórias de Gertrud van Tijn-Cohn, chefe do Departamento de Emigração e Pessoas Deslocadas do Conselho Judaico.

4 Ibid., p. 132. Philip Mechanicus escreveu sobre isso em Mechanicus, *In dépôt: Dagboek uit Westerbork* (Laren, Holanda: Uitgeverij Verbum, 2008), p. 213.

5 Willy Lindwer, *The Last Seven Months of Anne Frank: The Stories of Six Women Who Knew Anne Frank*, trad. Alison Meersschaert (Nova York: Pan Macmillan, 2004), p. 24.

6 Moore, *Victims and Survivors*, pp. 131-132.

7 Ibid., pp. 119-123.

8 Ido de Haan, *"Jurys d'honneur*: The Stakes and Limits of Purges Among Jews in France After Liberation", em *Jewish Honor Courts: Revenge, Retribution, and Reconciliation in Europe and Israel after the Holocaust*, org. Laura Jockusch e Gabriel N. Finder (Detroit: Wayne State University Press, 2015), p. 124.

CAPÍTULO 35: UMA SEGUNDA AVALIAÇÃO

1 Trad. Joachim Bayens e Rory Dekker.

2 Ver Carol Ann Lee, *The Hidden Life of Otto Frank* (Nova York: Harper Perennial, 2003), p. 219; e David Barnouw e Gerrold van der Stroom, "Who Betrayed Anne Frank?", NIOD, https://www.niod.nl/en/publications/who-betrayed--anne-frank. Esses autores mencionaram o bilhete mas o desconsideraram.

3 Mirjam Bolle, *Ik zal je beschrijven hoe een dag er hier uitziet* [Deixe-me contar como é um dia aqui], trad. Jeannette K. Ringold (Amsterdã: Contact, 2003), p. 41.

CAPÍTULO 36: O TABELIÃO HOLANDÊS

1 Minutas de reuniões do Conselho Judaico, Joodsche Raad voor Amsterdam NIOD, dossiê nº 182-1.3.

2 Raymund Schütz, carta para Vince Pankoke, 1º de outubro de 2020.

3 Hans Tietje, dossiê nº 248-1.699, NIOD Doc. I. A ECA encontrou um documento com os nomes de pessoas que Tietje disse ter ajudado. Os cinco Van den Bergh (grafado Berg) estavam na lista, junto com seu colega do Conselho Judaico A. Soep.

4 Hans Tietje, dossiê nº 20.200.610, NIOD Doc. 2.

5 Raymund Schütz, *Kille mist: Het nederlands notariaat en de erfenis van de oorlog* (Amsterdã: Boom, 2016), p. 163.

6 Ver "Nuremberg Race Law Teaching Chart for Explaining Blood Purity Laws", Museu Memorial do Holocausto dos Estados Unidos, https://collections. ushmm.org/search/catalog/irn11299.

7 A. van den Bergh, Arquivo Calmeyer, Centrum voor Familiegeschiedenis (Departamento Central de Genealogia) (doravante CBG), NI-HaNa.

8 Ibid.

9 Ibid.

10 J.W.A. Schepers, carta para Lippman, Rosenthal & Co. (doravante LIRO), 15 de outubro de 1943, dossiê CBG, NI-HaNa; LIRO, carta para o departamento de Calmeyer, Haia, 29 de novembro de 1943.

11 Registro nº 22.356, J.W.A. Schepers, CABR, NI-HaNa. Os advogados eram Jacob van Proosdij e A. N. Kotting.

12 Registros Kadaster (registro de terras), Noord-Hollands Archief, Haarlem.

13 Entrevista feita pela ECA com Regina Sophia Salle, 14 de outubro de 2019.

14 Amsterdam Stadsarchief, Cartão Pessoal (PC), Arnold van den Bergh.

15 Calmeyer, carta referindo-se a: A. van den Bergh, 22 de janeiro de 1944, CBG, NI-HaNa.

16 NI-HaNa, CABR 554, Eduard Moesbergen.

17 Ibid., PRA, dossiê investigativo nº 60.678.

18 Ibid.

Capítulo 37: Especialistas em ação

1 W. Fagel, relatório sobre a comparação grafotécnica para a ECA, 2 de agosto de 2019.

2 Anne Frank, *The Diary of Anne Frank: The Revised Critical Edition*, org. David Barnouw e Gerrold van der Stroom, trad. Arnold J. Pomerans, B. M. Mooyaart--Doubleday e Susan Massotty (Nova York: Doubleday, 2003).

3 B. Haas, relatório sobre exame tipográfico para a ECA, 21 de agosto de 2019.

Capítulo 38: Um bilhete entre amigos

1 *Algemeen Handelsblad*, 20 de setembro de1940. (Revista de Comércio Geral — cita transações de vendas e tabeliães presentes).

2 ECA, entrevista com Ron van Hasselt, sobrinho de Jakob van Hasselt, 12 de agosto de 2019.

3 Ibid.

4 "Jakob van Hasselt", Joods Monument, https://www.joodsmonument.nl/en/page/201758/karla-hinderika-van-hasselt; https://www.joodsmonument.nl/en/page/201760/els-van-hasselt.

5 Arend J. van Helden, Departamento Estatal de Investigação Criminal, Amsterdã, resumo de relatório, 3 de novembro de 1964, pp. 18-19; NIOD, Doc. 1 Van Maaren.

6 Johannes Kleiman, carta para Otto Frank, trad. ECA, 31 de março de 1958, AFS.

7 A fonte desse confronto entre Otto e Gringhuis é Carol Ann Lee, *The Hidden Life of Otto Frank* (Nova York: Harper Perennial, 2003), p. 219. Lee mencionou a conversa, assim como David Barnouw e Gerrold van der Stroom em sua investigação, "Who Betrayed Anne Frank?". Apesar de confiarem na afirmação

e sugerirem que a conversa estaria no dossiê Silberbauer Doc. 1, uma busca meticulosa não conseguiu localizar a fonte da informação. No entanto, todos os três atestam sua autenticidade. Presumimos que o dossiê foi perdido, removido ou mal arquivado.

CAPÍTULO 39: A DATILÓGRAFA

1 ECA, entrevista com Fleur van der Houwen, 26 de setembro de 2019.
2 Ver foto em Hanneloes Pen, "'Moffenmeid' tante Thea was niet alleen fout", *Het Parool*, 8 de julho de 2016, https://www.parool.nl/nieuws/moffenmeid--tante-thea-was-niet-alleen-fout~baf4ccfc/.
3 Jos Smeets, Tommy van Es e Guus Meershoek, org., *In de frontlinie: Tien politiemannen en de duitse bezetting* [Sobre a linha de frente: Dez policiais e a ocupação alemã] (Amsterdã: Boom, 2014), p. 155.
4 Ver Jan Hopman, *Zwijgen over de Euterpestraat: Op het hoofdkwartier van de Sicherheitsdienst in Amsterdam gingen in 1944 verraad en verzet hand in hand* [Em 1944, traição e resistência andavam de mãos dadas na sede da Sicherheitsdienst em Amsterdã] (Zoetermeer, Holanda: Free Musketeers, 2012), p. 50.
5 Jan Hopman, *De wedergeboorte van een moffenmeid: Een verzwegen familigeschiedenis* (Meppel, Holanda: Just Publishers), 2016.
6 "Hoogensteijn, Cornelia Wilhelmina Theresia (1918-1956)", DVN, http://resources.huygens.knaw.nl/vrouwenlexicon/lemmata/data/Hoogensteijn.

CAPÍTULO 40: A NETA

1 Thijs Bayens, entrevista com Esther Kizio, 15 de fevereiro de 2018; Vince Pankoke e Brendan Rook, entrevista com Esther Kizio, 23 de fevereiro de 2019.
2 Thijs Bayens, entrevista com Esther Kizio, Amsterdã, 15 de fevereiro de 2018.
3 Thijs Bayens, entrevista com Esther Kizio, 15 de fevereiro de 2018.
4 J.W.A. Schepers, nº 86.395 e 22.356, CABR, NI-HaNa.
5 Entrevista com Arnold van den Bergh, POD, 12 de julho de 1945, registro nº 22.356, J.W.A. Schepers, CABR, NI-HaNa.
6 Vince Pankoke e Brendan Rook, entrevista com Esther Kizio, 23 de fevereiro de 2019.

CAPÍTULO 41: O CASO GOUDSTIKKER

1 Kenneth D. Alford, *Hermann Goering and the Nazi Art Collection: The Looting of Europe's Art Treasures and Their Dispersal After World War II* (Jefferson, NC: McFarland, 2012).
2 NARA, Departamento de Serviços Estratégicos, Art Looting Investigation, Consolidated Investigation Report no. 2, 15 de setembro de 1945, Coleção Goering, NARA, publicação em microfilme M1782.

3 "Interogations: Miedl Case (Alois Miedl), Page 35", Fold3, https://www.fold3.com/document/270014387/.

4 Alois Miedl, NIOD, Doc. 2, dossiê nº 20.200.610.

5 Anne Frank, 29 de outubro de 1943, anotação no diário, em *The Diary of a Young Girl: The Definitive Edition*, org. Otto H. Frank e Mirjam Pressler (Nova York: Doubleday, 1995), p. 139. Em 1952, depois de sete anos de disputa, a esposa de Goudstikker, Désirée, recuperou parte da coleção que estava com o governo holandês. Mais de cinco décadas depois, outras duzentas pinturas foram devolvidas aos herdeiros de Goudstikker. Relatório do Restitutie Commissie (Comitê de Restituições), 2005.

6 L2731, re 30 de agosto de 1946, interrogatório de Hermann Göring, Gerard Aalders Archive. Gerard Aalders, escritor e ex-pesquisador do NIOD, tem um arquivo particular na sua casa em Amsterdã.

7 Edo von Saher, *N.V. Kunsthandel J. Goudstikker. 'Overzicht van de gebeurtenissen in de periode van 31 December 1939 tot April 1952* [Comerciante de arte J. Goudsstikker: Visão geral dos acontecimentos no período entre 31 de dezembro e abril de 1952]. Relatório do Restitutie Commissie (Comitê de Restituições), 2005, p. 5.

8 Vince Pankoke e Brendan Rook, entrevista com Esther Kizio, 23 de fevereiro de 2019; Provenance Wanted Project Report 2000, p. 52.

9 Emilie Goudstikker, Cartão do Conselho Judaico, Arquivo de Arolsen, Bad Arolsen, Alemanha.

10 Amsterdam Stadsarchief PC, cartão de residente, Oranje Nassaulaan 60.

11 J.C. Berlips, memorando para a resistência holandesa, 4 de abril de1945, Alois Miedl, NIOD, Doc. 2, dossiê nº 20.200.610.

12 Henriette von Schirach, *Der Preis der Herrlichkeit*, trad. Diretor de Pesquisa do ECA Pieter Van Twisk (Munique: Herbig, 2003).

Capítulo 42: Uma bomba

1 Ver, p.ex., *Algemeen Handelsblad*, 20 de setembro de 1940. Existem muitos anúncios deixando claro que VD, Spier e Van Hasselt trabalhavam juntos. https://www.delpher.nl/nl/kranten/results?coll=ddd&query=Bergh&cql%5B0%5D=%28date+_gte_+%2220-09-1940%22%29&cql%5B1%5D=%28date+_lte_+%2221-09-1940%22%29&redirect=true.

2 "Work of the Contact-Afdeling (Divisão de Contatos) em Westerbork", depoimento, Screen Writers Guild, nº 50.943, p. 11. Ver também NIOD, Doc. 1, dossiê nº 248-0294, nº 20, p. 56.

3 Policial J. Schoenmaker, Assen, Holanda, Proces Verbaal (relatório policial), nº 414, pp. 6-7, Bureau oorlogsmisdrijven 58 (Gabinete de Crimes de Guerra 58), 4 de junho de 1948. O relatório tem 117 páginas.

4 Detetive Marinus van Buren, relatório policial, 16 de março de 1948, NIOD, Doc. 1, 248-0040.

5 Albert Konrad Gemmeker, depoimento, pasta 2 (31), 15 de setembro de 1947; Willy Lages, depoimento, pastas 2a e 2b, CABR, registro nº 107.491, até e inclusive VIII Caixa 1; ambos NI-HaNa.

6 Ernst Philip Henn, depoimento, 15 de setembro de 1947, registro nº 107.491, até e inclusive VIII, CABR, NI-HaNa.

7 Sytze van der Zee, *Vogelvrij: De jacht op de joodse onderduiker* (Amsterdã: De Bezige Bij, 2010), p. 361; NIOD Doc. 1, R. Pollak, listas de Signaleentenblad, pp. 384-390.

8 Entrevista do POD com Arnold van den Bergh, 12 de julho de 1945, NI-HaNa, CABR-Scheppers.

9 Vince Pankoke e Branden Rook, entrevista com Esther Kizio, 26 de fevereiro de 2019.

10 Apenas David Cohen, um dos dois presidentes do Conselho Judaico, se apresentou para ser julgado. Ver Ido de Haan, *"Jurys d'honneur*: The Stakes and Limits of Purges Among Jews in France After Liberation", em *Jewish Honor Courts: Revenge, Retribution, and Reconciliation in Europe and Israel After the Holocaust*, org. Laura Jockusch e Gabriel N. Finder (Detroit: Wayne State University Press, 2015), p. 124.

11 Ibid., p. 122.

12 Philip Staal, *Settling the Account*, trad. Scott Rollins (Bloomington, iUniverse, 2015), p. 213.

13 Conversa de Otto Frank com Friso Endt, editor do *Het Parool*, que ocorreu em algum momento entre 1947 e 1949, como informado à ECA por Sytze van der Zee, que falou com Endt no início da década de 1960.

14 Veredicto publicado em *Nieuw Israëlietisch Weekblad* [Novo Semanário Israelita], 21 de maio de 1948.

15 Vince Pankoke e Brendan Rook, entrevista com Esther Kizio, 26 de fevereiro de 2019.

16 *Nieuw Israëlietisch Weekblad* [Novo Semanário Israelita], 3 de novembro de 1950. Relato do funeral de Arnold van den Bergh.

CAPÍTULO 43: UM SEGREDO BEM GUARDADO

1 Koos Groen, *Een prooi wordt jager: De Zaak van de joodse verraadster Ans van Dijk* (Meppel, Holanda: Just Publishers, 2016), p. 142. Ver também Ans van Dijk, CABR, NI-HaNa, e Sytze van der Zee, *Vogelvrij: De jacht op de joodse onderduiker* (Amsterdã: De Bezige Bij, 2010), p. 361.

2 Jeroen de Bruyn e Joop van Wijk, *Anne Frank: The Untold Story: The Hidden Truth About Eli Vossen, the Youngest Helper of the Secret Annex* (Laag-Soeren, Holanda: Bep Voskuijl Productions, 2018), p. 241.

3 O Comitê de Contatos, um braço do Conselho Judaico em Westerbork, era encarregado de processar as dispensas de deportação e manter listas. Na primavera de 1944, o comandante de Westerbork, Albert Gemmeker, ordenou

que os membros do Comitê de Contatos procurassem judeus escondidos em Amsterdã e em outros lugares e oferecessem a possibilidade de comprar a liberdade com dinheiro e joias valiosas. Ver policial J. Schoenmaker, Assen, Holanda, Proces Verbaal (relatório policial), nº 414, pp. 6-7, Bureau oorlogsmisdrijven 58 (Gabinete de Crimes de Guerra 58), 4 de junho de 1948. O relatório tem 117 páginas.

4   Em 20 de novembro de 1963, Otto falou com o jornal *Het Vrije Volk* e fez essa declaração. Ela foi publicada no *Het Vrije Volk* em 22 de novembro de 1963, com o título "De Oostenrijkse politieagent die Anne Frank arresteerde, bekent en legt uit: ik heb zojuist orders uitgevoerd" ["O policial austríaco que prendeu Anne Frank confessa e explica: Apenas cumpri ordens"].

5   Otto Frank, carta para Miep Gies, 1º de dezembro de 1963, AFS.

6   Eda Shapiro e Rick Kardonne, *Victor Kugler: The Man Who Hid Anne Frank* (Jerusalém: Gefen Publishing House, 2004), acabou sendo publicado graças ao esforço do falecido marido de Eda Shapiro, Irving Naftolin, e do coautor, Rick Kardonne.

EPÍLOGO: A CIDADE DAS SOMBRAS

1   Carol Ann Lee, *The Hidden Life of Otto Frank* (Nova York: Harper Perennial, 2003), p. 314.

2   Ibid., p. 294.

3   Ibid., p. 292.

4   Esta foi a resposta de Miep à pergunta de um estudante. A Scholastic publicou as respostas dela às perguntas dos estudantes em seu site. Ver "Interview Transcript: Mipe Gies", Scholastic, http://teacher.scholastic.com/frank/tscripts/miep.htm.

5   Jeroen de Bruyn e Joop van Wijk, *Anne Frank: The Untold Story: The Hidden Truth About Eli Vossen, the Youngest Helper of the Secret Annex* (Laag-Soeren, Holanda: Bep Voskuijl Productions, 2018), p. 169. Ver também Wikipedia. "Bep Voskuijl", https://en.wikipedia.org/wiki/Bep_Voskuijl.

6   Melissa Müller, *Anne Frank: The Biography*, trad. Rita e Robert Kimber (Nova York: Picador, 1998), p. 395.

7   Eva Schloss com Karen Bartlett, *After Auschwitz: A Story of Heartbreak and Survival by the Stepsister of Anne Frank* (Londres: Hodder & Stoughton, 2013), p. 270.

8   Lee, *The Hidden Life of Otto Frank*, p. 227.

9   Ibid., p. 274.

10 Gerben Post, *Lotty's Bench: The Persecution of the Jews of Amsterdam Remembered*, traduzido por Tom Leighton (Volendam, Holanda: LM Publishers, 2018), p. 150. Ver também Bob Moore, *Victims and Survivors: The Nazi Persecution of the Jews in the Netherlands 1940-1945* (Londres: Arnold, 1997), pp. 185-186.

11 Post, *Lotty's Bench*, pp. 113-114.

372   ROSEMARY SULLIVAN

12 Ibid., p. 67.
13 Ibid., p. 202.
14 Ibid., p. 195.
15 David Nasaw, *The Last Million: Europe's Displaced Persons from World War to Cold War* (Nova York: Penguin, 2020).
16 Wikipedia, "Geertruida Wijsmuller-Meijer", https://en.wikipedia.org/wiki/Geertruida_Wijsmuller-Meijer.

BIBLIOGRAFIA

Aalders, Gerard. *Nazi Looting: The Plunder of Dutch Jewry During the Second World War*. Trad. Arnold Pomerans com Erica Pomerans. Oxford, Reino Unido: Berg, 2004.

_____ e Coen Hilbrink. *De Affaire Sanders: Spionage en intriges in herrijzend Nederland*. Haia: SDU Uitgivers, 1996.

Aerde, Rogier van. *Het grote gebod: Gedenkboek van het verzet in LO en LKP*. 2 vols. Kampen: Kok, 1989.

Alford, Kenneth D. *Hermann Goering and the Nazi Art Collection: The Looting of Europe's Art Treasures and Their Dispersal After World War II*. Jefferson, NC: McFarland, 2012.

Barnouw, David e Gerrold van der Stroom. "Who Betrayed Anne Frank?". NIOD. https://www.niod.nl/sites/niod.nl/files/WhobetrayedAnneFrank.pdf.

Bauman, Zygmunt. *Modernity and the Holocaust*. Cambridge, Reino Unido: Polity Press, 1991.

Becker, Tamara, An Huitzing, Annemie Wolff e Rudi Boon. *Op de foto in oorlogstijd: Studio Wolff, 1943*. Eindhoven, Holanda: Lecturis, 2017.

Boer, Joh Franc Maria den, S. Duparc e Arthur de Bussy. *Kroniek van Amsterdam over de jaren 1940-1945*. Amsterdã: De Bussy, 1948.

Bolle, Mirjam. *Letters Never Sent: Amsterdam, Westerbork, Bergen-Belsen*. Trad. Laura Vroomen. Jerusalém: Yad Vashem Publications, 2014.

Boomgaard, Petra van den. *Voor de Nazi's geen Jood: Hoe ruim 2500 Joden door ontduiking van rassenvoorschriften aan de deportaties zijn ontkomen*. Hilversum, Holanda: Uitgiverij Verbum, 2019.

Boterman, Frits. *Duitse daders: De jodenvervolging en nazificatie van Nederland (1940-1945)*. Amsterdã: Uitgiverij De Arbeiderspers, 2015.

Brinks, Monique. *Het Scholtenhuis, 1940-1945*. Vol. 1: *Daden*. Bedum, Holanda: Profiel, 2009.

Broek, Gertjan. "An Investigative Report on the Betrayal and Arrest of the Inhabitants of the Secret Annex". Casa de Anne Frank, dezembro de 2016. https://

www.annefrank.org/en/downloads/filer_public/4a/c6/4ac6677d-f8ae-4c79-bo24-91ffe694e216/an_investigative_report_on_the_betrayal_and_arrest.pdf.

Brongers, E. H. *De slag om de Residentie 1940*. Baam, Holanda: Hollandia, 1968.

Browning, Christopher. *Ordinary Men: Reserve Police Battalion 101 and the Final Solution in Poland*. Nova York: HarperCollins, 2017.

Bruïne, Gabi de, e outros. *Een rwandees kaartenhuis: Een wirwar van wankelende verklaringen*. Haia: Boom Criminologie, 2017.

Bruyn, Jeroen de, e Joop van Wijk. *Anne Frank: The Untold Story: The Hidden Truth About Eli Vossen, the Youngest Helper of the Secret Annex*. Trad. Tess Stoop. Laag-Soeren, Holanda: Bep Voskuijl Productions, 2018.

Burrin, Philippe. *Het ontstaan van een volkerenmoord: Hitler en de Joden*. Amsterdã: Van Gennep, 1991.

Callahan, Debbie J. *Lest We Forget: Lessons from Survivors of the Holocaust*. Ocala, FL: Bruske Books, 2014.

Cohen, Jaap. *Anne Frank House* (catálogo do museu). Amsterdã: Anne Frank Stichting, 2018.

Cohen, Mischa. *De Nazi-leerling: Se schuldige jeugd van Dick Woudenberg*. Amsterdã: Uitgiverij Atlas Contact, 2017.

Croes, Marnix e Peter Tammes. *"Gif laten wij niet Voortbestaan": Een onderzoek naar de overlevingskansen van joden in de Nederlandse gemeenten, 1940-1945*. Amsterdã: Aksant, 2004.

Diederichs, Monika. *Wie geschoren wordt moet stil zitten: Nederlandse meisjes en vrouwen die in de periode 1940-1945 omgang hadden met duitse militairen*. Soesterberg, Holanda: Uitgiverij Aspekt, 2015.

Engels, M. J. Adriani. *Nacht over Nederland: Journalistiek reportage van vijf bezettingsjaren: 1940-1945*. Utrecht: Ons Vrije Nederland, 1946.

Enzer, Hyman A. e Sandra Solotaroff-Enzer, org. *Anne Frank: Reflections on Her Life and Legacy*. Champaign: University of Illinois Press, 2000.

Es, Bart van. *Cut Out Girl: A Story of War and Family, Lost and Found*. Londres: Fig Tree, 2019.

Faber, Sjoerd, e Gretha Donker. *Bijzonder gewoon: Het Centraal Archief Bijzondere Rechtspleging (1944-2010) en de "lichte gevallen."* Zwolle, Holanda: Uitgeverij Waanders, 2010.

Föllmer, Moritz. *Culture in the Third Reich*. Nova York: Oxford University Press, 2020.

Frank, Anne. *The Diary of a Young Girl: The Definitive Edition*. Org. Otto H. Frank e Mirjam Pressler. Nova York: Doubleday, 1995.

Gieling, Wilco. *Seyss-Inquart*. Soesterberg, Holanda: Aspekt, 2011.

Gies, Miep, com Alison Leslie Gold. *Anne Frank Remembered: The Story of the Woman Who Helped to Hide the Frank Family*. Nova York: Simon & Schuster, 2009.

Goldhagen, Daniel Jonah. *Hitlers gewillige beulen*. Antuérpia: Standaard Uitgeverij, 1996.

Griffioen, Pim e Ron Zeller. *Jodenvervolging in Nederland, Frankrijk en België, 1940-1945*. Amsterdã: Boom, 2015.

Grobman, Alex, e Joel Fishman, org. *Anne Frank in Historical Perspective: A Teaching Guide for Secondary Schools*. Los Angeles: Martyrs Memorial and Museum of the Holocaust, 1995. https://files.eric.ed.gov/fulltext/ED391710.pdf.

Groen, Koos. *Fout en niet goed: De vervolging van collaboratie en varraad na WO2*. Hilversum, Holanda: Just Publishers, 2009.

_____. *Landverraders, wat deden we met ze? Een dokumentaire over de bestraffing en berechting van NSBers en kollaborateurs en de zuivering van pers, radio, kunst, bedrijfsleven na de Tweede Wereldoorlog*. Baarn, Holanda: In den Toren, 1974.

_____. *Een Prooi wordt jager: De Zaak van de joodse verraadster Ans van Dijk*. Meppel, Holanda: Just Publishers, 2016.

Hagen, Louis E. *Ik vocht om Arnhem: Dagboek van een zweefvliegtuig-piloot*. Nijmegen, Holanda: De Koepel, 1947.

Happe, Katja. *Veel valse hoop: De jodenvervolging in 1940-1945 Nederland*. Amsterdã: Uitgiverij Atlas Contact, 2018.

Hasselt, Ron van. *De oorlog van mijn vader: Een halve familiegeschiedenis*. Bedum, Holanda: Profiel, 2012.

Hausner, Gideon. *Justice in Jerusalem*. Nova York: Harper & Row, 1966.

Heijden, Chris van der. *Grijs verleden: Nederland en de Tweede Wereldoorlog*. Amsterdã: Uitgiverij Contact, 2008.

_____. *Joodse NSB'ers: De vergeten geschiedenis van Villa Bouchima in Doetichem*. Utrecht: Begijnekade 18 Uitgivers, 2006.

Herzberg, Abel J. *Amor fati: Zeven opstellen over Bergen-Belsen*. Amsterdã: E. Querido's Uitgiverij, 1987.

_____. *Kroniek der jodenvervolging, 1940-1945*. Amsterdã: E. Querido's Uitgiverij, 1985.

Hillesum, Etty. *An Interrupted Life: The Diaries, 1941-1943, and Letters from Westerbork*. Nova York: Picador, 1996.

Hoffer, Eric. *The True Believer: Thoughts on the Nature of Mass Movements*. Nova York: Harper Perennial Modern Classics, 2002.

Hofman, Jaap. *De collaborateur*. Soesterberg, Holanda: Aspekt, 2011.

Hollander, Pieter den. *Roofkunst: De zaak Goudstikker*. Amsterdã: Meulenhoff, 2007.

Hopman, Jan. *Zwijgen over de Euterpestraat: Op het hoofdkwartier van de Sicherheitsdienst in Amsterdam gingen in 1944 verraad en verzet hand in hand*. Zoetermeer, Holanda: Free Musketeers, 2012.

_____. *De wedergeboorte van een moffenmeid: Een verzwegen familigeschiedenis*. Meppel, Holanda: Just Publishers, 2016.

Huizing, Bert e Koen Aartsma. *De Zwarte Politie, 1940/1945*. Weesp, Holanda: De Haan, 1986.

Iperen, Roxane van. *'t Hooge Nest*. Amsterdã: Lebowski Publishers, 2018.

Jansen, Ronald Wilfred. *Anne Frank: Silent Witnesses: Reminders of a Jewish Girl's Life*. Zwaag, Holanda: Pumbo, 2014.

Jong, Loe de. *Het Koninkrijk der Nederlanden in de Tweede Wereldoorlog*. 26 vols. Haia: SDU Uitgevers, 1969-1991.

Jong, Louis de. *The Netherlands and Nazi Germany*. Cambridge, MA: Harvard University Press, 1990.

_____. *Tussentijds: Historische studies*. Amsterdã: E. Querido Uitgiverij, 1977.

Kempner, Robert M. W. *Twee uit Honderdduizend: Anne Frank en Edith Stein: Onthullingen over de nazimisdaden in Nederland voor heet gerechthof te München*. Bilthoven: Uitgeverij H. Nelissen, 1969.

Knoop, Hans. *De Joodsche Rood: Het drama van Abraham Asscher en David Cohen*. Amsterdã: Elsevier, 1983.

Koetsier, Teun e Elbert Roest. *Schieten op de maan: Gezag en verzet in Laren NH in WO II*. Laren, Holanda: Uitgeverij van Wijland, 2016.

Kremer, Gerard. *De achtertuin van het achterhuis*. Ede, Holanda: De Lantaarn, 2018.

_____. *Anne Frank Betrayed: The Mystery Unraveled After 75 Years*. Ede, Holanda: De Lantaarn, 2020.

Künzel, Geraldien von Frijtag Drabbe. *Het geval Calmeyer*. Amsterdã: Mets & Schilt, 2008.

Lans, Jos van der e Herman Vuijsje. *Het Anne Frank Huis: Een biografie*. Amsterdã: Boom, 2010.

Lee, Carol Ann. *The Hidden Life of Otto Frank*. Nova York: Harper Perennial, 2003.

Lester, Richard. *Flight of the Blue Heron*. Morgan Hill, CA: Bookstand, 2009.

Levi, Primo. *Surviving Auschwitz*. Trad. Stuart Woolf. Nova York: Simon & Schuster, 1996.

Liempt, Ad van. *Gemmeker: Commandant van kamp Westerbork*. Amsterdã: Uitgiverij Balans, 2019.

_____. *Hitler's Bounty Hunters: The Betrayal of the Jews*. Trad. S. J. Leinbach. Nova York: Berg, 2005.

_____. *De jacht op het verzet: Het meedogenloze optreden van Sicherheitsdienst en nederlandse politie tijdens de Tweede Wereldoorlog*. Amsterdã: Uitgiverij Balans, 2013.

_____. *Jodenjacht: De onthutsende rol van de nederlandse politie in de Tweede Wereldoorlog*. Amsterdã: Uitgiverij Balans, 2013.

Lifton, Robert J. *Nazi-dokters: De psychologie van de rassenmoord in het Derde Rijk*. Utrecht: Bruna, 1987.

Lindwer, Willy. *The Last Seven Months of Anne Frank: The Stories of Six Women Who Knew Anne Frank*. Trad. Alison Meersschaert. Nova York: Pan Macmillan, 2004.

_____. *Wolf en Ryfka: Kroniek van een joodse familie*. Amsterdã: Prometheus, 2019.

Lipstadt, Deborah E. *Denying the Holocaust: The Growing Assault on Truth and Memory*. Nova York: Penguin, 1994.

Luijters, Guus, Raymond Schütz e Marten Jongman. *De deportaties uit Nederland, 1940-1945: Portretten uit de archieven*. Amsterdã: Nieuw Amsterdam, 2017.

Maarsen, Jacqueline van. *Inheriting Anne Frank*. Trad. Brian Doyle. Londres: Arcadia Books, 2009.

_____. *My Friend Anne Frank*. Trad. Debra F. Onkenhout. Nova York: Vantage, 1996.

Mardo, Esther (pseudônimo de Herman Nicolaas van der Voort). *Vrouwenkamp*. Rotterdã: De Vrije Pers, 1962.

Mechanicus, Philip. *In dépôt: Dagboek uit Westerbork*. Laren, Holanda: Uitgeverij Verbum, 2008.

Meershoek, Guus. *Dienaren van het gezag: De amsterdamse politie tijdens de bezetting*. Amsterdã: Van Gennep, 1999.

Meeuwenoord, Marieke. *Het hele is hier een wereld op zichzelf: De geschiedenis van kamp Vught*. Amsterdã: De Bezige Bij, 2014.

Meihuizen, Joggli. *Richard Fiebig en de uitbuiting van de nederlandse industrie*. Amsterdã: Boom, 2018.

Metselaar, Menno. *Anne Frank: Dreaming, Thinking, Writing*. Amsterdã: Anne Frank House, 2016.

_____, Ruud van der Rol, Dineke Stam e Ronald Leopold, org. *Anne Frank House: A Museum with a Story*. Amsterdã: Anne Frank Stichting, 2001.

Meulenbroek, Lex, e Paul Poley. *Kroongetuige DNA: Onzichtbaar spoor in spraakmakende zaken*. Amsterdã: De Bezige Bij, 2014.

Middelburg, Bart. *Jeanne de Leugenaarster: Adriana Valkenburg: Hoerenmadam, verraadster, femme fatale*. Amsterdã: Nieuw Amsterdam, 2009.

Moore, Bob. *Victims and Survivors: The Nazi Persecution of the Jews in the Netherlands, 1940-1945*. Nova York: St. Martin's Press, 1997.

Müller, Melissa. *Anne Frank: The Biography, Updated and Expanded*. Trad. Rita e Robert Kimber. Nova York: Picador, 1998.

Oudheusden, Jan van, e Erik Schumacher. *1944: Verstoorde verwachtingen*. Amsterdã: Spectrum/NIOD, 2019.

Piersma, Hinke. *Op eigen gezag: Politieverzet in oorlogstijd*. Amsterdã: E. Querido Uitgiverij, 2019.

Post, Gerben. *Lotty's Bench: The Persecution of the Jews of Amsterdam Remembered*. Trad. Tom Leighton. Volendam, Holanda: LM Publishers, 2018.

Presser, J. *De Nacht der Girondijnen: Novelle*. Amsterdã: Meulenhoff, 2007.

_____. *Ondergang: De vervolging en verdelging van het nederlandse jodendom, 1940-1945*. Soesterberg, Holanda: Aspekt, 2013.

Riet, Frank van. *De bewakers van Westerbork*. Amsterdã: Boom Uitgevers, 2016.

Romijn, Peter, e outros. *The Persecution of the Jews in the Netherlands, 1940-1945: New Perspectives*. Amsterdã: Vossiuspers UvA, 2010.

Rubin, Susan Goldman. *The Anne Frank Case: Simon Wiesenthal's Search for the Truth*. Nova York: Holiday House, 2009.

Schaap, Inger. *Sluipmoordenaars: De Silbertanne-moorden in Nederland, 1943-1944*. Hilversum, Holanda: Just Publishers, 2010.

Scherrenburg, Olga, e outros. *De moddermoord: Over hoe een ongeval een moord werd*. 's-Gravenhage, Holanda: Boom Lemma, 2013.

Schirach, Henriette von. *Der Preis der Herrlichkeit*. Munich: Herbig, 2003.

Schloss, Eva, com Karen Bartlett. *After Auschwitz: A Story of Heartbreak and Survival by the Stepsister of Anne Frank*. Londres: Hodder & Stoughton, 2013.

_____. *Eva's Story*. Grand Rapids, MI: Eerdmans Publishing Company, 1988.

Schnabel, Ernst. *The Footsteps of Anne Frank*. Trad. Richard e Clara Winston. Harpenden, Reino Unido: Southbank Publishing, 2014.

Schütz, Raymund. *Kille mist: Het nederlands notariaat en de erfenis van de oorlog*. Amsterdã: Boom, 2016.

Schwarzschild, Ellen. *Niet lezen als 't U blieft, nicht lesen bitte: Onuitwisbare herinneringen (1933-1943)*. Amsterdã: publicado pela autora, 1999.

Shapiro, Eda, e Rick Kardonne. *Victor Kugler: The Man Who Hid Anne Frank*. Jerusalém: Gefen Publishing House, 2008.

Shermer, Michael, e Alex Grobman. *Denying History: Who Says the Holocaust Never Happened and Why Do They Say It?* Berkeley, CA: University of California Press, 2009.

Sijes, B. A. *Studies over jodenvervolging*. Assen, Holanda: Van Gorcum, 1974.

Somers, Erik. *Voorzitter van de Joodse Raad: De herinneringen van David Cohen (1941-1943)*. Zutphen, Holanda: Walburg Pers, 2010.

_____ e René Kok. *Jewish Displaced Persons in Camp Bergen-Belsen, 1945-1950*. Zwolle, Holanda: Waanders, 2003.

Staal, Philip. Settling the Account. Trad. Scott Rollins. Bloomington, IN: iUniverse, 2015.

Stigter, Bianca. *De bezette stad: Plattegrond van Amsterdam, 1940-1945*. Amsterdã: Athenaeum-Polak & Van Gennep, 2005.

Strasberg, Susan. *Bittersweet*. Nova York: Signet, 1980.

Tongeren, Paul van. *Jacoba van Tongeren en de onbekende verzetshelden van Groep 2000 (1940-1945)*. Soesterberg, Holanda: Uitgeverij Aspekt, 2015.

Trenker, Luis. *Het intieme dagboek van Eva Braun*. Haia: Confidentia, 1949.

Ullman, Leo S. *796 Days: Hiding as a Child in Occupied Amsterdam During WWII and Then Coming to America*. Margate, NJ: ComteQ Publishing, 2015.

Veen, Harm van der. *Westerbork, 1939-1945: Het verhaal van vluchtelingenkamp en durchgangslager Westerbork*. Hooghalen, Holanda: Herinneringscentrum Kamp Westerbork, 2003.

Veld, N.K.C.A in 't. *De joodse ereraad*. 's-Gravenhage, Holanda: SDU Uitgeverij, 1989.

Venema, Adriaan. *Kunsthandel in Nederland, 1940-1945*. Amsterdã: De Arbeiderspers, 1986.

Verhoeven, Rian. *Anne Frank was niet alleen: Het Merwedeplein, 1933-1945*. Amsterdã: Prometheus, 2019.

Verkijk, Dick. *Radio Hilversum, 1940-1945: De omroep in oorlog.* Amsterdã: De Arbeiderspers, 1974.

Veth, D. Giltay, e A. J. van der Leeuw. *Rapport door het Rijksinstituut voor Oorlogs-documentatie uitgebracht aan de minister van justitie inzake de activiteiten van drs. F. Weinreb, gedurende de jaren 1940-1945, in het licht van nadere gegevens bezien.* 2 vols. 's-Gravenhage, Holanda: Staatsuitgeverij, 1976.

Visser, Frank. *De zaak Antonius van der Waals.* Haia: Forum Boekerij, 1974.

Wasserstein, Bernard. *The Ambiguity of Virtue: Gertrude van Tijn and the Fate of the Dutch Jews.* Cambridge, MA: Harvard University Press, 2014.

_____. *Gertrude van Tijn en het lot van de nederlandse Joden.* Amsterdã: Nieuw Amsterdam, 2013.

Wiesel, Elie. *Night.* Trad. Marion Wiesel. Nova York: Farrar, Straus and Giroux, 2006.

Wiesenthal, Simon. *The Murderers Among Us: The Simon Wiesenthal Memoirs.* Org. Joseph Wechsberg. Nova York: Bantam Books, 1968.

Wilson, Cara Weiss (agora Cara Wilson-Granat). *Dear Cara: Letters from Otto Frank: Anne Frank's Father Shares His Wisdom.* Sandwich, MA: North Star Publications, 2001.

Wolfe, Robert. *Captured German and Related Records: A National Archives Conference.* Athens: Ohio University Press, 1968.

Zee, Nanda van der. *Om erger te voorkomen.* Soesterberg, Holanda: Uitgeverij Aspekt, 2011.

_____. *The Roommate of Anne Frank.* Trad. Cees Endlich. Soesterberg, Holanda: Uitgeverij Aspekt, 2003.

Zee, Sytze van der. *Vogelvrij: De jacht op de joodse onderduiker.* Amsterdã: De Bezige Bij, 2010.

Ziller, Robert (pseudônimo de Richard Ziegler). *Wij maken geschiedenis.* Amsterdã: Het Hollandsche Uitgevershuis, 1946.

Zwaan, J. *De zwarte kameraden: Een geïllustreerde geschiedenis van de NSB.* Weesp, Holanda: Van Holkema en Warendorf, 1984.

Este livro foi impresso pela Lis gráfica,
em 2022, para a HarperCollins Brasil.
O papel do miolo é pólen soft $70g/m^2$,
e o da capa é cartão $250g/m^2$.

Otto Frank (*centro*) com as pessoas que o ajudaram a esconder sua família.
Da esquerda para a direita: Miep Gies, Johannes Kleiman, Victor Kugler e Bep Voskuijl.
(Cortesia da Casa de Anne Frank, Amsterdã)

Vista por milhões de pessoas em todo o mundo, esta foto de Anne foi usada na capa de muitas edições do diário.
(Cortesia da Casa de Anne Frank, Amsterdã)

Acima, à esquerda: Otto Frank, antes da guerra. Os amigos riam de sua "moderação prussiana".
(Maio de 1936, cortesia da Casa de Anne Frank, Amsterdã)

Acima, à direita: Nascida na Alemanha, Edith Frank se casou com Otto em 1925. Eles foram forçados a fugir com suas duas filhas, Anne e Margot, para Amsterdã em 1933. Ela morreu em Auschwitz de fome.
(Maio de 1935, cortesia da Casa de Anne Frank, Amsterdã)

Margot Frank, três anos mais velha que Anne, foi convocada para o *Arbeitseinsatz*, o serviço compulsório na Alemanha, em julho de 1942.
(Maio de 1942, cortesia da Casa de Anne Frank, Amsterdã)

A família Frank e amigos a caminho do casamento de Jan e Miep Gies.
(Julho de 1941, copyright © Granger)

Karl Josef Silberbauer. Ele descobriu o Anexo Secreto e enviou a família Frank para os campos de concentração. Acabou se tornando um oficial de polícia em Viena.
(Coleção privada. Heritage Imagens/TopFoto)

Ans van Dijk era uma V-Frau, uma informante que traía os judeus escondidos. Ela teve a distinção de ser a única mulher com esse tipo de atividade a ser condenada à morte e executada na Holanda.
(1947, AFH/IISG, Instituto Internacional de História Social, Amsterdã)

Acima, à esquerda: Assim como Otto Frank, Auguste van Pels e seu marido nasceram na Alemanha, mas se mudaram para Amsterdã a fim de escapar da ascensão do nazismo.

Acima, à direita: Hermann van Pels trabalhava com Otto desde 1938 como especialista em temperos. Hermann, sua esposa e seu filho se juntaram à família Frank no Anexo Secreto.
(Cortesia da Casa de Anne Frank, Amsterdã)

Peter van Pels, que se escondeu no Anexo Secreto com os pais, a família Frank e o dentista Fritz Pfeffer.
(1942, cortesia da Casa de Anne Frank, Amsterdã)

O Conselho Judaico, 1942. Um grupo poderoso e controverso. Alguns membros de destaque (*sentados, da esquerda para a direita*): Abraham Asscher (*primeiro*), David Cohen (*terceiro a partir da esquerda*), e Arnold van den Bergh (*quinto a partir da esquerda*).
(Colégio do Conselho Judaico para Amsterdã, 1942, copyright © Image Bank WW2-NIOD-Joh. De Haas)

Alguns instantâneos de uma jovem e feliz Anne. (Maio de 1939, cortesia da Casa de Anne Frank, Amsterdã)

A última página do diário de Anne Frank, escrita pouco antes de a família ser presa. Miep salvou o diário, pretendendo devolvê-lo no fim da guerra. (1944, copyright © Tallandier/Bridgeman Images)

Amsterdã. O prédio destacado em azul abriga a empresa de Otto Frank, Opekta, e a seção em verde ilustra o Anexo. Destaque para a castanheira citada por Anne no diário. (Copyright © Luchtvaart Museum Aviodrome)

O "Mural da Vergonha" no Escritório Proditione em Amsterdã. As fotos no lado *Sicherheitsdienst* (SD) são dos policiais envolvidos com o serviço de inteligência da SS. As fotos no lado *vertrouwens* (V) são os informantes que trabalharam para encontrar e capturar judeus.
(Cortesia de Vince Pankoke)

A nota anônima que transformaria o caso.
(Cortesia de Monique Koemans)

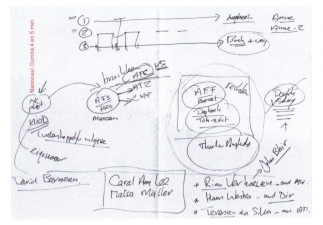

Diagrama mostrando como são complicadas as relações entre as organizações Anne Frank.
(Cortesia de Proditione)

O mapa interativo produzido pela Xomnia, empresa holandesa de dados para a qual a equipe do caso arquivado forneceu informações. Os círculos vermelhos mostram os endereços de colaboradores conhecidos, a partir da lista levantada pela resistência. Os círculos amarelos indicam os informantes identificados pela Administração Nacional de Arquivo e Registros (NARA).

Os números 263-267 da Prinsengracht. O esconderijo agora é um museu e marco histórico.
(2018, cortesia da Casa de Anne Frank, Amsterdã)

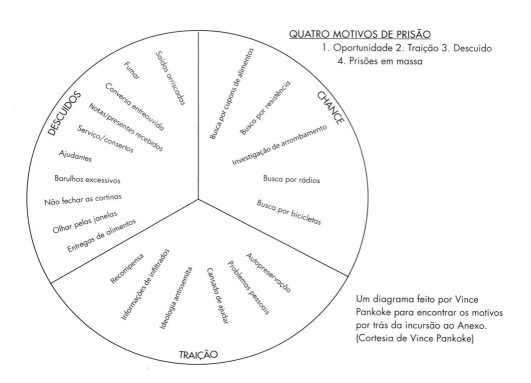

Um diagrama feito por Vince Pankoke para encontrar os motivos por trás da incursão ao Anexo. (Cortesia de Vince Pankoke)

Um modelo do armazém e do Anexo.
(Ilustração da Casa de Anne Frank feita por Chantal van Wessel e Frédérik Ruys, www.vizualism.com © 2010, 2012 Anne Frank Stichting, Amsterdã)

Pieter van Twisk revisando algumas das últimas descobertas com a pesquisadora Circe de Bruin.
(Cortesia de Proditione)

Mais duas fotos do "Mural da Vergonha", com notas detalhadas. "Fugiu para a Argentina" para o oficial SD (*esquerda*) e "Executada" para Ans van Dijk (*direita*).
(Cortesia do Proditione)

Da esquerda para a direita: Circe de Bruin, Nienke Filius e Nina Kaiser, pesquisadoras da equipe do caso arquivado, examinando meticulosamente milhares de documentos.
(Cortesia de Proditione)

Da esquerda para a direita: Pieter van Twisk, Thijs Bayens e Vince Pankoke nos primeiros dias da investigação.
(Cortesia de Vince Pankoke)

Bernhard Haas, analista forense de documentos. A equipe o consultou em Winnenden, Alemanha.
(Cortesia de Bernhard Haas)

Da esquerda para a direita: Monique Koemans, Vince Pankoke e Brendan Rook.
(Cortesia de Proditione)